中华传世藏书

【图文珍藏版】

儒家经典

刘凯⊙主编

线装书局

瞻彼洛矣

【原文】

瞻彼洛矣,维水泱泱。
君子至止,福禄如茨。
韎韐有奭,以作六师。
瞻彼洛矣,维水泱泱。
君子至止,鞞琫有珌。

君子万年,保其家室。
瞻彼洛矣,维水泱泱。
君子至止,福禄既同。
君子万年,保其家邦。

【译文】

站在岸边看洛水,茫茫一片无边际。
国王车驾已到来,福禄厚重如茅茨。
皮制蔽膝红艳艳,号召六军齐奋起。
远望洛水长又宽,茫茫一片不见边。
国王车驾已到来,玉饰刀鞘花纹鲜。

敬祝国王万年寿,保卫国家天下安。
洛水岸边举目望,茫茫一片浪打浪。
国王车驾已到来,福禄俱全世无双。
敬祝国王万年寿,保卫国家守边疆。

裳裳者华

【原文】

裳裳者华,其叶湑兮。
我觏之子,我心写兮。
我心写兮,是以有誉处兮。
裳裳者华,芸其黄矣。
我觏之子,维其有章矣。
维其有章矣,是以有庆矣。

裳裳者华,或黄或白。
我觏之子,乘其四骆。
乘其四骆,六辔沃若。
左之左之,君子宜之。
右之右之,君子有之。
维其有之,是以似之。

【译文】

花朵儿鲜明辉煌,绿叶儿郁郁苍苍。

我见到各位贤人,心里头真是舒畅。

心里头真是舒畅,彼此有安乐家邦。

花朵儿鲜明辉煌,叶儿密花儿金黄。

我见到各位贤人,有才华又有专长。

有才华又有专长,可庆贺国之荣光。

花朵儿鲜明辉煌,开起来有白有黄。

我见到各位贤人,驾四马气宇轩昂。

驾四马气宇轩昂,马缰绳柔滑溜光。

左手边有个左相,他定能安于职掌,

右手边有个右相,有才干用其所长。

正因为用其所长,使祖业绵延永昌。

桑扈

【原文】

交交桑扈,有莺其羽。

君子乐胥,受天之祜。

交交桑扈,有莺其领。

君子乐胥,万邦之屏。

之屏之翰,百辟为宪。

不戢不难,受福不那。

兕觥其觩,旨酒思柔。

彼交匪敖,万福来求。

【译文】

小巧玲珑青雀鸟,彩色羽毛多俊俏。

祝贺各位常欢乐,上天赐福运气好。

小小青雀在飞翔,头颈彩羽闪闪亮。

祝贺各位常欢乐,各国靠你当屏障。

为国屏障为骨干,诸侯把你当典范。

克制自己守礼节,受福多得难计算。

牛角酒杯弯又弯,美酒香甜性儿软。

不求侥幸不骄傲,万福齐聚遂心愿。

鸳鸯

【原文】

鸳鸯于飞,毕之罗之。

君子万年,福禄宜之。

鸳鸯在梁,戢其左翼。

君子万年,宜其遐福。

乘马在厩,摧之秣之。

君子万年,福禄艾之。

乘马在厩,秣之摧之。

君子万年,福禄绥之。

【译文】

鸳鸯双飞不分开,用网用罗捕回来。

敬祝君子寿万年,安享福禄永相爱。

鸳鸯对对在鱼梁,嘴插左翅睡得香。

敬祝君子寿万年,美满家庭福禄长。

棚中四马拴得牢,粮草把它喂喂饱。

敬祝君子寿万年,福禄双全永和好。

迎亲四马系在槽,喂它粮食又喂草。

敬祝君子寿万年,安享福禄永偕老。

頍弁

【原文】

有頍者弁,实维伊何?

尔酒既旨,尔殽既嘉。

岂伊异人?兄弟匪他。

茑与女萝,施于松柏。

未见君子,忧心弈弈;

既见君子,庶几说怿。

有頍者弁,实维何期?

尔酒既旨,尔肴既时。

岂伊异人?兄弟具来。

茑与女萝,施于松上。

未见君子,忧心恔恔;

既见君子,庶几有臧。

有頍者弁,实维在首。

尔酒既旨,尔肴既阜。

岂伊异人?兄弟甥舅。

如彼雨雪,先集维霰。

死丧无日,无几相见。

乐酒今夕,君子维宴。

【译文】

皮帽尖尖顶有角,戴着它来做什么?

您的酒味既甘醇,您的菜肴也不错。

难道来的是外人?兄弟与他同一桌。

攀藤茑草和女萝,蔓延依附松和柏。

还没见到君主时,心神不定难诉说;

如今见到君主面,心里舒畅又快活。

皮帽尖尖角在上,戴着它是为哪桩?

您的酒味既甘醇,您的菜肴喷喷香。

877

难道来的是外人？至亲兄弟聚一堂。

攀藤茑草和女萝，蔓延缠绕松枝上。

还没见到君主时，心里痛苦又忧伤；

如今见到君主面，希望能够得赐赏。

新制皮帽尖尖顶，戴在头上正相称。

您的酒味既甘醇，您的菜肴更丰盛。

难道来的是外人？兄弟舅舅和外甥。

人生好比下场雪，先霰后雪终融尽。

不知何日命归阴，能有几番叙天伦。

不如今夜痛饮酒，及时宴乐各尽兴。

车辖

【原文】

间关车之车辖兮，思娈季女逝兮。

匪饥匪渴，德音来括。

虽无好友，式燕且喜。

依彼平林，有集维鷮。

辰彼硕女，令德来教。

式燕且誉，好尔无射。

虽无旨酒，式饮庶几。

虽无嘉肴，式食庶几。

虽无德与女，式歌且舞。

陟彼高冈，析其柞薪。

析其柞薪，其叶湑兮。

鲜我觏尔，我心写兮。

高山仰止，景行行止。

四牡骓骓，六辔如琴。

觏尔新昏，以慰我心。

【译文】

迎亲车轮响格格，美丽少女要出阁。

不再似饥又似渴，娶来姑娘有美德。

宴会虽然没好友，大家喝酒也快乐。

平原莽苍有丛林，长尾野鸡树上停。

善良姑娘身材高，美德教诲家有庆。

宴会热闹又快乐，永远爱你不变心。

虽然没有美味酒，希望你也干几杯。

虽然没有丰盛菜，希望你也尝尝味。

虽无美德来相配，望你歌舞庆宴会。

登上山冈巍巍高，砍下柞栎火把烧。

砍下柞栎火把烧，柞叶长满嫩枝梢。

今天有幸配到你，心花怒放百忧消。

德如高山人仰望，行如大路人所钦。

四马迎亲快快跑，缰绳调和如弹琴。

配上车中新婚人，甜蜜幸福慰我心。

青蝇

【原文】

营营青蝇，止于樊。

岂弟君子，无信谗言。

营营青蝇，止于棘。

谗人罔极，交乱四国。

营营青蝇，止于榛。

谗人罔极，构我二人。

【译文】

苍蝇飞舞声营营，飞上篱笆把身停。

平易近人好君子，害人谗言您莫听。

苍蝇飞舞声营营，飞上枣树把身停。

谗人说话没定准，搅乱各国不太平。

苍蝇飞舞声营营，飞上榛树把身停。

谗人说话没定准，离间我们老交情。

宾之初筵

【原文】

宾之初筵，左右秩秩。

笾豆有楚，殽核维旅。

酒既和旨，饮酒孔偕。

钟鼓既设，举酬逸逸。

大侯既抗，弓矢斯张。

射夫既同，献尔发功。

发彼有的，以祈尔爵。

籥舞笙鼓，乐既和奏。

烝衎烈祖，以洽百礼。

百礼既至，有壬有林。

锡尔纯嘏，子孙其湛。

其湛曰乐，各奏尔能。

宾载手仇，室人入又。

酌彼康爵，以奏尔时。

宾之初筵，温温其恭。

其未醉止，威仪反反。

曰既醉止，威仪幡幡。

舍其坐迁，屡舞仙仙。

其未醉止，威仪抑抑。

曰既醉止，威仪怭怭。

是曰既醉，不知其秩。

宾既醉止，载号载呶。

乱我笾豆，屡舞僛僛。
是曰既醉，不知其邮。
侧弁之俄，屡舞傞傞。
既醉而出，并受其福。
醉而不出，是谓伐德。
饮酒孔嘉，惟其令仪。
凡此饮酒，或醉或否。

既立之监，或佐之史。
彼醉不臧，不醉反耻。
式勿从谓，无俾大怠。
匪言勿言，匪由勿语。
由醉之言，俾出童羖。
三爵不识，矧敢多又。

【译文】

来宾入座才开宴，宾主谦让守礼节。
杯盘碗盏摆整齐，鱼肉干果全陈列。
醴酒味儿醇又美，觥筹交错真热烈。
钟鼓乐器都齐备，往来敬酒杯不绝。
虎皮靶子竖起来，张弓搭箭如满月。
射手云集靶场上，表演技术逞英杰。
人人争取中目标，要叫对手罚一爵。
执龠起舞笙鼓响，众乐齐奏声铿锵。
祖宗灵前进娱乐，配合百礼神来享。
祭礼周到又完备，隆重盛大又堂皇。
神灵赐你大福气，子孙个个都欢畅。
人人欢喜又快乐，各献其能射靶场。
来宾赛箭找对手，主人相陪比短长。
满满斝上大杯酒，祝你胜利进一觞。
来宾入席刚宴请，态度温雅又恭敬。
酒才入口人未醉，仪表庄重又自矜。
酒过三巡醉态露，举止失措皆忘形。
离开坐席乱走动，手舞足蹈真轻盈。

酒还没到喝醉时，态度谨慎又文静。
待到喝得醉酩酊，庄重威严尽荡然。
还说这是酒吃醉，不守规矩不要紧。
客人已经喝醉了，又是叫来又是闹。
打翻杯盘和碗盏，跌跌撞撞跳舞蹈。
还说这是酒吃醉，不知过失不害臊。
头上歪戴鹿皮帽，疯疯癫癫跳舞蹈。
如果喝醉快出门，大家托福没烦恼。
醉得糊涂不肯走，那就叫作缺德佬。
宴会喝酒本好事，只是要有好礼貌。
凡是这些赴宴者，有人清醒有醉倒。
设立酒监察礼节，又设史官写报导。
酗酒本来是坏事，反说不醉是脓包。
不要随人乱劝酒，害他失礼太胡闹。
别人不问休多嘴，语涉非礼莫乱道。
醉汉话儿听不得，胡说公羊没犄角。
限饮三杯也不懂，何况多喝更糟糕。

鱼藻之什

鱼藻

【原文】

鱼在在藻,有颁其首。

王在在镐,岂乐饮酒。

鱼在在藻,有莘其尾。

王在在镐,饮酒乐岂。

鱼在在藻,依于其蒲。

王在在镐,有那其居。

【译文】

水藻丛中鱼藏身,不见尾巴见大头。

周王住在镐京城,逍遥快乐饮美酒。

水藻丛中鱼儿藏,长长尾巴左右摇。

镐京城中住周王,喝喝美酒乐陶陶。

鱼儿藏在水藻中,贴着蒲草岸边游。

周王在镐住王宫,居处安乐好享受。

采菽

【原文】

采菽采菽,筐之筥之。

君子来朝,何锡予之?

虽无予之,路车乘马。

又何予之?玄衮及黼。

觱沸槛泉,言采其芹。

君子来朝,言观其旂。

其旂淠淠,鸾声嘒嘒。

载骖载驷,君子所届。

赤芾在股,邪幅在下。

彼交匪纾,天子所予。

乐只君子,天子命之。

乐只君子,福禄申之。

维柞之枝,其叶蓬蓬。

乐只君子,殿天子之邦。

乐只君子,万福攸同。

平平左右,亦是率从。

汎汎杨舟,绋缅维之。

乐只君子,天子葵之。

881

乐只君子,福禄腯之。

优哉游哉,亦是戾矣。

【译文】

采大豆呀采豆忙,方筐圆筐往里装。

诸侯来朝见我王,天子用啥去赐赏?

纵使没有厚赏赐,一辆路车四马壮。

此外还有什么赏? 花纹礼服画龙裳。

在那翻腾涌泉旁,采下芹菜味儿香。

诸侯来朝见我王,遥看龙旗已在望。

旗帜飘飘随风扬,铃声不断响叮当。

三马四马各驾车,诸侯乘它到明堂。

红皮蔽膝垂到股,绑腿斜缠小腿上。

不急不慢风度好,这是天子所奖赏。

诸侯公爵真快乐,天子策命赐嘉奖。

诸侯公爵真快乐,洪福厚禄从天降。

柞树枝条长又长,叶子茂密多兴旺。

诸侯公爵真快乐,辅佐天子镇四方。

诸侯公爵真快乐,万种福禄都安享。

左右臣子很能干,顺从君命国安康。

杨木船儿河中漾,系住不动靠船缆。

诸侯公爵真快乐,天子准确来衡量。

诸侯公爵真快乐,厚赐福禄有嘉奖。

优游闲适过日子,生活安定清福享。

角弓

【原文】

骍骍角弓,翩其反矣。

兄弟昏姻,无胥远矣。

尔之远矣,民胥然矣。

尔之教矣,民胥效矣。

此令兄弟,绰绰有裕;

不令兄弟,交相为瘉。

民之无良,相怨一方。

受爵不让,至于己斯亡。

老马反为驹,不顾其后。

如食宜饇,如酌孔取。

毋教猱升木,如涂涂附。

君子有徽猷,小人与属。

雨雪瀌瀌,见晛曰消。

莫肯下遗,式居娄骄。

雨雪浮浮,见晛曰流。

如蛮如髦,我是用忧。

【译文】

角弓调和绷紧弦,卸弦就向反面弯。

兄弟骨肉和亲戚,相亲相爱别疏远。

你若疏远亲和眷，人民都会学坏样。

你若言教加身教，人民也会来模仿。

兄弟和好不倾轧，平安和气少闲话；

兄弟关系搞不好，相互残害成冤家。

如今人们不善良，不责自己怨对方，

接受官爵不谦让，事关私利道理忘。

老马反当驹使唤，后果如何你不管。

如请吃饭请吃饱，如请喝酒该斟满。

猴子上树哪用教，泥浆涂墙粘得牢。

只要君子有美政，人民自会跟着跑。

纷纷雪花满天飘，太阳出来就融消。

小人对下不谦虚，态度神气耍骄傲。

纷纷雪花飘悠悠，太阳一出化水流。

小人无知像蛮髦，为此使我心烦忧。

菀柳

【原文】

有菀者柳，不尚息焉。

上帝甚蹈，无自昵焉。

俾予靖之，后予极焉。

有菀者柳，不尚愒焉？

上帝甚蹈，无自瘵焉。

俾予靖之，后予迈焉。

有鸟高飞，亦傅于天。

彼人之心，于何其臻？

曷予靖之，居以凶矜？

【译文】

柳树枯萎叶焦黄，莫到树下去乘凉。

周王喜怒太无常，莫去做官惹祸殃。

当初邀我商国事，而今贬我到异乡。

柳树枯萎枝叶稀，莫到树下去休息。

周王喜怒太无常，莫去做官找晦气。

当初邀我商国事，而今流放到边地。

鸟儿展翅高飞翔，最高不过到天上。

那人心思难捉摸，到啥地步怎估量？

为啥邀我商国事，却置我于凶险场？

都人士

【原文】

彼都人士,狐裘黄黄。

其容不改,出言有章。

行归于周,万民所望。

彼都人士,台笠缁撮。

彼君子女,绸直如发。

我不见兮,我心不说。

彼都人士,充耳琇实。

彼君子女,谓之尹吉。

我不见兮,我心苑结。

彼都人士,垂带而厉。

彼君子女,卷发如虿。

我不见兮,言从之迈。

匪伊垂之,带则有余。

匪伊卷之,发则有旟。

我不见兮,云何盱矣!

【译文】

那位先生真漂亮,狐皮袍子罩衫黄。

他的容貌没变样,讲话出口就成章。

将要回到镐京去,万千人们心仰望。

那位先生真时髦,戴着草笠黑布帽。

那位姑娘好容貌,头发密直真俊俏。

不能见到姑娘面,心中郁闷多苦恼。

那位先生真漂亮,充耳宝石坚又亮。

那位美丽好姑娘,芳名尹姞叫得响。

不能见到姑娘面,心中忧郁实难忘。

那位先生真时髦,冠带下垂两边飘。

那位姑娘真美貌,鬓发卷如蝎尾翘。

不能见到姑娘面,真想跟她在一道。

不是故意垂冠带,冠带本来细又长。

不是故意卷鬓发,鬓发天生高高扬。

不能见到姑娘面,心中怎么不悲伤!

采绿

【原文】

终朝采绿,不盈一匊。

予发曲局,薄言归沐。

终朝采蓝，不盈一襜。

五日为期，六日不詹。

之子于狩，言韔其弓。

之子于钓，言纶之绳。

其钓维何？维鲂及鱮。

维鲂与鱮，薄言观者。

【译文】

整个早上采荩草，采了一捧还不到。

我的长发乱糟糟，回去洗头梳梳好。

蓝草采了一早上，撩起衣襟兜不满。

丈夫约好五天归，如今六天仍不还。

丈夫如果想打猎，我就为他装弓箭，

丈夫如果想钓鱼，我就陪他缠钓线。

丈夫钓的什么鱼？既有花鲢又有鳊。

既有花鲢又有鳊，他钓我看意绵绵。

黍苗

【原文】

芃芃黍苗，阴雨膏之。

悠悠南行，召伯劳之。

我任我辇，我车我牛。

我行既集，盖云归哉！

我徒我御，我师我旅。

我行既集，盖云归处。

肃肃谢功，召伯营之。

烈烈征师，召伯成之。

原隰既平，泉流既清。

召伯有成，王心则宁。

【译文】

黍苗蓬勃多喜人，全靠好雨来滋润。

南行虽然路遥远，召伯慰劳暖人心。

有的拉车有的扛，马车牛车运输忙。

建筑谢城已完工，何不大家回家乡！

你走路来我驾马，编好队伍就出发。

建筑谢城已完工，何不回乡安居家！

快速修建谢邑城，召伯苦心来经营。

出工群众真热烈，召伯用心组织成。

高地低地已治平，泉水河流都疏清。

召伯大功已告成，宣王欢喜心安宁。

隰桑

【原文】

隰桑有阿,其叶有难。
既见君子,其乐如何。
隰桑有阿,其叶有沃。
既见君子,云何不乐。

隰桑有阿,其叶有幽。
既见君子,德音孔胶。
心乎爱矣,遐不谓矣?
中心藏之,何日忘之!

【译文】

低地桑树多婀娜,枝干茂盛叶子多。
如果见了我夫君,我的心里多快活。
低地桑树舞婆娑,叶子柔润又肥沃。
如果见了我夫君,我心怎会不快活。

低地桑树姿态柔,叶子肥厚黑黝黝。
如果见了我夫君,互诉衷情意相投。
我爱你啊在心里,为啥总不告诉你?
思念之情藏心底,哪有一天能忘记!

白华

【原文】

白华菅兮,白茅束兮。
之子之远,俾我独兮!
英英白云,露彼菅茅。
天步艰难,之子不犹。
滮池北流,浸彼稻田。
啸歌伤怀,念彼硕人。
樵彼桑薪,卬烘于煁。
维彼硕人,实劳我心。

鼓钟于宫,声闻于外。
念子懆懆,视我迈迈。
有鹙在梁,有鹤在林。
维彼硕人,实劳我心。
鸳鸯在梁,戢其左翼。
之子无良,二三其德。
有扁斯石,履之卑兮。
之子之远,俾我疧兮。

【译文】

菅草细细开白花,白茅紧紧捆着它。
恨他变心远离我,使我空房度年华。
天上白云降甘露,地下菅茅受润濡。
怨我命运太不济,恨他白云还不如。
滮池河水向北流,灌溉稻田绿油油。
边哭边唱伤心事,冤家还在我心头。
砍那桑枝好柴薪,我烧行灶来暖身。
想起那个壮健汉,实在煎熬我的心。

宫廷里面敲大钟,钟声尚且传出宫。
想你想得心不安,你却对我怒冲冲。
恶鹙堰头吃鱼腥,白鹤挨饿在树林。
想起那个壮健汉,实在煎熬我的心。
堰上鸳鸯雌伴雄,嘴巴插在左翼中。
可恨这人没良心,三心二意爱新宠。
扁扁垫石地上摆,石头虽贱他常踩。
恨他变心远离我,使我成病相思害。

绵蛮

【原文】

"绵蛮黄鸟,止于丘阿。
道之云远,我劳如何!"
"饮之食之,教之诲之;
命彼后车,谓之载之。"
"绵蛮黄鸟,止于丘隅。
岂敢惮行,畏不能趋。"

"饮之食之,教之诲之;
命彼后车,谓之载之。"
"绵蛮黄鸟,止于丘侧,
岂敢惮行?畏不能极。"
"饮之食之,教之诲之;
命彼后车,谓之载之。"

【译文】

"黄鸟喳喳不住唱,停在路边山坡上。
道路实在太遥远,奔波劳累真够呛!"
"给他水喝给他饭,教他劝他要坚强;
副车御夫停一停,让他坐上也不妨。"
"黄雀喳喳叫得急,山坡角落把脚息。
哪敢害怕走远路,只怕慢了来不及。"

"给他喝的给他吃,教他劝他别泄气;
副车御夫停一停,让他坐上别着急。"
"黄雀喳喳叫得欢,停在路旁山坡边。
哪敢畏惧走远路,就怕难以到终点。"
"给他喝的给他吃,教他劝他好好干;
副车御夫停一停,让他坐上把路赶。"

瓠叶

【原文】

幡幡瓠叶，采之亨之。

君子有酒，酌言尝之。

有兔斯首，炮之燔之。

君子有酒，酌言献之。

有兔斯首，燔之炙之。

君子有酒，酌言酢之。

有兔斯首，燔之炮之。

君子有酒，酌言酬之。

【译文】

风吹葫芦叶乱翻，采来做菜可佐餐。

主人藏有好陈酒，请客一尝杯斟满。

几头野兔鲜又嫩，有煨有烤香喷喷。

主人藏有好陈酒，斟满一杯敬客人。

几头野兔鲜又嫩，有的烤来有的熏。

主人藏有好陈酒，宾客回敬满杯斟。

几头野兔肥又嫩，有的烤来有的煨。

主人藏有好陈酒，宾主劝酒都干杯。

渐渐之石

【原文】

渐渐之石，维其高矣。

山川悠远，维其劳矣。

武人东征，不皇朝矣。

渐渐之石，维其卒矣。

山川悠远，曷其没矣？

武人东征，不皇出矣。

有豕白蹢，烝涉波矣。

月离于毕，俾滂沱矣。

武人东征，不皇他矣。

【译文】

满山石头真陡峭，那样危险那样高。

山又多来水又遥，日夜行军路迢迢。

将帅士兵去东征，军情紧急天未晓。

巉巉怪石堆满山，那样高峻那样险。

山又高来水又长,征途何时能走完?　　月亮靠近毕星边,大雨滂沱积水多。
将帅士兵去东征,勇往直前不想还。　　将帅士兵去东征,其他事情没空做。
有只白蹄大肥猪,跳进水里渡清波。

苕之华

【原文】

苕之华,芸其黄矣。　　　　　　知我如此,不如无生!
心之忧矣,维其伤矣。　　　　　牂羊坟首,三星在罶。
苕之华,其叶青青。　　　　　　人可以食,鲜可以饱!

【译文】

凌霄藤上繁花放,千朵万朵是深黄。　　早知做人这般苦,不如当初别出生!
荒年心里真忧愁,无限痛苦念悲伤!　　身瘦头大一雌羊,空空鱼篓闪星光。
繁花满枝凌霄藤,花落叶儿密层层。　　灾荒年头人吃人,可怜还没填饥肠!

何草不黄

【原文】

何草不黄,何日不行,　　　　　匪兕匪虎,率彼旷野。
何人不将,经营四方。　　　　　哀我征夫,朝夕不暇。
何草不玄,何人不矜?　　　　　有芃者狐,率彼幽草。
哀我征夫,独为匪民。　　　　　有栈之车,行彼周道。

【译文】

哪有草儿不枯黄,哪有一天不奔忙。　　哪有草儿不腐烂,哪个不是单身汉?
哪个人啊不出征,征来经营奔四方。　　可怜我们出征人,偏偏不被当人看。

不是野牛不是虎，为啥旷野常出入。　　狐狸尾巴毛蓬松，钻进路边深草丛。

可怜我们出征人，整天劳累受辛苦。　　高高役车征夫坐，走在漫长大路中。

大雅

文王之什

文王

【原文】

文王在上，於昭于天。　　　　　　　商之孙子，其丽不亿。

周虽旧邦，其命维新。　　　　　　　上帝既命，侯于周服。

有周不显，帝命不时。　　　　　　　侯服于周，天命靡常。

文王陟降，在帝左右。　　　　　　　殷士肤敏，裸将于京。

亹亹文王，令闻不已。　　　　　　　厥作裸将，常服黼冔。

陈锡哉周，侯文王孙子。　　　　　　王之荩臣，无念尔祖。

文王孙子，本支百世。　　　　　　　无念尔祖，聿修厥德。

凡周之士，不显亦世。　　　　　　　永言配命，自求多福。

世之不显，厥犹翼翼。　　　　　　　殷之未丧师，克配上帝。

思皇多士，生此王国。　　　　　　　宜鉴于殷，骏命不易。

王国克生，维周之桢。　　　　　　　命之不易，无遏尔躬。

济济多士，文王以宁。　　　　　　　宣昭义问，有虞殷自天。

穆穆文王，於缉熙敬止。　　　　　　上天之载，无声无臭。

假哉天命，有商孙子。　　　　　　　仪刑文王，万邦作孚。

【译文】

文王神灵在天上，在天上啊放光芒。

岐周虽是旧邦国，接受天命新气象。

周朝前途无限量，上帝意志光万丈。

文王神灵升又降，常在上帝的身旁。

勤勤恳恳周文王，美好声誉传四方。

上帝赐他兴周国，文王子孙常兴旺。

文王子孙都蕃衍，大宗小宗百世昌。

天子臣仆周朝官，世代显贵沾荣光。

世代显贵沾荣光，谋事谨慎又周详。

贤士众多皆俊杰，此生有幸在周邦。

周邦能出众贤士，都是国家好栋梁。

济济一堂人才多，文王安宁国富强。

端庄恭敬周文王，谨慎光明又善良。

上天意志多伟大，殷商子孙来归降。

殷商子孙蕃衍多，数字上亿难估量。

上帝已经下命令，殷商称臣服周邦。

殷商称臣服周邦，可见天命并无常。

殷人后代美而敏，来京助祭陪周王。

看他助祭行灌礼，冠服仍是殷时装。

成王所用诸臣下，牢记祖德永勿忘。

牢记祖德永勿忘，继承祖德发荣光。

常顺天命不相违，要求幸福靠自强。

殷商未失民心时，能应天命把国享。

借鉴殷商兴亡事，国运永昌不寻常。

国运永昌不寻常，切勿断送你身上。

发扬光大好名声，须知殷商是天降。

上天意志难猜测，无声无息真渺茫。

只有认真学文王，万国诸侯都敬仰。

大明

【原文】

明明在下，赫赫在上。

天难忱斯，不易维王。

天位殷適，使不挟四方。

挚仲氏任，自彼殷商。

来嫁于周，曰嫔于京。

乃及王季，维德之行。

大任有身，生此文王。

维此文王，小心翼翼。

昭事上帝，聿怀多福。

厥德不回，以受方国。

天监在下，有命既集。

文王初载，天作之合。

在洽之阳，在渭之涘。

文王嘉止，大邦有子。

大邦有子，伣天之妹。

文定厥祥，亲迎于渭。

造舟为梁,不显其光。
有命自天,命此文王,
于周于京。缵女维莘,
长子维行,笃生武王。
保右命尔,燮伐大商。
殷商之旅,其会如林。

矢于牧野:"维予侯兴,
上帝临女,无贰尔心!"
牧野洋洋,檀车煌煌,
驷騵彭彭。维师尚父,
时维鹰扬。凉彼武王,
肆伐大商,会朝清明。

【译文】

文王明德四海扬,赫赫神灵显天上。
天命确实难相信,国王也真不易当。
上帝有意王殷纣,却又使他失四方。
挚国任家二姑娘,从那遥远的殷商,
嫁到我们周国来,来到京都做新娘。
她跟王季配成双,专做好事美名扬。
太任怀孕降吉祥,生下这个周文王。
就是这个周文王,小心谨慎很善良。
明白怎样待上帝,招来幸福无限量。
他的德行真不坏,各国归附民所望。
上天监视看下方,天命已经属文王。
文王即位初年间,上天给他配新娘。
新娘住在洽水北,就在莘国渭水旁。
文王将要行婚礼,大国有位好姑娘。

大国有位好姑娘,好比天上仙女样。
定下聘礼真吉祥,文王亲迎渭水旁。
联结木船当桥梁,婚礼显耀真辉煌。
上天有命示下方,命令这个周文王,
周国京师建家邦。莘国有位好姑娘,
她是长女嫁周邦,婚后生下周武王。
天命所属天保佑,让他出兵伐殷商。
殷商派出军队来,军旗密密树林样。
武王誓师在牧野:"我周兴起军心壮,
上帝监视看你们,休怀二心要争光!"
广阔牧野作战场,檀木兵车亮堂堂,
四马威武又雄壮。三军统帅师尚父,
好像雄鹰在飞扬。协助武王带军队,
指挥三军击殷商,一朝开创新气象!

绵

【原文】

绵绵瓜瓞,民之初生,

自土沮漆。古公亶父,

陶复陶穴，未有家室。

古公亶父，来朝走马。

率西水浒，至于岐下。

爰及姜女，聿来胥宇。

周原膴膴，堇荼如饴。

爰始爰谋，爰契我龟。

曰止曰时，筑室于兹。

乃慰乃止，乃左乃右，

乃疆乃理，乃宣乃亩。

自西徂东，周爰执事。

乃召司空，乃召司徒，

俾立室家。其绳则直，

缩版以载，作庙翼翼。

捄之陾陾，度之薨薨，

筑之登登，削屡冯冯。

百堵皆兴，鼛鼓弗胜。

乃立皋门，皋门有伉。

乃立应门，应门将将。

乃立冢土，戎丑攸行。

肆不殄厥愠，亦不陨厥问。

柞棫拔矣，行道兑矣。

混夷駾矣，维其喙矣！

虞芮质厥成，文王蹶厥生。

予曰有疏附，予曰有先后，

予曰有奔奏，予曰有御侮！

【译文】

大瓜小瓜藤蔓长，周族人民初兴旺，
从杜来到漆水旁。古公亶父功业创，
挖洞筑窑风雨挡，没有宫室没有房。
古公亶父迁居忙，清早快马离豳乡，
沿着渭水向西走，岐山脚下土地广。
他与妻子名太姜，勘察地址好建房。
周原肥沃又宽广，堇葵苦菜像饴糖。
大伙计划又商量。刻龟占卜望神帮，
神灵说是可定居，此地建屋最吉祥。
这才安心住岐乡，这边那边同开荒，
丈量土地定田界，翻地松土垄成行。
从西到东一片地，男女老少干活忙。
找来司空管工程，人丁土地司徒掌，

他们领工建新房。拉开绳墨直又长，
树起夹板筑土墙，建成宗庙好端庄。
铲土噌噌掷进筐，倒土轰轰声响亮，
捣土一片噔噔声，刮刀乒乒削平墙。
百堵土墙齐动工，声势压倒大鼓响。
建起周都外城门，城门高大好雄壮。
建起宫殿大正门，正门庄严又堂皇。
堆起土台作祭坛，大众祈祷排成行。
狄人怒气虽未消，文王声誉并无伤。
柞棫野树都拔尽，交通要道无阻挡。
昆夷夹着尾巴逃，气喘吁吁狼狈相。
虞国芮国不再相争，文王感化改其
本性。

我有贤臣相率来附,我有人才参预国政,

我有良士奔走效力,我有猛将克敌制胜。

棫朴

【原文】

芃芃棫朴,薪之槱之。

济济辟王,左右趣之。

济济辟王,左右奉璋。

奉璋峨峨,髦士攸宜。

淠彼泾舟,烝徒楫之。

周王于迈,六师及之。

倬彼云汉,为章于天。

周王寿考,遐不作人?

追琢其章,金玉其相。

勉勉我王,纲纪四方。

【译文】

棫树朴树枝叶茂,砍下当作祭柴烧。

周王恭谨走在前,左右群臣跟着跑。

周王恭敬又严肃,群臣手捧玉酒壶。

捧着酒壶真端庄,英俊贤士有气度。

泾水行船哗哗响,众人用力齐举桨。

周王将要去远征,六军云集威风扬。

银河漫漫广无边,星光灿烂布满天。

周王长寿在位久,何不树人用百年?

精雕细刻有才华,质如金玉无疵瑕。

勤奋勉力我周王,治理四方保国家。

旱麓

【原文】

瞻彼旱麓,榛楛济济。

岂弟君子,干禄岂弟。

瑟彼玉瓒,黄流在中。

岂弟君子,福禄攸降。

鸢飞戾天,鱼跃于渊。

岂弟君子,遐不作人?

清酒既载,骍牡既备。

以享以祀,以介景福。

瑟彼柞棫,民所燎矣。

岂弟君子,神所劳矣。

莫莫葛藟,施于条枚。

岂弟君子,求福不回。

【译文】

遥望旱山那山麓,密密丛生榛与楛。

平易近人好君子,品德高尚有福禄。

祭神玉壶有光彩,香甜美酒流出来。

平易近人好君子,祖宗赐你福和财。

鹬鹰展翅飞上天,鱼儿跳跃在深渊。

平易近人好君子,培养人才万万千。

摆好清醇美味酒,备好红色大公牛。

虔诚上供祭祖先,祈祷神灵把福求。

密密一片柞械林,砍下烧火祭神灵。

平易近人好君子,神灵保佑百事成。

茂密葛藤长又柔,蔓延缠绕树梢头。

平易近人好君子,不违祖德把福求。

思齐

【原文】

思齐大任,文王之母。

思媚周姜,京室之妇。

大姒嗣徽音,则百斯男。

惠于宗公,神罔时怨,

神罔时恫。刑于寡妻,

至于兄弟,以御于家邦。

雝雝在宫,肃肃在庙。

不显亦临,无射亦保。

肆戎疾不殄,烈假不瑕。

不闻亦式,不谏亦入。

肆成人有德,小子有造。

古人之无斁,誉髦斯士。

【译文】

太任端庄又严谨,文王之母有美名。

周姜美好有德行,太王贤妻居周京。

太姒继承好遗风,多子多男王室兴。

文王为政顺祖宗,祖宗欢喜无怨容,

祖宗放心不伤痛。文王以礼待正妻,

对待兄弟也相同。以此治国事事通。

和和睦睦一家好,恭恭敬敬在宗庙。

认真视察明显事,警惕阴暗不辞劳。

西戎祸患已断根,害人瘟疫不发生。

良计善策乐于用,忠言劝告记在心。

所以成人品德好,儿童个个可深造。

文王育才永不倦,人才济济皆英豪。

皇矣

【原文】

皇矣上帝,临下有赫。

监观四方,求民之莫。

维此二国,其政不获。

维彼四国,爰究爰度。

上帝耆之,憎其式廓。

乃眷西顾,此维与宅。

作之屏之,其菑其翳。

修之平之,其灌其栵。

启之辟之,其柽其椐。

攘之剔之,其檿其柘。

帝迁明德,串夷载路。

天立厥配,受命既固。

帝省其山,柞棫斯拔,

松柏斯兑。帝作邦作对,

自大伯王季。维此王季,

因心则友。则友其兄,

则笃其庆,载锡之光。

受禄无丧,奄有四方。

维此王季,帝度其心。

貊其德音。其德克明,

克明克类,克长克君。

王此大邦,克顺克比。

比于文王,其德靡悔。

既受帝祉,施于孙子。

帝谓文王:无然畔援,

无然歆羡,诞先登于岸。

密人不恭,敢距大邦,

侵阮徂共。王赫斯怒。

爰整其旅,以按徂旅。

以笃于周祜,以对于天下。

依其在京,侵自阮疆。

陟我高冈,无矢我陵,

我陵我阿。无饮我泉,

我泉我池。度其鲜原,

居岐之阳,在渭之将。

万邦之方,下民之王。

帝谓文王:予怀明德,

不大声以色,不长夏以革。

不识不知,顺帝之则。

帝谓文王:询尔仇方,

同尔弟兄。以尔钩援,

与尔临冲,以伐崇墉。

临冲闲闲,崇墉言言,

执讯连连,攸馘安安。

是类是祃,是致是附,

四方以无侮。临冲茀茀,

崇墉仡仡。是伐是肆，

是绝是忽，四方以无拂。

【译文】

上帝光焰万丈长，俯视人间真明亮。
洞察全国四方事，了解民间疾苦状。
想起夏商两朝末，不得民心国危亡。
思量四方诸侯国，天下重任谁能当。
上帝意在岐周国，有心扩大它封疆。
于是回头望西方，同住岐山佑周王。
砍掉杂树辟农场，枯枝朽木全扫光。
精心修剪枝和叶，灌木丛丛新枝长。
开出道路辟土地，除尽柽椐路通畅。
剔去坏树留好树，留下山桑和黄桑。
上帝卫护明德主，犬戎败逃走仓皇。
上天立他当天子，政权巩固国兴旺。
上帝视察岐山阳，柞棫小树都拔光，
松柏直立郁苍苍。上帝建立周王国，
太伯王季始开创。这位王季好品德，
对兄友爱热心肠。王季热心爱兄长，
他使周邦福无疆，天赐王位显荣光。
永享福禄保安康，统一天下疆域广。
这位王季真善良，天生思想合政纲，
他的美名播四方。他能明辨是和非，
区别坏人和善良，堪称师范好君王。
在此大国当君主，上下和顺人心向。
到了文王接王位，人民爱戴德高尚。
既受上帝赐福禄，子孙万代绵绵长。

上帝启示周文王，不要暴虐休狂妄，
莫羡他人当自强，先据高位路康庄。
密人态度不恭顺，竟敢抗拒周大邦，
侵阮袭共太猖狂。文王勃然大震怒，
整顿军队去抵抗，阻止敌人向莒闯。
周族福气才巩固，民心安稳定四方。
周京军队真强壮，从阮班师凯歌扬。
登上岐山远瞭望，没人敢占我山冈，
高山大陵郁苍苍。没人敢饮我泉水，
清泉绿池水汪汪。规划山头和平原，
定居岐山面向阳，紧靠渭水河边旁。
你为万国做榜样，天下人民心向往。
上帝告诉周文王，美好品德我赞赏，
从不疾言和厉色，遵从祖训依旧章。
好像不知又不觉，顺乎天意把国享。
上帝又对文王说，团结邻国多商量，
联合同姓众国王。用你大钩和戈刀，
临车冲车赴战场，讨伐崇国削殷商。
临车冲车声势壮，崇国城墙高又长，
捉来俘虏连成串，割下敌耳装满筐。
祭祀天神祈胜利，安抚残敌招他降，
各国不敢侮周邦。临车冲车威力强，
崇国城墙高又广。冲锋陷阵士气旺，
消灭崇军有威望，各国不敢再违抗。

897

灵台

【原文】

经始灵台,经之营之。

庶民攻之,不日成之。

经始勿亟,庶民子来。

王在灵囿,麀鹿攸伏。

麀鹿濯濯,白鸟翯翯。

王在灵沼,於牣鱼跃。

虡业维枞,贲鼓维镛。

於论鼓钟,於乐辟廱。

於论鼓钟,於乐辟廱。

鼍鼓逢逢,矇瞍奏公。

【译文】

开始规划造灵台,仔细经营巧安排。

黎民百姓都来干,灵台建成进度快。

建台本来不着急,百姓起劲自动来。

国王游览灵园中,母鹿伏在深草丛。

母鹿肥大毛色润,白鸟洁净羽毛丰。

国王游览到灵沼,啊!满池鱼儿欢跳动。

木架大版崇牙耸,挂着大鼓和大钟。

钟声鼓声配合匀,国王享乐在离宫。

鼓声钟声配合匀,国王享乐在离宫。

敲起鼍鼓响蓬蓬,瞽师奏乐祝成功。

下武

【原文】

下武维周,世有哲王。

三后在天,王配于京。

王配于京,世德作求。

永言配命,成王之孚。

成王之孚,下土之式。

永言孝思,孝思维则。

媚兹一人,应侯顺德。

永言孝思,昭哉嗣服。

昭兹来许,绳其祖武。

於万斯年,受天之祜。

受天之祜,四方来贺。

於万斯年,不遐有佐!

【译文】

周人能继祖先业,代代都有好国王。

三代先王灵在天,武王在镐把国享。

武王在镐把国享,堪与祖德共增光。

永远顺应上天命,成王守信有威望。

成王守信有威望,身为天下好榜样。

永遵祖训尽孝道,效法先人建周邦。

人们爱戴周成王,能承祖德国运昌。

永遵祖训尽孝道,后代争气名远扬。

后代争气名远扬,继承祖业世永昌。

啊!国祚绵绵万年长,受天之福永兴旺。

受天之福永兴旺,四方来贺庆吉祥。

啊!国祚绵绵万年长,怎无辅佐做屏障!

文王有声

【原文】

文王有声,遹骏有声,

遹求厥宁,遹观厥成。

文王烝哉!

文王受命,有此武功。

既伐于崇,作邑于丰。

文王烝哉!

筑城伊淢,作丰伊匹,

匪棘其欲,遹追来孝。

王后烝哉!

王公伊濯,维丰之垣。

四方攸同,王后维翰。

王后烝哉!

丰水东注,维禹之绩。

四方攸同,皇王维辟。

皇王烝哉!

镐京辟廱,自西自东,

自南自北,无思不服。

皇王烝哉!

考卜维王,宅是镐京。

维龟正之,武王成之。

武王烝哉!

丰水有芑,武王岂不仕?

诒厥孙谋,以燕翼子。

武王烝哉!

【译文】

文王已有好名望,大名鼎鼎四海扬。

力求人民得安宁,终见成功国富强。

人人赞美周文王！

文王受命封西伯，立下武功真辉煌。

举兵讨伐崇侯虎，迁都丰邑好地方。

人人赞美周文王！

按照旧河筑城墙，丰邑规模也相当。

个人欲望不贪图，孝顺祖先兴周邦。

人人赞美周文王！

文王功业真辉煌，他是丰都的城墙。

四方同心齐归附，扶持天下是栋梁。

人人赞美周文王！

沣水东流入黄河，大禹之功不可磨。

四方同心齐归附，君临天下是楷模。

英明武王美名播！

镐京离宫喜落成，诸侯朝见来观光，

东西南北都到齐，哪个不服我周邦。

人人赞美周武王！

国王卜居问上苍，定居镐京最吉祥。

迁都决策神龟定，武王完成功无量。

英明伟大周武王！

沣水水芹长得旺，难道武王在闲逛？

留下安民好谋略，保护儿子把国享。

英明伟大周武王！

生民之什

生民

【原文】

厥初生民？时维姜嫄。

生民如何？克禋克祀，

以弗无子。履帝武敏歆，

攸介攸止。载震载夙，

载生载育，时维后稷。

诞弥厥月，先生如达。

不坼不副，无菑无害。

以赫厥灵，上帝不宁。

不康禋祀，居然生子。

诞寘之隘巷，牛羊腓字之。

诞寘之平林，会伐平林。

诞寘之寒冰，鸟覆翼之。

鸟乃去矣，后稷呱矣。

实覃实讦，厥声载路。

诞实匍匐，克岐克嶷，

以就口食。蓺之荏菽，

荏菽旆旆。禾役穟穟，

麻麦幪幪，瓜瓞唪唪。

诞后稷之穑，有相之道。

茀厥丰草，种之黄茂。

实方实苞,实种实褎。

实发实秀,实坚实好。

实颖实栗,即有邰家室。

诞降嘉种,维秬维秠,

维穈维芑。恒之秬秠,

是获是亩。恒之穈芑,

是任是负,以归肇祀。

诞我祀如何? 或舂或揄,

或簸或蹂。释之叟叟,

烝之浮浮。载谋载惟,

取萧祭脂。取羝以軷,

载燔载烈,以兴嗣岁。

卬盛于豆,于豆于登。

其香始升,上帝居歆,

胡臭亶时。后稷肇祀,

庶无罪悔,以迄于今。

【译文】

最初生下周祖先,那是有邰姜嫄娘。
如何生下周族人? 祈祷神灵祭上苍,
乞求莫要生儿郎。踩了上帝拇趾印,
神灵保佑赐吉祥。十月怀胎行端庄,
一朝生子勤抚养,便是后稷周先王。
怀孕足月期限满,头胎生子真顺当。
产门没破更没裂,无灾无难身健康,
显出灵异和吉祥。上帝原来心不安,
姜嫄惊慌祭祀忙,徒然生下小儿郎。
把他丢在小巷里,牛羊喂奶当妈妈。
把他丢到树林中,樵夫砍柴救娃娃。
把他丢到寒冰上,大鸟展翅温暖他。
后来大鸟飞走了,后稷啼哭声哇哇,
哇哇不停嗓门大,声音满路人惊讶。
后稷刚会地上爬,又是聪明又乖巧,
能够觅食吃得饱。少年就会种大豆,
大豆一片长得好。种出谷子穗垂垂,
麻麦茂密无杂草,瓜儿累累真不少。

后稷种地种得好,能够想出好门道。
除却满田野生草,选择良种播得早。
种子含苞吐嫩芽,禾苗窜出向上冒。
拔节抽穗渐结实,谷粒饱满颜色好,
禾穗沉沉产量高,定居邰地乐陶陶。
后稷推广好种子,秬子秠子粒粒大,
穈子高粱棵棵粗。遍地秬子和秠子,
收获下来堆垅亩。遍地穈子和高粱,
挑着背着忙运输,运回开始祭先祖。
说起祭祀怎个样? 有的舂米有舀粮,
有的搓米有扬糠。淘米声音嗖嗖响,
蒸饭热气喷喷香。祭祀大事同商量,
涂脂烧艾味芬芳。拿来公羊剥去皮,
又烧又烤供神享。祈求来年更丰穰。
我把祭肉装进碗,木豆瓦登都用上,
香气渐渐溢满堂。上帝降临来品尝,
菜饭味道确实香。后稷开创祭祀礼,
幸蒙神佑没灾殃,至今流传好风尚。

行苇

【原文】

敦彼行苇,牛羊勿践履。

方苞方体,维叶泥泥。

戚戚兄弟,莫远具尔。

或肆之筵,或授之几。

肆筵设席,授几有缉御。

或献或酢,洗爵奠斝。

醓醢以荐,或幡或炙。

嘉殽脾臄,或歌或咢。

敦弓既坚,四鍭既钧;

舍矢既均,序宾以贤。

敦弓既句,既挟四鍭。

四鍭如树,序宾以不侮。

曾孙维主,酒醴维醹;

酌以大斗,以祈黄耇。

黄耇台背,以引以翼。

"寿考维祺,以介景福。"

【译文】

路边芦丛发嫩芽,别让牛羊践踏它。

苇心紧裹初成形,叶儿柔润将长大。

兄弟骨肉应友爱,互相亲近莫分家。

铺上筵席请客人,敬老茶几端给他。

摆好酒菜铺上席,侍者轮番端上几。

主人献酒客回敬,洗杯捧觞来回递。

献上肉糜请客尝,烧肉烤羊美无比。

牛胃牛舌也不差,唱歌击鼓人人喜。

雕弓拉起劲儿大,利箭匀直质量佳;

放手一箭就中的,各按胜负来坐下。

雕弓张开如满月,箭儿上弦准备发。

箭箭竖在靶子上,败者也不怠慢他。

宴会主人会当家,美酒醇厚味不差;

斟上美酒一大杯,敬祝老人寿无涯。

老者龙钟行不便,侍者引路扶着他。

"长命百岁最吉利,神明赐您福分大。"

既醉

【原文】

既醉以酒,既饱以德。

君子万年,介尔景福。

既醉以酒,尔殽既将。

君子万年,介尔昭明。

昭明有融,高朗令终。

令终有俶,公尸嘉告。

其告维何？笾豆静嘉。

朋友攸摄,摄以威仪。

威仪孔时,君子有孝子。

孝子不匮,永锡尔类。

其类维何？室家之壸。

君子万年,永锡祚胤。

其胤维何？天被尔禄。

君子万年,景命有仆。

其仆维何？釐尔女士。

釐尔女士,从以孙子。

【译文】

美酒喝得醉醺醺,饱尝您的好恩情。

但愿主人寿万年,神赐大福享不尽。

美酒喝得醉酡酊,您的佳肴数不清。

但愿主人寿万年,神赐前程多光明。

前程远大又光明,善终会有好名声。

善终必有好开头,神主好话仔细听。

神主好话说什么？碗碗祭品洁而精。

朋友宾客来助祭,祭礼隆重心虔诚。

祭祀礼节无差错,主人又尽孝子情。

孝子孝心永不竭,神灵赐您好章程。

赐您章程是什么？治理家庭常安宁。

但愿主人寿万年,子孙幸福永继承。

子孙后嗣怎么样？上天命您当国王。

但愿主人寿万年,天赐妻妾和儿郎。

妻妾儿郎怎么样？天赐才女做新娘。

天赐才女做新娘,随生子孙传代长。

凫鹥

【原文】

凫鹥在泾,公尸来燕来宁。

尔酒既清,尔殽既馨。

公尸燕饮,福禄来成。

凫鹥在沙,公尸来燕来宜。

尔酒既多,尔殽既嘉。

公尸燕饮,福禄来为。

凫鹥在渚,公尸来燕来处。

尔酒既湑,尔殽伊脯。

公尸燕饮,福禄来下。

凫鹥在潨,公尸来燕来宗。

既燕于宗,福禄攸降。

公尸燕饮,福禄来崇。

凫鹥在亹,公尸来止熏熏。

旨酒欣欣,燔炙芬芬。

公尸燕饮,无有后艰。

【译文】

河里野鸭鸥成群,神主赴宴慰主人。
您的美酒那样清,您的佳肴香喷喷。
神主光临来赴宴,福禄降临您家门。
野鸭鸥鸟在水滨,神主赴宴主人请。
您的美酒那样多,您的佳肴鲜又新。
神主光临来赴宴,大福大禄又添增。
野鸭鸥鸟在沙滩,神主赴宴心喜欢。
您的美酒清又醇,下酒肉干煮得烂。

神主光临来赴宴,天降福禄保平安。
野鸭鸥鸟在港汊,神主赴宴尊敬他。
宴席设在宗庙里,神赐福禄频降下。
神主光临来赴宴,福禄绵绵赐您家。
野鸭鸥鸟在峡门,神主赴宴心欢欣。
美酒畅饮味芳馨,烧肉烤羊香诱人。
神主光临来赴宴,今后无灾无苦闷。

假乐

【原文】

假乐君子,显显令德。
宜民宜人,受禄于天。
保右命之,自天申之。
千禄百福,子孙千亿。
穆穆皇皇,宜君宜王。
不愆不忘,率由旧章。

威仪抑抑,德音秩秩。
无怨无恶,率由群匹。
受福无疆,四方之纲。
之纲之纪,燕及朋友。
百辟卿士,媚于天子。
不解于位,民之攸墍。

【译文】

周王令人爱又敬,品德高尚心光明。
能用贤臣能安民,接受福禄从天庭。
上帝下令多保佑,多赐福禄国兴盛。
千禄百福齐降临,子子孙孙数不清。
个个正派又光明,当君当王都相称。

不犯过错不忘本,遵循旧制国太平。
仪表堂堂威凛凛,政教法令真清明。
没人怨来没人恨,依靠群臣受欢迎。
受天福禄无穷尽,四方万国遵王命。
君临天下王为首,大宴宾客请朋友。

诸侯卿士都赴宴,爱戴天子齐敬酒。

勤于职守不惰怠,万民归附国长久。

公刘

【原文】

笃公刘,匪居匪康。
乃埸乃疆,乃积乃仓。
乃裹餱粮,于橐于囊,
思辑用光。弓矢斯张,
干戈戚扬,爰方启行。
笃公刘,于胥斯原。
既庶既繁,既顺乃宣,
而无永叹。陟则在巘,
复降在原。何以舟之?
维玉及瑶,鞞琫容刀。
笃公刘,逝彼百泉,
瞻彼溥原。乃陟南冈,
乃觏于京。京师之野,
于时处处,于时庐旅,
于时言言,于时语语。

笃公刘,于京斯依。
跄跄济济,俾筵俾几。
既登乃依,乃造其曹。
执豕于牢,酌之用匏。
食之饮之,君之宗之。
笃公刘,既溥既长,
既景乃冈。相其阴阳,
观其流泉。其军三单,
度其隰原,彻田为粮。
度其夕阳,豳居允荒。
笃公刘,于豳斯馆。
涉渭为乱,取厉取锻。
止基乃理,爰众爰有。
夹其皇涧,溯其过涧。
止旅乃密,芮鞫之即。

【译文】

忠诚周民好公刘,不敢安居清福享。
划分疆界治田地,收割粮食仓囤装。
揉面蒸饼备干粮,装进小袋和大囊。
和睦团结争荣光,张弓带箭齐武装。
盾戈斧钺肩上扛,开始动身去远方。
忠诚周民好公刘,豳地原野察看忙。

百姓众多长跟随,民心归顺多舒畅,
长吁短叹一扫光。忽而登上小山坡,
忽而下到平原上。周身佩戴啥装饰?
美玉宝石尽琳琅,佩刀玉鞘闪闪亮。
忠诚周民好公刘,来到泉水岸边上,
眺望平原宽又广。登上南边高冈上,

发现京师好地方。京师田野形势好，
于是定居建新邦，于是规划造住房，
谈笑风生喜洋洋，七嘴八舌闹嚷嚷。
忠诚周民好公刘，定居京师新气象。
犒宴群臣威仪盛，入席就座招待忙。
宾主登席靠几坐，祭祖祭神求吉祥。
圈里捉猪做佳肴，葫芦瓢儿斟酒浆。
酒醉饭饱皆欢喜，共推公刘做君长。
忠诚周民好公刘，开垦幽地宽又长。

测了日影上山冈，山南山北勘察忙，
查明水源和流向。三支军队轮番作，
测量土地扎营房，开垦田亩为种粮。
上去测望山西头，幽地确实大又广。
忠诚周民好公刘，营建宫室在幽原。
横流渡过渭水去，磨石捶石都采全。
此地基址初奠定，民康物阜笑语欢。
住在皇涧两岸边，面向过涧也敞宽。
此地定居人口密，河岸两边都住满。

泂酌

【原文】

泂酌彼行潦，挹彼注兹，
可以饙饎。岂弟君子，
民之父母。
泂酌彼行潦，挹彼注兹，
可以濯罍。岂弟君子，

民之攸归。
泂酌彼行潦，挹彼注兹，
可以濯溉。岂弟君子，
民之攸塈。

【译文】

远舀路边积水潭，把这水缸都装满，
可以蒸菜也蒸饭。君子品德真高尚，
好比百姓父母般。
远舀路边积水坑，舀来倒进我水缸，
可把酒壶洗清爽。君子品德真高尚，

百姓归附心向往。
远舀路边积水洼，舀进水瓮抱回家，
可供洗涤和抹擦。君子品德真高尚，
百姓归附爱戴他。

卷阿

【原文】

有卷者阿,飘风自南。
岂弟君子,来游来歌,
以矢其音。
伴奂尔游矣,优游尔休矣。
岂弟君子,俾尔弥尔性,
似先公酋矣。
尔土宇昄章,亦孔之厚矣。
岂弟君子,俾尔弥尔性,
百神尔主矣。
尔受命长矣,茀禄尔康矣。
岂弟君子,俾尔弥尔性,
纯嘏尔常矣。
有冯有翼,有孝有德,
以引以翼。岂弟君子,
四方为则。

颙颙卬卬,如圭如璋,
令闻令望。岂弟君子,
四方为纲。
凤凰于飞,翙翙其羽,
亦集爰止。蔼蔼王多吉士,
维君子使,媚于天子。
凤凰于飞,翙翙其羽,
亦傅于天。蔼蔼王多吉人,
维君子命,媚于庶人。
凤凰鸣矣,于彼高冈。
梧桐生矣,于彼朝阳。
菶菶萋萋,雍雍喈喈。
君子之车,既庶且多。
君子之马,既闲且驰。
矢诗不多,维以遂歌。

【译文】

曲折丘陵风光好,旋风南来声怒号。
和气近人的君子,到此遨游歌载道,
大家献诗兴致高。
江山如画任你游,悠闲自得且暂休。
和气近人好君子,终生辛劳何所求?
继承祖业功千秋。
你的版图和封疆,一望无际遍海内。

和气近人好君子,终生辛劳有作为,
主祭百神最相配。
你受天命长又久,福禄安康样样有。
和气近人好君子,终生辛劳百年寿,
天赐洪福永享受。
贤才良士辅佐你,品德崇高有权威,
匡扶相济功绩伟。和气近人好君子,

垂范天下万民随。

贤臣肃敬志高昂，品德纯洁如圭璋，
名声威望传四方。和气近人好君子，
天下诸侯好榜样。

高高青天凤凰飞，百鸟展翅紧相随，
凤停树上百鸟陪。周王身边贤士萃，
任您驱使献智慧，爱戴天子不敢违。

青天高高凤凰飞，百鸟纷纷贤相随，

直上晴空迎朝晖。周王身边贤士萃，
听你命令不辞累，爱护人民行无亏。

凤凰鸣叫示吉祥，停在那边高山冈。

高冈上面生梧桐，面向东方迎朝阳。

枝叶茂盛郁苍苍，凤凰和鸣声悠扬。

迎送贤臣马车备，车子既多又华美。

迎送贤臣有好马，奔驰熟练快如飞。

贤臣献诗真不少，为答周王唱歌会。

民劳

【原文】

民亦劳止，汔可小康。

惠此中国，以绥四方。

无纵诡随，以谨无良。

式遏寇虐，憯不畏明。

柔远能迩，以定我王。

民亦劳止，汔可小休。

惠此中国，以为民逑。

无纵诡随，以谨惛怓。

式遏寇虐，无俾民忧。

无弃尔劳，以为王休。

民亦劳止，汔可小息。

惠此京师，以绥四国。

无纵诡随，以谨罔极。

式遏寇虐，无俾作慝。

敬慎威仪，以近有德。

民亦劳止，汔可小愒。

惠此中国，俾民忧泄。

无纵诡随，以谨丑厉。

式遏寇虐，无俾正败。

戎虽小子，而式弘大。

民亦劳止，汔可小安。

惠此中国，国无有残。

无纵诡随，以谨缱绻。

武遏寇虐，无俾正反。

王欲玉女，是用大谏。

908

【译文】

人民劳累真苦死,只求稍稍喘口气。

国家搞好京师富,安抚诸侯不费力。

别听狡诈欺骗话,不良之辈要警惕。

制止暴虐与劫掠,胆大妄为违法纪。

爱民不分远和近,国王安定心中喜。

人民劳苦莫提起,只求稍稍得休息。

国家搞好京师富,人民才能心满意。

别听狡诈欺骗话,争权夺利要警惕。

制止暴虐与劫掠,莫使人民心悲凄。

从前功劳休抛弃,成就国王好名气。

人民劳苦莫提起,只求稍稍松口气。

国家搞好京师富,安抚诸侯就顺利。

别听狡诈欺骗话,两面三刀要警惕。

制止暴虐与劫掠,不使作恶把人欺。

立身端正讲礼节,亲近贤德勤学习。

人民劳苦莫提起,只求稍稍歇歇力。

国家搞好京师富,使民消忧除怨气。

别听狡诈欺骗话,险恶之人要警惕。

制止暴虐与劫掠,莫使政局生危机。

你虽是个年轻人,作用很大应注意。

人民劳苦莫提起,要求稍稍得安逸。

国家搞好京师富,社会安定好风气。

别听狡诈欺骗话,结党营私要警惕。

制止暴虐与劫掠,莫将政治轻丧弃,

我王贪财爱美女,所以深深规劝你。

板

【原文】

上帝板板,下民卒瘅!

出话不然,为犹不远。

靡圣管管,不实于亶。

犹之未远,是用大谏。

天之方难,无然宪宪。

天之方蹶,无然泄泄。

辞之辑矣,民之洽矣。

辞之怿矣,民之莫矣。

我虽异事,及尔同寮。

我即尔谋,听我嚣嚣。

我言维服,勿以为笑。

先民有言:"询于刍荛。"

天之方虐,无然谑谑。

老夫灌灌,小子蹻蹻。

匪我言耄,尔用忧谑。

多将熇熇,不可救药。

天之方懠,无为夸毗。

威仪卒迷,善人载尸。

民之方殿屎,则莫我敢葵。

丧乱蔑资,曾莫惠我师。

天之牖民,如埙如篪,

如璋如圭,如取如携。

携无曰益,牖民孔易。

民之多辟,无自立辟。

价人维藩,大师维垣,

大邦维屏,大宗维翰。

怀德维宁,宗子维城。

无俾城坏,无独斯畏。

敬天之怒,无敢戏豫。

敬天之渝,无敢驰驱。

昊天曰明,及尔出王。

昊天曰旦,及尔游衍。

【译文】

上帝发疯不正常,下界人民都遭殃!

话儿说得不合理,政策订来没眼光。

不靠圣人太自用,光说不做真荒唐。

执政丝毫没远见,所以作诗劝我王。

老天正把灾难降,不要这般喜洋洋。

老天正在降骚乱,不要多嘴说短长。

政令协调缓和了,民心和协国力强。

政令混乱败坏了,人民受害难安康。

你我职务虽不同,毕竟同事在官场。

我到你处商国事,忠言逆耳白开腔。

我提建议为治国,切莫当作笑话讲。

古人有话说得好:"有事请教斫柴郎。"

老天正把灾难降,切莫喜乐太放荡。

老夫恳切尽忠诚,小子骄傲不像样。

不是我说糊涂话,你开玩笑太轻狂。

多做坏事难收拾,不可救药国将亡。

老天正在生怒气,你别这副奴才相。

君臣礼节都乱套,好人闭口不开腔。

人民痛苦正呻吟,对我不敢妄猜想。

社会纷乱国库空,抚恤群众谈不上。

老天诱导众百姓,如吹管乐和音响,

如像玄圭配玉璋,如提如携来相帮。

培育扶植不设防,因势利导很顺当。

如今民间多乱子,枉自立法没用场。

好人好比是藩篱,大众好比是围墙,

大国好比是屏障,同族好比是栋梁。

关心人民国安泰,宗子就像是城墙。

别让城墙受破坏,不要孤立自遭殃。

老天发怒要敬畏,不敢嬉戏太放荡。

老天灾变要敬畏,不敢任性太狂放。

老天眼睛最明亮,和你一起同来往。

老天眼睛最明朗,和你一起共游逛。

荡之什

荡

【原文】

荡荡上帝,下民之辟。
疾威上帝,其命多辟。
天生烝民,其命匪谌。
靡不有初,鲜克有终。
文王曰咨,咨女殷商!
曾是强御,曾是掊克,
曾是在位,曾是在服。
天降慆德,女兴是力。
文王曰咨,咨女殷商!
而秉义类,强御多怼。
流言以对,寇攘式内。
侯作侯祝,靡届靡究。
文王曰咨,咨女殷商!
女炰烋于中国,敛怨以为德。
不明尔德,时无背无侧。
尔德不明,以无陪无卿。

文王曰咨,咨女殷商!
天不湎尔以酒,不义从式。
既愆尔止,靡明靡晦。
式号式呼,俾昼作夜。
文王曰咨,咨女殷商!
如蜩如螗,如沸如羹。
小大近丧,人尚乎由行。
内奰于中国,覃及鬼方。
文王曰咨,咨女殷商!
匪上帝不时,殷不用旧。
虽无老成人,尚有典刑。
曾是莫听,大命以倾。
文王曰咨,咨女殷商!
人亦有言:"颠沛之揭,
枝叶未有害,本实先拨。"
殷鉴不远,在夏后之世。

【译文】

上帝骄纵又放荡,他是下民的君王。
上帝贪心又暴虐,政令邪僻太反常。
上天生养众百姓,政令无信尽撒谎。

万事开头讲得好,很少能有好收场。
文王开口叹声长,叹你殷商末代王!
多少凶暴强横贼,敲骨吸髓又贪赃,

911

窃据高位享厚禄，有权有势太猖狂。
天降这些不法臣，助长国王逞强梁。
文王开口叹声长，叹你殷商末代王！
你任善良以职位，凶暴奸臣心怏怏。
面进谗言来诽谤，强横窃据朝廷上。
诅咒贤臣害忠良，没完没了造祸殃。
文王开口叹声长，叹你殷商末代王！
跋扈天下太狂妄，却把恶人当忠良。
知人之明你没有，不知叛臣结朋党。
知人之明你没有，不知公卿谁能当。
文王开口叹声长，叹你殷商末代王！
上天未让你酗酒，也未让你用匪帮。
礼节举止全不顾，没日没夜灌黄汤。

狂呼乱叫不像样，日夜颠倒政事荒。
文王开口叹声长，叹你殷商末代王！
百姓悲叹如蝉鸣，恰如落进沸水汤。
大小事儿都不济，你却还是老模样。
全国人民怒气生，怒火蔓延到远方。
文王开口叹声长，叹你殷商末代王！
不是上帝心不好，是你不守旧规章。
虽然身边没老臣，还有成法可依傍。
这样不听人劝告，命将转移国将亡。
文王开口叹声长，叹你殷商末代王！
古人有话不可忘："大树拔倒根出土，
枝叶虽然暂不伤，树根已坏难久长。"
殷商镜子并不远，应知夏桀啥下场。

抑

【原文】

抑抑威仪，维德之隅。
人亦有言："靡哲不愚。"
庶人之愚。亦职维疾。
哲人之愚，亦维斯戾。
无竞维人，四方其训之。
有觉德行，四国顺之。
讦谟定命，远犹辰告。
敬慎威仪，维民之则。
其在于今，兴迷乱于政。
颠覆厥德，荒湛于酒。

女虽湛乐从，弗念厥绍，
罔敷求先王，克共明刑。
肆皇天弗尚，如彼泉流，
无沦胥以亡。夙兴夜寐，
洒扫庭内，维民之章。
修尔车马，弓矢戎兵。
用戒戎作，用逷蛮方。
质尔人民，谨尔侯度，
用戒不虞。慎尔出话，
敬尔威仪，无不柔嘉。

白圭之玷,尚可磨也;
斯言之玷,不可为也。
无易由言,无曰:"苟矣,
莫扪朕舌,"言不可逝矣。
无言不雠,无德不报。
惠于朋友,庶民小子。
子孙绳绳,万民靡不承。
视尔友君子,辑柔尔颜,
不遐有愆。相在尔室,
尚不愧于屋漏。无曰不显,
莫予云觏。神之格思,
不可度思,矧可射思?
辟尔为德,俾臧俾嘉。
淑慎尔止,不愆于仪。
不僭不贼,鲜不为则。
投我以桃,报之以李。
彼童而角,实虹小子。
荏染柔木,言缗之丝。
温温恭人,维德之基。

其维哲人,告之话言,
顺德之行。其维愚人,
覆谓我僭,民各有心。
於乎小子,未知臧否!
匪手携之,言示之事。
匪面命之,言提其耳。
借曰未知,亦既抱子。
民之靡盈,谁夙知而莫成?
昊天孔昭,我生靡乐。
视尔梦梦,我心惨惨。
诲尔谆谆,听我藐藐。
匪用为教,覆用为虐。
借曰未知,亦聿既耄!
於乎小子,告尔旧止。
听用我谋,庶无大悔。
天方艰难,曰丧厥国。
取譬不远,昊天不忒。
回遹其德,俾民大棘!

【译文】

仪表堂堂礼彬彬,为人品德很端正。
古人有句老俗话:"智者看来像愚笨。"
常人显得不聪明,那是本身有毛病。
智者看似不聪明,那是装傻避罪刑。
有了贤人国强盛,四方诸侯来归诚。
君子德行正又直,诸侯顺从庆升平。
建国大计定方针,长远国策告群臣。

举止行为要谨慎,人民以此为标准。
如今天下乱纷纷,国政混乱不堪论。
你的德行已败坏,沉湎酒色醉醺醺。
只知吃喝和玩乐,继承帝业不关心。
先王治道不广求,怎能明法利众民。
皇天不肯来保佑,好比泉水空自流,
君臣相率一齐休。应该起早又睡晚,

里外洒扫除尘垢，为民表率要带头。
整治你的车和马，弓箭武器认真修，
以便一旦战事起，征服国外众蛮酋。
安定你的老百姓，谨守法度莫任性，
以防祸事突然生。说话开口要谨慎，
行为举止要端正，处处温和又可敬。
白玉上面有污点，尚可琢磨除干净；
开口说话出毛病，再要挽回也不成！
不要随口把话吐，莫道"说话可马虎，
没人把我舌头捂"，一言既出难弥补。
没有出言无反应，施德总能得福禄。
朋友群臣要爱护，百姓子弟多安抚。
子子孙孙要谨慎，人民没有不顺服。
看你招待贵族们，和颜悦色笑盈盈，
小心过失莫发生。看你独自处室内，
做事无愧于神明。休道"室内光线暗，
没人能把我看清"。神明来去难预测，
不知何时忽降临，怎可厌倦自遭惩。
修明德行养情操，使它高尚更美好。
举止谨慎行为美，仪容端正有礼貌。
不犯过错不害人，很少不被人仿效。
人家送我一篮桃，我以李子来相报。

胡说秃羊头生角，实是乱你周王朝。
又坚又韧好木料，制作琴瑟丝弦调。
温和谨慎老好人，根基深厚品德高。
如果你是明智人，古代名言来奉告，
马上实行当作宝。如果你是糊涂虫，
反说我错不讨好，人心各异难诱导！
可叹少爷太年轻，不知好歹与重轻！
非但挽你互谈心，也曾教你办事情。
非但当面教导你，还拎你耳要你听。
假使说你不懂事，也已抱子有儿婴。
人们虽然有缺点，谁会早慧却晚成？
苍天在上最明白，我这一生没愉快。
看你那种糊涂样，我心烦闷又悲哀。
反复耐心教导你，你既不听也不睬。
不知教你为你好，反当笑话来编排。
如果说你不懂事，怎会骂我是老迈！
叹你少爷年幼王，听我告你旧典章。
你若听用我主张，不致大错太荒唐。
上天正把灾难降，只怕国家要灭亡。
让我就近打比方，上天赏罚不冤枉。
如果邪僻性不改，黎民百姓要遭殃！

桑柔

【原文】

菀彼桑柔，其下侯旬。

将采其刘，瘼此下民。

不殄心忧，仓兄填兮。

倬彼昊天，宁不我矜！

四牡骙骙，旟旐有翩。

乱生不夷，靡国不泯。

民靡有黎，具祸以烬。

於乎有哀。国步斯频！

国步蔑资，天不我将。

靡所止疑，云徂何往？

君子实维，秉心无竞。

谁生厉阶？至今为梗。

忧心殷殷，念我土宇。

我生不辰，逢天僤怒。

自西徂东，靡所定处。

多我觏痻，孔棘我圉。

为谋为毖，乱况斯削。

告尔忧恤，诲尔序爵。

谁能执热，逝不以濯？

其何能淑，载胥及溺。

如彼溯风，亦孔之僾。

民有肃心，荓云不逮。

好是稼穑，力民代食。

稼穑维宝，代食维好。

天降丧乱，灭我立王。

降此蟊贼，稼穑卒痒。

哀恫中国，具赘卒荒。

靡有旅力，以念穹苍。

维此惠君，民人所瞻。

秉心宣犹，考慎其相。

维彼不顺，自独俾臧。

自有肺肠，俾民卒狂。

瞻彼中林，甡甡其鹿；

朋友已谮，不胥以谷。

人亦有言："进退维谷。"

维此圣人，瞻言百里；

维彼愚人，覆狂以喜。

匪言不能，胡斯畏忌？

维此良人，弗求弗迪；

维彼忍心，是顾是复。

民之贪乱，宁为荼毒。

大风有隧，有空大谷。

维此良人，作为式谷；

维彼不顺，征以中垢。

大风有隧，贪人败类。

听言则对，诵言如醉。

匪用其良，覆俾我悖。

嗟尔朋友，予岂不知而作。

如彼飞虫，时亦弋获。

既之阴女，反予来赫。

民之罔极，职凉善背。

为民不利，如云不克。

民之回遹，职竞用力。

民之未戾，职盗为寇。

凉曰不可，覆背善詈。

虽曰匪予，既作尔歌。

【译文】

青青桑叶密又嫩，桑树下面一片荫，
采完桑叶剩枝根。害苦百姓难遮身，
愁思绵绵缠我心。社会凄凉乱纷纷，
皇天能把善恶分，怎么不怜我老臣！
四马驾车不住奔，旌旗翻飞各逃生。
祸乱发生不太平，到处纷乱难安宁。
百姓死亡人稀少，全都遭难变灰烬，
长叹一声心悲痛，国运艰难势将倾！
民穷财尽国运紧，老天不助我人民。
没有地方可安身，想走不知去何村？
君子扪心自思忖，没有争权夺利心。
谁是产生祸乱根？至今作梗害人民。
隐隐作痛心忧伤，想念故土旧家邦。
生不逢时真不幸，碰上老天怒火旺。
从东到西天地宽，没有安居好地方。
灾难遭到一连串，再加敌寇侵边疆。
谋划国事要谨慎，祸乱状况会减轻。
你们应当忧国事，合理授官任贤能。
好比谁想驱炎热，不去洗澡行不行？
国事如果不办好，大家淹死都丧命。
好比顶着大风跑，呼吸困难心发跳。
人民空有进取心，形势使他难效劳。
重视春种和秋收，百姓劳动官吃饱。
农业生产是个宝，官吏坐吃是正道。
死亡祸乱从天降，要灭我们所立王。
降下害虫和蟊贼，大田庄稼全吃光。

哀痛我们全中国，绵延田地一片荒。
大家没有尽力干，怎能感动那上苍。
通情达理好君王，人民对他就景仰。
心地光明善治国，慎重考察择宰相。
君主违理不顺民，只管自己把福享，
别有一副怪心肠，使民迷惑而放荡。
看那野外有树林，鹿儿成群多相亲。
朋友反而相欺骗，不能置腹又推心。
人们经常这样说："进退两难真苦闷。"
只有圣人有眼力，目光远大望百里；
只有蠢人眼近视，反而狂妄瞎欢喜。
并非有口不能言，为啥害怕有顾忌？
这位君主心善良，不求名利不争王；
那位君主太残忍，反复无常理不讲。
百姓为啥要作乱，因遭暴政苦难挡。
天上呼呼刮大风，峡谷从来是空空。
这位君主心善良，多做好事人歌颂；
那位君主不讲理，日夜荒淫不出宫。
天上大风呼呼吹，贪利小人是败类。
顺从话儿你答对，一听忠谏装酒醉。
忠臣良言不采用，反而说我老背晦。
叫声朋友听我说，我岂不知你所作。
好比天空飞翔鸟，有时射中也被捉。
你的底细我掌握，如今反而恐吓我。
人心不正好作乱，主张刻薄搞反叛。
你做不利人民事，好像还嫌不凶残。

人民要走邪僻路,竟用暴力解苦难。
人民不把好事做,主张为盗结成伙。

诚恳告你行不通,你反背地咒骂我。
虽然被你来诽谤,终究为你把诗作。

云汉

【原文】

倬彼云汉,昭回于天。
王曰:於乎! 何辜今之人?
天降丧乱,饥馑荐臻。
靡神不举,靡爱斯牲。
圭璧既卒,宁莫我听!
旱既大甚,蕴隆虫虫。
不殄禋祀,自郊徂宫。
上下奠瘗,靡神不宗。
后稷不克,上帝不临。
耗斁下土,宁丁我躬!
旱既大甚,则不可推。
兢兢业业,如霆如雷。
周余黎民,靡有孑遗。
昊天上帝,则不我遗。
胡不相畏? 先祖于摧。
旱既大甚,则不可沮。
赫赫炎炎,云我无所。
大命近止,靡瞻靡顾。
群公先正,则不我助。
父母先祖,胡宁忍予!

旱既大甚,涤涤山川。
旱魃为虐,如惔如焚。
我心惮暑,忧心如熏。
群公先正,则不我闻。
昊天上帝,宁俾我遁!
旱既大甚,黾勉畏去。
胡宁瘨我以旱? 憯不知其故。
祈年孔夙,方社不莫。
昊天上帝,则不我虞。
敬恭明神,宜无悔怒!
旱既大甚,散无友纪。
鞫哉庶正,疚哉冢宰。
趣马师氏,膳夫左右。
靡人不周,无不能止。
瞻卬昊天,云如何里!
瞻卬昊天,有嘒其星。
大夫君子,昭假无赢。
大命近止,无弃尔成!
何求为我,以戾庶正。
瞻卬昊天,曷惠其宁!

【译文】

浩浩银河天上横,星光灿烂转不停。
国王仰天长叹息:百姓今有啥罪行!
上天降下死亡祸,饥荒灾难接连生。
哪位神灵没祭祀,何曾吝惜用牺牲。
祭神圭璧已用尽,为啥祷告天不听!
旱情已经很严重,酷暑闷热如火熏。
不断祭祀求降雨,从那郊外到庙寝。
上祭天神下祭地,任何神灵都尊敬。
后稷不能止灾情,上帝圣威不降临。
天下田地尽遭害,灾难恰恰落我身。
旱灾已经很不轻,想要消除不可能。
整天提心又吊胆,如防霹雳和雷霆。
周地剩余老百姓,将要全部死干净。
皇天上帝心好狠,不肯赐食把善行。
祖先怎么不害怕?子孙死绝祭不成。
旱情严重无活路,没有办法可止住。
烈日炎炎如火烧,哪里还有遮荫处。
大限已到命将亡,神灵依旧不看顾。
诸侯公卿众神灵,不肯降临来帮助。
父母祖先在天上,为啥忍心看我苦!

旱灾来势很凶暴,山秃河干草木焦。
旱魔为害太猖狂,好像遍地大火烧。
长期酷热令人畏,忧心如焚受煎熬。
诸侯公卿众神灵,毫不过问怎么好。
叫声上帝叫声天,难道要我脱身逃!
旱灾来势虽凶暴,勉力在位不辞劳。
为啥降旱害我们?不知缘由真心焦。
祈年祭祀不算晚,祭方祭社也很早。
皇天上帝太狠心,不佑助我不宽饶。
一向恭敬诸神明,想来神明不会恼。
旱情严重总不已,人人散漫无法纪。
公卿百官都技穷,宰相盼雨空焦虑。
趣马师氏都祈雨,膳夫大臣来助祭。
没有一人不出力,没人停下喘口气。
仰望晴空无片云,我心忧愁何时止!
仰望高空万里晴,微光闪闪满天星。
大夫君子很虔诚,祈祷神灵没私情。
大限虽近将死亡,继续祈祷不要停!
祈雨不是为自己,是为安定众公卿。
仰望皇天默默祷,何时赐我民安宁!

崧高

【原文】

崧高维岳,骏极于天。

维岳降神,生甫及申。

维申及甫,维周之翰。

四国于蕃,四方于宣。

亹亹申伯,王缵之事。

于邑于谢,南国是式。

王命召伯,定申伯之宅。

登是南邦,世执其功。

王命申伯:"式是南邦,

因是谢人,以作尔庸。"

王命召伯,彻申伯土田。

王命傅御,迁其私人。

申伯之功,召伯是营。

有俶其城,寝庙既成。

既成藐藐,王锡申伯:

"四牡蹻蹻,钩膺濯濯。

王遣申伯,路车乘马。

我图尔居,莫如南土;

锡尔介圭,以作尔宝。

往近王舅,南土是保。

申伯信迈,王饯于郿。

申伯还南,谢于诚归。

王命召伯,彻申伯土疆;

以峙其粻,式遄其行。

申伯番番,既入于谢。

徒御啴啴,周邦咸喜,

戎有良翰。不显申伯,

王之元舅,文武是宪。

申伯之德,柔惠且直。

揉此万邦,闻于四国。

吉甫作诵,其诗孔硕。

其风肆好,以赠申伯。

【译文】

五岳居中是嵩山,巍巍高耸入云天。

中岳嵩山降神灵,吕侯申伯生人间。

申家伯爵吕家侯,辅佐周朝是中坚。

诸侯靠他为屏障,天下靠他为墙垣。

申伯勤勉美名扬,继承祖业佐周王。

赐封子谢建新都,南国诸侯有榜样。

周王命令召伯虎,去为申伯建住房。

建成南方一邦国,子孙世守国祚长。

王对申伯下令讲:"要在南国树榜样。

依靠谢地众百姓,建筑你国新城墙。"

周王命令召伯虎,治理申伯新封疆。

命令太傅和侍御,助他家臣迁谢邦。

申伯谢邑工已竣,全靠召伯苦经营。

峨峨谢城坚又厚,寝庙也已建筑成,

雕栏画栋院宇深。王赐申伯好礼品,

骏马四匹蹄儿轻,黄铜钩膺亮晶晶。

王遣申伯赴谢城,高车驷马快启程。

"我细考虑你住处,莫如南土最相称;

赐你大圭好礼物,作为国宝永保存。

叫声娘舅放心去,确保南土扎下根。"

申伯决定要动身,王到郿郊来饯行。

申伯要回南方去,决心南下住谢城。

919

周王命令召伯虎,申伯疆界要划定;
沿途粮草备充盈,一路顺风不留停。
申伯威武气昂昂,进入谢城好排场。
步骑车御列成行,全城人民喜洋洋,
从此国家有栋梁。高贵显赫的申伯,

周王大舅不寻常,能文能武是榜样。
申伯美德众口扬,和顺正直且温良。
安定诸侯达万国,赫赫声誉传四方。
吉甫作了这首歌,含义深切篇幅长,
曲调优美音铿锵,赠别申伯诉衷肠。

烝民

【原文】

天生烝民,有物有则。
民之秉彝,好是懿德。
天监有周,昭假于下。
保兹天子,生仲山甫。
仲山甫之德,柔嘉维则。
令仪令色,小心翼翼。
古训是式,威仪是力。
天子是若,明命使赋。
王命仲山甫,式是百辟。
缵戎祖考,王躬是保。
出纳王命,王之喉舌。
赋政于外,四方爰发。
肃肃王命,仲山甫将之。
邦国若否,仲山甫明之。
既明且哲,以保其身。
夙夜匪解,以事一人。

人亦有言:"柔则茹之,
刚则吐之。"维仲山甫,
柔亦不茹,刚亦不吐。
不侮矜寡,不畏强御。
人亦有言:"德輶如毛,
民鲜克举之。"我仪图之,
维仲山甫举之,爱莫助之。
衮职有阙,维仲山甫补之。
仲山甫出祖,四牡业业,
征夫捷捷,每怀靡及。
四牡彭彭,八鸾锵锵,
王命仲山甫,城彼东方。
四牡骙骙,八鸾喈喈,
仲山甫徂齐,式遄其归。
吉甫作诵,穆如清风。
仲山甫永怀,以慰其心。

【译文】

天生众人性相合，万物本来有法则。
人心自然赋常情，全都喜爱好品德。
上帝审察我周朝，周王祈祷意诚恪。
为保天子能中兴，生下山甫辅君侧。
山甫天生好品德，和气善良有原则。
仪表堂堂脸带笑，办事谨慎不出格。
遵循古训无差错，尽力做到礼节合。
处处承顺天子意，颁布命令贯政策。
周王命令仲山甫，要做诸侯好榜样。
祖先事业你继承，辅佐天子立纪纲。
受命司令你掌管，为王喉舌代宣讲。
颁布政令达各地，贯彻执行到四方。
王命严肃不可抗，山甫执行很顺当。
全国政事好和坏，山甫心里最明亮。
知识渊博又明理，保全节操永流芳。
日夜工作不松懈，全心全意侍周王。

有句老话经常讲："东西要拣软的吃，
硬的吐出放一旁。"只有这位仲山甫，
软的东西他不吃，硬的不吐真坚强；
见了鳏寡不欺侮，遇到强暴不退让。
有句老话人常道："品德即使轻如毛，
很少有人举得高。"细细揣摩暗思考，
只有山甫能做到，无力帮他表倾倒。
周王破了衮龙袍，只有山甫能补好。
山甫远出祭路神，四马雄壮如飞奔，
左右随从很勤快，惦念任务还在身。
四马蹄声得得响，八铃锵锵车轮滚。
周王命令仲山甫，筑城东方立功勋。
四匹骏马奔跑忙，八只铜铃响叮当。
山甫到齐去平乱，望他早日回故乡。
吉甫作歌赠老友，和如清风吹人爽。
山甫临行顾虑多，唱诗安慰望心宽。

韩奕

【原文】

奕奕梁山，维禹甸之，
有倬其道。韩侯受命，
王亲命之："缵戎祖考。
无废朕命，夙夜匪解，
虔共尔位。朕命不易，
干不庭方，以佐戎辟。"

四牡奕奕，孔修且张。
韩侯入觐，以其介圭，
入觐于王。王锡韩侯，
淑旂绥章，簟茀错衡，
玄衮赤舄，钩膺镂锡，
鞹鞃浅幭，鞗革金厄。

韩侯出祖，出宿于屠。

显父饯之，清酒百壶。

其殽维何？炰鳖鲜鱼。

其蔌维何？维笋及蒲。

其赠维何？乘马路车。

笾豆有且，侯氏燕胥。

韩侯取妻，汾王之甥，

蹶父之子。韩侯迎止，

于蹶之里。百两彭彭，

八鸾锵锵，不显其光。

诸娣从之，祁祁如云。

韩侯顾之，烂其盈门。

蹶父孔武，靡国不到；

为韩姞相攸，莫如韩乐。

孔乐韩土，川泽讦讦，

鲂鱮甫甫，麀鹿噳噳，

有熊有罴，有猫有虎。

庆既令居，韩姞燕誉。

溥彼韩城，燕师所完。

以先祖受命，因时百蛮。

王锡韩侯，其追其貊，

奄受北国，因以其伯。

实墉实壑，实亩实藉，

献其貔皮，赤豹黄罴。

【译文】

巍巍高耸梁山冈，大禹治水到此间，
一条大路通周邦。韩侯入朝受册命，
周王亲自对他讲："祖先事业你继承，
我的命令切莫忘。早晚工作别松懈，
忠诚职守勿疏荒。我的册命不轻发，
望你伐叛正纪纲，以此辅佐你君王。"
四匹公马真肥壮，又高又大气昂昂。
韩侯入周来朝见，手捧大圭上朝堂，
俯伏丹墀拜周王。王赐礼物示嘉奖，
锦绣龙旗彩羽装，缕金彩绘车一辆，
黑色龙袍大红靴，铜制马饰雕纹章，
浅色虎皮蒙轼上，马彝马轭闪金光。
韩侯离朝祭路神，路上住宿在屠城。
显父设宴为饯行，美酒百壶醇又清。

席上荤菜是什么？清蒸大鳖鲜鱼羹。
席上素菜是什么？嫩蒲烧汤竹笋丁。
临行赠品是什么？高车驷马垂红缨。
七盘八碗筵丰盛，韩侯宴饮真高兴。
韩侯结婚娶妻房，她的舅父是厉王，
司马蹶父小女郎。韩侯驾车去亲迎，
蹶邑大街闹洋洋。百辆新车挤路上，
车铃串串响叮当，荣耀显赫真辉煌。
陪嫁众妾紧相随，多如彩云巧梳妆。
韩侯举行三顾礼，满门灿烂又堂皇。
蹶父威武又雄壮，出使各国游历广；
他替女儿找婆家，莫如韩国最理想。
住在韩地欢乐多，河川水泊很宽广，
鳊鱼鲢鱼多肥大，母鹿公鹿满山冈，

深林有熊又有罴,山猫猛虎幽谷藏,

欢庆得了好地方,韩姞安乐心舒畅。

韩国城邑宽又广,工程完竣靠燕邦。

韩国祖先受王命,节制蛮族控北方。

王赐韩侯复祖业,追貊两族由你掌,

包括北方诸小国,你为方伯位居上。

城墙城壕替他筑,垦田收税样样帮。

他们贡献白狐皮,赤豹黄熊好皮张。

江汉

【原文】

江汉浮浮,武夫滔滔。

匪安匪游,淮夷来求。

既出我车,既设我旟。

匪安匪舒,淮夷来铺。

江汉汤汤,武夫洸洸。

经营四方,告成于王。

四方既平,王国庶定。

时靡有争,王心载宁。

江汉之浒,王命召虎:

"式辟四方,彻我疆土。

匪疚匪棘,王国来极。

于疆于理,至于南海。"

王命召虎,来旬来宣:

"文武受命,召公维翰。

无曰:予小子,召公是似。

肇敏戎公,用锡尔祉。

釐尔圭瓒,秬鬯一卣。

告于文人,锡山土田。

于周受命,自召祖命。"

虎拜稽首,"天子万年!"

虎拜稽首:"对扬王休。

作召公考,天子万寿!

明明天子,令闻不已。

矢其文德,洽此四国。"

【译文】

长江汉水流滔滔,壮士出征逞英豪。

不贪安逸非游遨,誓把淮夷来征讨。

驾起戎车如飞跑,树起战旗随风飘。

不求安逸不辞劳,陈师淮夷除凶暴。

长江汉水流浩荡,壮士勇猛世无双。

讨伐四方叛乱国,捷报飞来告周王。

四方叛国已平定,周邦方得保安康。

时局平定无征战,周王安宁心舒畅。

长江边啊汉水旁,王命召虎为大将:

"为我开辟四方地,为我治理好土疆。

施政宽缓莫扰民，一切准则学中央。
划定边界治国土，直到南海蛮夷邦。"
宣王册命任召虎，宗庙当中告百官：
"文王武王受天命，召公辅政立朝班。
不要说我还年轻，召公事业你接管。
速立大功来报效，赐你福禄示恩眷。"
"赏你玉勺世世传，黍酒一壶香又甜。

祭告你的祖先神，先王曾赐山和田。
你到岐周受册命，仪式按照你祖先。"
召虎拜谢又叩头，"恭祝天子寿万年！"
召虎拜谢又叩头，"为报王赐礼物厚，
特铸青铜召公簋，恭祝天子万年寿！
勤勉不倦周天子，名垂千古永不朽。
施行德政惠万民，协和四方众诸侯。"

常武

【原文】

赫赫明明，王命卿士，
南仲大祖，大师皇父：
"整我六师，以修我戎。
既敬既戒，惠此南国。"
王谓尹氏，命程伯休父：
"左右陈行，戒我师旅。
率彼淮浦，省此徐土，
不留不处，三事就绪。"
赫赫业业，有严天子。
王舒保作，匪绍匪游。
徐方绎骚，震惊徐方，
如雷如霆，徐方震惊。

王奋厥武，如震如怒。
进厥虎臣，阚如虓虎。
铺敦淮濆，仍执丑虏。
截彼淮浦，王师之所。
王旅啴啴，如飞如翰，
如江如汉。如山之苞，
如川之流。绵绵翼翼，
不测不克，濯征徐国。
王犹允塞，徐方既来。
徐方既同，天子之功。
四方既平，徐方来庭。
徐方不回，王曰还归。

【译文】

威武英明周宣王，命令卿士征徐方，
太庙之中命南仲，太师皇父同听讲：

"整顿六军振士气，修理弓箭和刀枪。
告诫士卒勿扰民，平定徐国惠南邦。"

王令尹氏传下话，策命休父任司马：
"士卒左右列好队，训诫六军早出发。
循那淮水岸边行，须对徐国细巡察。
大军不必久居留，任毕三卿便回家。"
威仪堂堂气概昂，神圣庄严周宣王。
王师从容向前进，不敢延缓不游逛。
徐国闻讯大骚动，王师威力震徐邦，
声势恰似雷霆轰，徐兵未战已惊慌。
宣王奋发真威武，就像天上雷霆怒。
冲锋兵车先进军，吼声震天如猛虎。

大军列阵淮水边，捉获敌方众战俘。
切断徐兵溃逃路，王师就地把兵驻。
王师势盛世无双，行动神速如鸟翔。
好比江汉水流长，好比青山难摇撼，
好比洪流不可挡，连绵不断声威壮，
神出鬼没难估量，大征徐国定南方。
宣王计划真恰当，徐国已服来归降。
纳土称臣成一统，建立功勋是我王。
四方诸侯既平靖，徐君朝拜王庭上。
徐国从此不敢叛，王命班师回周邦。

瞻卬

【原文】

瞻卬昊天，则不我惠。
孔填不宁，降此大厉。
邦靡有定，士民其瘵。
蟊贼蟊疾，靡有夷届。
罪罟不收，靡有夷瘳。
人有土田，女反有之。
人有民人，女覆夺之。
此宜无罪，女反收之。
彼宜有罪，女覆说之。
哲夫成城，哲妇倾城。
懿厥哲妇，为枭为鸱。
妇有长舌，维厉之阶。
乱匪降自天，生自妇人。

匪教匪诲，时维妇寺。
鞫人忮忒，谮始竟背。
岂曰不极，伊胡为慝？
如贾三倍，君子是识。
妇无公事，休其蚕织。
天何以刺？何神不富？
舍尔介狄，维予胥忌。
不吊不祥，威仪不类。
人之云亡，邦国殄瘁。
天之降罔，维其优矣。
人之云亡，心之忧矣。
天之降罔，维其几矣。
人之云亡，心之悲矣。

觱沸槛泉，维其深矣。
心之忧矣，宁自今矣？
不自我先，不自我后。

藐藐昊天，无不克巩。
无忝皇祖，式救尔后。

【译文】

仰望老天灰冥冥，老天对我没恩情。
天下很久不安宁，降下大祸真不轻。
国家无处有安定，害苦士卒和百姓。
好比害虫吃庄稼，没完没了总不停。
滥罚酷刑不收敛，生灵涂炭无止境。
别人如有好田地，你便侵占归自己。
别人田里人民多，你却夺来做奴隶。
这些本是无辜人，你却捕他不讲理。
那些本是有罪人，你却开脱去包庇。
男子有才能立国，妇女有才毁社稷。
可叹此妇太逞能，她是恶枭猫头鹰。
妇有长舌爱多嘴，灾难根源从她生。
祸乱不是从天降，出自妇人真不幸。
没人教王施暴政，女人内侍话太听。
专门诬告陷害人，说话前后相矛盾。
难道她还不凶狠，为啥喜欢这妇人？

好比商人会赚钱，叫他参政难胜任。
妇女不该管国事，她却蚕织不躬亲。
上天为啥罚我苦？神明为啥不赐福？
放任武装夷狄人，只是对我很厌恶；
人们遭难不抚恤，礼节不修走邪路。
良臣贤士都跑光，国运艰危将倾覆。
上天把那刑罚降，多如牛毛不胜防。
良臣贤士都逃光，心中忧伤对谁讲。
上天无情降法网，国家危险人心慌。
良臣贤士都逃光，回天乏术心悲伤。
泉水翻腾往外喷，源头一定非常深。
我心忧伤由来久，难道只是始于今？
祸乱不先也不后，恰恰与我同时辰。
老天浩茫又高远，约束万物定乾坤。
不要辱没你祖先，匡救王朝为子孙。

召旻

【原文】

旻天疾威，天笃降丧，
瘨我饥馑，民卒流亡。

我居圉卒荒。
天降罪罟，蟊贼内讧。

中华传世藏书

儒家经典

诗经

昏椓靡共,溃溃回遹,

实靖夷我邦。

皋皋訿訿,曾不知其玷。

兢兢业业,孔填不宁,

我位孔贬。

如彼岁旱,草不溃茂,

如彼栖苴。我相此邦,

无不溃止。

维昔之富不如时,维今之疚不如兹。

彼疏斯粺,胡不自替?

职兄斯引。

池之竭矣,不云自频?

泉之竭矣,不云自中?

溥斯害矣,职兄斯弘,

不灾我躬?

昔先王受命,有如召公。

日辟国百里,今也日蹙国百里。

於乎哀哉! 维今之人,

不尚有旧!

【译文】

老天暴虐难提防,接二连三降灾荒。

饥馑遍地灾情重,十室九空尽流亡。

国土荒芜生榛莽。

天降罪网真严重,蟊贼相争起内讧。

谗言乱政职不供,昏聩邪僻肆逞凶,

想把国家来断送。

欺诈攻击心藏奸,却不自知有污点。

君子兢兢又业业,对此早就心不安,

可惜职位太低贱。

好比干旱年头到,地里百草不丰茂,

像那枯草歪又倒。看看国家这个样,

崩溃灭亡免不了。

从前富裕今天穷,时弊莫如此地凶。

人吃粗粮他白米,何占茅房不出恭?

情况越来越严重。

池水枯竭非一天,岂不开始在边沿?

泉水枯竭源头断,岂不开始在中间?

这场灾害太普遍,这种情况在发展,

难道我不受牵连?

先王受命昔为君,有像召公辅佐臣。

当初日辟百里地,如今土地日瓜分。

可叹可悲真痛心! 不知如今满朝人,

是否还有旧忠臣?

周颂

清庙之什

清庙

【原文】

於穆清庙,肃雍显相。
济济多士,秉文之德。

对越在天,骏奔走在庙。
不显不承,无射于人斯。

【译文】

啊,在那深沉清庙中,助祭端庄又雍容。
众士祭祀行列齐,文王德教记在胸。

遥对文王在天灵,奔走在庙疾如风。
光照上天延后嗣,人们仰慕无时穷。

维天之命

【原文】

维天之命,於穆不已。
於乎不显。文王之德之纯!

假以溢我,我其收之。
骏惠我文王,曾孙笃之。

【译文】

想那天道在运行,庄严肃穆永不停。
啊,多么显赫多光明,文王品德真纯正!

仁政使我得安宁,我们一定要继承。
遵循文王踏过路,子子孙孙要力行。

维清

【原文】

维清缉熙,文王之典。
肇禋,迄用有成,
维周之祯。

【译文】

想我周朝政清明,因为文王善用兵。
由他始行祭天礼,直到武王才功成。
这是我周的祥祯。

烈文

【原文】

烈文辟公,锡兹祉福。
惠我无疆,子孙保之。
无封靡于尔邦,维王其崇之。
念兹戎功,继序其皇之。

无竞维人,四方其训之。
不显维德,百辟其刑之。
於乎,前王不忘!

【译文】

功德双全诸侯公,赐给你们助祭荣。
对我周朝永驯顺,子孙长保福无穷。
莫在你国造大孽,我王对你才尊重。
应念你祖立战功,继承祖业更恢宏。

强盛莫过得贤士,四方才会竞相从。
光明最是先王德,诸侯应该学此风。
先王典范永铭胸。

天作

【原文】

天作高山,大王荒之。
彼作矣,文王康之。

彼徂矣岐,有夷之行,
子孙保之。

【译文】

天生巍峨岐山冈,太王经营地更广。
上天在此生万物,文王安抚定周邦。

人心所向来归顺,岐山大道坦荡荡,
子孙永保这地方。

昊天有成命

【原文】

昊天有成命,二后受之。
成王不敢康,夙夜基命宥密。

於缉熙,单厥心,
肆其靖之。

【译文】

天命昭昭自上苍,受命为君文武王。
成王不敢图安逸,日夜谋政志安邦。
啊,多么光明多辉煌,忠诚厚道热

心肠,
国家巩固民安康。

我将

【原文】

我将我享,维羊维牛。
维天其右之。仪式刑文王之典,

日靖四方。伊嘏文王,
既右飨之。我其夙夜,

畏天之威，于时保之。

【译文】

我要祭祀先烹调，祭品牛羊不算少，上帝保佑好运道。典章制度效文王，治理天下日操劳。伟大神圣我文王，享受祭祀神灵到。我要日夜勤祭祷，崇敬天威遵天道，这才能把天下保。

时迈

【原文】

时迈其邦，昊天其子之。
实右序有周。薄言震之，
莫不震叠。怀柔百神，
及河乔岳。允王维后！
明昭有周，式序在位。
载戢干戈，载櫜弓矢。
我求懿德，肆于时夏，
允王保之。

【译文】

出发巡视大小邦，上帝视我如儿郎，佑我大周国运昌。才始发兵讨纣王，天下诸侯皆惊慌。为悦众神备祭享，遍及河山及四望。武王不愧天下长！大周昭明照四方，满朝称职皆贤良。收起干戈没用场，装好弓箭袋里藏。我去访求有德士，遍施善政国兴旺。周王定能保封疆。

执竞

【原文】

执竞武王，无竞维烈。
不显成康？上帝是皇。
自彼成康，奄有四方，
斤斤其明。钟鼓喤喤，
磬莞将将，降福穰穰。
降福简简，威仪反反。

既醉既饱,福禄来反。

【译文】

制服强梁称武王,克商功业世无双。
功成名就国安康,上帝对他也赞赏。
由于功成国安康,一统天下有四方,
武王英明坐朝堂。敲钟擂鼓咚咚响,

击磬吹箫声锵锵,上天赐福降吉祥。
无边洪福从天降,祭礼隆重又端庄。
武王神灵醉又饱,保你福禄绵绵长。

思文

【原文】

思文后稷,克配彼天。
立我烝民,莫匪尔极。

贻我来牟,帝命率育,
无此疆尔界,陈常于时夏。

【译文】

想起后稷先王,功德能配上苍。
养育我们百姓,谁未受你恩赏。

留给我们麦种,天命充用供养。
农政不分疆界,全国普遍推广。

臣工之什

臣工

【原文】

嗟嗟臣工,敬尔在公。
王釐尔成,来咨来茹。
嗟嗟保介,维莫之春。
亦又何求?如何新畬?

於皇来牟,将受厥明。
明昭上帝,迄用康年。
命我众人,庤乃钱镈,
奄观铚艾。

【译文】

群臣百官听我言,对待公事要谨严。
周王赐你耕作法,你应考虑细钻研。
农官你要忠职守,暮春农事应早筹,
你们还有啥要求?如何对待新田畴?

美好麦籽壮又圆,秋来定能获丰收。
光明上帝真灵验,一直赐我丰收年。
就该命令众农夫,锄锹你要备齐全,
他日一同看开镰。

噫嘻

【原文】

噫嘻成王,既昭假尔。
率时农夫,播厥百谷。

骏发尔私,终三十里。
亦服尔耕,十千维耦。

【译文】

成王祈呼向苍穹,一片虔诚与神通。
率领农夫同下地,安排农事快播种。

迅速开发私邑田,三十里地尽完工。
从事耕作须抓紧,万人耦耕齐劳动。

振鹭

【原文】

振鹭于飞,于彼西雍。
我客戾止,亦有斯容。

在彼无恶,在此无斁。
庶几夙夜,以永终誉。

【译文】

白鹭成群展翅翔,在那西边大泽上。
我有贵客喜光临,也穿高洁白衣裳。

他在本国无人怨,很受欢迎到我邦。
望您日夜多勤勉,众口交誉美名扬。

丰年

【原文】

丰年多黍多稌,亦有高廪,
万亿及秭。为酒为醴,

烝畀祖妣,以洽百礼,
降福孔皆。

【译文】

丰年多产糜和稻,粮仓堆得高又高,
万斛亿斛真不少。酿成醇酒和甜醪,

献给先妣与先考,牺牲玉帛同敬孝,
恩泽普降福星照。

有瞽

【原文】

有瞽有瞽,在周之庭。
设业设虡,崇牙树羽。
应田县鼓,鞉磬柷圉。
既备乃奏,箫管备举。

喤喤厥声,肃雍和鸣,
先祖是听。我客戾止,
永观厥成。

【译文】

盲乐师啊盲乐师,排列宗庙大庭上。
钟架鼓架都摆好,架上钩子彩羽装。
小鼓大鼓悬挂起,鞉磬柷圉列成行。
乐器齐备就演奏,箫管并吹音绕梁。

众乐同声多洪亮,肃穆和谐调悠扬,
祖宗神灵来欣赏。我有贵宾也光临,
曲终不觉奏时长。

潜

【原文】

猗与漆沮！潜有多鱼，
有鳣有鲔，鲦鲿鰋鲤。

以享以祀，以介景福。

【译文】

　啊，在那漆沮二水中，鱼儿繁多藏柴丛：

也有鳣鱼也有鲔，鲦鲿鲇鲤多品种。
用来祭祀供祖宗，求降洪福永无穷。

雍

【原文】

有来雍雍，至止肃肃。
相维辟公，天子穆穆。
於荐广牡，相予肆祀。
假哉皇考！绥予孝子。

宣哲维人，文武维后。
燕及皇天，克昌厥后。
绥我眉寿，介以繁祉。
既右烈考，亦右文母。

【译文】

来时节雍容和睦，到此地恭敬严肃。
助祭是诸侯群公，周天子端庄静穆。
献一口肥大公畜，相助我办好"肆祀"。
伟大啊光荣先父！您安抚我这孝子。

用贤臣聪明仁智，圣主兼武功文治。
安周邦上及皇天，能昌盛子孙后世。
赐予我长命百岁，又助我大福大祉。
既拜请父饮一杯，又敬请先母大姒。

载见

【原文】

载见辟王,曰求厥章。
龙旂阳阳,和铃央央,
鞗革有鸧,休有烈光。
率见昭考,以孝以享。

以介眉寿,永言保之,
思皇多祜。烈文辟公,
绥以多福,俾缉熙于纯嘏。

【译文】

诸侯始来朝周王,求赐车服众典章。
龙纹旗子真漂亮,车上和铃响叮当。
辔头装饰金辉煌,华丽耀目亮晃晃。
率领你们祭武王,隆重献祭在庙堂。

祈求赐我寿无疆,保佑天命永久长,成王得福又吉祥。英明有德诸侯公,君王受福靠你帮,使他前程光明福无量。

有客

【原文】

有客有客,亦白其马。
有萋有且,敦琢其旅。
有客宿宿,有客信信。

言授之絷,以絷其马。
薄言追之,左右绥之。
既有淫威,降福孔夷。

【译文】

远方客人来我家,跨着一匹白骏马。
随从人员一大串,个个品德无疵瑕。
客人头夜这儿宿,二夜三夜再留下。

最好拿根绳索来,把他马儿四蹄扎。
我为客人来钱行,群臣百官欢送他。
客人既然受优待,天赐福禄会更大。

武

【原文】

於皇武王,无竞维烈。
允文文王,克开厥后。

嗣武受之,胜殷遏刘,
耆定尔功。

【译文】

赞叹伟大周武王,他的功业世无双。
诚信有德周文王,能为子孙把业创。

嗣子武王承遗业,战胜敌人灭殷商,
巩固政权功辉煌。

闵予小子之什

闵予小子

【原文】

闵予小子,遭家不造,
嬛嬛在疚。於乎皇考,
永世克孝！念兹皇祖,

陟降庭止。维予小子,
夙夜敬止。於乎皇王,
继序思不忘！

【译文】

念我嗣位年纪轻,家中遭难真不幸,
整天忧伤叹孤零。放声赞我先父亲,
能尽孝道终其生！想我祖父国初兴,

任用群臣很公平。我今嗣位未成丁,
日夜勤劳坐朝廷。叫声先祖听我禀,
誓记遗业永记铭！

访落

【原文】

访予落止，率时昭考。

於乎悠哉，朕未有艾。

将予就之，继犹判涣。

维予小子，未堪家多难。

绍庭上下，陟降厥家。

休矣皇考，以保明其身。

【译文】

即位始初须计议，遵循先王志不移。

真是任重道远啊，我少经验水平低。

助我遵行先王法，继承宏业定大计。

想我如今年纪轻，家国多难担不起。

先父善将祖道承，用人得当国康熙。

想我皇父多英明，以此保身勉自己。

敬之

【原文】

敬之敬之，天维显思。

命不易哉，无曰高高在上。

陟降厥士，日监在兹。

维予小子，不聪敬止。

日就月将，学有缉熙于光明。

佛时仔肩，示我显德行。

【译文】

为人处事常警惕，天理昭彰不可欺，

保全国运实不易！莫说苍天高在上，

升黜群臣即天意，每天监视在此地。

我刚即位年纪轻，不明不戒受蒙蔽。

日积月累常学习，由浅入深明事理。

众臣辅我担重任，美德向我多启示。

小毖

【原文】

予其惩,而毖后患。

莫予荓蜂,自求辛螫。

肇允彼桃虫,拚飞维鸟。

未堪家多难,予又集于蓼。

【译文】

惩前毖后不摔跤,

缺少辅佐我心焦,只能独自操辛劳。

开始以为小鹪鹩,谁知飞出大海雕。

家国多难受不了,今陷困境更难熬。

载芟

【原文】

载芟载柞,其耕泽泽;

千耦其耘,徂隰徂畛。

侯主侯伯,侯亚侯旅,

侯强侯以。有嗿其馌,

思媚其妇,有依其士。

有略其耜,俶载南亩,

播厥百谷,实函斯活。

驿驿其达,有厌其杰,

厌厌其苗,绵绵其麃。

载获济济,有实其积,

万亿及秭。为酒为醴,

烝畀祖妣,以洽百礼。

有飶其香,邦家之光;

有椒其馨,胡考之宁。

匪且有且,匪今斯今,

振古如兹。

【译文】

开始除草又砍树,用力耕地松泥土;

上千对人齐耕耘,走下洼地踏小路。

田主带着大儿子,小儿晚辈也相助,

壮汉雇工同挥锄。大家吃饭声音响,

温顺柔美好农妇,她的儿子健如虎。

犁头雪亮又锋利,先耕南面那块地。

各色种子撒下去,颗颗粒粒含生气。

苗儿不断冒出来,高大粗壮讨人喜。

庄稼茂盛一色齐,穗儿连绵把头低。
开始收获丰硕果,场上粮食堆成垛,
千担万斛上亿箩。酿成美酒味醇和,
祖妣灵前先献酢,祭祀宴享礼节多。

黍稷热气真芬芳,家门荣幸国增光;
美酒醇厚真馨香,敬给老人得安康。
耕作不从今日始,丰收并非破天荒,
从古到今就这样。

良耜

【原文】

畟畟良耜,俶载南亩,
播厥百谷,实函斯活。
或来瞻女,载筐及筥。
其饟伊黍,其笠伊纠,
其镈斯赵,以薅荼蓼。
荼蓼朽止,黍稷茂止。

获之挃挃,积之栗栗。
其崇如墉,其比如栉,
以开百室。百室盈止,
妇子宁止。杀时犉牡,
有捄其角。以似以续,
续古之人。

【译文】

上好犁头真快利,翻土除草南亩地。
各色种子播下去,颗颗粒粒含生气。
那边有人来看你,背着方筐和圆篓,
送来饭食是小米,头戴草编圆斗笠,
挥动锄头把土起,除去杂草清田畦。
杂草腐烂肥田里,庄稼长得更茂密。

镰刀割来唰唰响,场上粮食如山积。
粮垛高耸如城墙,密密排列似梳篦,
大小仓库全开启。成百粮仓都装满,
老婆孩子心安逸。杀了那头大公牛,
双角弯弯美无比。用来祭祀社稷神,
前人传统后人继。

丝衣

【原文】

丝衣其紑,载弁俅俅。

自堂徂基,自羊徂牛;

鼐鼎及鼒,兕觥其觩,
旨酒思柔。不吴不敖,

胡考之休。

【译文】

身穿白衣是丝绸,漂亮帽子戴在头。
庙堂直到门槛外,有的献羊有献牛;
大鼎中鼎加小鼎,兕角酒杯弯如钩,

美酒醇厚又和柔。轻声细语不骄傲,
保佑我们都长寿!

酌

【原文】

於铄王师,遵养时晦。
时纯熙矣,是用大介。

我龙受之,蹻蹻王之造。
载用有嗣,实维尔公允师。

【译文】

王师战绩多辉煌,挥兵东征灭殷商。
局势明朗国运昌,上天降下大吉祥。

光宠先业我承受,归功英勇周武王。
后世子孙要牢记,先公是你好榜样。

桓

【原文】

绥万邦,娄丰年,
天命匪解。桓桓武王,
保有厥士。于以四方,

克定厥家。於昭于天,
皇以间之!

【译文】

平定天下万邦,连年丰收吉祥,
天命在周久长。武王英明威武,

保有辽阔封疆。于是用武四方,
齐家治国永昌。啊,光辉照耀天上,

君临天下代商!

赉

【原文】

文王既勤止,我应受之。
敷时绎思。我徂维求定。

时周之命,於绎思!

【译文】

文王一生多勤劳,我要继承治国道。
推广实行常思考,天下安定最紧要。

你们受功承周命,文王功德要记牢!

般

【原文】

於皇时周,陟其高山。
嶞山乔岳,允犹翕河。

敷天之下,裒时之对,
时周之命。

【译文】

啊,多么壮丽我大周,登上高山望九州。
不论大山或小丘,与河合祭献旨酒。

普天之下诸神灵,同聚合祭齐享受,
大周受命运长久。

鲁颂

駉之什

駉

【原文】

駉駉牡马,在坰之野。

薄言駉者,有骄有皇,

有骊有黄,以车彭彭。

思无疆,思马斯臧。

駉駉牡马,在坰之野。

薄言駉者,有骓有駓,

有骍有骐,以车伾伾。

思无期,思马斯才。

駉駉牡马,在坰之野。

薄言駉者,有驒有骆,

有骝有雒,以车绎绎。

思无斁,思马斯作。

駉駉牡马,在坰之野。

薄言駉者,有骃有騢,

有驔有鱼,以车祛祛。

思无邪,思马斯徂。

【译文】

群马雄健高又大,放牧远郊近水涯。

要问是些什么马:骄马皇马毛带白,

骊马黄马色相杂,用来驾车人人夸。

鲁公深谋又远虑,马儿骏美再无加。

群马雄健高又大,放牧远郊近水涯。

要问是些什么马:黄白称雒灰白駓,

青黑骐马赤黄骓,力大能把战车驾。

鲁公思虑真到家,马儿成材实堪嘉。

群马雄健大又高,放牧原野在远郊。

请看骏马多么好:驒马青色骆马白,

骝马火赤雒马焦,用来驾车能快跑。

鲁公不倦深思考,马儿撒欢腾身跳。

群马雄健大又高,放牧原野在远郊。

请看骏马多么好:红色骃马灰白騢,

黄脊驔马白眼鱼,身高体壮把车套。

鲁公思虑是正道,马儿骏美能远跑。

943

有驷

【原文】

有驷有驷,驷彼乘黄。
夙夜在公,在公明明。
振振鹭,鹭于下。
鼓咽咽,醉言舞。
于胥乐兮。
有驷有驷,驷彼乘牡。
夙夜在公,在公饮酒。
振振鹭,鹭于飞。

鼓咽咽,醉言归。
于胥乐兮。
有驷有驷,驷彼乘骃。
夙夜在公,在公载燕。
自今以始,岁其有。
君子有穀,诒孙子。
于胥乐兮。

【译文】

马儿强健又肥壮,强壮马儿四匹黄。
早夜办事在公堂,鞠躬尽瘁为公忙。
手拿鹭羽起舞,好像白鹭飞过。
咚咚不停击鼓,酒醉舞态婆娑。
上下人人都快活。
马儿强健又肥壮,四匹公马气昂昂。
早夜办事在公堂,公事之余饮酒浆。
手拿鹭羽舞蹈,好像白鹭翔翔。

鼓声咚咚狂敲,喝醉回家睡觉。
上下人人齐欢笑。
马儿强健又肥壮,四匹青马真昂昂。
早夜办事在公堂,公余宴饮齐举觞。
打从今年开始,岁岁都是丰年。
君子做了好事,子孙后世相传。
上下人人笑开颜。

泮水

【原文】

思乐泮水,薄采其芹。

鲁侯戾止,言观其旂。

其旂筏筏,鸾声哕哕。

无小无大,从公于迈。

思乐泮水,薄采其藻。

鲁侯戾止,其马蹻蹻。

其马蹻蹻,其音昭昭。

载色载笑,匪怒伊教。

思乐泮水,薄采其茆。

鲁侯戾止,在泮饮酒。

既饮旨酒,永锡难老。

顺彼长道,屈此群丑。

穆穆鲁侯,敬明其德。

敬慎威仪,维民之则。

允文允武,昭假烈祖。

靡有不孝,自求伊祜。

明明鲁侯,克明其德,

既作泮宫,淮夷攸服。

矫矫虎臣,在泮献馘。

淑问如皋陶,在泮献囚。

济济多士,克广德心。

桓桓于征,狄彼东南。

烝烝皇皇,不吴不扬。

不告于讻,在泮献功。

角弓其觩,束矢其搜。

戎车孔博,徒御无斁。

既克淮夷,孔淑不逆。

式固尔犹,淮夷卒获。

翩彼飞鸮,集于泮林,

食我桑黮,怀我好音。

憬彼淮夷,来献其琛。

元龟象齿,大赂南金。

【译文】

泮水那边喜气盈,人在水边采水芹。

鲁侯大驾已光临,且看大旗绣龙纹。

绣龙旗帜迎风展,车铃声儿响叮叮。

百官不论大和小,跟着鲁侯随驾行。

泮水那边乐陶陶,人在水面采水藻。

鲁侯大驾已来到,马儿强壮四蹄骄。

马儿强壮四蹄骄,铃声清脆多热闹。

鲁侯温和脸带笑,从不发怒善教导。

泮水那边多愉快,人在水上采莼菜。

鲁侯大驾已到来,泮水岸上酒筵摆。

痛饮美酒真开怀,永赐不老春常在。

沿着漫漫远征路,征服叛贼除灾害。

鲁侯威严又端庄,修明德行振朝纲。

容貌举止也端方,确是人民好榜样。

又能文来又能武,英明能及众先王。

事事仿效祖宗法,自求福佑保吉祥。

勤勤恳恳我鲁侯,能修品德使淳厚。

既已建起泮宫来,征服淮夷众小丑。

将帅英勇如猛虎,泮宫献耳诛敌酋。

法官善审如皋陶,泮宫献上阶下囚。

百官济济人才多,鲁侯善意得远播。

三军威武去出征,治服东南除灾祸。

军容壮观又盛大,肃静无哗列队过。

对待俘虏不严惩,泮宫献功赐玉帛。

牛角雕弓硬又强,众箭齐发嗖嗖响。

战车奔驰千百辆,官兵上下斗志昂。

淮夷已经被征服,俯首听命不违抗。

坚持执行好计谋,终将淮夷全扫荡。

翩翩飞翔猫头鹰,停在泮水岸边林。

吃罢我家紫桑葚,给我唱出悦耳音。

淮夷悔悟有诚心,特地来献宝和珍。

呈上大龟和象牙,再加巨玉和南金。

閟宫

【原文】

闷宫有侐,实实枚枚。

赫赫姜嫄,其德不回。

上帝是依,无灾无害。

弥月不迟,是生后稷,

降之百福:黍稷重穋,

稙穉菽麦。奄有下国,

俾民稼穑。有稷有黍,

有稻有秬。奄有下土,

缵禹之绪。

后稷之孙,实维大王。

居岐之阳,实始翦商。

至于文武,缵大王之绪;

致天之届,于牧之野。

"无贰无虞,上帝临女!"

敦商之旅,克咸厥功。

王曰:"叔父,建尔元子,

俾侯于鲁。大启尔宇,

为周室辅。"

乃命鲁公,俾侯于东。

锡之山川,土田附庸。

周公之孙,庄公之子。

龙旂承祀,六辔耳耳。

春秋匪解,享祀不忒。

皇皇后帝,皇祖后稷!

享以骍牺,是飨是宜。

降福既多,周公皇祖,

亦其福女。

秋而载尝,夏而楅衡。

白牡骍刚,牺尊将将。

毛炰胾羹,笾豆大房。

万舞洋洋,孝孙有庆。

俾尔炽而昌,俾尔寿而臧。

保彼东方,鲁邦是常。

不亏不崩,不震不腾;

三寿作朋,如冈如陵。

公车千乘,朱英绿縢,

二矛重弓。公徒三万，
贝胄朱綅，烝徒增增。
戎狄是膺，荆舒是惩，
则莫我敢承。俾尔昌而炽，
俾尔寿而富。黄发台背，
寿胥与试。俾尔昌而大，
俾尔耆而艾。万有千岁，
眉寿无有害。
泰山岩岩，鲁邦所詹。
奄有龟蒙，遂荒大东。
至于海邦，淮夷来同，
莫不率从，鲁侯之功。
保有凫绎，遂荒徐宅。

至于海邦，淮夷蛮貊。
及彼南夷，莫不率从。
莫敢不诺，鲁侯是若。
天锡公纯嘏，眉寿保鲁。
居常与许，复周公之宇。
鲁侯燕喜，令妻寿母，
宜大夫庶士，邦国是有。
既多受祉，黄发儿齿。
徂徕之松，新甫之柏。
是断是度，是寻是尺。
松桷有舄，路寝孔硕。
新庙奕奕，奚斯所作。
孔曼且硕，万民是若。

【译文】

肃穆清净姜嫄庙，又高又大人稀到。
姜嫄光明又伟大，品德纯正无疵瑕。
上帝凭依在她身，无灾无害有妊娠。
怀足十月没拖延，后稷诞生她分娩。
上天赐他百种福：小米高粱都丰足，
豆麦先后播下土。后稷拥有普天下，
教会百姓种庄稼。高粱小米长得好，
还种黑黍和香稻。四海都归后稷有，
继承大禹功业守。
说起后稷子孙旺，古公亶父谥太王，
住在岐山向阳坡，开始准备灭殷商。
传到文王和武王，太王事业更发扬；
替天行道伐商纣，牧野一战商朝亡。

"莫怀二心莫欺诳，人人头顶有上苍！"
集合商朝众俘虏，完成大业功辉煌。
成王开口叫"叔父，立您长子为侯王，
封于鲁国守东方，开疆拓土大发展，
辅助周室作屏障。"
于是成王命鲁公，东鲁为侯要慎重，
赐他山川和土地，还有小国作附庸。
周公子孙鲁僖公，庄公之子建殊功，
继承祭祀龙旗用，四马六缰青丝鞚，
四时致祭不懈怠，玉帛牺牲按时供。
光明伟大的上帝，先祖后稷神灵通，
赤色牺牲敬献上，飨祭宜祭典礼隆，
天降洪福千百种。伟大先祖周公旦，

947

将福赐你真光荣。

秋天尝祭庆丰收，夏天设栏先养牛，
白猪赤牛养几头。牺杯相碰盛美酒，
生烤乳猪肉汤稠，大盘大碗皆流油。
场面盛大跳万舞，子孙祭祀神保佑。
使你昌盛又兴旺，使你长寿且安康，
愿你安抚定东方，守住国土保鲁邦。
如山永固不崩溃，如水长流不动荡；
寿比三老百年长，犹如巍巍南山冈。
有车千辆鲁称雄，红缨长矛丝缠弓，
弓矛成双待备用。鲁公步卒三万众，
盔上镶贝垂红绒，排山倒海向前冲。
痛击北狄和西戎，严惩荆舒使知痛，
谁人胆敢撄我锋。使你兴旺又繁荣，
使你长寿又年丰，鬓发变黄背生纹，
高寿无比人中龙。使你繁盛又兴隆，
使你寿如不老松，千秋万岁寿无疆，
长命百岁无病痛。

泰山高峻接苍穹，鲁国对它最尊崇。
龟山蒙山都属鲁，边境直到地极东，
沿海小国都附庸，淮夷带头来朝贡。
没人胆敢不服从，这是鲁侯建大功。
保有凫峄两山头，又把徐国拿到手。
沿海小国都归附，东南淮夷齐附首。
势力直达荆楚地，莫不顺服来相投。
个个唯唯又诺诺，人人服帖尊鲁侯。
天赐鲁公大吉祥，高龄长寿保鲁邦。
收回国土常和许，恢复周公旧封疆。
鲁侯举办喜庆宴，贤妻良母受颂扬。
大夫诸臣尽和睦，国家始能保兴旺。
屡蒙上苍降福禄，鬓发变黄新齿长。
徂徕山上千松栽，新甫岭头万棵柏，
砍下树木又劈开，锯成长短栋梁材。
松树屋椽粗又大，宫殿高敞好气派，
新庙和它紧相挨。颂歌一曲奚斯唱，
长篇巨制有文采，人人赞他好诗才。

商颂

那

【原文】

猗与那与，置我鞉鼓。
奏鼓简简，衎我烈祖。

汤孙奏假，绥我思成。
鞉鼓渊渊，嘒嘒管声。

既和且平,依我磬声。

於赫汤孙,穆穆厥声。

庸鼓有斁,万舞有奕。

我有嘉客,亦不夷怿。

自古在昔,先民有作。

温恭朝夕,执事有恪。

顾予烝尝,汤孙之将。

【译文】

多盛大啊多繁富,堂上竖起拨浪鼓。

击鼓咚咚响不停,以此娱乐我先祖。

襄公祭祀祈神明,赐我顺利拓疆土。

拨浪鼓儿声声响,竹管呜呜吹新声。

曲调协谐音和平,玉磬一声众乐停。

啊哈显赫宋襄公,他的乐队真动听。

铿锵洪亮钟鼓鸣,洋洋万舞场面盛。

助祭嘉宾都光临,无不欢乐喜盈盈。

遥远古代先民们,早把祭礼安排定。

态度温文又恭敬,管理祭祀需虔诚。

秋冬致祭请光临,襄公奉献表衷情。

烈祖

【原文】

嗟嗟烈祖! 有秩斯祜。

申锡无疆,及尔斯所。

既载清酤,赉我思成。

亦有和羹,既戒既平。

鬷假无言,时靡有争。

绥我眉寿,黄耇无疆。

约軝错衡,八鸾鸧鸧。

以假以飨,我受命溥将。

自天降康,丰年穰穰。

来假来飨,降福无疆。

顾予烝尝,汤孙之将。

【译文】

赞叹先祖多荣光! 齐天洪福不断降,

无穷无尽重重赏,恩泽遍及宋封疆。

供上清酒祭先祖,赐我疆土兴宋邦。

还有调匀美味汤,五味平正阵阵香。

心中默默暗祷告,次序井井不争抢。

赐我长命寿百年,满头黄发福无疆。

彩绘车衡皮缠軝,四马八铃响叮当。

宋君赴庙来致祭,受周之命封地广。

安定康乐自天降,五谷丰登粮满仓。
先祖降临来受飨,赐我福分大无量。

秋冬致祭请赏光,宋君奉献情意长。

玄鸟

【原文】

天命玄鸟,降而生商,
宅殷土芒芒。古帝命武汤,
正域彼四方。方命厥后,
奄有九有。商之先后,
受命不殆,在武丁孙子。
武丁孙子,武王靡不胜。

龙旂十乘,大糦是承。
邦畿千里,维民所止,
肇域彼四海。四海来假,
来假祁祁。景员维河,
殷受命咸宜,百禄是何。

【译文】

上天命令神燕降,降而生契始建商,
住在殷土多宽广。当初上帝命成汤,
治理天下管四方。广施号令为君王,
九州尽入商封疆。殷商先君受天命,
国运长久安无恙,全靠武丁是贤王。
后裔武丁是贤王,成汤大业他承当。

十辆马车插龙旗,满载酒食来祭享。
领土辽阔上千里,人民定居这地方,
四海之内是封疆。四方夷狄来朝见,
络绎不绝纷又攘。景山四周黄河绕,
殷商受命治国邦,邀天之福永呈祥。

长发

【原文】

浚哲维商,长发其祥。
洪水芒芒,禹敷下土方,
外大国是疆。幅陨既长,

有娀方将,帝立子生商。
玄王桓拨,受小国是达,
受大国是达。率履不越,

遂视既发。相土烈烈，
海外有截。

帝命不违，至于汤齐。

汤降不迟，圣敬日跻。

昭假迟迟，上帝是祗，
帝命式于九围。

受小球大球，为下国缀旒。

何天之休，不竞不绿，
不刚不柔。敷政优优，
百禄是遒。

受小共大共，为下国骏厖，

何天之龙，敷奏其勇。

不震不动，不戁不竦，
百禄是总。

武王载旆，有虔秉钺。

如火烈烈，则莫我敢曷。

苞有三蘗，莫遂莫达。

九有有截，韦顾既伐，
昆吾夏桀。

昔在中叶，有震且业。

允也天子，降予卿士，
实维阿衡，实左右商王。

【译文】

商朝世世有明王，上天常常示吉祥。
远古洪水白茫茫，大禹治水定四方。
扩大夏朝拓封疆，幅员从此宽又广。
有娀氏国也兴旺，简狄为妃生玄王。
商契威武又英明，受封小国令能行，
受封大国能行令。遵循礼制不越轨，
遍加视察促实行。契孙相土真威武，
海外诸侯齐听命。
上帝之命不违抗，代代奉行至成汤。
汤王降生正当时，明慧谨慎日向上。
虔诚祈祷久不息，无限崇敬尊上苍。
帝命九州齐效汤。
接受上天大小法，表率诸侯做典范，
蒙天之赐美名传。不相争来不急躁，

不强硬也不柔软，施行政令很宽和，
百样福禄集如山。
接受上天大小法，各国诸侯受庇蒙，
蒙天赐予我荣宠。大施神威奏战功，
不震惊也不摇动，不胆怯也不惶恐，
百样福禄都聚拢。
汤王出兵伐夏届，锋利大斧拿在手，
好比烈火熊熊燃，谁敢阻挡和我斗。
一棵树干三个杈，没有一株枝叶稠。
征服九州成一统，诛韦灭顾扫敌寇，
昆吾夏桀也不留。
从前中期国兴旺，威力强大震四方，
汤为天子诚又信，卿士贤明自天降。
贤明卿士是阿衡，是他辅佐商汤王。

殷武

【原文】

挞彼殷武,奋伐荆楚。
罙入其阻,裒荆之旅。
有截其所,汤孙之绪。
维女荆楚,居国南乡。
昔有成汤,自彼氐羌。
莫敢不来享,莫敢不来王,
曰商是常。
天命多辟,设都于禹之绩。
岁事来辟,勿予祸适,
稼穑匪解。天命降监,

下民有严。不僭不滥,
不敢怠遑。命于下国,
封建厥福。
商邑翼翼,四方之极。
赫赫厥声,濯濯厥灵。
寿考且宁,以保我后生。
陟彼景山,松柏丸丸。
是断是迁,方斫是虔。
松桷有梴,旅楹有闲,
寝成孔安。

【译文】

殷商大军疾如风,讨伐楚国真奋勇。
长驱深入险阻地,大败楚军擒敌众,
所到之处皆报捷,汤王子孙赫赫功。
荆楚之邦听端详,你们住在宋南方。
昔我远祖号成汤,即使遥远如氐羌,
谁敢不来献宝藏,谁敢不来朝汤王,
都说服从我殷商。
天子下令诸侯听,禹治水处建都城。
年终祭祀来朝见,不给你们加罪名,
但莫松懈误农耕。天子下令去视察,

下民肃敬实可嘉。不敢妄为违礼法,
不敢松劲又拖拉。天子下令我宋国,
努力兴建福禄大。
商都繁华又整齐,好给四方作标准。
他有赫赫好名声,光焰灿灿显威灵。
他既长寿又安宁,保我子孙常昌盛。
登上高高景山巅,苍松翠柏参云天。
弄断松柏搬回去,又砍又削把屋建。
松树椽子长又大,根根柱子粗而圆。
寝庙建成神灵安。

图文珍藏本

孝　经

[春秋] 孔子 ◎ 著

导读

　　《孝经》中国古代儒家的伦理学著作。传说是孔子自作,全书共分 18 章,以孝为中心,比较集中地阐发了儒家的伦理思想。它肯定"孝"是上天所定的规范,"夫孝,天之经也,地之义也,人之行也。"书中指出,孝是诸德之本,"人之行,莫大于孝",国君可以用孝治理国家,臣民能够用孝立身理家,保持爵禄。《孝经》在中国伦理思想中,首次将孝亲与忠君联系起来,认为"忠"是"孝"的发展和扩大,并把"孝"的社会作用推而广之,认为"孝悌之至"就能够"通于神明,光于四海,无所不通"。

开宗明义章第一

【原文】

仲尼居,曾子侍。子曰:"先王有至德要道,以顺天下,民用和睦,上下无怨。汝知之乎?"曾子避席曰:"参不敏,何足以知之?"子曰:"夫孝,德之本也,教之所由生也。复坐,吾语汝。身体发肤,受之父母,不敢毁伤,孝之始也。立身行道,扬名于后世,以显父母,孝之终也。夫孝,始于事亲,中于事君,终于立身。《大雅》云:'无念尔祖,聿修厥德。'"

【译文】

孔子在家中闲坐,曾参在一旁侍坐。孔子说:"先代的圣帝贤王,有一种至高无上的品行,至为重要的道德,用它可以使得天下人心归顺,百姓和睦相处,上上下下没有怨恨和不满。你知道这是什么吗?"曾子连忙起身离开自己的座位回答说:"我生性不够聪敏,哪里能知道那究竟是什么呢?"孔子说:"那就是孝!孝是一切道德的根本,所有的品行的教化都是由孝派生出来的。你还是回到原来位置坐下,我讲给你听。一个人的身体、四肢、毛发、皮肤、都是父母赋予的,所以要特别加以爱护,不敢损坏伤残,这是孝的开始,是基本的孝行。一个人要有所建树,遵循天道,扬名于后世,使父母荣耀显赫,这是孝的终了,是完满的、理想的孝行。孝,开始时从侍奉父母做起,中间的阶段是效力于君王,最终则要建功立业,功成名就,这才是孝的圆满的结果。《大雅》里说:'怎么能不思念你的先祖呢? 要努力去发扬光大你的先祖的美德啊!'"

天子章第二

【原文】

子曰:"爱亲者,不敢恶于人;敬亲者,不敢慢于人。爱敬尽于事亲,而德教加于百姓,刑于四海。盖天子之孝也。《甫刑》云:'一人有庆,兆民赖之。'"

【译文】

孔子说："能够亲爱自己的父母的人，也就不会厌恶别人的父母；能够尊敬自己的父母，也就不会怠慢别人的父母。天子能以亲爱恭敬的心情尽心尽力侍奉父母，就会以至高无上的道德施之于黎民百姓，成为天下人效法的典范。这就是天子的孝道啊！《甫刑》里说：'天子有善行，天下万民全都仰赖他，国家便能长治久安。'"

诸侯章第三

【原文】

在上不骄，高而不危；制节谨度，满而不溢。高而不危，所以长守贵也。满而不溢，所以长守富也。富贵不离其身，然后能保其社稷，而和其民人。盖诸侯之孝也。《诗》云："战战兢兢，如临深渊，如履薄冰。"

【译文】

身居高位在众人之上而不骄傲，那么尽管位置再高也不会有倾覆的危险；生活节俭，慎守法度，那么尽管财富充裕丰显也不会损溢。居高位而没有倾覆的危险，这样就能长久地保持尊贵的地位。资财充裕而不奢靡挥霍，这样就能长久地保守财富。能够紧紧地把握住富有与尊贵，然后才能保住自己的国家，使自己的百姓和睦相处。这就是诸侯的孝道啊！《诗经》里说："战战兢兢，谨慎小心；就像身临深渊恐怕坠落；就像脚踏薄冰担心陷下去。"

卿大夫章第四

【原文】

非先王之法服不敢服，非先王之法言不敢道，非先王之德行不敢行。是故非法不言，

非道不行;口无择言,身无择行。言满天下无口过,行满天下无怨恶。三者备矣,然后能守其宗庙。盖卿、大夫之孝也。《诗》云:"夙夜匪懈,以事一人。"

【译文】

不合乎先代圣王礼法所规定的衣服不敢穿戴,不合乎先代圣王的礼法的言语不敢说,不合乎先代圣王规定的道德的行为准则不敢做。因此,不合礼法的话不说,不合礼法道德的事不做。由于言行都能自然而然地遵守礼法道德,开口说话无须选择就能合乎礼法,行为举止无须考虑应该做什么、不该做什么。虽然言谈遍于天下,但从无什么过失;虽然做事遍于天下,但从不会遇到厌恶憎恨。完全地做到了这三点,服饰、言语、行为都遵从礼法道德,然后才能长久地保住自己的宗庙,奉祀祖先。这就是卿、大夫的孝道啊!《诗经》里说:"即使从早到晚勤勉不懈,要尽心竭力地去侍奉天子!"

士章第五

【原文】

资于事父以事母,而爱同;资于事父以事君,而敬同。故母取其爱,而君取其敬,兼之者父也。故以孝事君则忠,以敬事长则顺。忠顺不失,以事其上,然后能保其禄位,而守其祭祀。盖士之孝也。《诗》云:"夙兴夜寐,无忝尔所生。"

【译文】

取侍奉父亲的态度去奉事母亲,那爱心是相同的;取奉事父亲的态度去侍奉国君,那崇敬之心也是相同的。侍奉母亲取亲爱之心,侍奉国君取崇敬之心,只有侍奉父亲是兼有爱心与敬心。所以,有孝行的人为国君侍奉心能忠诚,用尊敬之道奉事上级必能顺从。忠诚与顺从,都做到没有什么缺憾和过失,用这样的态度去侍奉国君和上级,就能保住自己的俸禄和职位,并能守住对祖先的祭祀。这就是士人的孝道啊!《诗经》里说:"要早起晚睡,努力工作,不要辱及了生育你的父母!"

庶人章第六

【原文】

用天之道,分地之利,谨身节用,以养父母。此庶人之孝也。故自天子至于庶人,孝无终始,而患不及者,未之有也。

【译文】

利用季节变化的自然规律,认清土地的高下优势,使之各尽所宜;行为举止,小心谨慎;用度花费,节约勤俭;以此来供养父母。这就是庶民大众的孝道啊!所以,上自天子,下至庶民,孝道是不分尊卑高下,超越时空,永恒存在,无终无始的。孝道又是人人都能做得到的。如果有人担忧自己做不来,做不到,那是根本没有的事。

三才章第七

【原文】

曾子曰:"甚哉,孝之大也!"子曰:"夫孝,天之经也,地之义也,民之行也。天地之经,而民是则之。则天之明,因地之利,以顺天下。是以其教不肃而成,其政不严而治。先王见教之可以化民也,是故先之以博爱,而民莫遗其亲;陈之德义,而民兴行。先之以敬让,而民不争;导之以礼乐,而民和睦;示之以好恶,而民知禁。《诗》云:'赫赫师尹,民具尔瞻。'"

【译文】

曾子说:"多么博大精深啊,孝道太伟大了!"孔子说:"孝道,犹如天有它的规律一样,日月星辰的更迭运行有着永恒不变的法则;犹如地有它的规律一样,山川湖泽提供物产利益有着合乎道理的法则;孝道是人的一切品行中最根本的品行,是人民必须遵循的道

德,人间永恒不变的法则。天地严格地遵照它的规律运动,人民以它们为典范实行孝道。效法天上的日月星辰,遵循那不可变易的规律;凭借地上的山川湖泽,获取赖以生存的便利,因势利导地治理天下。因此,对人民的教化,不需要采用严格的手段就能获得成功;对人民的管理,不需要采用严厉的办法就能治理得好。先代的圣王看到通过教育可以感化民众,所以亲自带头,实行博爱,于是,就没有人会抛弃自己的双亲;向人民陈述德义,于是,人民觉悟了,就会主动地起来实行德义。先代的圣王亲自带头,尊敬别人,谦让让人,于是,人民就不会互相争斗抢夺;制定了礼仪和音乐,引导和教育人民,于是,人民就能和睦相处;向人民宣传什么是美好的,什么是丑陋的,人民能够辨别好坏,就不会违犯禁令。《诗经》里说:'威严显赫的太师尹氏啊,人民都在仰望着你啊!'"

孝治章第八

【原文】

子曰:"昔者明王之孝治天下也,不敢遗小国之臣,而况于公、侯、伯、子、男乎?故得万国之欢心,以事其先王。治国者,不敢侮于鳏寡,而况于士民乎?故得百姓之欢心,以事其先君。治家者,不敢失于臣妾,而况于妻子乎?故得人之欢心,以事其亲。夫然,故生则亲安之,祭则鬼享之,是以天下和平,灾害不生,祸乱不作。故明王之以孝治天下也如此。《诗》云:'有觉德行,四国顺之。'"

【译文】

孔子说:"以前,圣明的帝王以孝道治理天下,即便卑微的小国的使臣都待之以礼,不敢遗弃与疏忽,何况对公、侯、伯、子、男这样一些诸侯呢!所以,就得到了各国诸侯的爱戴和拥护,他们都帮助天子筹备祭典,参加祭祀先王的典礼。治理封国的诸侯,就连鳏夫和寡妇都待之以礼,不敢轻视和欺侮,何况对臣子和平民呢!所以,就得到了百姓们的爱戴和拥护,他们都帮助诸侯筹备祭典,参加祭祀先君的典礼。治理自己卿邑的卿大夫,就连奴婢僮仆都待之以礼,不敢使他们失望,何况对妻子、儿女呢!所以,就得到大家的爱戴和拥护,大家都齐心协力地协助主人,奉养他们的双亲。正因为这样,所以父母在世的

时候,能够过着安乐祥和的生活;父母去世以后,灵魂能够安享后代的祭祀。正因为如此,所以天下祥和太平,没有风雨、水旱之类的自然灾害,也没有反叛、暴乱之类的人祸。圣明的君王以孝道治理天下,就会出现这样的太平盛世。《诗经》里说:'天子有伟大的道德和品行,四方之国无不仰慕归顺。'"

圣治章第九

【原文】

曾子曰:"敢问圣人之德,无以加于孝乎?"子曰:"天地之性,人为贵。人之行,莫大于孝。孝莫大于严父。严父莫大于配天,则周公其人也。昔者,周公郊祀后稷以配天,宗祀文王于明堂,以配上帝。是以四海之内,各以其职来祭。夫圣人之德,又何以加于孝乎?故亲生之膝下,以养父母日严。圣人因严以教敬,因亲以教爱。圣人之教,不肃而成,其政不严而治,其所因者本也。父子之道,天性也,君臣之义也。父母生之,续莫大焉。君亲临之,厚莫重焉。故不爱其亲而爱他人者,谓之悖德;不敬其亲而敬他人者,谓之悖礼。以顺则逆,民无则焉。不在于善,而皆在于凶德,虽得之,君子不贵也。君子则不然,言思可道,行思可乐,德义可尊,作事可法,容止可观,进退可度,以临其民。是以其民畏而爱之,则而象之。故能成其德教,而行其政令。《诗》云:'淑人君子,其仪不忒。'"

【译文】

曾子说:"请允许我冒昧地提个问题,圣人的德行中,难道就没有比孝道更为伟大的吗?"孔子说:"天地之间的万物生灵,只有人最为尊贵。人的各种行为中,没有比孝行更加伟大的了。孝行之中,没有比敬重父亲更加重要的了。对父亲的敬重,没有比在祭天时以父祖先辈配祀更加重要的了。祭天时以父祖先辈配祀,始于周公。从前,成王年幼,周公摄政,周公在国都效外圜丘上祭天时,以周族的始祖后稷配祀天帝;在聚族进行明堂祭祀时,以父亲文王配祀上帝。所以,四海之内各地的诸侯都恪守职责,贡奉各地的特产,协助天子祭祀先王。圣人的德行,又有什么能比孝行更为重要的呢!子女对父母的亲爱之心,产生于幼年时期;等到长大成人,奉养父母,便日益懂得了对父母的敬重。圣

人根据子女对父母的尊崇的天性,引导他们敬父母;根据子女对父母的亲近的天性,教导他们对父母尊敬。圣人孝化人民,不需要采取严厉的手段就能获得成功;他对人民的统治,不需要采用严厉的办法就能管理得很好。这正是由于他能因循人的本性,以孝道去引导人民。父子之间的关系,体现了人类天生的本性,同时也体现了君主与臣属关系的义理。父母生下儿子,使儿子得以上继祖宗,下续子孙,这就是父母对子女的最大恩情。父亲对于儿子,兼具君王和父亲的双重身份,既有为父的亲情,又有为君的尊严,父子关系的厚重,没有任何关系能够超过。如果做儿子的不爱自己的双亲而去爱其他什么别的人,这就叫作违背道德;如果做儿子的不尊敬自己的双亲而去尊敬其他什么别的人,这就叫作违背礼法。如果有人用违背道德和违背礼法去教化人民,让人民顺从,那就会是非颠倒;人民将无所适从,无从效法什么。如果不能用善行,带头行孝,教化天下,而用违背道德的方法统治天下,虽然也有可能一时得志,君子也鄙视,不会赞赏。君子就不是那样的,他们说话,要考虑说的话能得到人民的支持,被人民称道;他们做事,要考虑行为举动能够给人民带来欢乐;他们的道德和品行,要考虑能受到人民的尊敬;他们从事制作或建造,要考虑能成为人民的规矩;他们的仪态容貌,要考虑得到人民的称赞;他们的动静进退,要考虑合乎规矩法度。如果君王能够像这样来统治人民,管理人民,那么人民就会敬畏他,爱戴他;就会以他为楷模,仿效其作为,学习他。因此,就能够顺利地推行道德教育,使政令顺畅地得到贯彻执行。《诗经》里说:'善人君子,最讲礼仪;容貌举止,丝毫不差。'"

纪孝行章第十

【原文】

子曰:"孝子之事亲也,居则致其敬,养则致其乐,病则致其忧,丧则致其哀,祭则致其严。五者备矣,然后能事亲。事亲者,居上不骄,为下不乱,在丑不争。居上而骄则亡,为下而乱则刑,在丑而争则兵。三者不除,虽日用三牲之养,犹为不孝也。"

【译文】

孔子说:"孝子侍奉双亲,日常家居的时候,要竭尽地表达出对父母的恭敬;供奉饮

食,要充分地表达出照顾父母的愉悦心情;父母生病时,要充分地表达出对父母健康的忧虑关切;父母去世时,要充分地表达出悲恸哀痛;祭祀的时候,要充分地表达出敬仰肃穆,这五个方面都能做齐全了,才算是能侍奉双亲尽孝道。侍奉双亲,身居高位,不骄傲蛮横;为人臣下,不为非作乱;地位卑贱,不相互争斗。身居高位而骄傲蛮横,就会灭亡;为人臣下而犯上作乱,就会遭受刑法;地位卑贱而争斗不休,就会动用兵器,相互残杀。如果这三种行为不能戒除,虽然天天用备有牛、羊、猪三牲的美味佳肴奉养双亲,那也是不孝之人啊!"

五刑章第十一

【原文】

子曰:"五刑之属三千,而罪莫大于不孝。要君者无上,非圣者无法,非孝者无亲。此大乱之道也。"

【译文】

孔子说:"应当处以墨、劓、刖、宫、大辟五种刑法的罪行条例有三千种,没有比不孝更为严重的了。以暴力胁迫君王的人,叫作目无君王;诽谤、反对圣人的人,叫作目无法纪;非议、不恭敬孝行的人,叫作目无父母。这三种人,是造成天下大乱的根源所在。"

广要道章第十二

【原文】

子曰:"教民亲爱,莫善于孝。教民礼顺,莫善于悌。移风易俗,莫善于乐。安上治民,莫善于礼。礼者,敬而已矣。故敬其父,则子悦;敬其兄,则弟悦;敬其君,则臣悦;敬一人,而千万人悦。所敬者寡,而悦者众。此之谓要道矣。"

【译文】

孔子说:"教育人民互相亲近友爱,再没有比倡导孝道更好的了;教育人民礼貌顺从,再没有比悌道更好的了;要改变旧习俗。树立新风尚,再没有比音乐更好的了;使君主安心,人民驯服,再没有比礼教更好的了;所谓礼教,归根结底就是一个'敬'字而已。因此,尊敬他人的父亲,儿子就会高兴;尊敬他人的哥哥,弟弟就会高兴;尊敬他人的君王,臣子就会高兴。尊敬一个人,能使千千万万的人感到高兴。所尊敬的虽然只有少数人,而感到高兴的却是许许多多的人。这就是把推行孝道称为'要道'的意义所在啊!"

广至德章第十三

【原文】

子曰:"君子之教以孝也,非家至而日见之也。教以孝,所以敬天下之为人父者也。教以悌,所以敬天下之为人兄者也。教以臣,所以敬天下之为人君者也。《诗》云:'恺悌君子,民之父母。'非至德,其孰能顺民,如此其大者乎!"

【译文】

孔子说:"君子以孝道教化人民,并不是要挨家挨户去推行,天天当面去教导人行孝。以孝道教育人民,使得天下做父亲的人都能受到尊重;以悌道教育人民,使得天下做兄长的人都能受到爱戴;以臣道教育人民,使得天下做君王的人都能受到敬重。《诗经》里说:'和乐平易的君子,是民众的父母。'如果没有至高无上的德行,有谁能够感化人民,使得人民顺从归化,创造这样伟大的事业啊!"

广扬名章第十四

【原文】

子曰:"君子之事亲孝,故忠可移于君;事兄悌,故顺可移于长;居家理,故治可移于

官。是以行成于内,而名立于后世矣。"

【译文】

孔子说:"君子侍奉父母能尽孝道,所以能把对父母的孝心,移作侍奉君王的忠心;侍奉兄长知道尽敬,因此能够将对兄长的服从,移作侍奉前辈和上司的顺从;管理家政有条有理,因此能够把理家的经验移于作官,用于治理国家。所以,在家中养成了美好的品质德行,在外也必然会有美好的名声,美好的名声将显扬于后世。

谏诤章第十五

【原文】

曾子曰:"若夫慈爱、恭敬、安亲、扬名,则闻命矣。敢问子从父之令,可谓孝乎?"子曰:"是何言与!是何言与!昔者,天子有争臣七人,虽无道,不失其天下;诸侯有争臣五人,虽无道,不失其国;大夫有争臣三人,虽无道,不失其家;士有争友,则身不离于令名;父有争子,则身不陷于不义。故当不义,则子不可以不争于父;臣不可以不争于君;故当不义则争之。从父之令,又焉得为孝乎!"

【译文】

曾子说:"像爱亲、敬亲、安亲、扬名于后世这些孝道,已听过了老师的教诲,现在我想请教的是,做儿子的一味遵从父亲的命令,这可不可以称为孝顺呢?"孔子说:"这算是什么话呢!这算是什么话呢!从前,天子身边有敢于直言劝谏的诤臣七人,天子虽然无道,还是不至于失去天下;诸侯身边有敢于直言劝谏的诤臣五人,诸侯虽然无道,还是不至于亡国;大夫身边有敢于直言劝谏的臣属三人,大夫虽然无道,还是不至于失掉封邑;士身边有敢于直言劝谏的朋友,那么他就能保持美好的名声;父亲身边有敢于直言劝谏的儿子,那么他就不会陷入错误之中,干出不义的事情。所以,如果父亲有不义的行为,做儿子的不能够不去劝谏;如果君王有不义的行为,做臣子的不能够不去劝谏;面对不义的行为,一定要劝谏。做儿子的能够听从父亲的命令,又怎么能算得上是孝顺呢!"

感应章第十六

【原文】

子曰："昔者，明王事父孝，故事天明；事母孝，故事地察；长幼顺，故上下治。天地明察，神明彰矣。故虽天子，必有尊也，言有父也；必有先也，言有兄也。宗庙致敬，不忘亲也；修身慎行，恐辱先也。宗庙致敬，鬼神著矣。孝悌之至，通于神明，光于四海，无所不通。《诗》云：'自西自东，自南自北，无思不服。'"

【译文】

孔子说："从前，贤明的帝王，侍奉父亲很孝顺，所以也能虔敬地奉祀天帝，而天帝也能明白他的孝敬之心；他侍奉母亲非常孝顺，所以也能虔敬地奉祀地神，而地神也能明察他的孝敬之心；他能够处理好长辈与晚辈的关系使之和谐融洽，所以上上下下太平无事。天地之神明察天子的孝行，就会显现神灵，降下福瑞来保佑。虽然天子地位尊贵，但是必定还有尊于他的人，那就是他的父辈；必定还有长于他的人，那就是他的兄辈。在宗庙举行祭祀，充分地表达对先祖的崇高敬意，这是表示永不忘记先人的情义。重视修养道德，行为谨慎小心，这是害怕自己出现差错，玷辱先祖的荣誉。在宗庙祭祀时充分地表达出对先人的至诚的敬意，先祖的灵魂就会来到庙堂，享用祭奠，显灵赐福。真正能够把孝敬父母、顺从兄长之道达到极致，就会感动天地之神；这伟大的孝道，将充塞于天下，磅礴于四海，没有任何一个地方它不能达到，没有任何一个问题它不能解决。《诗经》里说：'从西、从东、从南、从北，东南西北，四面八方，没有人不肯归顺、悦服！'"

事君章第十七

【原文】

子曰："君子之事上也，进思尽忠，进思补过，将顺其美，匡救其恶，故上下能相亲也。

《诗》云：'心乎爱矣，遐不谓矣，中心藏之，何日忘之。'"

【译文】

孔子说："君子侍奉君王，在朝廷为官的时候，尽忠竭力，谋划国事；退官居家的时候，考虑补救君王的过失。君王的政令是正确的，就遵照执行，顺应发扬；君王的行为有了过错，就设法制止，匡正补救。君臣之间同心同德，所以，上上下下能够相亲相敬。《诗经》里说：'心中洋溢着爱敬的情怀，相距太远不能倾诉。心间珍藏，心底深藏，无论何时，永远不忘！'"

丧亲章第十八

【原文】

子曰："孝子之丧亲也，哭不偯，礼无容，言不文，服美不安，闻乐不乐，食旨不甘，此哀戚之情也。三日而食，教民无以死伤生。毁不灭性，此圣人之政也。丧不过三年，示民有终也。为之棺、椁、衣、衾而举之；陈其簠、簋而哀戚之；擗踊哭泣，哀以送之；卜其宅兆，而安措之；为之宗庙，以鬼享之；春秋祭祀，以时思之。生事爱敬，死事哀戚，生民之本尽矣，死生之义备矣，孝子之事亲终矣。"

【译文】

孔子说："孝子的父母亡故了，哀痛而哭，哭得像是要断了气，不要让哭声拖腔拖调，绵延曲折；行动举止，不要讲究仪态容貌，彬彬有礼；言辞谈吐，不再考虑词藻文采；要是穿着华美的衣裳，会感到心中不安，因此要穿上粗麻布制作的丧服；要是听到音乐，也不会感到愉悦快乐，因此不参加任何娱乐事情；即使有好吃的食物，也不会觉得可口惬意，因此不吃任何佳肴珍馐，这都是表达了对父母的悲痛哀切的感情啊！丧礼规定，父母死后三天，孝子才可以开始吃饭，这是教导人民不要因为哀悼死者而伤害了生者的健康。尽管哀伤会使孝子消瘦羸弱，但是绝不能危及孝子的性命，这就是圣人的政教。为父母服丧，不超过三年，这是为了使人民知道丧事是有终结的。父母逝世之后，准备好棺、椁、

衣裳、被褥,将遗体装敛好;陈设好簠、簋等器具,盛放上供献的食物,寄托哀愁与忧思;捶胸顿足,号啕大哭,悲痛万分地出殡送葬;占卜选择好墓穴和陵园,妥善地加以安葬;设立宗庙,让亡灵有所依托,供奉食物,让亡灵享用;春、夏、秋、冬,按照时令举行祭祀,表达思念,追念父母。父母活着的时候,以爱敬之心供养父母;父母辞世之后,以哀痛之情料理后事,能够做到这些,人民就算尽到了孝道,完成了父母生前与死后应尽的义务,孝子侍奉父母,到这里就算是结束了。

• 图文珍藏本 •

尔　雅

[战国] 佚名 ◎ 著

导读

《尔雅》是中国最早的一部解释词义的书,全书收词语 4300 多个,分为 2091 个条目。在历史上,《尔雅》备受推崇。这是由于《尔雅》汇总、解释了先秦古籍中的许多古词古义,成为儒生们读经、通经的重要工具书。在汉代《尔雅》就被视为儒家经典,到宋代被列为十三经之一。事实上,《尔雅》并不是经,也不是某一部经书的附庸,它是一本独立的词典。人们借助于这部词典的帮助,可以阅读古籍,进行古代词汇的研究;可以了解古代社会,增长各种知识。

释诂第一

【经】初、哉、首、基、肇、祖、元、胎、俶、落、权舆,始也。

【注】哉通才,草木开始生长。基,地基,基础。肇通肁,音 zhào,开门之始,通作"肇"。祖,祖先,本源。元,头部。胎,生命之始,事物的根源。俶,开始(做某事)。权舆,音 quán yú,草木开始生长,事物的开始。

【经】林、烝、天、帝、皇、王、后、辟、公、侯,君也。

【注】毛亨传:"林,君也。"烝,一国之君。天,天帝,至高无上的统治者。帝,先秦时指天帝,后指皇帝。皇,皇帝,君主。辟音 bì,君,君主。

【经】弘、廓、宏、溥、介、纯、夏、帆、厖、坟、嘏、丕、奕、洪、诞、戎、骏、假、京、硕、濯、讦、宇、穹、壬、路、淫、甫、景、废、壮、冢、简、箌、昄、晊、将、业、席,大也。

黄帝

【注】弘,广大。廓,扩大。溥音 pǔ,水大,引申为广大。介通夰,音 jiè,大。纯通奄,音 chún,厚大。夏,大。帆音 hū,大。厖音 máng,庞大。坟,高大的土堆,引申为高大。嘏音 gǔ,大,伟大。丕,宏大。奕,盛大。诞,大言,引申为宽大。戎,扩大。骏,高大。假通嘏,音 gǔ,伟大。京,高大的山丘。硕音 shuò,头大。濯音 zhuó,盛大。讦音 xū,广大。宇,空间的总称,引申为大。穹音 qióng,天体中间隆起、四周下垂的样子,引申为高,大。壬通妊,怀孕腹大。路,大。淫,过度。箌音 dào,草大。晊音 zhì,是"至"的俗字大。

【经】帆、厖,有也。

【经】迄、臻、极、到、赴、来、吊、艐、格、戾、怀、摧、詹,至也。

【注】臻音 zhēn,到。极,顶点,引申为到达。吊通逷,音 dì,到。艐音 jiè,到达。格同佫,音 gé,到。摧,到。詹音 zhān,到。

【经】如、适、之、嫁、徂、逝，往也。

【经】赉、贡、锡、畀、予、贶，赐也。

【注】赉音lài，赠送。贡通赣，音gòng，赐给。锡通赐，音cì。畀音bì，给予。贶音kuàng，赐予。

【经】仪、若、祥、淑、鲜、省、臧、嘉、令、类、綝、縠、攻、谷、介、徽，善也。

【注】仪通义，适宜。若，顺从。祥，吉利。多表示吉兆。淑，善良，美好。鲜，鲜美。引申为善，美好。省音xǐng，检查。臧音zāng，和善。令，美好。类，法式，标准，含有完善的意思。綝通谌，音chēn，善言。攻通工，善于。

【经】舒、业、顺、叙也。舒、业、顺、叙、绪也。

【注】舒，伸展，引为有次序。业，古代乐器架上挂钟磬用的大板，板上刻作锯齿状，锯齿排列有次序，引申为次序，次第。叙，次序，次第。

【经】怡、怿、悦、欣、衎、喜、愉、豫、恺、康、妉、般，乐也。悦、怿、愉、释、宾、协，服也。

【注】怡，和悦，愉快。怿音yì，喜悦。衎音kàn，愉快。豫，安乐，娱乐。恺音kǎi，逸乐。妉音dàn，通耽，安乐。般音pán，和乐。释通怿，音yì，喜而心服。

【经】遹、遵、率、循、由、从，自也。遹、遵、率，循也。

【注】遹音yú，遵循。

【经】靖、惟、漠、图、询、度、咨、诹、究、如、虑、谟、猷、肇、基、访，谋也。

【注】靖，图谋。惟，思考。咨音zī，商议，询问。诹音zōu，商议，咨询。如通茹，商议。谟，计划，谋划。猷音yóu，谋略，计划。肇音zhào，通肇，开始。基通谋(jī)，谋划。

【经】典、彝、法、则、刑、范、矩、庸、恒、律、戛、职、秩，常也。柯、宪、刑、范、辟、律、矩、则，法也。

【注】典，法则，制度。彝音yí，古代青铜礼器的通称，引申为常规之义。则，准则，法度。刑通型，铸造器物的模型，引申为刑法，法则。戛音jiá，常礼，常法。秩，秩序，常规。宪，法令。辟音bì，法度，法律。

【经】辜、辟、戾，罪也。

【注】辜音gū，罪，罪过。辟音bì，罪行。

【经】黄发、齯齿、鲐背、耇、老，寿也。

【注】鲐音tái，海鱼名，背隆起。鲐背，指老年人驼背。耇音gǒu，老人面部的色斑。

【经】允、孚、亶、展、谌、诚、亮、询，信也。展、谌、允、慎、亶，诚也。

【注】允，诚实。孚，诚信，为人所信服。亶音 dǎn，诚实，确定。展音 chén。

【经】谑、浪、笑、敖，戏谑也。

【注】谑音 xuè，嘲弄。浪，放纵，放荡。

【经】粤、于、爰，曰也。爰、粤，于也。

【经】爰、粤、于、那、都、繇，於也。

【经】敆、郃、盍、翕、仇、偶、妃、匹、会，合也。仇、雠、敌、妃、知、仪，匹也。妃、合、会，对也。妃，媲也。

【注】敆音 gě，合，会合。郃音 hé，即"合"，对合。盍通阖，音 hé，聚合。翕音 xī，闭合。仪，匹偶，匹配。媲音 pì，匹配，配偶。

【经】绍、胤、嗣、续、纂、绥、绩、武、係，继也。

【注】绍，接续，继承。胤音 yìn，后嗣，后代。嗣音 sì，继承人，后代。纂通缵，音 zuǎn，继承，继续。绥音 ruí，帽带结在颔下的下垂部分，引申为继续，后继。

【经】忥、谧、溢、蛰、慎、貉、谧、顗、颖、密、宁，静也。

【注】忥通塈，音 xì，休息。谧音 shì，"谧"的讹字。谧溢通谧，蛰音 zhé，动物冬眠，不食不动，引申为静。貉通貊，音 mò，安静。谧音 mì，安静，安宁。顗音 yǐ，庄重安静的样子。颖音 wěi，安静，安详。

【经】陨、磒、湮、下、降、坠、摽、蘦，落也。

【注】陨音 yǔn，从高处落下。磒同陨。湮音 yān，沉没，埋没。摽音 biào，坠落。蘦音 líng，通零，零落，凋落。

【经】命、令、禧、畛、祈、请、谒、谇，诰，告也。

【注】禧，当作诰。畛音 zhěn，致意，祝告。祈，对鬼神祷告恳求。谒，禀告，陈述。谇音 suì，告知。

【经】永、悠、迥、违、遐、逷、阔，远也。永、悠、迥、远，遐也。

【注】迥音 jiǒng，远，遥远。遐音 xiá，遥远，长久。逷音 tì，远。

【经】亏、坏、圮、垝，毁也。

【注】垝音 guǐ，坍塌。

【经】失、雉、引、延、顺、荐、刘、绎、尸、旅，陈也。

【注】失通施,施布,陈列。雉音 zhì,计算单位,长三丈高一丈为一雉。引申为陈列之义。薦通荐,草席,引申为陈列。

【经】尸、职,主也。尸,寀也。寀、寮,官也。

【注】尸,古代祭祀时代替祖先受祭的活人,引申为主持之人,执掌。职,执掌,掌管。寀音 cài,卿大夫的封地,或写作"采"。寮通僚,官吏,官职。

【经】绩、绪、采、业、服、宜、贯、公,事也。

【注】绪,前人遗留下来的事业。采,事业。服,做,从事。贯通宦,侍奉,服事。

【经】永、羕、引、延、融、骏,长也。

【注】羕音 yáng,悠长。融,长远。

【经】乔、嵩、崇,高也。崇,充也。

【注】乔,高而曲。

【经】犯、奢、果、(毅)、剋、捷、功、肩、堪、胜也。胜、肩、戡、刘、杀,克也。刘,狝,斩、刺,杀也。

【注】奢,过分,超过。果,果敢。剋音 kè,战胜。堪,本或作戡,胜任。戡音 kān,攻克,平定。狝音 xiǎn,杀伤。

【经】亹亹、蠠没、孟、敦、勖、钊、茂、劭、勔,勉也。

【注】亹亹音 wěi wěi,勤勉的样子。蠠音 mǐn,蠠没,努力。孟通黾,音 mǐn,勉力。敦,劝勉,勤勉。勖音 xù,勉励。钊音 zhāo,勉励。茂通懋,勉力。劭音 shào,勉励。勔音 miǎn,勤勉,勉励。

【经】骛、务、昏、暋,强也。

【注】骛音 wù,通务,勉力,力求。昏通暋,尽力。暋音 mǐn,勉力。

【经】卬、吾、台、予、朕、身、甫、余、言,我也。朕、余、躬,身也。

【注】卬音 áng,我。台音 yí,我。朕,我,我的。躬,自身,亲自。

【经】台、朕、赉、畀、卜、阳,予也。

【注】台音 yí,我。赉音 lài,赐给,赠送。畀音 bì,赐予。卜,给予。予音又。

【经】肃、延、诱、荐、餤、晋、寅、荩,进也。羞、饯、迪、烝,进也。

【注】肃,引进,引导。延,引进,迎接。诱,引导。荐,进献,推举。餤音 tán,进食,引申为增进。晋,进长。寅,引导,前进。荩音 jìn,通进。迪,引进,进用。烝,进献。

【经】诏、亮、左、右、相,导也。诏、相、导、左、右、助,勴也,亮、介、尚,右也。左、右,亮也。

【注】诏,告诫,告诉。亮通谅,辅导。左,通"佐"。右,帮助,后写作"佑"。勴音 lù,赞助,勉励。尚,帮助。

【经】缉熙、烈、显、昭、皓、颎,光也。

【注】缉熙,光明。颎音 jiǒng,火光,明亮。

【经】劼、巩、坚、笃、掔、虔、胶,固也。

【注】劼音 jié,稳固,坚固。笃,牢固。掔音 qián,坚固。

【经】畴、孰,谁也。

【注】畴音 chóu,通谁。

【经】旺旺、皇皇、藐藐、穆穆、休、嘉、珍、祎、懿、铄,美也。

【注】旺旺音 wàngwàng,火光炽烈状。皇皇,美盛鲜明状。穆穆,庄重恭敬状态。休,美好。祎音 yī,美好,珍贵。懿音 yì,美好。铄通烁,音 shuò,美,辉煌。

【经】谐、辑、协,和也。关关、嗈嗈,音声和也。覸、燮,和也。

【注】嗈嗈音 yōngyōng,鸟和鸣声。燮音 xiè,和谐。

【经】从、申、神、加、弼、崇,重也。

【注】从音 cóng,跟从;重叠。申,重复,再三。弼音 bì,重复,增加。

【经】觳、悉、卒、泯、忽、灭、罄、空、毕、罄、殄、拔、殄,尽也。

【注】觳音 què,土地瘠薄,引申为贫乏。泯音 mǐn,灭没,消失。忽,绝灭。罄音 qìng,器皿中空,引申为用尽。殄音 tiǎn,断绝,灭绝。

【经】苞、芜、茂,丰也。

【经】掔、欥、屈、收、戢、蒐、裒、鸠、搂,聚也。

【注】掔音 jiū,聚集。戢音 jí,聚集,收藏。蒐音 sōu,通搜,引申为聚集。裒通抔,音 póu,聚集。鸠通勼,音 jiū,聚集。

【经】肃、齐、遄、速、亟、屡、数、迅,疾也。寁、骏、肃、亟、遄,速也。

【注】肃通速,急速。齐,迅捷。遄音 chuán,疾速。亟音 jí,急速。寁音 zǎn,急速,快。骏,良马,引申为迅速。

【经】墍、阢、隍、征、隍、慷,虚也。

【注】壑音 hè，山谷，深沟，土坑。阬音 kèng，同坑，洼地，土坑。滕音 téng，水上升，引申虚言。征通惩，升腾，引申为清虚。漮音 kāng，空，空虚。

【经】黎、庶、烝、多、丑、师、旅，众也。

【注】黎，众，众多。庶，众，多。烝通众，众多。丑通俦，从多。

【经】洋、观、裒、众、那，多也。

【注】洋，众多。观通贯，众多。裒音 póu，众多。那音 nuó，多。

【经】流、差、柬，择也。

【注】流通求，择取。差音 chāi，选择。柬音 jiǎn，挑选。

【经】战、栗、震、惊、戁、竦、恐、慑，惧也。

【注】栗音 lì，发抖。戁音 nǎn，恐惧。竦通悚，音 sǒng，惊惧。慑同慴，音 shè，恐惧，害怕。

【经】痡、瘏、虺颓、玄黄、劬劳、咎、顇、瘽、瘉、鳏、戮、瘯、瘵、瘤、痒、疷、疵、闵、逐、疚、痗、瘥、痱、瘅、瘵、瘼、瘁，病也。

【注】痡音 pū，疲劳。瘏音 tú，累病。玄黄，生病。劬音 qú，劬劳，辛苦，劳苦。咎，过失，罪过。顇同瘁，音 cuì，劳累，病困。瘽音 qín，劳累致病。瘉音 yú，劳困致病。鳏通瘝，音 guān，病患。戮，羞辱。瘯音 shǔ，忧郁致病。瘤同孪，音 luán，肌体消瘦。瘤音 lì，忧郁致病。痒音 yáng，忧思成病。疷音 qí，忧病。疵音 cī，病。闵，很重的疾病。逐通疛（zhǒu），心腹痛。疚，久病，病患。痗音 meì，忧病。瘥音 cuó，小病。痱音 féi，中风。瘅音 dǎn，疲累致病，瘵音 zhài，病。瘼音 mò，病。瘁音 qì，病。

【经】恙、写、悝、盱、繇、惨、恤、罹，忧也。

【注】恙音 yàng，忧虑。写通瘑（shǔ），忧愁。悝音 lì，忧病。盱通吁，音 xū，忧虑。繇音 yáo，通愮（yáo），忧惧。罹音 lí，忧患。

【经】伦、勩、邛、敕、勤、愉、庸、癉，劳也。

【注】勩音 yì，勤劳。邛音 qióng，辛劳。敕音 chì，劳苦。愉通瘉，劳困。庸，劳苦。癉音 dàn，劳累致病。

【经】劳、来、强、事、谓、翦、篲，勤也。

【注】来音 lài，勤勉。强音 qiǎng，勤劳。事，从事，工作。谓，尽心竭力。翦音 jiǎn，修剪，剪除。篲音 huì，扫，拂。

【经】悠、伤、忧，思也。怀、惟、虑、愿、念、惄，思也。

【注】悠，思念，想念。伤，忧伤。惟，想，思考。惄音 nì，忧思。

【经】禄、祉、履、戬、祓、禧、禩、祜，福也。

【注】祉音 zhǐ，福气。履通釐（lí），福禄。戬音 jiǎn，幸福。祓音 fú，一种消灾求福的仪式。禧音 xǐ，幸福，吉祥。禩音 sì，祈福。祜音 hù，大福。

【经】禋、祀、祠、蒸、尝、禴，祭也。

【注】禋音 yīn，祭祀。祠，春祭。蒸，或作烝，冬祭。尝，秋祭。禴音 yuè，或作礿（yào），夏祭。

【经】俨、恪、祗、翼、諲、恭、钦、寅、熯，敬也。

【注】俨音 yǎn，恭敬，庄重。恪音 kè，谨慎，恭敬。祗音 zhī，恭敬。翼，恭敬。諲通禋，音 yīn，虔诚的祭祀。寅，恭敬。熯音 rǎn，通戁（nǎn），敬惧。

【经】朝、旦、夙、晨、晙，早也。

【注】夙音 sù，早。晙音 jùn，黎明。

【经】颒、竢、替、戾、厎、止、傒，待也。

【注】颒同须，等候。竢同俟，音 sì，等待。替，废弃，停止。戾音 lì，安定，止息。厎音 dǐ，至，终止，止息。傒音 xī，等待。

【经】矞，几、烖、殆，危也。

【注】矞通谲，音 jué，诡诈。几音 jī，危险。烖同灾，灾祸。

【经】臩，汔也。

【注】臩音 qí，通作"几"，接近。汔同汔，将近。

【经】治、肆、古，故也。

【注】"治"当为"始"，初始。

【经】肆、故，今也。

【经】惇、亶、祜、笃、掔、仍、肶、埤、竺、腹，厚也。

【注】惇音 dūn，淳厚。亶 dǎn 音，忠厚。祜音 hù，厚福。掔音 qiān，坚固。肶同膍，音 pí，牛百叶，引申为厚实。埤音 pí，增厚。竺音 dǔ，笃厚。

【经】载、谟、食、诈，伪也。

【注】载通事，从事。谟，计划，谋划。食，虚伪，作假。

【经】话、猷、载、行、讹，言也。

【注】猷音 yóu ，言语。行音 xíng，言，说。

【经】遘、逢、遇也。遘、逢、遇，遻也。遘、逢、遇、遻，见也。

【注】遘音 gòu ，遇见，遭遇。遻同遌，音 è，意外遇见。

【经】显、昭、觐、钊、觌，见也。

【注】显，显露。昭，显示。觐音 jìn ，古代诸侯朝见天子，引申为会见。钊音 zhāo ，通昭，引见。觌音 dí ，见，相见。

【经】监、瞻、临、涖、頫、相，视也。

【注】頫音 tiào，本或作頫，诸侯聘问相见之礼。

【经】鞠、讻、溢，盈也。

【注】鞠通匊，满握，引申为盈多。

【经】孔、魄、哉、延、虚、无、之、言，间也。

【经】瘱、幽、隐、匿、蔽、窜，微也。

【注】瘱音 yì ，隐藏。幽，隐蔽。窜，隐藏。微，隐蔽，藏匿。

【经】讫、徽、妥、怀、安、按、替、戾、底、厎、尼、定、曷、遏，止也。

【注】徽音 huī ，绳索，引申为捆绑，束缚。替，终止，废止。戾，到达，止息。厎音 zhǐ，至，终止。尼音 nǐ ，停止，阻止。曷通遏，音 hè ，阻止。

【经】豫、射，厌也。

【注】豫，厌怠。射通斁，音 yì ，厌倦。

【经】烈、绩，业也。绩、勋，功也。

【注】烈，光明，显赫。

【经】功、绩、质、登、平、明、考、就，成也。

【注】质，成就。

【经】梏、梗、较、颈、庭、道，直也。

【注】梏音 jué ，大，正直。较音 jué ，直，正直。郑玄注："较兮，谓直道者也。"颈通俓，音 tǐng，挺直。庭通廷，正直。道，正直。

【经】密、康，静也。

【注】密，寂静。康，安静。

【经】豫、宁、绥、康、柔,安也。

【注】绥,安抚。

【经】平、均、夷、弟,易也。

【注】均,均匀。夷,平坦,平均。易,均等。

【经】矢,弛也。弛,易也。

【注】矢通施,散布,陈列。弛,松懈。易,简慢,懈怠。

【经】希、寡、鲜,罕也。鲜,寡也。

【经】酬、酢、侑,报也。

【注】酢音 zuò,回报,报答。侑音 yòu,酬谢,酬报。

【经】毗刘,暴乐也。

【经】覙髳,茀离也。

【注】覙髳音 míng méng,草木丛生的样子。茀音 fú,茀离,草木众多。

【经】蛊、谣、贰,疑也。

【注】谣音 tān,疑惑,可疑。贰,有二心,怀疑。

【经】桢、翰、仪,干也。

【注】桢音 zhēn,支柱、主干。翰音 hàn,通"干",骨干,栋梁。

【经】弼、棐、辅、比,俌也。

【注】弼音 bì,矫正弓弩的工具。辅佐。棐音 fěi,辅正弓弩的工具,引申为辅助。俌音 fǔ,通作"辅",辅助,辅佐。

【经】疆、界、边、卫、圉,垂也。

【注】疆,国界,边疆。卫,卫服,周代京师以外的边远地区。圉音 yǔ,边境,边陲。垂,边陲,边境。

【经】昌、敌、彊、应、丁,当也。

【注】昌,美善,正当。敌,相当,同等,抵挡,对抗。彊音 qiáng,通作"强"。强壮,强盛。丁,遭逢,遇到。当音 dāng,相当,值,遇到。又音 dǎng,抵挡,挡住。

【经】渤、肩、摇、动、蠢、迪、俶、厉,作也。

【注】渤音 bó,通勃,兴起,旺盛。迪,动作,实行。俶音 chù,作,造。厉,担任。

【经】兹、斯、咨、呰、已,此也。

【注】咨音 zī,通兹,此,这。

【经】嗟、咨,嗟也。

【注】嗟音 jié,古嗟字。

【经】闲、狎、串、贯,习也。

【注】狎音 xiá,习惯,熟习。串音 guàn,通"贯",习惯。

【经】曩、尘、伫、淹、留,久也。

【注】曩音 nǎng,从前,过去。尘通陈,长久。伫音 zhù。久立。

【经】逮、及、暨,与也。

【注】逮音 dài,及,达到。等到,及至。

【经】陟、假、格、陟、跻、登,升也。

【注】陟通陟,音 zhì,升,上升。假通徦,音 gé,至,上升。陟音 zhì,登上。跻音 jī,登,上升。

【经】挥、盝、歇、涸,竭也。

【注】挥,抛洒。盝音 lù,滤水,使干涸。

【经】抎、拭、刷,清也。

【注】抎音 zhèn,擦干。

【经】鸿、昏、于、显、间,代也。

【经】馌、饟,馈也。

【注】馌音 yè,给人送饭。饟音 xiǎng,同"饷"。送食物给人,也指食物。

【经】迁、运,徒也。

【注】运,移动。

【经】秉、拱,执也。

【注】秉,拿着、掌握。

【经】廞、熙,兴也。

【注】廞音 xīn,兴起,动作。熙,兴盛。

【经】卫、蹶、假,嘉也。

【注】卫通祎(yī),珍贵。蹶音 guì,嘉美。郑樵《尔雅注》:"蹶与卫亦不相远,但方俗语有差耳。"

【经】废、税、赦，舍也。

【注】税通挩，音 tuō，脱下，释放。《礼记·文王世子》："文王有疾，武王不税冠带而养。"

【经】栖、迟、憩、休、苦、歇、鯎、呬，息也。

【注】憩音 qì，休息。苦通盬，音 gǔ，止息。歇通喟，音 kuì，叹息。鯎音 shī，鼻息，鼾声。呬音 xì，嘘气，喘息。

【经】供、峙、共，具也。

【注】峙通庤，音 zhì，储备。

【经】煤、怜、惠，爱也。

【注】煤音 wǔ，怃爱。

【经】娠、蠢、震、懝、妯、骚、感、讹、蹶，动也。

【注】懝音 nǎn，摇动。妯音 chōu，扰动。讹通吪，音 é，移动。蹶音 guì，扰动。

【经】覆、察、副，审也。

【注】覆，翻转，审察。副，剖析。

【经】契、灭、殄，绝也。

【注】契，刻断，割断。殄音 tiǎn，断绝，灭绝。

【经】郡、臻、仍、迺、侯，乃也。

【注】郡，频仍，屡次。臻，仍然，重复。

【经】迪、繇、训，道也。

【注】迪，道路，引导。繇通猷，音 yóu，道理，法则。

【经】佥、咸、胥，皆也。

【注】佥音 qiān，皆，都。胥音 xū，皆，都。

【经】育、孟、耆、艾、正、伯，长也。

【注】耆音 qí，年老，老人。艾，年老的人。正，君长，首长。

【经】艾，历也。

【注】艾，经历，阅历。

【经】厤、秭、算，数也。

【注】厤同厯，即历法。秭音 zǐ，数词。

【经】历,傅也。

【经】艾、历、觌、胥,相也。

【注】艾通乂,音 yì,辅佐,治理。历,察视。觌音 mí,看,察看。胥,观察。

【经】乂、乱、靖、神、弗、淈,治也。

【注】乂音 yì,治理。乱,治理。靖,安定,平定。神通伸,理,治理。弗通袚(fú),除去杂草,引申为治理。淈通汨,音 gǔ,疏通,治理。

【经】颐、艾、育,养也。

【注】颐音 yí,保养,休养。艾,护养,养育。

【经】汏、浑、陨,坠地。

【注】汏音 tài,同"汰"。水落,坠落。

【经】际、接、翜,捷也。

【注】际,交会,会合。接音 jiē,通捷,迅速,敏捷。翜音 shà,快速。

【经】毖、神、溢,慎也。

【注】毖音 bì,谨慎,慎重。神通慎,谨慎。溢通谧(mì),谨慎,戒慎。

【经】郁陶、繇,喜也。

【注】郁陶音 yù yáo,喜悦。繇音 yóu,高兴。

【经】馘、穧,获也。

【注】馘音 guó,截耳。穧音 jì,收获。

【经】阻、艰,难也。

【经】剡、掠,利也。

【注】剡音 yǎn,锐利。掠音 lüè,通作"略",刀的利刃,引申为锋利。

【经】允、任、壬,佞也。

【注】任通壬,音 rén,奸佞。壬,大,引申为奸佞。《尚书·皋陶谟》:"何畏乎巧言令色孔壬。"佞音 nìng,巧言谄媚,奸诈。

【经】俾、拼、抨,使也。俾、拼、抨、使,从也。

【注】俾音 bǐ,通比顺从。拼通抨,音 bēng。抨音 bēng,使,令。

【经】儴、仍,因也。

【注】儴音 ráng,沿袭。

【经】董、督,正也。

【注】董,监察,监督。

【经】享,孝也。

【注】享,用食物祭祀祖先。

【经】珍、享,献也。

【注】珍,进献。

【经】纵、缩,乱也。

【注】纵,放纵,引申为乱。

【经】探、篡、俘,取也。

【注】探,探究,探寻。篡音 cuàn,非法夺取。

【经】徂、在,存也。

【经】在、存、省、士,察也。

【注】在通司(伺),观察。存,思念,问候。省音 xǐng,察看。

【经】烈、枿,余也。

【注】烈通裂,余留。枿同蘖,音 niè,余留,旁生的枝条。

【经】迓,迎也。

【注】迓音 yá,迎接。

【经】元、良,首也。

【经】荐、挚,臻也。

【注】荐,进,进荐,进献。挚通贽,音 zhì,至,到。臻音 zhēn,到达。

【经】赓、扬,续也。

【注】赓,连续。扬通永,继续。

【经】祔、祪,祖也。

【注】祔音 fù,新死者陪祭于祖先的一种祭祀。祪音 guǐ,远祖。

【经】即,尼也。

【注】尼音 nì,靠近。

【经】尼,定也。

【经】迩、几、昵,近也。

983

【注】迩音 ěr,接近。几音 jī,将近。昵音 nì,亲近。

【经】妥,安坐也。

【经】貉、缩,纶也。

【注】貉当作络。络,捆缚,绳束。缩,收缩,捆束。纶,绳。

【经】貉、嗼、安,定也。

【注】貉通貊,音 mò,安静。嗼音 mò,静定。

【经】伊,维也。伊、维,侯也。

【经】时、寔,是也。

【注】时通是,这,这个。寔音 shí,此,这。

【经】卒、猷、假、辍,已也。

【注】猷通犹,音 yóu,已,完毕。假通格,音 gé,到,止。辍音 chuò。停止。已,止。

【经】求、酋、在、卒、就,终也。

【注】求,终。酋音 qiú,完成。在通载,终尽。

【经】崩、薨、无禄、卒、徂落、殪,死也。

【注】崩,山倒塌,特指帝王死。薨音 hōng,死,特指侯王死。无禄,死的讳称。徂通殂,音 cú,死亡。殪音 yì,死亡。

释言第二

【经】殷、齐,中也。

【注】殷通隐,隐栝,矫揉竹木使之成器的工具。引申为中正。齐通脐,肚脐,正中。

【经】斯、谇,离也。

【注】斯,劈开。谇音 chǐ,离开,离别。

【经】谡、兴,起也。

【注】谡音 sù,起立。

【经】还、复,返也。

【经】宣、徇,遍也。

【注】徇音 xūn，通旬，古人记日，十日为一旬，周而复始，引申为周遍。

【经】驲、遽，传也。

【注】驲音 rì，驿站的车马。遽音 jù，驿车、驿马。传音 zhuàn，驿站，驿站所备的车马。

【经】蒙、荒，奄也。

【注】蒙，覆盖，包裹。《左传·昭公十三年》："晋人执季孙意如，以幕蒙之。"荒，野草掩盖了田地，引申为掩盖，覆盖。《国语·周语下》："民力凋尽，田畴荒芜。"奄音 yǎn，覆盖，包括。《淮南子·修务》："万物至众，而知不足以奄之。"

【经】告、谒，请也。

【注】告，请求。谒音 yè，陈述，陈清。

【经】肃、噰，声也。

【注】肃，鸟类羽毛振动的声音。噰同雝，音 yōng，鸟和鸣声。

【经】格、怀，来也。

【注】格同徦(gé)，来到。

【经】畛、厎，致也。

【注】畛音 zhěn，祝告。厎音 zhǐ，至，达到。

【经】恀、怙，恃也。

【注】恀音 shì，依赖。怙音 hù，仗恃，凭借。

【经】律、遹，述也。

【注】遹音 yù，遵循。述，依照。

【经】俞、畲，然也。

【注】俞音 yú，同意、应允。畲，古答字，应答。

【经】豫、胪，叙也。

【注】豫通叙，次序。胪音 lú，通叙，陈述，陈列。

【经】庶几，尚也。

【注】庶几(jī)，也许可以。尚，也许可以。

【经】观、指，示也。

【经】若、惠，顺也。

【经】敖、帗，傲也。

985

【注】帗音 hú，倨傲，傲慢。

【经】幼、鞠，稚也。

【注】鞠通育，幼稚。

【经】逸、愆，过也。

【注】愆同愆，音 qiān，过错，过失。

【经】疑、休，戾也。

【经】疾、齐，壮也。

【经】慽、褊，急也。

【注】慽音 jiè，通亟（jí），急速。褊音 biǎn，衣服狭小，引申为气量狭小。急躁，狭隘。

【经】贸、贾，市也。

【经】扉、陋，隐也。

【注】扉音 fěi，隐蔽。陋，偏远，引申为隐蔽。

【经】遏、逝，逮也。

【注】遏音 è，及至，达到。逝音 shì，赶上，达到。逮，赶上，达到。

【经】征、迈，行也。

【注】征，出征，远行。迈，出行，远行。

【经】圮、败，覆也。

【注】圮音 pǐ，颓败，坍塌，倾覆。败，毁坏，败坏，衰落。覆，翻转，倾倒，颠覆。

【经】荐、原，再也。

【注】荐，屡次，重复。原，再，重。

【经】抚、敉，抚也。

【注】抚当作忧（fǔ）。忧通抚，安抚，爱抚。敉音 mǐ，安抚，爱抚。

【经】臞、脙，瘠也。

【注】臞音 qú，或作癯，消瘦。脙音 qiú，瘦。瘠音 jí，瘦。

【经】桄、颎，充也。

【注】桄音 guàng，通光。广大，充盛。颎同炯，音 jiǒng，充实。

【经】屡、昵，亟也。

【注】昵音 nì，亲近。

【经】靡、罔,无也。

【注】靡音 mí,无,没有。罔音 wǎng,无,没有。

【经】爽,差也。爽,忒也。

【注】爽,违背,过失。差,差错。忒音 tè,差错。

【经】佴,贰也。

【注】佴音 èr,随后,相次。贰,副的。

【经】剂、翦,齐也。

【注】剂,剪齐,剪断。

【经】馈、馏、稔也。

【注】馈音 fēn,或作饙(fēn),蒸饭。稔音 rěn,通饪(rèn),煮熟,蒸热(食物)。

【经】媵、将,送也。

【注】媵音 yìng,古代诸侯女儿出嫁时陪嫁的人。

【经】作、造,为也。

【经】餥、餱,食也。

【注】餥音 fēi,吃饭。餱同糇,音 hóu,干粮。

【经】鞠、究,穷也。

【注】鞠音 jū,穷尽。

【经】卤、矜,咸,苦也。

【注】卤音 lǔ,咸水,盐卤。矜音 jīn,劳苦,辛苦。

【经】干、流,求也。

【注】干,求取。流通求,寻求。

【经】流,覃也。覃,延也。

【注】覃音 tán,延及,延长。

【经】佻,偷也。

【注】佻音 tiāo,轻薄,放纵。

【经】潜,深也。潜、深,测也。

【注】潜,在水面下活动,引申为隐藏、深藏。《诗经·小雅·正月》:"潜虽伏矣,亦孔之炤。"又引申为测量水的深浅。《庄子·田子方》:"上窥青天,下潜黄泉。"测,测量水的

深浅,引申为深,《周礼·考工记·弓人》:"漆欲测,丝欲沈。"

【经】谷、鞠,生也。

【注】鞠通育,养育。

【经】啜,茹也。

【注】啜音 chuò,品尝,吃。茹音 rú,吃,吞咽。

【经】茹、虞,度也。

【注】茹,度量,估计。虞,料想,预料。

【经】试、式,用也。

【注】式通试,使用,试行。

【经】诰、誓,谨也。

【注】诰音 gào,告诫,警戒。誓,用言辞约束。谨,谨慎,小心。

【经】竞、逐,彊也。

【注】竞,强,强劲。彊音 qiáng,强盛。

【经】御、圉,禁也。

【注】圉音 yǔ,通御,抵御,禁止。

【经】窒、薶,塞也。

【注】窒,堵塞,阻塞。薶音 mái,埋葬,埋藏。

【经】黼、黻,彰也。

【注】黼音 fǔ,黑白相间的花纹。黻音 fú,青黑相间的花纹。彰,错综驳杂的花纹。

【经】膺、身,亲也。

【注】膺音 yīng,自身,躬亲。

【经】恺悌,发也。

【注】恺悌音 kǎi tì,和乐平易。

【经】髦士,官也。

【注】髦音 máo,毛中的长毫。

【经】畯,农夫也。

【注】畯音 jùn,管农事的官。

【经】盖、割,裂也。

988

【注】盖通害,伤害。

【经】邕、支,载也。

【注】邕音 yōng,拥,围,拥护。载音 zǎi,承载,又音 dài,同戴,爱戴。

【经】诿诿,累也。

【注】诿诿音 zhuìwěi,嘱托,烦劳。

【经】漠、察,清也。

【注】漠,清静。

【经】庇、庥,廕也。

【注】庇音 bì,遮蔽,庇护。庥音 xiū,树荫,引申为庇护。廕音 yīn,同荫,树荫。

【经】谷、履,禄也。

【注】履通釐(lí),福禄。

【经】履,礼也。

【注】履,踩,践踏,引申为执行。

【经】隐,占也。

【经】逆,迎也。

【注】逆,迎,迎接。

【经】憯,曾也。

【注】憯音 cǎn,竟然。曾音 zēng,竟,竟然。

【经】增,益也。

【经】窭,贫也。

【注】窭音 jù,贫穷,贫困。

【经】薆,隐也。

【注】薆音 ài,隐蔽,遮蔽。

【经】僾,唈也。

【注】僾音 ài,郁闷,不舒畅。

【经】基,经也。基,设也。

【经】基,开始,谋划。

【经】祺,祥也。祺,吉也。

989

【注】祺音 qí,吉兆,吉利。

【经】兆,域也。

【注】兆通垗(zhào),界域,区域。

【经】肇,敏也。

【注】肇音 zhào,通劭(shào),劝勉,勉力。

【经】挟,藏也。

【经】浃,彻也。

【注】浃音 jiā,浸透。

【经】替,废也,替,灭也。

【经】速,征也。征,召也。

【注】速,招致,征召。

【经】琛,宝也。

【注】琛音 chēn,珍宝。

【经】探,试也。

【注】探,探测,试探。

【经】髦,选也。髦,俊也。

【注】髦音 máo,毛中的长毫,指选拔的才俊之士。

【经】俾,职也。

【注】俾音 bǐ,使,令供职。职,执掌。

【经】纰,饰也。

【注】纰音 pī,在织物上镶饰缘边。

【经】凌,慄也。慄,感也。

【注】凌音 líng,惊惧,战慄。感音 qī,恐惧。

【经】蠲,明也。茅,明也。明,朗也。

【注】蠲音 juān,显示,明示。

【经】猷,图也。猷,若也。

【注】猷音 yóu,谋划。

【经】偰,举也。

【注】偁音 chēng,同称,举起。

【经】称,好也。

【经】坎、律,铨也。

【注】坎通科,品类,等级。铨音 quán,衡器。

【经】矢,誓也。

【注】矢通誓,发誓。

【经】舫,舟也。

【经】泳,游也。

【经】迨,及也。

【注】迨音 dài,同逮,至,等到。

【经】冥,幼也。

【注】幼通窈(yáo),幽深,幽暗的样子。

【经】降,下也。

【注】降,从高处往下走,引申为下降。

【经】傭,均也。

【注】傭音 chōng,平均,均等。

【经】强,暴也。

【经】窕,肆也。肆,力也。

【注】窕音 tiǎo,虚浮不实,过分。

【经】俅,戴也。

【经】瘗,幽也。

【注】瘗音 yì,埋藏,埋葬。幽,隐蔽。

【经】氂,罽也。

【注】氂音 máo,长毛,毛毡。罽音 jì,毡类毛织品。

【经】烘,燎也。煁,炶也。

【注】燎,放火焚烧草木。煁音 chén,一种可以移动的炉灶。炶音 wēi,一种可以移动的炉子。

【经】陪,朝也。

【注】陪,重叠,增益,引申为辅佐,陪同。

【经】康,苛也。

【注】康同糠,稻麦脱下的壳或皮。苛,烦琐,繁细。

【经】樊,藩也。

【经】赋,量也。

【经】粻,粮也。

【注】粻音 zhāng,粮食。

【经】庶,侈也。庶,幸也。

【注】庶,众多。侈音 chǐ,许多,众多。幸,侥幸,幸运。

【经】筑,拾也。

【经】奘,驵也。

【注】奘音 zàng,健壮,粗大。驵音 zǎng,粗大。

【经】集,会也。

【经】舫,泭也。

【注】泭同桴,音 fú,竹筏,木筏。

【经】洵,均也。洵,龛也。

【注】洵通旬,均匀,平均。又通恂(xún),诚,信。龛音 kān,通谌(chén),诚,信。

【经】逮,遝也。

【注】遝音 dài,及,达到。

【经】是,则也。

【注】则,准则,法则。

【经】画,形也。

【经】赈,富也。

【注】赈音 zhèn,富裕。

【经】局,分也。

【经】忯,怒也。

【注】忯音 qí,愤怒。

【经】偬,声也。

【注】傺音 xiè,象声词。

【经】葵,揆也。揆,度也。

【注】葵通揆(kuí),度量,揣测。

【经】逮,及也。

【经】惄,饥也。

【注】惄音 nì,忧思。意为忧思好像饥饿一样难受。

【经】畛,重也。

【注】畛音 zhěn,厚,重。

【经】猎,虐也。

【注】猎,暴虐。

【经】土,田也。

【经】戍,遏也。

【经】师,人也。

【经】硈,巩也。

【注】硈音 jié,坚硬,坚固。巩,牢固,巩固。

【经】弃,忘也。

【注】弃,忘记。

【经】嚣,闲也。

【注】嚣音 xiāo,悠闲自得。

【经】谋,心也。

【经】献,圣也。

【注】献通贤,有才能、有德行的。圣,有最高智慧和道德的。

【经】里,邑也。

【经】襄,除也。

【注】襄通攘(rǎng),除去,排除。

【经】振,古也。

【注】振,自,从。

【经】怼,怨也。

【注】怼音 duì,怨恨。

【经】缡,介也。

【注】缡音 lí,鞋上的丝带。介,界限。

【经】号,谑也。

【注】谑同呼,呼喊。

【经】凶,咎也。

【经】苞,稹也。

【注】苞,草木茂盛。稹音 zhěn,植物旺盛。

【经】逜,寤也。

【注】逜音 wù,抵触,违逆。寤音 wù,通牾(wǔ),不顺。

【经】颋,题也。

【注】颋音 dìng,通作定。题,前额。

【经】猷、肯,可也。

【注】猷音 yóu,通犹,也许,可能。

【经】务,侮也。

【注】务通侮,侮辱,欺侮。

【经】贻,遗也。

【注】贻音 yí,赠送,送给。遗音 wèi,给予,赠予。

【经】贸,买也。

【经】贿,财也。

【注】贿音 huì,财物。引申为赠送财物。

【经】甲,狎也。

【注】甲通狎。狎音 xiá,亲近,亲昵。

【经】葭,葭也。葭,蔚也。

【注】葭音 tǎn,芦荻。蔚音 wàn,初生的芦荻。

【经】粲,餐也。

【注】粲音 càn,通餐。

【经】渝,变也。

【注】渝,改变,变更。

【经】宜,肴也。

【注】宜,与"俎"同,表示切肉用的砧板;用作动词,意为吃肉。

【经】夷,悦也。

【注】夷,愉快。

【经】颠,顶也。

【经】耋,老也。

【注】耋音 dié,年老。

【经】輶,轻也。

【注】輶音 yóu,轻车,引申为轻。

【经】俴,浅也。

【注】俴音 jiàn,浅,浅薄。

【经】绹,绞也。

【注】绹音 táo,绳索。绞,扭结。

【经】讹,化也。

【经】跋,躐也。疐,跲也。

【注】跋音 bá,踩,踏。躐音 liè,践踏。疐通踬,音 zhì,绊倒。跲音 jiá,绊倒。

【经】烝,尘也。

【注】烝,久,长久。

【经】戎,相也。

【注】戎通从,帮助,佐助。

【经】饫,私也。

【注】饫音 yù,私宴。

【经】孺,属也。

【注】孺,亲属。

【经】幕,暮也。

【注】暮,本字为莫(mù),意为日落时,后作暮。

【经】煽,炽也。炽,盛也。

【注】煽音 shān,火旺盛。炽音 chì,火炽热,引申为旺盛、强盛。

【经】柢,本也。

【注】柢音 dǐ,树的主根。引申为基础,根基。本,树木的根。

【经】窕,闲也。

【注】窕音 tiǎo,空隙,间隙。

【经】沦,率也。

【注】沦,水面小波纹。率,沿着,带着。

【经】罹,毒也。

【注】罹音 lí,忧患,苦难。毒,祸患,苦痛。

【经】检,同也。

【注】"检"当为"佥"。佥音 qiān,皆,同。

【经】邮,过也。

【注】邮通尤,过错,过失。

【经】逊,遁也。

【注】逊音 xùn,退让,逃遁。遁音 dùn,同遯,隐匿,躲避。

【经】毙,踣也。偾,僵也。

【注】毙,仆倒,倒下。踣音 bó,仆倒,倒毙。偾音 fèn,倒仆。僵毙。

【经】畛,殄也。

【注】畛音 zhěn,田间的道路或界限。殄音 tiǎn,尽,灭绝。

【经】曷,盍也。

【注】曷音 hé,何。盍音 hé,为什么不。

【经】虹,溃也。

【注】虹通讧(hòng),争吵,惑乱。溃,溃乱。

【经】隖,闇也。

【注】隖音 ǎn,同暗,昏暗。闇通暗,昏暗。

【经】劀,胶也。

【注】劀音 nì,粘着。

【经】孔,甚也。

【注】孔,很,甚。

【经】厥,其也。

【注】厥音 jué,他的,那个。

【经】戛,礼也。

【注】戛音 jiá,常理,常法。

【经】阇,台也。

【注】阇音 dū,城门上的楼台。

【经】囚,拘也。

【经】攸,所也。

【经】展,适也。

【经】郁,气也。

【注】郁,气盛的样子。

【经】宅,居也。

【经】休,庆也。

【注】休,吉庆,喜庆。

【经】祈,叫也。

【注】祈,向天或神祷告祈求。

【经】濬、幽,深也。

【注】濬音 jùn,挖深。幽,隐蔽,深远。

【经】哲,智也。

【经】弄,玩也。

【经】尹,正也。皇、匡,正也。

【注】尹,治理。皇音 kuāng,通匡,匡正,纠正。

【经】服,整也。

【注】服,做,从事。整,治、理,整治。

【经】聘,问也。

【注】聘,问候,访问。

【经】愧,惄也。

997

【注】慙同惭，羞愧。

【经】殛，诛也。

【注】殛音 jí，诛杀。

【经】克，能也。

【经】翌，明也。

【注】翌音 yì，明，次。

【经】讻，讼也。

【注】讻音 xiōng，争辩，争讼。

【经】晦，冥也。

【注】晦，昏暗。又：日暮，夜晚。

【经】奔，走也。

【注】奔，跑，引申为败逃，逃亡。走，逃跑。

【经】逡，退也。

【注】逡音 qūn，后退，退让。

【经】疐，仆也。

【注】疐通踬，音 zhì，仆倒。

【经】亚，次也。

【注】亚，次于。

【经】谂，念也。

【注】谂音 shěn，通念，思念。

【经】届，极也。

【注】届音 jiè，至，到达。

【经】弇，同也。弇，盖也。

【注】弇音 yǎn，或作奄（yǎn），覆盖，遮蔽。

【经】恫，痛也。

【注】恫音 tōng，哀痛，悲痛。

【经】握，具也。

【注】握通屋。引申为供置、具备。

【经】振,讯也。

【经】阋,恨也。

【注】阋音 xì,争吵,争斗。"恨"本或作"很"。很,违背,违反,引申为争讼。

【经】越,扬也。

【注】越,越过。

【经】对,遂也。

【注】对通遂(suì),达,进。遂,达,通,进。

【经】煅,火也。

【注】煅音 huǐ,焚烧。

【经】懈,怠也。

【注】怠,懈怠,松懈。

【经】宣,缓也。

【注】宣,宽大。

【经】遇,偶也。

【经】曩,⺌也。

【注】曩音 nǎng,过去,从前。⺌音 xiāng,或写作乡、向,表示过去的时间。

【经】徨,暇也。

【注】徨同皇,通遑(huáng),闲暇。

【经】宵,夜也。

【经】懊,忨也。愒,贪也。

【注】懊音 yù,贪爱。忨音 wán,贪爱,苟安。愒音 kài,贪,贪求。

【经】榰,柱也。

【注】榰音 zhī,支柱。

【经】裁,节也。

【经】竝,併也。

【注】竝同並,今简化为并。

【经】卒,既也。

【注】卒,终,尽,全。既,完毕,终了。

【经】憽,虑也。

【注】憽音 cóng,谋虑。

【经】将,资也。

【注】将音 jiāng,赠予。资通赍,送给,付予。

【经】黹,纵也。

【注】黹音 zhǐ,缝纫,刺绣。纵音 zhì,缝,用针线连缀。

【经】递,迭也。

【注】递,交替,顺次更迭。迭音 dié,更替,轮流。

【经】矧,况也。

【注】矧音 shěn,况且,何况。

【经】廪,廯也。

【注】廪音 lǐn,粮仓。廯,仓廪。

【经】逭,逃也。

【注】逭音 huàn,逃避。

【经】讯,言也。

【经】间,倪也。

【注】倪音 xiàn,间谍,暗探。

【经】沄,沆也。

【注】沄音 yún,水流汹涌回旋。沆音 hàng,水流的样子。

【经】干,扞也。

【注】干,盾,引申为捍卫。扞同捍,护卫,捍卫。

【经】趾,足也。

【经】跳,刖也。

【注】跳同刖,音 fèi,断足,古代五刑之一。刖音 yuè,古代一种断足的酷刑。

【经】襄,驾也。

【注】襄通骧,马头昂起驾车。

【经】忝,辱也。

【注】忝音 tiǎn,羞辱,有愧于。

【经】燠,煖也。

【注】燠音 yù(又音 ào),热,暖。煖音 nuǎn,同暖,温暖。

【经】块,墢也。

【注】块,土块。墢音 bì,土块。

【经】将,齐也。

【注】将音 jiāng,分割。齐音 jì,分割,分际。

【经】餬,饘也。

【注】餬音 hú,粥。饘音 zhān,粥。

【经】启,跪也。

【注】启通跽(jì),长跪。

【经】瞑,密也。

【注】瞑音 mián。

【经】开,辟也。

【经】袍,襺也。

【注】襺音 jiǎn,或写作"茧"。

【经】障,畛也。

【注】障,阻塞,阻隔,堤坊,引申为界限。

【经】靦,姡也。

【注】靦音 tiǎn,人的面目。姡音 huó,羞惭的样子。

【经】舒,缓也。

【经】鬻,糜也。

【注】鬻音 zhōu,粥。糜音 mí,粥。

【经】翿,纛也。纛,翳也。

【注】翿同翢,音 dào,顶上用羽毛做装饰的旗子。纛同翿,音 dào,用雉尾做成的旗帜,也用做帝王的车饰。翳音 yì,用羽毛制成的车盖,也指用羽毛做的舞具。

【经】隍,壑也。

【注】隍,没有水的护城壕。壑音 hè,深沟。

【经】芼,搴也。

【注】芼音 mào，择取。搴音 qiān，拔取，采取。

【经】典，经也。

【经】威，则也。

【注】威，威力，权势。则，准则，法则。

【经】苛，妎也。

【注】苛通诃、呵，音 hē，谴责，怒叱。妎音 hài，发怒。

【经】茀，小也。

【注】茀音 fèi，微小的样子。

【经】迷，惑也。

【注】惑，疑惑，迷惑。

【经】狃，复也。

【注】狃音 niǔ，习惯，习以为常。

【经】逼，迫也。

【注】逼，接近。迫，靠近，接近。

【经】般，还也。

【注】般音 pán，回旋，盘桓。又音 bān，回，还。还音 huán，返回。又音 xuán，旋转。

【经】班，赋也。

【注】班，分发，分赐。赋，授予，给予。

【经】济，渡也。济，成也。济，益也。

【注】济，过河，渡过。引申为成功、成就；又为有利，增益。

【经】缗，纶也。

【注】缗音 mín，钓丝。纶音 lún，钓丝。又音 guān，纶巾，配有青丝绶带的头巾。

【经】辟，历也。

【注】辟音 bì，法则，法律，引申为治理。

【经】濋，盝也。

【注】濋音 chí，鱼龙之类的涎沫。盝通漉，音 lù，渗漏，挤去水。

【经】宽，绰也。

【经】袬，黦也。

【注】衮音 gǔn,古代帝王礼服。黻音 fú,有青黑相间花纹的古代礼服。

【经】华,皇也。

【注】皇通荂(huáng),草木的花。

【经】昆,后也。

【注】昆,后代,子孙。

【经】弥,终也。

【注】弥,尽,终极。

释训第三

【经】明明、斤斤,察也。

【注】明明,明智、明察的样子。

【经】条条、秩秩,智也。

【注】条条,通达。秩秩,明智的样子。

【经】穆穆、肃肃,敬也。

【经】诸诸、便便,辩也。

【经】肃肃、翼翼,恭也。

【经】雍雍、优优,和也。

【注】雍雍音 yōng yōng,鸟和鸣声,和悦的样子。优优,和适的样子。

【经】兢兢、憴憴,戒也。

【注】兢兢音 jīngjīng,小心谨慎的样子。憴憴音 shéng shéng,本或作绳绳,谨慎的样子。

【经】战战、跄跄,动也。

【经】晏晏、温温,柔也。

【注】晏晏,温和,柔顺,柔和。

【经】业业、翘翘,危也。

【注】业业,危惧。翘翘音 qiáo qiáo,高而危险的样子。

【经】惴惴、憢憢，惧也。

【注】惴惴音 zhuì zhuì，担忧恐惧的样子。憢憢同哓哓，音 xiāo xiāo，害怕的样子。

【经】番番、矫矫，勇也。

【注】番番音 bābā，勇武的样子。矫矫，强壮威武的样子。

【经】桓桓、烈烈，威也。

【注】桓桓音 huán huán，威武的样子。

【经】洸洸、赳赳，武也。

【注】洸洸音 guānguān，勇武的样子。

【经】蔼蔼、济济，止也。

【经】悠悠、洋洋，思也。

【经】蹶蹶、踖踖，敏也。

【注】蹶蹶音 guìguì，行动敏捷的样子。踖踖音 jí jí，极其敏捷而又恭敬。

【经】薨薨、增增，众也。

【注】薨薨音 hōng hōng，昆虫群飞时的声音。

【经】烝烝、遂遂，作也。

【经】委委、佗佗，美也。

【经】恓恓、惕惕，爱也。

【注】恓恓音 qíqí，美好令人爱悦的样子。

【经】偁偁、格格，举也。

【注】偁音 chēng，古称字。格格，枝条举起、上扬的样子。

【经】蓁蓁、孽孽，戴也。

【注】蓁蓁音 zhēn zhēn，草木茂盛。孽孽音 niè niè，服饰华美，盛装。戴，增益。

【经】懕懕、媞媞，安也。

【注】懕懕音 yānyān，或作厌厌，安静。媞媞音 tí tí，美好祥和。

【经】祁祁、迟迟，徐也。

【注】祁祁音 qí qí，徐缓的样子。

【经】丕丕、简简，大也。

【经】存存、萌萌，在也。

【注】萌萌,本或作茵茵,察阅。

【经】懋懋、慔慔,勉也。

【注】懋懋音 mào mào,勤勉。慔慔音 mùmù,勤勉,努力。

【经】庸庸、慅慅,劳也。

【注】庸,功劳,辛苦。慅慅音 cǎocǎo,忧劳烦心。

【经】赫赫、跃跃,迅也。

【注】赫赫,显赫盛大。

【经】绰绰、爰爰,缓也。

【注】绰绰音 chuò chuò,宽松。爰爰音 yuán yuán,舒缓。

【经】坎坎、墫墫,喜也。

【经】瞿瞿、休休,俭也。

【注】瞿瞿音 jù jù,勤勉谨慎。休休,约束有节制。

【经】旭旭、蹻蹻,憍也。

【注】旭旭,得意的样子。蹻蹻音 jiǎojiǎo,骄傲的样子。憍音 jiāo,同骄。

【经】梦梦、讻讻,乱也。

【注】梦梦,昏乱不明。讻讻音 zhùnzhùn,混乱,杂乱。

【经】懆懆、遾遾,闷也。

【注】懆懆音 báobáo,忧闷。

【经】儚儚、洄洄,惛也。

【注】儚儚音 méngméng,昏昧,糊涂。洄洄,当作佪佪。不明白,不清楚。惛音 hūn,糊涂。

【经】版版、荡荡,僻也。

【注】版版,反常。荡荡,法度混乱。僻,邪僻,不正。

【经】爞爞、炎炎,薰也。

【注】爞爞音 chóngchóng,热气炽盛。薰通熏,热气蒸腾。

【经】居居、究究,恶也。

【经】仇仇、敖敖,傲也。

【注】仇仇,傲慢的样子。

【经】佌佌、琐琐,小也。

【注】佌佌音 cǐcǐ,卑微、渺小。琐琐,卑微。

【经】悄悄、惨惨,愠也。

【注】悄悄,忧愁。惨惨,忧闷不安。愠音 yùn,愁恨,怒怨。

【经】痯痯、瘐瘐,病也。

【经】殷殷、惸惸、切切、博博、钦钦、京京、忡忡、惙惙、怲怲、奕奕,忧也。

【注】殷殷,忧伤。惸惸同茕茕,音 qióng qióng,忧虑。切切音 dāo dāo,忧虑。博博音 tuán tuán,忧劳不安。钦钦,忧愁无法解除忧虑不止。京京,忧愁的样子。惙惙音 chuò chuò,忧郁不安的样子。

【经】畇畇,田也。

【经】畟畟,耜也。

【注】畟畟音 cècè,耜刃耕田翻土的样子。耜音 sì,翻土用的农具。这里指耕田。

【经】郝郝,耕也。

【经】绎绎,生也。

【注】绎绎音 yì yì,禾苗出土。

【经】穟穟,苗也。

【注】穟穟音 suìsuì,禾苗茂盛美好。

【经】绵绵,穮也。

【注】绵绵,仔细精心。穮音 biāo,除草。

【经】挃挃,获也。

【注】挃挃音 zhìzhì,收割的声音,引申为收获。

【经】栗栗,众也。

【注】栗栗,众多,这里指丰收。

【经】溞溞,淅也。

【注】溞溞音 sōu sōu,淘洗米声。淅音 xī,淘米。

【经】烰烰,烝也。

【注】烰烰音 fúfú,热气上升。烝通蒸,这里指蒸食物。

【经】俅俅,服也。

【注】俅俅音 qiú qiú，冠饰华丽。

【经】峨峨，祭也。

【经】锽锽，乐也。

【注】锽锽音 huáng huáng，形容钟鼓声宏亮。

【经】穰穰，福也。

【注】穰穰音 ráng ráng，丰盛，多福。

【经】子子孙孙，引无极也。

【经】颙颙卬卬，君之德也。

【经】丁丁、嘤嘤，相切直也。

【经】蔼蔼、萋萋，臣尽力也。噰噰、喈喈，民协服也。

【注】蔼蔼，众多。萋萋，草木茂盛。噰噰音 yōng yōng，喈喈音 jiē jiē，均为鸟和鸣声。

【经】佻佻、契契，愈遐急也。

【注】佻佻音 tiāo tiāo，孤独的样子。契契，忧虑苦闷。

【经】宴宴、粲粲，尼居息也。

【经】哀哀、悽悽，怀报德也。

【经】儵儵、嘒嘒，罹祸毒也。

【注】儵儵音 shū shū，悲伤不已。嘒嘒音 huì huì，蝉鸣声。

【经】晏晏、旦旦，悔爽忒也。

【注】晏晏，温顺柔和。旦旦，诚恳。爽，差错。忒音 tè，过错。

【经】皋皋、琄琄，刺素食也。

【经】懽懽、愮愮，忧无告也。

【注】懽懽音 guàn guàn，忧虑无所诉的样子。愮愮音 yáo yáo，心神不安。

【经】宪宪、泄泄，制法则也。

【经】谑谑、謞謞，崇谗慝也。

【注】谑谑音 xuè xuè，喜乐。謞謞音 hè hè，炽烈。崇，增长。慝音 tè，邪恶。

【经】翕翕、訿訿，莫供职也。

【注】翕翕音 xī xī，彼此趋附。訿訿音 zǐ zǐ，诽谤，非议。

【经】速速、蹙蹙，惟逑鞫也。

【注】速速,粗陋的样子。蹙蹙音 cù cù,局促不得舒展。逑通逑,音 qiú,急迫。鞠音(jū),穷困。

【经】抑抑,密也。秩秩,清也。

【经】甹夆,掣曳也。

【注】甹夆音 pīng fēng,牵引违离政道。掣曳音 chè yè,拽拉。

【经】朔,北方也。

【经】不俟,不来也。

【注】俟通竢,音 sì,等待不再来。

【经】不遹,不迹也。

【注】遹同述,循,遵循,遵从。

【经】不彻,不道也。

【注】彻,常道,轨辙。不彻,不遵循常道。《诗经·小雅·十月之交》:"天命不彻,我不敢效。"道,道理,引申为事理、规律。不道,不遵循正道。

【经】勿念,勿忘也。

【经】蔜、谖,忘也

【注】蔜音 xuān,通谖,忘掉。

【经】每有,虽也。

【经】饎,酒食也。

【经】舞、号,雩也。

【注】雩音 yú,求雨的祭祀。

【经】暨,不及也。

【经】蠢,不逊也。

【经】"如切如磋",道学也。"如琢如磨",自脩也。"瑟兮僩兮",恂慄也。"赫兮烜兮",威仪也。"有斐君子,终不可谖兮",道盛德至善民之不能忘也。

【注】磋音 cuō,雕刻象牙。脩音 xiū,修养(品德)。瑟,严正、庄重的样子。僩音 xiàn,威武的样子。恂(xún)栗,惊惧战栗。赫,显赫,烜音 xuān,显著。

【经】"既微且尰",骭疡为微,肿足为尰。

【注】骭音 gàn,小腿骨。疡,溃疡。尰同瘇,脚肿。

【经】"是刈是濩",濩,煮之也。

【注】刈音 yì,割取。濩音 huò,古代一种大锅,引申为煮。

【经】"履帝武敏",武,迹也;敏,拇也。

【注】武,足迹。敏通拇,足大指。

【经】"张仲孝友",善父母为孝,善兄弟为友。

【经】"有客宿宿",言再宿也。"有客信信",言四宿也。

【经】美女为媛。美士为彦。

【注】媛音 yuán,美女。彦音 yàn,有才的男子,贤士。

【经】"其虚其徐",威仪容止也。

【经】"猗嗟名兮",目上为名。

【经】"式微式微"者,微乎微者也。

【经】之子者,是子也。

【注】之,此,这个。是,此。是子,此人,这个人。

【经】"徒御不惊",辇者也。

【经】襢裼,肉袒也。

【注】襢同袒,音 tǎn,裸露。裼音 xī,袒开外衣。襢裼,脱去上衣。

【经】暴虎,徒搏也。冯河,徒涉也。

【注】冯音 píng,涉水,徒步蹚水过河。

【经】籧篨,口柔也。

【注】籧篨音 qú chú,谄媚奉承。

【经】戚施,面柔也。

【注】戚施,比喻谄谀献媚的人。

【经】夸毗,体柔也。

【注】夸毗(pí),卑躬屈膝。

【经】婆娑,舞也。

【注】婆娑(suō),舞姿。

【经】擗,拊心也。

【注】擗音 pǐ,抚胸,拍胸。拊音 fǔ,拍,轻击。

【经】矜、怜，抚掩之也。

【注】矜音 jīn，怜悯，同情。抚通怃（wǔ），喜爱，抚恤。掩通俺（yǎn），爱。

【经】緎，羔裘之缝也。

【注】緎音 yù，衣缝。

【经】殿屎，呻也。

【注】殿屎（xī），痛苦呻吟。

【经】帱谓之帐。

【注】帱音 chóu，床帐。

【经】侜张，诳，也。

【注】侜（zhōu）张，欺诳放肆。

【经】谁昔，昔也。

【注】谁昔，从前。

【经】不辰，不时也。

【经】凡曲者为罶。

【注】罶音 liǔ，一种捕鱼的竹篓。

【经】鬼之为言归也。

释亲第四

【经】父为考，母为妣。

【注】考，父亲。妣（bǐ），母亲。

【经】父之考为王父，父之妣为王母。王父之考为曾祖王父，王父之妣为曾祖王母。曾祖王父之考为高祖王父，曾祖王父之妣为高祖王母。

【经】父之世父、叔父为从祖祖父，父之世母、叔母为从祖祖母。父之晜弟，先生为世父，后生为叔父。

【注】晜音 kūn，同昆，兄弟。

【经】男子先生为兄，后生为弟。〔男子〕谓女子先生为姊，后生为妹。

【经】父之姊妹为姑。

【经】父之从父晜弟为从祖父,父之从祖晜弟为族父。族父之子相谓为族晜弟。族晜弟之子相谓为亲同姓。

【经】兄之子、弟之子相谓为从父晜弟。

【经】子之子为孙,孙之子为曾孙,曾孙之子为玄孙,玄孙之子为来孙,来孙之子为晜孙,晜孙之子为仍孙,仍孙之子为云孙。

【经】王父之姊妹为王姑,曾祖王父之姊妹为曾祖王姑,高祖王父之姊妹为高祖王姑。父之从父姊妹为从祖姑。父之从祖姊妹为族祖姑。

【经】父之从父晜弟之母为从祖王母,父之从祖晜弟之母为族祖王母。父之兄妻为世母,父之弟妻为叔母。父之从父晜弟之妻为从祖母,父之从祖晜弟之妻为族祖母。

【经】父之从祖祖父为族曾王父,父之从祖祖母为族曾王母。

【经】父之妾为庶母。

【经】祖,王父也。晜,兄也。

【经】宗族。

【经】母之考为外王父,母之妣为外王母。母之王考为外曾王父,母之王妣为外曾王母。

【经】母之晜弟为舅,母之从父晜弟为从舅。

【经】母之姊妹为从母。从母之男子为从母晜弟,其女子子为从母姊妹。

【经】母党。

【经】妻之父为外舅,妻之母为外姑。

【经】姑之子为甥,舅之子为甥,妻之晜弟为甥,姊妹之夫为甥。

【经】妻之姊妹同出为姨。女子谓姊妹之夫为私。

【经】男子谓姊妹之子为出。女子谓晜弟之子为姪。谓出之子为离孙,谓姪之子为归孙。女子子之子为外孙。

【经】女子同出,谓先生为姒,后生为娣。

【经】女子谓兄之妻为嫂,弟之妻为妇。

【经】长妇谓稚妇为娣妇,娣妇谓长妇为姒妇。

【经】妻党。

【经】妇称夫之父曰舅,称夫之母曰姑。姑舅在,则曰君舅、君姑;没,则曰先舅、先姑。谓夫之庶母为少姑。

【经】夫之兄为兄公,夫之弟为叔,夫之姊为女公,夫之女弟为女妹。

【经】子之妻为妇。长妇为嫡妇,众妇为庶妇。

【经】女子子之夫为婿。

【经】婿之父为姻,妇之父为婚。

【经】父之党为宗族,母与妻之党为兄弟。

【经】妇之父母,婿之父母,相谓为婚姻。两婿相谓为亚。

【经】妇之党为婚兄弟,婿之党为姻兄弟。

【经】嫔,妇也。

【经】谓我舅者,吾谓之甥也。

【经】婚姻。

释宫第五

【经】宫谓之室,室谓之宫。

【经】牖户之间谓之扆,其内谓之家。东西墙谓序。

【注】牖音 yǒu,窗。扆音 yǐ,宫殿窗和门之间的地方。

【经】西南隅谓之奥,西北隅谓之屋漏,东北隅谓之宧,东南隅谓之窔。

【注】隅音 yú,角,角落。奥,隐蔽的地方。宧音 yí,养。古代庖厨在房东北角,故称东北角为宧。窔音 yǎo,幽深。

【经】枨谓之阈。枨谓之楔。楣谓之梁。枢谓之椳。枢达北方谓之落时,落时谓之戺。

【注】枨音 zhì,门槛。枨音 chéng,门两旁所立木柱,其作用为防车触门。楣音 méi,门楣,门框上的横木。椳音 wēi,承托门轴的门臼。

【经】垝谓之坫。墙谓之墉。

【注】垝音 guì,室内放东西的土台,坫音 diàn,厨间放食物的土台。墉音 yōng,高墙。

【经】镘谓之杇。椹谓之榩。地谓之黝。墙谓之垩。

【注】镘音 màn，砌墙工具。俗称瓦刀。椹音 zhēn，砍木时垫在下面的垫木。榩音 qián，木砧。黝音 yǒu，黑颜色。垩音 è，白色土。

【经】枳谓之杙，在墙者谓之楎，在地者谓之臬，大者谓之栱，长者谓之阁。

【注】枳音 zhí，木桩之意。楎音 huī，钉在墙上的木橛。臬音 niè，竖立在地上的木桩、木橛。

【经】阇谓之台，有木者谓之榭。

【注】阇音 dǔ，城门上的高台。榭音 xiè，建筑在高台上的木屋，有楹桩无墙壁。

【经】鸡栖于弋为榤，凿垣而栖为埘。

【注】弋音 yì，木桩。榤音 jié，鸡栖的木桩。垣音 yuán，墙。埘音 shí，鸡窝。

【经】植谓之传，传谓之突。

【经】宗廇谓之梁，其上楹谓之棁。闶谓之槉。栭谓之楶。栋谓之桴。桷谓之榱。桷直而遂谓之阅，直不受檐谓之交。檐谓之樀。

【注】宗廇音 máng liú，房屋的大梁。楹音 yíng，柱子。棁音 zhuō，梁上的短柱。闶音 biàn，柱上方木，栭音 ér，柱上承托梁的方木。桷音 jué，方形的椽子。

【经】容谓之防。

【经】连谓之簃。

【经】屋上薄谓之筄。

【经】两阶间谓之乡。中庭之左右谓之位。门屏之间谓之宁。屏谓之树。

【经】闬谓之门。正门谓之应门。观谓之阙。

【注】闬音 bēng，宗庙的门。

【经】宫中之门谓之闱，其小者谓之闺。小闺谓之阁。衖门谓之闳。

【注】衖音 xiàng，小巷，闳音 hóng，巷门。

【经】门侧之堂谓之塾。

【经】橛谓之阒。阖谓之扉。所以止扉谓之阁。

【注】橛音 jué，短木桩。阖音 hé，门扇或门扉。

【经】瓴甋谓之甓。

【注】瓴甋音 líng dì、甓音 pì，长方形砖。

【经】宫中衖谓之壸。庙中路谓之唐。堂途谓之陈。

【注】衖音 xiàng，同巷，小巷。

【经】路、旅，途也。路、场、猷、行，道也。

【注】猷音 yóu，通犹，道，道路，方法，方式。

【经】一达谓之道路，二达谓之歧旁，三达谓之剧旁，四达谓之衢，五达谓之康，六达谓之庄，七达谓之剧骖，八达谓之崇期。九达谓之逵。

【注】衢音 qú，四通八达的道路。

【经】室中谓之时，堂前谓之行，堂下谓之步，门外谓之趋，中庭谓之走，大路谓之奔。

【经】隄谓之梁。石杠谓之徛。

【注】隄音 dī，同堤，河堤，堤岸。杠音 gāng，桥。徛音 h，石桥。

【经】室有东西厢曰庙，无东西厢有室曰寝，无室曰榭。四方而高曰台。陕而脩曲曰楼。

【注】陕音 xiá，同狭，狭窄，狭隘。脩，高。

释器第六

【经】木豆谓之豆，竹豆谓之笾，瓦豆谓之登。

【注】豆，古代一种盛食物的器皿。形似高足盘，多陶制。木豆，木制的食器。笾音 biān，竹制的食器，形似木豆。登，古代一种瓦制器具。形似木豆。

【经】盎谓之缶，瓯瓿谓之瓵。康瓠谓之甈。

【注】盎音 àng，一种小口大腹的瓦罐。瓯瓿音 ōu bù，瓮缶类瓦器。瓠音 hú，通壶。甈音 qì，破瓦壶。

【经】斸劚谓之定。斫谓之鐏。斪谓之䠓。

【注】斸劚音 qú zhú，锄类农具。斫音 zhuó，大锄，又称锗（zhuó）。斪音 qiāo，大锄。䠓音 chā，锹类农具。

【经】緵罟谓之九罭，九罭，鱼罔也。嫠妇之笱谓之罶。罬谓之汕。篧谓之罩。槮谓之涔。

【注】緵音 zòng,罟音 gǔ,网。緵罟,一种网眼细密的鱼网。罭音 yù,附有囊袋的细眼鱼网。罔同网。嫠(lí)妇,寡妇。笱音 gǒu,一种口有倒刺的竹制捕鱼工具。罶音 liú,笱的别名。罺音 chāo,捕鱼的罩子。篧音 zhuó,捕鱼用的竹笼。椮音 sēn,以簿诱捕的捕鱼方法。

【经】鸟罟谓之罗。兔罟谓之罝。麋罟谓之罞。彘罟谓之羉。鱼罟谓之眾。繴谓之罿。罿,罬也。罬谓之罦。罦,覆车也。

【注】罝音 jiē,捕兔网。麋音 mí,麋鹿。罞音 mǎo,捕鹿的网。彘音 zhì,猪。这里指野猪。羉音 luǎn,捕野猪的网。眾音 gū,大鱼网。繴音 bì,捕取鸟兽的网。又名罿(音 tóng)。罬(zhuó),捕鸟兽的网。

【经】绚谓之救。

【经】律谓之分。

【经】大版谓之业。

【经】绳之谓之缩之。

【经】彝、卣、罍、器也。小罍谓之坎。

【注】彝音 yí,古代的青铜礼器。卣音 yǒu,酒器。一般为椭圆形或扁方形,大腹,小口,圈足,有盖和提梁。罍音 léi,酒器,形似壶,小口,广肩,深腹,圈足,有盖。

【经】衣祂谓之祝。黼领谓之襮。缘谓之纯。袕谓之裎。衣眥谓之襟。袂谓之袪。衿谓之裯。佩衿谓之褖。执衽谓之袺。扱衽谓之襭。衣蔽前谓之襜。妇人之袆谓之缡。缡,緌也。裳削幅谓之缝。

【注】祂同流。指衣服上能摆动的饰物。祝音 ní,衣襟上面下垂而能摆动的饰物。黼(fǔ)领,绣有黑白相间的斧形花纹的衣领。又称襮(bó)。袕音 xuè,又名裎(yíng)。眥音 zì,眼眶。袂通袷,音 jié,衣服的交领。裎音 jū,衣服的前襟。衿音 jīn,系衣服的带子。衽音 rèn,衣襟。袺音 jié,向上提起衣襟。扱音 chā,插。襭音 xiē,用衣襟来兜装东西。襜音 chān,系在身前的围裙。袆音 huī,古代妇女的围裙,头巾。緌音 ruí,帽带系结后下垂的部分。

【经】舆,革前谓之䩄,后谓之笰;竹前谓之御,后谓之蔽。环谓之捐。镳谓之镊。载辔谓之轨。辔首谓之革。

【注】䩄音 hén,车箱前的遮蔽物。笰音 fú,或作茀,车厢后的遮蔽物。镳音 biāo,勒马

口具，又称籋（niè）。

【经】饙谓之䊭，食馐谓之餲。抟者谓之糷，米者谓之糪。肉谓之败，鱼谓之馁。

【注】饙音 hài，食物腐烂。馐音 yì，食物腐臭。餲音（ài），食物变味。糷音 làn，通烂，饭相粘着。糪音 bò，半生半熟的饭。馁音 něi，鱼腐烂。

【经】肉曰脱之，鱼曰斮之。

【注】斮音 zhuó，削去鱼鳞。

【经】冰，脂也。

【经】肉谓之羹，鱼谓之鮨。肉谓之醢，有骨者谓之臡。

【注】鮨音 qī，用鱼做成的鱼酱称为鮨。醢音 hǎi，用肉做成的肉酱。臡音 ní，带骨头的肉酱。

【经】康谓之蛊。

【注】蛊音 gǔ，米谷中的谷虫叫蛊。

【经】淀谓之垽。

【注】垽音 yìn，沉积淤泥，渣滓。

【经】鼎绝大谓之鼐，圜弇上谓之鼒，附耳外谓之釴，款足者谓之鬲。

【注】鼐音 nài，大鼎。圜音 yuán，圆。弇音 yǎn，狭小。圜弇上，指圆形小口大腹的鼎。鼒音 zī，小口的鼎。釴音 yì，附耳在唇外的方鼎。鬲音 lì，古代一种鼎类烹饪用具，圆口，三足，曲足中空曲。

【经】甑谓之鬵。鬵，鉹也。

【注】甑音 zèng，本作甗，一种蒸食用的炊具，类似蒸笼。又称鬵（xín）、鉹（yí）。

【经】璲，瑞也。玉十谓之区。

【注】璲音 suì，玉名。区，玉的计算单位，十块玉全称为一区。

【经】羽本谓之翮。一羽谓之箴，十羽谓之缚，百羽谓之缍。

【注】翮音 hé，鸟羽茎下端的硬管。缚音 zhuān，十羽为一缚。缍音 gǔn，百羽为一缍。

【经】木谓之虡。

【注】虡音 jù，或作簴，悬挂钟磬的柱子。

【经】旄谓之藣。

【注】旄音 máo，旄牛尾，又称藣（bēi）。

【经】菜谓之蔌。

【注】蔌音 sù，蔬菜。

【经】白盖谓之苫。

【注】白盖，干茅草编成的覆盖物。

【经】黄金谓之璗，其美者谓之镠。白金谓之银，其美者谓之镣。铧金谓之钣。锡谓之钖。

【注】镠音 liú，精美的黄金。镣音 liào，精美的白银。钖音 yǐn，锡的另称。

【经】象谓之鹄，角谓之觷，犀谓之剒，木谓之剧。玉谓之雕。

【注】鹄音 hú，加工象牙。觷音 xué，加工兽角。剒音 cuò，同错，雕刻。剧音 duó，加工木料。

【经】金谓之镂，木谓木刻，骨谓之切，象谓之磋，玉谓之琢，石谓之磨。

【注】镂音 lòu，雕刻。

【经】璆、琳，玉也。

【注】璆音 qiú，同球，都有美玉之称。

【经】简谓之毕。

【经】不律谓之笔。

【经】灭谓之点。

【经】绝泽谓之铣。

【注】铣音 xiǎn，最有光泽的金属。

【经】金镞翦羽谓之镟。骨镞不翦羽谓之志。

【注】镞音 zú，箭头。翦音 jiǎn，同剪，剪齐。镟音 hóu，箭名。

【经】弓有缘者谓之弓，无缘者谓之弭。以金者谓之铣，以蜃者谓之珧，以玉者谓之珪。

【注】缘音 yuán，弓用生丝缠绕然后用漆涂饰。弭音 mǐ，角弓。铣音 xiǎn，两端用金装饰的弓。蜃音 shèn，海蚌。珧音 yáo，两端用海蚌壳装饰的弓。

【经】珪大尺二寸谓之玠。璋大八寸谓之琡。璧大六寸谓之宣。肉倍好谓之璧，好倍肉谓之瑗，肉好若一谓之环。

【注】珪音 guī，同圭，玉器名。玠音 jiè，大珪。璋音 zhāng，瑞玉名。宣通瑄（xuān），

六寸的大璧。瑗音 yuàn，孔大的璧。

【经】繸，绶也。

【注】繸音 suì，系佩玉的带子。绶音 shòu，丝带。

【经】一染谓之縓，再染谓之赪，三染谓之纁。青谓之葱。黑谓之黝。斧谓之黼。

【注】縓音 quàn，浅红色。赪音 chēng，稍红的浅红色。纁音 xūn，重些的浅红色。葱，葱绿色。黝音 yǒu，黑色。黼音 fǔ，古代礼服上黑白相间的花纹。

【经】邸谓之柢。

【注】邸通柢，音 dǐ，树根，根底。

【经】雕谓之琢。

【经】蓐谓之兹。

【注】蓐音 rù，草垫，草席。

【经】竿谓之箷。

【注】箷音 yí，晾衣架，衣架。

【经】箦谓之第。

【注】箦音 zé，竹席。

【经】革中绝谓之辨，革中辨谓之韏。

【注】韏音 quàn，再从中分割。

【经】镂，锼也。

【注】锼音 sōu，刻镂。

【经】卣，中尊也。

【注】卣音 yǒu，先秦一种盛酒器。

释乐第七

【经】宫谓之重，商谓之敏，角谓之经，徵谓之迭，羽谓之柳。

【经】大瑟谓之洒。

【注】瑟音 sè，古乐器。洒音 sǎ，大瑟名。

【经】大琴谓之离。

【经】大鼓谓之鼖，小者谓之应。

【注】鼖音 fén，或作贲，古代的大鼓。

【经】大磬谓之𥱊。

【注】磬音 qìng，古代一种打击乐器。𥱊音 xiāo，大磬名。

【经】大笙谓之巢，小者谓之和。

【经】大篪谓之沂。

【注】篪音 chí，古代一种吹奏乐器。沂音 yí，大篪名。

【经】大埙谓之嘂。

【注】埙音 xūn，古代一种陶制吹奏乐器，嘂音 jiào，大埙名。

【经】大钟谓之镛，其中谓之剽，小者谓之栈。

【注】镛音 yōng，大钟。剽音 piáo，中等钟。栈音 zhǎn，小钟。

【经】大箫谓之言，小者谓之筊。

【注】筊音 jiāo，小箫。

【经】大管谓之簥，其中谓之篞，小者谓之篎。

【注】簥音 jiāo，大管。篞音 niè，中等管。篎音 miǎo，小管。

【经】大籥谓之产，其中谓之仲，小者谓之箹。

【注】籥音 yuè，古代一种吹奏乐器。箹音 yuē，小籥。

【经】徒鼓瑟谓之步，徒吹谓之和，徒歌谓之谣，徒击鼓谓之咢，徒鼓钟谓之修，徒鼓磬谓之寋。

【注】咢音 è，只击鼓。寋音 jiǎn，只敲磬。

【经】所以鼓柷谓之止，所以鼓敔谓之籈。

【注】柷音 zhù，古代一种打击乐器。敔音 yǔ，古代一种打击乐器。籈音 zhēn，击敔的木板。

【经】大鼗谓之麻，小者谓之料。

【注】鼗音 táo ，或作鼗、鞉，古代一种小鼓。

【经】和乐谓之节。

释天第八

【经】穹苍，苍天也。春为苍天，夏为昊天，秋为旻天，冬为上天。

【经】四时。

【经】春为青阳，夏为朱明，秋为白藏，冬为玄英。四气和谓之玉烛。

【经】春为发生，夏为长嬴，秋为收成，冬为安宁。四时和为通正，谓之景风。

【注】嬴音 yíng ，通盈，增长，充盈。

【经】甘雨时降，万物以嘉，谓之醴泉。

【经】祥。

【经】谷不熟为饥。蔬不熟为馑。果不熟为荒。仍饥为荐。

【经】灾。

【经】大岁在甲曰阏逢，在乙曰旃蒙，在丙曰柔兆，在丁曰强圉，在戊曰著雍，在巳曰屠维，在庚曰上章，在辛曰重光。在壬曰玄黓，在癸曰昭阳。

【经】岁阳。

【经】大岁在寅曰摄提格，在卯曰单阏，在辰曰执徐，在巳曰大荒落，在午曰敦牂，在未曰协洽，在申曰涒滩，在酉曰作噩，在戌曰阉茂，在亥曰大渊献，在子曰困敦，在丑曰赤奋若。

【经】载，岁也。夏曰岁，商曰祀，周曰年，唐虞曰载。

【经】岁名。

【经】月在甲曰毕，在乙曰橘，在丙曰修，在丁曰圉，在戊曰厉，在己曰则，在庚曰窒，在辛曰塞，在壬曰终，在癸曰极。

【经】月阳。

【经】正月为陬，二月为如，三月为寎，四月为余，五月为皋，六月为且，七月为相，八月

为壮,九月为玄,十月为阳,十一月为辜,十二月为涂。

【注】陬音 zōu,正月的别名。

【经】月名。

【经】南风谓之凯风,东风谓之谷风,北风谓之凉风,西风谓之泰风。

【注】泰风,西风的别名。

【经】焚轮谓之穨,扶摇谓之猋。风与火为庬。回风为飘。

【注】焚轮,暴风。又称穨(tuí)。猋音 biāo,旋风。庬音 tún,或作炖,火炽的样子。

【经】日出而风为暴,风而雨土为霾,阴而风为曀。

【注】霾音 mái,沙尘暴。

【经】天气下,地不应,白霿。地气发,天不应,曰雾。雾谓之晦。

【经】螮蝀谓之雩。螮蝀,虹也。蜺为挈贰。

【注】螮蝀音 dì dōng,雩音 yú,虹的别名。蜺音 ní,雨后天空出现的彩色较淡的虹。

【经】弇日为蔽云。

【注】弇音 yǎn,遮盖。

【经】疾雷为霆霓。

【经】雨霓为霄雨。

【经】暴雨谓之涷,小雨谓之霡霂,久雨谓之淫。淫谓之霖。济谓之霁。

【注】涷音 dōng,暴雨。霡霂音 mài mù,小雨。霁音 jì,雨停。

【经】风雨。

【经】寿星,角,亢也。天根,氐也。

【经】天驷,房也。大辰,房、心、尾也。大火谓之大辰。

【经】析木之津,箕、斗之间,汉律也。

【经】星纪,斗、牵牛也。

【经】玄枵,虚也。颛顼之虚,虚也。北陆,虚也。

【经】营室谓之定。娵觜之口,营室东壁也。

【经】降娄,奎、娄也。

【经】大梁,昴也。西陆,昴也。

【经】浊谓之毕。

【经】咮谓之柳。柳，鹑火也。

【注】咮音 zhòu，鸟嘴。

【经】北极谓之北辰。

【经】何鼓谓之牵牛。

【注】"何"当作"河"。河鼓，即牵牛星。

【经】明星谓之启明。

【经】彗星为欃枪。

【注】欃（chán）枪，彗星别名，俗称扫帚星。

【经】奔星为彴约。

【注】彴（bó）约，流星。

【经】星名。

【经】春祭曰祠，夏祭曰礿，秋祭曰尝，冬祭曰烝。

【注】礿音 yuè。

【经】祭天曰燔柴，祭地曰瘗薶，祭山曰庪县，祭川曰浮沉，祭星曰布，祭风曰磔。

【注】燔（fán）柴，焚烧祭品以祭天。瘗薶音 yì mái，或作瘗埋，埋祭品以祭地。庪音 guǐ，放置，安置。庪县，将祭品悬挂在山中以祭山。浮沉，将祭品投入水中以祭河川。磔音 zhé，砍裂牺牲肢体以祭风。

【经】"是禷是祃"，师祭也。

【注】禷音 lèi，祭祀天神。祃音 mà，祭祀。

【经】"既伯既祷"，马祭也。

【经】禘，大祭也。

【注】禘音 dì，诸侯祭祀祖先。

【经】绎，又祭也。周曰绎，商曰肜，夏曰复胙。

【注】绎音 yì，连续，指次日再次进行的祭祀。肜音 róng，祭名。胙音 zuò，祭祀。

【经】祭名。

【经】春猎为蒐，夏猎为苗，秋猎为狝，冬猎为狩。

【注】蒐音 sōu，春季畋猎。狝音 xiǎn，秋季畋猎。

【经】宵田为獠。火田为狩。

【经】"乃立冢土,戎丑攸行",起大事,动大众,必先有事乎社而后出,谓之宜。

【经】"振旅阗阗,出为治兵,尚威武也;人为振旅,反尊卑也。

【注】阗阗音 tián tián,声势浩大的样子。

【经】讲武。

【经】素锦绸杠,纁帛縿,素升龙于縿,练旒九,饰以组,维以缕。

【注】杠音 gāng,旗竿。纁音 xūn,浅红色。縿shān,旌旗。旒音 liú,旌旗下边悬垂的饰物。

【经】缁广充幅,长寻曰旐,继旐曰斾。

【注】寻,八尺。旐音 zhào,一种旌旗。斾音 pèi,一种旌旗。

【经】注旄首曰旌。

【注】旄音 máo,旄牛尾。

【经】有铃曰旂。

【注】旂音 qí,一种竿头系铃铛的旗。

【经】错革鸟曰旟。

【注】错,饰画。革音 jí,通亟,急疾。革鸟,指鹰隼类鸟。旟音 yú,古代一种绘有飞鹰的军旗。

【经】因章曰旃。

【注】旃音 zhān,一种赤色旗。

【经】旌旗。

释地第九

【经】两河间曰冀州。

【注】两河,先秦时,黄河自河南武陟折北,呈南北流向的一段称东河;黄河上游今山西、陕西间北南流向的一段称西河。冀州,古九州之一。

【经】河南曰豫州。

【注】黄河以南称豫州。

【经】河西曰雝州。

【注】雝（yōng）州，或作雍州，古九州之一。雝州所包括的范围，大致为今陕西中西部及甘肃、青海部分地方。

【经】汉南曰荆州。

【注】汉，汉水。荆州，古九州之一。荆州包括今江西西部和湖北、湖南两省大部分地区。

【经】江南曰扬州。

【注】江，长江，长江以南为扬州。

【经】济、河间曰兖州。

【注】济音 jǐ，古济水。河，黄河。兖（yǎn）州，古九州之一，在济水与黄河之间。

【经】济东曰徐州。

【注】济音 jǐ，济水。

【经】燕曰幽州。

【经】齐曰营州。

【经】九州。

【经】鲁有大野。

【注】鲁，鲁国。大野，泽名。又称钜野。

【经】晋有大陆。

【注】晋，晋国。大陆，泽名。

【经】秦有杨陓。

【注】秦，秦国。杨陓（yū），泽名。

【经】宋有孟诸。

【注】宋，宋国。孟诸，泽名。

【经】楚有云梦。

【注】楚，楚国。云梦，泽名。

【经】吴、越之间有具区。

【注】吴，吴国。具区，泽名。又称震泽。即今天的太湖。

【经】齐有海隅。

【注】齐,齐国。海隅(yú),海滨,沿海地区。

【经】燕有昭余祁。

【注】燕,燕国。昭余祁,泽名。

【经】郑有圃田。

【注】郑,郑国。圃田,泽名。

【经】周有焦护。

【经】十薮。

【注】薮音 sǒu,湖泽的通称。

【经】东陵阢。南陵息慎。西陵威夷。中陵朱滕。北陵西隃,雁门是也。

【经】陵莫大于加陵。

【经】梁莫大于溴梁。

【注】溴(jú)梁,溴水大堤。

【经】坟莫大于河坟。

【注】坟,水边堤岸,高堤。河坟,黄河河堤。

【经】八陵。

【经】东方之美者,有医无闾之珣玕琪焉。

【注】医无闾,山名。珣玕琪,美玉名。

【经】东南之美者,有会稽之竹箭焉。

【注】会(kuài)稽,山名。在浙江省绍兴、嵊县、诸暨东阳之间。

【经】南方之美者,有梁山之犀象焉。

【注】梁山,山名,指衡山。犀,犀牛。象,象牙。

【经】西南之美者,有华山之金石焉。

【注】华山,山名。在今陕西华阴县南。

【经】西方之美者,有霍山之多珠玉焉。

【注】霍山,山名。在今山西省霍县东南。

【经】西北之美者,有昆仑虚之璆琳琅玕焉。

【注】昆仑虚,即昆仑山。璆音 qiú,或作球。璆、琳,美玉名。琅玕(gān),形状像珠的美玉。

【经】北方之美者,有幽都之筋角焉。

【经】东北之美者,有斥山之文皮焉。

【经】中有岱岳,与其五谷鱼盐生焉。

【经】九府。

【注】府,储藏财物的地方。九府,在这里是说明以上所述为九方的宝藏、特产。

【经】东方有比目鱼焉,不比不行,其名谓之鲽。

【注】比,并列。鲽音 tà,比目鱼。传说比目鱼一鱼仅有一目,须两两相靠才能游。

【经】南方有比翼鸟焉,不比不飞,其名谓之鹣鹣。

【注】鹣鹣音 jiān jiān,传说比翼鸟一鸟仅有一翼一目,须两两相挨靠才能飞行。

【经】西方有比肩兽焉,与邛邛岠虚比,为邛邛岠虚啮甘草。即有难,邛邛岠虚负而走,其名谓之蹷。

【注】邛邛岠虚音 qióng qióng jù xū,传说中的一种兽名。传说邛邛岠虚前足长,后足短,善走而不善于觅食。啮音 niè,咬。蹷音 jié,传说蹷前足短,后足长,不善走而善于觅食。蹷和邛邛岠虚相互依存,故称之为比肩兽。

【经】北方有比肩民焉,迭食而迭望。

【注】比肩民,传说中仅有一目、一鼻孔、一臂、一脚的半体人。比肩民须两人配合才能存活。

【经】中有枳首蛇焉。

【注】枳音 zhī,分枝。枳首蛇,即两头蛇。

【经】此四方中国之异气也。

【注】五方。

【经】邑外谓之郊,郊外谓之牧,牧外谓之野,野外谓之林,林外谓之坰。

【注】坰音 jiǒng,远野。

【经】下湿曰隰。大野曰平,广平曰原,高平曰陆,大陆曰阜,大阜曰陵,大陵曰阿。

【注】隰音 xí,低湿之地。

【经】可食者曰原。陂者曰阪。下者曰隰。

【注】可食者,指宽广平坦可种粮食的地方。陂(bēi)者,指可以进行耕种的斜坡。阪音 bǎn,斜坡。

【经】田一岁曰菑,二岁曰新田,三岁曰畬。

【注】菑音 zī,耕种一年的田地。畬音 yú,已耕种三年的熟田。

【经】野。

【经】东至于泰远,西至于邠国,南至于濮铅,北至于祝栗,谓之四极。

【注】泰远,意为极远。邠音 bīn,或作豳,邠国,周的远祖公刘所建。故地在今陕西省彬县。铅同铅。濮铅音 pú qiān,古代南方国名。濮,又称百濮。西南地区民族名。祝栗,古代称传说中北方极远处国家为祝栗。

【经】觚竹、北户、西王母、日下,谓之四荒。

【注】觚(gū)竹,或作孤竹。商、周时有孤竹国,在今河北省卢龙县南。北户,上古时南方国名。这里借指南方边远地区。西王母,神话中的西方女神。日下,传说中古国名。指东方边远地区。四荒,四方边远地区。

【经】九夷、八狄、七戎、六蛮,谓之四海。

【注】夷,古代对东方各民族的泛称。狄,古代对北方各族的泛称。戎,古代对西方各族的泛称。蛮。古代对南方各族的泛称。

【经】岠齐州以南,戴日为丹穴。北戴斗极为空洞。东至日所出为太平,西至日所入为大蒙。

【注】岠音 jù,通距。戴,正对。丹穴,南方地名。戴斗极,正对着北斗星、北极星。大(tài)平,神话传说中太阳升起的地方。大(tài)蒙,又称蒙汜(sì),神话传说中太阳止息处。

【经】大平之人仁,丹穴之人智,大蒙之人信,空桐之人武。

【经】四极。

释丘第十

【经】丘一成为敦丘,再成为陶丘,再成锐上为融丘,三成为昆仑丘。

【注】成通重(chōng),层。敦(dùn)丘,或作顿丘,土堆。陶丘,山丘。融丘,尖顶的山丘。昆仑丘,较高的山丘。

【经】如乘者,乘丘。如陼者,陼丘。

【注】乘音 shèng ,或作椉,一车四马的总称。陼音 zhǔ,水中小洲。

【经】水潦所止,泥丘。

【注】潦音 lǎo ,积水。泥丘,顶上凹洼的山丘。

【经】方丘,胡丘。

【注】方丘,古代祭地祇之坛,也称胡丘。

【经】绝高为之,京。非人为之,丘。

【经】水潦所还,埒丘。

【注】埒音 liè ,埒丘,被水环绕、围有界限的山丘。

【经】上正,章丘。

【注】章丘,顶上平正的土山。

【经】泽中有丘,都丘。

【注】都丘,池泽中的高地。

【经】当途,梧丘。

【经】途出其右而还之,画丘。途出其前,戴丘。途出其后,昌丘。

【经】水出其前,渻丘。水出其后。沮丘。水出其右,正丘。水出其左,营丘。

【经】如覆敦者,敦丘。

【注】敦音 duì ,古代盛黍稷的用具。

【经】逦迤,沙丘。

【注】逦迤音 lǐ yǐ ,或作迤逦,地势曲折蜿蜒。

【经】左高,咸丘。右高,临丘。前高,旄丘。后高,陵丘。偏高,阿丘。

【经】宛中,宛丘。

【注】宛丘,四周高而中央低洼的山丘。

【经】丘背有丘为负丘。

【经】左泽,定丘。右陵,泰丘。

【经】如亩,亩丘。如陵,陵丘。

【经】丘上有丘为宛丘。

【经】陈有宛丘。晋有潜丘。淮南有州黎丘。

【经】天下有名丘五,三在河南,其二在河北。

【经】丘。

【经】望厓洒而高,岸。

【注】厓音 yá,山边,水边。后来写作涯。这里指水边。洒音 cuǐ,峭拔而高起的样子。

【经】夷上洒下,不漘。

【注】夷,平。直。漘音 chún,临水崖岸。

【经】隩,隈。

【注】隩音 yù,河岸深曲处。隈音 wēi,涯岸弯曲处。

【经】厓内为隩,外为隈。

【注】隩音 yù,厓岸内弯曲处。隈音 wēi,厓岸外突曲处。

【经】毕,堂墙。

【经】重厓,岸。岸上,浒。

【经】坟,大防。

【注】防,堤岸。坟,大堤。

【经】涘为厓。

【注】涘音 sì,水岸河边。

【经】穷渎,汜;谷者,溦。

【注】穷渎(dú),水沟。汜音 sì,厓岸。溦音 méi,两山间流水的夹道。

【经】厓岸。

释山第十一

【经】河南华,河西岳,河东岱,河北恒,江南衡。

【注】河,黄河。华,华山。在今陕西省华阴县南。岳,岳山。在今陕西省陇县西南。岱音 dài,泰山。在今山东省泰安市北。恒,恒山。在今河北省曲阳县西北。江,长江。衡,衡山。在今湖南省衡山县西。

【经】山三袭,陟;再成,英;一成,坯。

【注】袭，重叠。陟音 zhì，重峦叠嶂。

【经】山大而高，崧；山小而高，岑；锐而高，峤；卑而大，扈；小而众，岿。

【注】崧音 sōng，同嵩，山高大。岑音 cén，小而高的山。峤音 qiáo，尖而高的山。扈音 hù，广大的样子。岿音 kuī，众多有小山。

【经】小山岌大山，峘。

【注】岌音 jí，高于。峘音 huán，与大山峰挨着并高过大山峰的小山峰。

【经】属者，峄；独者，蜀。

【注】峄音 yì，相互接连的山。蜀，不相连的山。

【经】上正，章；宛中，隆。

【经】山脊，冈。未及上，翠微。

【经】山顶，冢。崒者，厜㕒。

【注】崒音 zú，山峰险峻。厜㕒音 cuī wēi，即崔嵬，山峰高峻。

【经】山如堂者，密；如防者，盛。

【注】堂，方形土台。密，四方形的山。防，堤坊。盛，狭长而平的山。

【经】峦，山墮。

【注】墮音 duò，山形状狭长。

【经】重甗，隒。

【注】甗音 yǎn，古代蒸饭饮具。青铜制，分上下两部分。上部盛食物，称为甑，下部是鬲，用于盛水，上下部之间隔一层有孔的箅。隒音 yǎn，重叠的山峰。

【经】左右有岸，厒。

【注】厒音 kè，左右有岸的山。

【经】大山宫小山，霍；小山别大山，鲜。

【注】宫，围绕。霍，大围小的山形。别，分离。鲜，通巘（yǎn），和大山不相连的小山。

【经】山绝，陉。

【注】陉音 xíng，山脉中断的地方。

【经】多小石，磝；多大石，礐。

【注】磝音 áo，多小石的山。礐音 què，多大石的山。

【经】多草木，岵；无草木，峐。

【注】岵音 hù，长草木的山。峐音 gāi，不长草木的山。

【经】山上有水，埒。夏有水，冬无水，泬。

【注】埒音 liè，山上的水流。泬音 xué，山溪。

【经】山镲无所通，谿。

【注】镲音 dú，小水沟。谿音 xī，山间的小水流。

【经】石戴土谓之崔嵬，土戴石为砠。

【经】山夹水，涧；陵夹水，澞。

【注】澞音 yú，丘陵间的溪水。

【经】山有穴为岫。

【注】岫音 xiù，有洞穴的山。

【经】山西曰夕阳，山东曰朝阳。

【经】泰山为东岳，华山为西岳，霍山为南岳，恒山为北岳，嵩高为中岳。

【经】梁山，晋望也。

【注】望，古代祭祀山川的专名。不亲临其地，望而遥祭。

释水第十二

【经】泉一见一否为瀸。

【注】见音 xiàn，出现。否音 pǐ，闭塞。瀸音 jiān，泉水时而出现时而隐没。

【经】井一有水一无水为瀱汋。

【注】瀱汋音 jì zhuó，井水时有时无。

【经】滥泉，正出。正出，涌出也。沃泉，县出。县出，下出也。氿泉，穴出。穴出，仄出也。

【经】湀辟，流川。过辨，回川。

【注】湀（guǐ），湀辟，通直的水流。过，本或作涡。过辨，回旋的水流。

【经】灉，反入。

【注】灉音 yōng，从主河道分离，后又流回主河流的支流。

【经】滩，沙出。

【注】滩音 tān，水中沙滩。

【经】汗干，出不流。

【经】归异，出同流，肥。

【经】濆，大出尾下。

【注】濆音 fén，地下深处喷涌而出的泉水。

【经】水醮曰厬。

【注】醮音 jiào，竭，尽。厬音 guǐ，干涸，枯竭。

【经】水自河出为灉，济为濋，汶为澜，洛为波，汉为潜，淮为浒，江为沱，过为洵，颍为沙，汝为溃。

【经】水决之泽为汧，决复入为氾。

【经】"河水清且澜漪"，大波为澜，小波为沦，直波为径。

【经】江有沱，河有灉，汝有溃。

【经】浒，水厓。

【经】水草交为湄。

【注】湄音 méi，岸边，水和草交接的地方。

【经】"济有深涉，深则厉，浅则揭。"揭者，揭衣也。以衣涉水为厉。繇膝以下为揭，繇膝以上为涉，繇带以上为厉。

【经】潜行为泳。

【经】"汎汎杨舟，绋缡维之。"绋，纚也。缡，緌也。

【注】绋音 fú，大绳。纚同缧，音 lù，粗绳索。

【经】天子造舟，诸侯维舟，大夫方舟，士特舟，庶人乘泭。

【注】造舟，用船排列在水中所造之浮桥。维舟，四船相连。方舟，两船相并。特舟，单船。泭音 fú，木筏，竹筏。

【经】水注川曰谿，注谿曰谷，注谷曰沟，注沟曰浍，注浍曰渎。

【经】逆流而上曰泝洄，顺流而下曰泝游。

【经】正绝流曰乱。

【经】江、河、淮、济为四渎。四渎者，发源注海者也。

【经】水泉。

【经】水中可居者曰洲。小洲曰陼,小陼曰沚,小沚曰坻。人所为为潏。

【注】陼音 zhǔ,又作渚,水中小块陆地。沚音 zhǐ,小陼,水中小块陆地。坻音 chí,水中小沙洲。潏音 shù,人工修建的堤坝、鱼梁等。

【经】水中。

【经】河出昆仑虚,色白。所渠并千七百,一川色黄。百里一小曲,千里一曲一直。

【经】河曲。

【注】河曲,河道曲折之处。

【经】徒骇、太史、马颊、覆釜、胡苏、简、絜、钩盘、鬲津。

【注】徒骇、太史、马颊、覆釜(fǔ)、胡苏、简、絜(jié)、钩盘、鬲(gé)津,古代黄河的九条支流名称。统称之为九河。

【经】九河。

【注】九河,指以上九河名称。

【经】从释地已下至九河,皆禹所名。

释草第十三

【经】藿,山韭。茖,山葱。蒚,山蒚。葝,山蒜。

【注】藿音 yù,野韭菜,可食用。茖音 gé,野葱。蒚同薤,音 xiè,蔬菜名。葝音 qíng,野薤。蒚音 lì,野蒜。

【经】薜,山蕲。

【注】蕲音 qí,即当归。薜音 bò,当归的别名。

【经】椴,木槿。榇,木槿。

【注】木槿(jǐn),锦葵科落叶灌木。

【经】术,山蓟。杨枹蓟。

【注】蓟音 jì,菊科植物。根茎可入药。术音 zhú,菊科术类植物。有白术、苍术等数种,根茎可入药。杨枹(fú)蓟,白术的一种。

【经】葥,王蔧。

【注】葥音 jiàn,藜类植物。果实称地肤子,可入药。蔧音 huì,通彗。葥长老后可制作扫帚,故又称王蔧。

【经】菉,王刍。

【注】菉音 lù,又作绿,禾本科植物。又称王刍(chú)、淡竹叶即菉草。

【经】拜,蔏藋。

【注】蔏藋音 shāng diào,藜类植物。简称藋,又名灰藋、灰菜。嫩叶可食用。

【经】蘩,皤蒿。蒿,菣。蔚,牡菣。

【注】蘩音 fán,白蒿。又称皤蒿。菣音 qìn,青蒿。又称蒿、香蒿。蔚音 wèi,蒿的一种牡蒿。

椵木槿檴木槿

【经】啮雕蓬。荐黍蓬。

【注】啮音 niè,咬,吃。雕蓬,菰(gū)的子实。

【经】莞,鼠莞。

【注】莞音 bì,蒲草。鼠莞,即龙须草。

【经】荺,鼠尾。

【注】荺音 jìng,唇形科植物。又称鼠尾草。花及茎叶可入药。

【经】菥蓂,大荠。

【注】菥蓂音 xī mì,荠菜的一种,也称大荠,俗称花荠。

【经】蒤,虎杖。

【注】蒤音 tú,蓼科植物。茎部木质有红色斑点。又名虎杖。根可入药。

【经】孟,狼尾。

【注】孟,禾本科植物。俗称狼尾草。

【经】瓠栖,瓣。

【注】瓠音 hù,蔬菜名。果实称瓠瓜,俗称瓠子。瓠栖,瓠瓜的种子。

【经】茹藘,茅蒐。

【经】果蠃之实,栝楼。

【注】果蠃(luǒ),葫芦科植物,又称为栝楼。

【经】荼,苦菜。

【注】荼音 tú。

【经】萑,蓷。

【注】萑音 zhuī,益母草。

【经】蘱,绶。

【注】蘱,音 yì,禾本科植物,即绶草。

【经】粢,稷。众,秫。

【注】粢音 zī,稷的别名。稷音 jì,谷子。

【经】戎叔谓之荏菽。

【注】戎叔,一作戎菽,大豆。

【经】卉,草。

【经】莸,雀弁。

【注】莸音 yǎn,旋花科植物,即菖草。

【经】蘥,雀麦。

【注】蘥音 yuè,野麦。

【经】蘾,乌蘝。

【注】蘾音 huài,草名。

【经】萰,菟荄。

【注】萰音 liàn,葡萄科藤本植物。又称菟荄(tùgāi)。

【经】繁,菟蒵。

【经】黄,菟瓜。

【注】黄音 yín。蔓草名,即菟瓜。

【经】苬藇,豕首。

【注】苬藇音 liè zhēn,菊科植物。

【经】葥,马帚。

【注】荓音 píng，鸢尾科植物，即铁扫帚草。

【经】虉，怀羊。

【注】虉音 huì，草名。

【经】茭，牛蕲。

【注】茭音 jiāo，又称野茴香。嫩时可食。

【经】葖，芦萉。

【注】葖音 tū，即萝卜。"萉"当作"菔"。

【经】渍灌，茵芝。

【注】渍（zhí）灌，一种丛生菌类植物。

【经】笋，竹萌。箈，竹。

【注】竹萌，初生的竹。箈音 dàng，大竹。

【经】莪，萝。

【注】莪音 é，蒿类植物。

【经】苊，蓙苊。

【经】经苋。

【经】莕，接余，其叶苻。

【注】莕同荇，音 xìng，一种水生植物。

【经】白华，野菅。

【注】菅音 jiān，茅类植物。

【经】薜，白蕲。

【注】薜音 bò，蕲（qín），当归的别名。

【经】菲，芴。

【注】菲音 fěi，又称芴（wù），芜菁类蔬菜，又称土瓜。

【经】菖，蕾。

【注】菖音 fù，植物名。又称蕾（fù），即旋花。

【经】荧，委萎。

【经】蔄，苧荧。

【注】蒯音 qú。芧荧音 tīng yíng，草名。

【经】竹，萹蓄。

【注】萹（biān）蓄，扁竹草。

【经】葴，寒浆。

【注】葴音 zhēn，茄科植物，即酸浆草。

【经】薢茩，芵茪。

【注】芵茪音 jué guāng，即药草决明。又称薢茩（xiè hòu）。

【经】莁荑，蒳蘠。

【注】莁（wú）荑，榆科植物。又称蒳蘠（shá qiáng），即芜荑。

【经】瓞，瓝，其绍瓞。

【注】瓞音 dié，蔓上结的小瓜。又称瓝（bó）。

【经】芍，凫茈。

【经】蘱，薡蕫。

【注】蘱音 lèi，蒲草类植物，长苞香蒲。又称薡蕫（dǐng dǒng）。

【经】薢，荑。

【注】薢，或作稊，音 tí，一种似稗的杂草。

【经】钩，芺。

【注】芺音 yǎo，草名，苦芺。

【经】虉，鸿荟。

【注】虉同薤，音 xiè，蔬菜名。

【经】苏，桂荏。

【经】蔷，虞蓼。

【注】虞蓼（liǎo），蓼科植物。又称蔷（sè），即泽蓼。

【经】葆，蓨。

【注】葆音 tiáo，蓼科植物。又称蓨（tiáo）。

【经】虋，赤苗。芑，白苗。秬，黑黍。秠，一稃二米。

【注】虋音 mén，古代黍的一种，赤粱粟。芑音 qǐ，古代黍的一种。秬音 jù，黑黍，古代

黍的一种,白粱粟。秠音 pī,古代黍的一种。

【经】稌,稻。

【注】稌音 tú,稻的别名。

【经】菖,蒛茅。

【注】菖音 fù,植物名。一种称菉,蒛(qióng)茅,菉的别名。

【经】台,夫须。

【注】台通苔,即莎(suō)草,又称夫须。

【经】蘩萉。

【注】蘩音 jiǎn,萉音 fá。

【经】莔,贝母。

【注】莔(méng),即贝母。

【经】荍,蚍。

【注】荍音 qiáo,即锦葵,又名蚍衃(pí fú),荆葵。

【经】艾,冰台。

【注】艾,菊科植物,药草。又称艾蒿、冰台。

【经】蕇,亭历。

【注】亭历,药草名。又称葶苈、丁历、狗荠、麦里蒿。

【经】苻,鬼目。

【注】苻音 fú,茄科植物。又称白英、鬼目草,可供药用。

【经】薜,庾草。

【注】薜音 bì,草名。

【经】菽,蔜蒌。

【注】菽音 áo,石竹科植物。又称鸡肠草。可入药。

【经】离南,活莌。

【注】离南,五加皮科植物。又称通脱木,通草。

【经】茏,天蘥。

【注】茏音 lóng,草名,俗称开蘥。

【经】须，葑苁。

【注】葑苁音 fēng zǒng，蔬菜名，即芜菁，也称蔓菁。

【经】荶，隐荵。

【注】荶音 páng，甜桔梗的苗。

【经】茜，蔓于。

【注】茜音 yóu，水草名，又称蔓于。

【经】蔺，蘆。

【注】蔺音 lǔ，一种崩类草名。又称蘆（cuó）。

【经】柱夫，摇车。

【注】柱夫，豆科植物，又称摇车、紫云英。

【经】出隧，蘧蔬。

【注】蘧（qú）蔬，菌类植物。又称出隧。生长在菰的嫩茎中。蘧蔬寄生后的菰茎称茭白，可食用。

【经】蕲茝，蘼芜。

【注】蘼芜，或作蘪芜，音 mí wú，即药草川芎，又称蕲茝（qín zhǐ），根可入药。

【经】茨，蒺藜。

【注】茨音 cí，草名。又称蒺藜（jí lí）、刺蒺藜。种子可入药。

【经】蔄葍，窃衣。

【注】蔄葍音 jí rú，草名。花下有芒刺，粘衣不易除去。俗称窃衣。

【经】髦，颠蕀。

【注】颠蕀（jí），或作颠蕀，百合科。又称天蕀、天门冬。根块可入药。

离南活莌

【经】蓳，芨兰。

【经】蒡，蓷藩。

【注】蕁同藬，音 xún，即药草知母，又称莐藩。

【经】蕍，蕏。

【注】蕍音 yú，即药草泽泻。又称水舄（xì）、牛唇草等。

【经】薗，鹿藿，其实荳。

【注】薗音 juàn，豆科植物。又称鹿藿（huò）、野绿豆。荳音 niǔ，薗的种子。

【经】蔱侯，莎，其实媞。

【注】莎音 suō，莎草，即香附子。媞音 tí，莎草的种子。

【经】莞，苻蓠，其上蒚。

【注】莞音 guān，蒲草。又称苻蓠（fúlí）。蒚音 lì，蒲草的茎干。

【经】荷，芙渠。其茎，茄；其叶，蕸；其本，蔤；其华，菡萏；其实，莲；其根，藕；其中，的；的中，薏。

【注】茄音 jiā，荷茎。蕸音 xiá，荷叶。蔤音 mì，荷的地下茎。又称藕鞭。菡萏音 hàndàn，荷花的别名。薏音 yì，莲心。

【经】红，茏古，其大者蘬。

【注】红，蓼科植物。又称荭（hóng）草、水红等。

【经】薺，荠实。

【注】薺音 cuō，即荠菜籽。

【经】黂，枲实。枲，麻。

【注】黂音 fén，或作黄。大麻种子名。枲音 xǐ，大麻。

【经】须，薞芜。

【注】薞芜音 sūn wú，蓼科植物。又称须、酸模。

【经】菲，葍菜。

【注】菲音 fěi，萝卜。

【经】蒉，赤苋。

【注】蒉音 kuài，苋（xiàn）菜。

【经】蔷蘪，蘼冬。

【注】蔷蘪音 qiáng mí，蔷薇。又称蘼（mén）冬。

【经】萹苻、止泺,贯众。

【注】贯众,蕨类植物。又称萹苻(biān fú)、止泺(lì)。

【经】莙,牛藻。

【注】莙音 jūn,一种水藻名,叶大。

【经】薚薚,马尾。

【注】薚薚音 zhú tāng,又称马尾,叶大而长。根可入药。

【经】苹,萍。其大者,蘋。

【经】莃,菟葵。

【注】莃音 xī,草名。又称菟(tù)葵。

【经】芹,楚葵。

【注】芹,蔬菜名。有水芹和旱芹两种。

【经】蓷,牛蘈。

【注】蓷音 tuī,即益母草。牛蘈(tuī),益母草的别名。

【经】藆,牛唇。

【注】藆音 xù,即泽泻。牛唇,泽泻的别名。

【经】苹,藾萧。

【注】苹音 píng,蒿类植物。又称艾蒿。

【经】连,异翘。

【注】连,连翘。果实可入药。

【经】泽,乌蓲。

【经】傅,横目。

【经】釐,蔓华。

【注】釐音 lái,草名。

【经】菱,蕨攗。

【注】菱音 líng,同菱,菱角。古代又称蕨攗(jué méi)、芰(jì)。

【经】大菊,蘧麦。

【注】蘧(qū)麦,石竹科植物,又称大菊,瞿麦。

【经】薜，牡蕡。

【经】莔，山莓。

【经】啮，苦堇。

【注】苦堇(jǐn)，野菜名。又称啮、堇葵。

【经】藫，石衣。

【注】藫音 tán，藻类植物。又称石衣，即水苔。

【经】蘜，治蘠。

【注】蘜音 jú，同菊，菊花。

【经】唐、蒙，女萝。女萝，菟丝。

【经】苗，蓨。

【注】"苗"当作"苖"(dí)。苖和蓨(tiáo)都是蓧的别名。

【经】茥，蕼盆。

【注】蕼盆音 quē pén，蔷薇科落叶灌木。又称覆盆子。

【经】芨，堇草。

【注】芨音 jī，忍冬科草名。又称堇(jìn)草，陆英。俗称接骨草。可治跌打损伤。

【经】蔛，百足。

【注】蔛音 jiān，草名，又称百足、地蜈蚣草。

【经】菺，戎葵。

【注】菺音 jiān，锦葵科植物。

【经】蘮，狗毒。

【注】蘮音 jì，草名。未详。

【经】垂比叶。

【注】未详。

【经】覆，盗庚。

【注】覆音 fù，菊科植物。又称金钱花等。

【经】莩，麻母。

【注】莩同芓，音 zì，大麻的雌株。

【经】蚼，九叶。

【注】购音 bó,草名。

【经】薞,茈草。

【注】茈(zǐ)草,一种可作紫色染料的草,即紫草。

【经】倚商,活脱。

【经】蒖,黄蒢。

【注】蒖音 zhī,茄科植物。又称苦蒖。可入药。

【经】藒(qiè)车,艺舆。

【注】藒车,一种香草名。又称揭车。

【经】权,黄华。

【经】葞,春草。

【注】葞音 mǐ,草名,即莽草。

【经】蔠葵,繁露。

【注】蔠(zhōng)葵,葵类植物,俗称胭脂豆。

【经】菋,荎藸。

【注】菋音 wèi。木兰科藤本植物,即五味子。

【经】荼,委叶。

【注】荼音 tú,或作茶。

【经】皇,守田。

【注】皇,一种谷类植物。

【经】钩,藈姑。

【注】藈(kuí)姑,瓜类植物。又称王瓜可入药。

【经】望,乘车。

【注】望,草名。又称芒草。

【经】困,衻裖。

【经】攫,乌阶。

【注】攫音 jué,草名,又称乌杷草。

【经】杜,土卤。

【注】杜，一种草名，又称杜衡、杜葵。

【经】盱，虺床。

【注】虺(huǐ)床，伞形科草本植物。又称蛇床子。果实可入药。

【经】蕲，菽。

【经】赤枹蓟。

【经】菟奚，颗涷。

【经】中馗，菌。小者菌。

【经】蘵，小叶。

【注】蘵音 zhè，或作萨。即小叶麻。

【经】苕，陵苕。黄华，蔈；白华，茇。

【注】苕音 tiáo，紫葳科藤本植物。蔈音 biāo，开黄花的苕。茇音 pèi，开白花的苕。

【经】麋从水生。

【注】麋音 méi，水草名。

【经】薇垂水。

【注】薇音 wēi，水草名，即野豌豆。

【经】薜，山麻。

【注】薜音 bì，野生的麻。

【经】莽，数节。桃枝，四寸有节。粼，坚中。茵，箖中。仲，无笐。箈，箭萌。篠，箭。

【注】莽，一种节距短的竹子。粼音 lín，实心的竹子。茵音 mǐn，空心的竹子。箖音 tú，空心。笐音 háng，竹的行列。箈音 tái，初生的箭竹，即竹笋。篠音 xiǎo，或作筱，箭竹。

【经】枹蓟首。

【经】素华轨鬷。

【经】茳，夫王。

【注】茳音 dù，莎草科植物，即江芏草。

【经】綦，月尔。

【注】綦音 qí，蕨类植物，又称紫蕨。

【经】葴，马蓝。

【注】葴音 zhēn,爵床科植物。又称马蓝。

【经】姚茎,涂荠。

【注】涂荠,草名。

【经】苄,地黄。

【注】地黄,玄参科植物,药草。

【经】蒙,王女。

【注】蒙和王女均为菟丝的别名。

【经】拔,茏葛。

【注】茏葛,草名,即龙尾草。

【经】藗,牡茅。

【注】藗音 sù,白茅类植物。

【经】菤耳,苓耳。

【注】菤(juǎn)耳,或作卷耳,野菜名。又称苍耳。

【经】蕨,蘩。

【注】蕨音 jué,一种野菜名,即蕨菜。

【经】荞,邛钜。

【注】荞音 qiáo,即药草大戟。

【经】繁,由胡。

【注】繁,本作蘩,蘩音 fán,白蒿。

【经】莣,杜荣。

【注】莣音 wáng,菅类植物,又称芒草,杜荣。

【经】粮,童粱。

【注】粮音 láng,一种野禾,又称童粱。

【经】藨,麃。

【注】藨音 biāo,蔷薇科植物,又称麃(biāo)、麃莓。

【经】的,薂。

【注】的音 dì,莲子。薂音 xí,莲子的别名。

【经】购,蔏蒌。

【注】蔏蒌音 shāng lóu ,蒌类植物。又称购,即水生白蒿。

【经】荝,勃荝。

【注】荝音 liè,一种药草名。

【经】蔓绕,棘菀。

【注】蔓(yǎo)绕,即远志。又称棘菀(jíyuān)。

【经】茦,刺。

【注】茦音 cè,草的芒刺。

【经】萧,萩。

【注】萧,一种蒿类植物,即香蒿。

【经】莦,海藻。

【注】莦音 xún,海藻的一种。

【经】长楚,铫芅。

【注】长楚,或叫铫芅,即猕猴桃。又称羊桃。

【经】蘦,大苦。

【注】蘦音 líng,一种药草,即甘草。

【经】芣苢,马舄;马舄,车前。

【注】芣苢音 fú yǐ,车前草。

【经】纶似纶,组似组,东海有之。帛似帛,布似布,华山有之。

【经】芫,东蠡。

【注】芫音 háng,草名。

【经】绵马,羊齿。

【注】绵马,草名。又称羊齿。根茎可入药用。

【经】菈,麇舌。

【注】菈音 kuò,草名。又称麇舌草。

【经】搴柜朐。

【注】搴音 qiān。柜音 jú。朐音 qú。

【经】繁之丑,秋为蒿。

【经】芙、蓟,其实荂。

【注】芙音 yǎo,蓟音 jì,都为草名,菊科植物。荂音 fū,芙、蓟的果实。

【经】蔈、荂荼。猋、藨,芀。

【注】荼音 tú,茅菅、芦苇类的白色花穗。蔈音 biāo,荼的别名。芀同苕,音 tiáo,或作苕。猋(biāo)、藨、芀的别名。

【经】苇丑芀。葭,华。

【经】蒹,薕。葭,芦。菼,薍。其萌虇蕍。

【注】蒹音 jiān,没有开花的芦苇。葭音 jiā,初生的芦苇。菼音 tǎn,初生的荻。薍音 wàn,菼的别名。虇蕍音 quán yú,初生的芦荻。

【经】芛、葟、华,荣。

【注】芛音 wěi,草木初生的花。葟音 huáng,草木的花。

【经】卷施草,拔心不死。

【经】荺,茭。荄,根。

【注】荺音 yǔn,草根。荄音 gāi,草根。

【经】攫橐含。

【注】攫音 jué,橐音 tuó。

【经】华,荂也。华、荂,荣也。

【经】木谓之华,草谓之荣。不荣而不实者,谓之秀;荣而不实者,谓之英。

释木第十四

【经】槄,山榎。

【注】槄同槚,音 jiǎ,一种落叶乔木。又称楸(qiū)。槄音 tāo,一种榎树,又称山楸、条。

【经】栲,山樗。

【注】樗音 chū,一种落叶乔木,俗称臭椿。栲音 kǎo,落叶灌木。又称山樗。

【经】柏,椈。

【注】椈音 jú,柏树的别名。

【经】髡，梱。

【注】髡音 kūn，剪去树的枝条。梱音 hún，使齐平的样子。

【经】椴，柂。

【注】椴音 duàn，一种落叶乔木。有赤椴、白椴等不同种类。柂音 yí，或作杝，白椴。

【经】梅，枏。

【注】枏音 nán，同楠，一种常绿乔木，又称梅。

【经】柀，黏。

【注】黏音 shān，后写作杉，杉树。柀音 bǐ，一种杉树。也称紫杉。

【经】楰，椵。

【注】椵音 jiǎ，一种楸类的树木。

【经】杻，檍。

【注】杻音 niǔ，一种梓类乔木。又称檍（yì）。

【经】楙，木瓜。

【注】木瓜，一种落叶灌木。又称楙（mào）。

【经】椋，即来。

【注】椋音 liáng，一种落叶乔木。又称棶（lái）、椋子木。

【经】栵，栭。

【注】栵音 lì，茅栗树。又称栭（ér）、栭栗。

【经】櫠，落。

【注】櫠音 huó，一种榆类树木。又称落、梛榆。

【经】柚，条。

【注】柚音 yòu，一种常绿乔木。

【经】时英梅。

【经】椋，柜柳。

【注】"柳"当作"柳"。柜（jǔ）柳，一种落叶乔木。

【经】栩，杼。

【注】栩音 xǔ，一种落叶乔木。又称杼（shù）、栎（lì）、柞（zuò）栎。

【经】味，荎著。

【注】味，即药草五味子。

【经】蕴，茎。

【注】蕴音 ōu，榆类树木，即刺榆。又称茎。

【经】杜，甘棠。

【注】棠，落叶乔木。

【经】狄臧槔。

【注】槔音 gāo。

【经】贡綦。

【注】綦音 qí。

【经】朹，繫梅。枓者聊。

【注】朹音 qiú，山楂树。枓音 jiū，树枝向下屈曲。

樓落

【经】魄，榠楂。

【注】榠楂音 xīxī，一种树名，即白木。

【经】梫，木桂。

【注】梫音 qǐn，桂树的一种。

【经】棆，无疵。

【注】棆音 lún，樟树的一种，又称大叶钓樟。

【经】椐，樻。

【注】椐音 jū，一种灌木。又称椳（kuì）、灵寿木。

【经】柽，河柳。旄，泽柳。杨，蒲柳。

【经】权，黄英。

【注】权，一种开黄花的树木，又称黄华木。

【经】辅，小木。

【经】杜，赤棠。白者棠。

【注】杜，棠的一种。

【经】诸虑，山櫐。

【注】櫐音 léi，或作山櫐，一种木质藤本植物。又称山葡萄。

【经】欇,虎櫐。

【注】欇音 shè，一种木质藤本植物，又称虎櫐、紫藤。

【经】杞，枸檵。

【注】杞音 qǐ，即枸杞（gǒu qǐ）。

【经】杬，鱼毒。

【注】杬通芫，音 yuán，一种落叶灌木，花蕾有毒。又称鱼毒。

【经】檓，大椒。

【注】檓音 huǐ，花椒树。

【经】梗，鼠梓。

【注】梗音 yú，又称鼠梓（zǐ），苦楸。

【经】枫，欇欇。

【注】欇欇音 shè shè，枫树的一种，即枫香树。

【经】寓木，宛童。

【注】寓木，寄生在大树上的一种小灌木，又名寄生。

【经】无姑，其实夷。

【注】无姑，榆树的一种，又称姑榆。

【经】栎，其实梂。

【经】檖，萝。

【注】檖音 suì，山梨树。

【经】楔，荆桃。

【注】楔音 xiē，樱桃树。古名。

【经】旄，冬桃。榹桃，山桃。

【注】冬桃，一种桃树。又称旄（máo）。山桃，一种野生桃树。又称榹（sī）桃。

【经】休，无实李。痤，接虑李，驳，赤李。

【注】休，一种不结果实的李树。痤音 cuō，一种结果实小李树。又称麦李。

【经】枣：壶枣，边要枣。栉，白枣。樲，酸枣，杨彻，齐枣。遵，羊枣。洗，大枣。煮，填枣。蹶泄，苦枣。皙，无实枣。还味，棯枣。

【经】檘，梧。

1050

【注】梧,梧桐树。又称青桐。櫬音 chèn,梧桐的一种。

【经】朴,枹者。

【经】谓櫬,采薪,采薪即薪。

【经】棪,樕其。

【注】棪音 yǎn,果木名。

【经】刘,刘杙。

【注】刘,树木名。

【经】櫰,槐大叶而黑。守宫槐,叶昼聂宵炕。

【注】櫰音 huái,一种槐树。又称山槐。守宫槐,一种槐树。聂音 zhé,合拢,炕音 hāng,张开。

【经】槐小叶曰榎。大而皵,楸;小而皵,榎。

【注】"槐"当作"楸"。榎同槚,音 jiǎ,小叶的楸树。皵音 què,树皮粗皱龟裂。

【经】椅,梓。

【注】椅音 yī,一种落叶乔木。又称山梧桐,梓音 zǐ,一种落叶乔木。

【经】棆,赤楝。白者楝。

【注】棆音 sè,常绿乔木。楝(yí),俗称苦楮。

【经】终,牛棘。

【注】棘音 jí,有刺草木。牛棘,一种带刺的灌木。又称马棘、王棘。

【经】灌木,丛木。

【经】灌木,无主干的木本植物。

【经】瘣木,苻娄。

【注】瘣(huì)木,有病不发枝条的树木。苻娄,树木蜷曲有肿瘤节。

【经】蕡,藹。

【注】蕡音 fén,草木果实肥大。藹音 ǎi,果实繁盛。

【经】枹遒木,魁瘣。

【注】枹音 bāo,丛生的树木。遒音 qiú,树木丛生,聚生。魁瘣音 kuí huì,树木根节盘结。

【经】棫,白桵。

【注】棫音 yù,一种丛生的小灌木。

【经】梨,山樆。

【经】桑辨有葚,栀。女桑,桋桑。

【注】辨音 piàn,半。葚音 shèn,桑树的果实。栀音 zhī,一种桑树。女桑,柔嫩的小桑树。

【经】榆,白枌。

【注】枌音 fén,一种白皮的榆树,即白榆。

【经】唐棣,栘,常棣,棣。

【注】棣音 dì,落叶小灌木。

【经】槚,苦茶。

【注】槚音 jiǎ,即茶树。荼 tú,古茶字。

【经】楰朴,心。

【注】楰朴音 sù pú,一种丛生的小树。

【经】荣,桐木。

【注】桐木,梧桐树。白桐又称荣。

【经】栈木,干木。

【注】栈木,树木名,即干木,僵木。

【经】桋桑,山桑。

【注】桋(yǎn)桑,一种桑树,又称山桑。

【注】檗音 bì,倒下。柛音 shēn,树木自死。椔音 zī,立着的枯木。翳通殪,音 yì,死。

【经】木相磨,槸。槸,散,梢,梢擢。

【注】槸音 yì,树枝磨擦,槸音 cuò,树皮皱裂,也称散(què)。

【经】枞,松叶柏身,桧,柏叶松身。

【注】枞音 cōng,即冷杉。桧音 guì,即桧柏。

【经】句如羽,乔,下句曰朻,上句曰乔。如木楸曰乔,如竹箭曰苞,如松柏曰茂,如槐曰茂。

【注】朻同樛,音 jiū,树木向下弯曲。

【经】祝,州木。

【经】髦,柔英。

【经】槐棘丑乔,桑柳丑条,椒樧丑莍,桃李丑核。

【注】樧音 shū,一种落叶乔木,又称之为食茱萸。莍音 qiú,果实外皮疣状突出的部分。

【经】瓜曰华之,桃曰胆之,枣李曰疐之,樝梨曰钻之。

【注】胆通撢(dǎn),揩擦。疐音 dì,蒂,疐之,指去掉蒂。樝音 zhā,同楂,山楂。

【经】小枝上缭为乔。

【经】无枝为檄。

【经】木族生为灌。

释虫第十五

【经】螜,天蝼。

【注】螜音 hú,蝼蛄(lóugū),又称天蝼,俗称拉拉蛄、土狗。穴居土中,昼伏夜出,食害农作物的根茎和细苗。

【经】蜚,蠦蜰。

【注】蜚音 fěi,蟑螂。又称蠦蜰(lúféi)。

【经】蟫衔,入耳。

【注】蟫衔音 yín yǎn。即蚰蜒(yóuyán)。

【经】蜩,蜋蜩。螗蜩。蚻,蜻蜻。螇,茅蜩。蝒,马蜩。蜺,寒蜩。蜓蚞,螇螰。

【注】蜩音 tiáo,蝉的别名。蜋(liáng)蜩,蝉的一种。螗(táng)蜩,蝉的一种。蚻音 zhá,一种蝉的名称。螇音 jié,一种蝉的名称。又称茅蜩。体小,色绿,后翅完全透明。蝒音 mián,形体大的一种蝉,又称马蝉,俗称知了。蜺音 ní,一种蝉的名称。又称寒蜩,寒蝉。蜓蚞音 tīng mù,一种蝉的名称。

【经】蝚蛑,蝼蛄。

【注】蛣蜣音 jié qiāng，蜣螂（qiānglánɡ），俗称屎壳郎。

【经】蝎，蛣蝺。

【注】蝎音 hé，天牛类昆虫的幼虫，木中蛀虫。又称蛣蝺（jiéqū）。

【经】蟫，啮（niè）桑。

【注】蟫音 shuāng，桑树蠹虫，即桑天牛。又称啮桑。

【经】诸虑，奚相。

【经】蜉蝣，渠略。

【注】蜉蝣音 fú yóu，一种小昆虫，又称渠略。

【经】蚍，蟥蛢。

【注】蚍音 bié，即金龟子。又称蟥蛢（huángpíng）。

【经】蠰舆父，守瓜。

【注】蠰舆父音 quán yú fǔ，一种瓜类作物害虫。又称守瓜。

【经】蝚，蛈蝼。

【注】蝚音 róu，蝼蛄的古代名称。

【经】不蜩，王蚥。

【注】不蜩，一种大蝉。又称王蚥（fǔ）。

【经】姑蟴，强蜱。

【注】姑蟴（shī），害虫玉米象的古名。古代又称强蜱（mǐ）。

【经】不过，蟷蠰，其子蜱蛸。

【注】蟷蠰音 dāng náng，即螳螂。又称不过。蜱蛸音 pí xiāo，螳螂的卵块。

【经】蒺藜，蝍蛆。

【注】蝍蛆音 jí jū，蜈蚣的古名。又称蒺藜（jílí）。

【经】蟓，蝮蜪。

【注】蟓音 yuán，蝗的幼虫。上古时又称（fù táo）蝮蜪。

【经】蟋蟀，蛬。

【注】蛬音 qióng，蟋蟀的一种古代别名。

【经】蟼，蟆。

【注】螫音 jǐng，一种蛤蟆。蟆音 má，蛤（há）蟆。

【经】蚿，马蚿。

【注】蚿音 xián，一种节肢动物。又称马蚿（zhàn）、马陆、百足等。

【经】皇蠜，蠜。草蠜，负蠜。蜇螽，蚣蝑。蟿螽，螇蚸。土螽，蠰谿。

【注】螽音 zhōng，蝗虫、螽斯类昆虫的总名。皇（fù）蠜，稻蝗。又称蠜（fán）。蜇（sī）螽，或作斯螽，即螽斯。又称蚣蝑（sōng xū）。蟿螽，一种蝗虫。又称螇蚸（qī lì）（螇或作蚚）、蚱蜢。土螽，一种蝗虫。俗称土蚂蚱。

【经】蛬蚓、蔒蚕。

【注】蛬蚓音 qǐn yǐn，蚯蚓的古名。又称蔒蚕（qiǎn tiǎn）。

【经】莫貈，蟷蜋，蜱。

【注】蟷，本或作蟷。蟷蜋，莫貈（hé），螳螂的别名。蜱音 máo，蟷蜋的别名。

【经】虹蛵是，负劳。

【注】虹蛵音 dīng xīng，即蜻蜓。

【经】蛶，毛蠹。

【注】蛶音 hàn，黄刺蛾的幼虫。俗称毛虫。

【经】螺，蛄蟖。

【注】螺音 mò，刺蛾的幼虫。俗称毛毛虫。

【经】蟠，鼠负。

【注】蟠音 fán，潮虫。俗称西瓜虫。

【经】蟫，白鱼。

【注】蟫音 yín，一种蛀蚀衣服、书籍的小虫。又称蠹鱼。

【经】蚝，罗。

【注】蚝音 é，同蛾。

【经】翰，天鸡。

【注】翰音 hàn，螽斯类昆虫，即纺织娘。

【经】傅，负版。

【经】强，蚚。

【注】蚚音 qí，米中小黑虫，即玉米象。

【经】蚚，螪何。

【注】蚚音 liè，又称螪（shāng）何。

【经】蜽，蛹。

【注】蜽音 guī，虫蛹。

【经】蚬，缢女。

【注】蚬音 xiǎn，蝶类的幼虫。古称缢女。

【经】蚍蜉，大螘，小者螘。蚍，杜螘。螱，飞螘。其子蚳。

【注】螘音 yǐ，同蚁。蚍蜉音 pí fú，大蚂蚁。蚍音 lóng，一种大蚂蚁。螱音 wèi，白蚁。又称飞蚁。蚳音 chí，蚁卵。

【经】次蕭，蜘蛛；蜘蛛蚕螯。土蜘蛛。草蜘蛛。

强蚚

【注】蜘蛛，或作䗥䗥。又称次蕭。蚕螯（máo），或作蛛螯，蜘蛛的别名。

【经】土蜂。木蜂。

【经】蟦，蛴螬。

【注】蛴螬音 qí cáo，金龟子的幼虫。

【经】蝤蛴，蝎。

【注】蝤蛴音 qiú qí，天牛的幼虫。

【经】蚅威，委黍。

【注】蚅（yī）威、委黍，都是地鳖虫在古代的名称。

【经】蟏蛸，长踦。

【注】蟏蛸音 xiāo shāo，一种长腿的小蜘蛛。俗称喜蛛。

【经】蛭蝚，至掌。

【注】蛭蝚音 zhì róu，即蚂蟥、水蛭。

【经】国貉，虫蠁。

【注】虫蠁（xiǎng），虫名。又称国貉（hé）、土蛹。

【经】蠖，蚇蠖。

【注】蚇蠖音 chǐ huò，尺蠖蛾的幼虫。又名步屈。生长在树上，行进时身体一屈一伸地前进，危害树木。

【经】果蠃，蒲卢。螟蛉，桑虫。

【注】果蠃（luǒ），一种寄生蜂。俗称细腰蜂。螟蛉（míng líng），螟蛾幼虫的通称。

【经】蝎，桑蠹。

【注】蝎音 hé，树木中的蠹虫。

【经】荧火，即炤。

【注】荧，荧火虫。

【经】密肌，继英。

【经】蚅，乌蠋。

【注】蚅音 è，蛾蝶类的幼虫。又称乌蠋（zhú）。

【经】蠓，蠛蠓。

【注】蠓音 méng，又称蠛（miè）蠓。似蚊而小，褐色或黑色，俗称小咬，叮咬人畜。

【经】王蛈蜴。

【注】王，大。蛈蜴（tiě tāng），土蜘蛛的别名。

【经】蟓，桑茧。雔由：樗茧、棘茧、栾茧。蚢，萧茧。

【注】蟓音 xiàng，桑蚕。樗音 chū，臭椿树。蚢音 háng，一种野蚕。

【经】翥丑罅，螜丑奋，强丑捊，蜂丑螫，蝇丑扇。

【经】食苗心螟，食叶蟘，食节贼，食根蟊。

【经】有足谓之虫，无足谓之豸。

释鱼第十六

【经】鲤

【经】鳣。

【注】鳣音 zhān，鲟（xún）鳇鱼的古名。又称鳇鱼、黄鱼、中华鲟。

【经】鰋。

【注】鰋音 yǎn，一种鲤类的鱼。又称白鱼、鲌（bó）。

【经】鳀。

【注】鳀同鮷，音 tí，鲇（nián）鱼。

【经】鳢。

【注】鳢音 lǐ，黑鱼。又称乌鳢、乌鱼、鲖（tóng）。

【经】鲩。

【注】鲩音 huàn，即草鱼。又称白鲩、鰥（huàn）。

【经】鲨，鮀。

【注】鲨音 shā，一种淡水小鱼。又称鮀（tuó）、石鮀、吹沙。

【经】鮂，黑鰦。

【注】鮂音 qiú，鲤类小鱼。又称黑鰦（zī）、鯈（chóu）、鲹（cān）鱼、鲦（tiáo）。

【经】鳛，鳅。

【注】鳅同鳅，音 qiū，泥鳅。古代又称鳛（xí）。

【经】鲣大鲖，小者鮵。

【注】鲣音 jiān，大黑鱼。鲖音 tōng，黑鱼的一种。鮵音 duó，小黑鱼。

【经】魾大鳠，小者鮡。

【注】魾音 pī，大的鳠（hù）鱼。鮡音 zhào，小的鳠鱼。

【经】鰝，大鰕。

【经】鰝音 hào，大海虾名，即龙虾。

【经】鲲，鱼子。

【注】鲲音 kūn，鱼子，鲕。

【经】鱀，是鱁。

【注】鱀音 jì，鲸类动物。又称是鱁（zhú）、白鱀豚。

【经】鼆，小鱼。

【注】鼆音 shéng，小鱼。

【经】鲐，鲧鲔。

【注】鲔音 wěi，白鲟的古名。又称鳣（xún）。鲐音 luò，小的白鲟鱼。

【经】鱦，当魱。

【注】鲚音 jiù，鲥（shí）鱼。

【经】鮤，鱴刀。

【注】鮤音 liè，一种鳀类鱼名。又称鮆（zī）、鱴（miè）刀、刀鱼。

【经】鱊鮬，鳜鯞。

【注】鱊鮬音 yù kū，一种鲤类鱼名。又称鳜鯞（jué zhǒu）、鳑鮍（páng pí）。

【经】鱼有力者鰴。

【经】鲂，鰕。

【注】鲂音 fén，鱼名。又称鰕（xiā）、斑鱼、斑文鱼。

【经】鮅，鳟。

【注】鳟音 zūn，一种鲤类鱼名。又称鮅（bì）、赤眼鳟。

【经】魳，鮍。

【注】魳音 fáng，一种鲤类鱼名。又称鮍（pī）、鳊（biān）。

【经】^稣䲔，鰊。

【注】^稣䲔音 lí，鳗鱼。又称鰊（lái）、鳗鲡（lí）。

【经】蜎，蠉。

【注】蜎音 yuān，蚊子幼虫。又称蠉（xuān）。

【经】蛭，蚑。

【注】蛭音 zhì，即蚂蟥。又称蚑（qí）、水蛭等。

【经】科斗，活东。

【注】科斗，即蝌蚪。

【经】魁陆。

【注】魁陆，蚶（hān）子。又称魁蛤（gé），俗称瓦楞子。

【经】蜪蚅。

【注】蜪音 táo。蚅音 é。

【经】鼀蟾，蟾诸，在水者黾。

【注】蟾诸音 chán chú，或作蟾蜍，即蟾蜍，古代又称鼀蟾（qù qiū），俗称癞蛤蟆。黾音 měng，蛙的一种。

【经】蛣,螷。

【注】蛣音 bì，一种长而狭的小蚌。又称螷（bì）、蛏（chēng）、马刀。

【经】蚌，含浆。

【注】含浆，蚌的别名。

【经】鳖三足能，龟三足贲。

【注】鳖音 biē，即甲鱼。能，只有三足的鳖。贲音 fén，只有三足的龟。

【经】蚹蠃、蜬蝓。蠃小者蜬。

【注】蠃音 luó，通螺。蚹（fù）蠃，蜗牛的古名。蜬蝓音 yí yú，一种和蜗牛相似的软体动物。蜬音 hán，小螺名。

【经】蟧蛑，小者蟧。

【注】蟧蛑音 huá zé，即寄居蟹。蟧音 láo，小的蟧蛑。

【经】蜃，小者珧。

【注】蜃音 shèn，海蚌。又称大蛤蜊（gé lí）。珧音 yáo，一种小海蚌。

【经】龟，俯者灵，仰者谢，前弇诸果，后弇诸猎，左倪不类，右倪不若。

【注】灵，灵龟，即天龟。谢，谢龟，即地龟。弇音 yǎn，遮蔽，覆盖。诸同者。果，果龟，即东龟。猎，猎龟，即南龟。倪通睨，音 nì，斜视。类，类龟，即西龟。若，若龟，即北龟。

【经】贝：居陆赎，在水者蜬；大者魭，小者鲼。玄贝，贻贝。余赈，黄白文，余泉，白黄文，魞，博而颁，蜠，大而险。蜻，小而椭。

【注】蟫音 biāo，或作猋，生活在陆地的贝。蜬音 hán，生活在水中的贝。魭音 háng，或作魧，大贝。鲼音 jí，或作蜻，小贝。玄，黑色。贻（yí）贝。又称紫贻贝。余赈（chí），或作余蚳，贝的一种。余泉，贝的一种。魞音 bā，贝的一种。颁音 kuí，中间宽，两头尖。险通俭，薄。蜠音 jǔn，一种壳大而薄的大贝，蜻音 jí，狭而长的小贝。

【经】蝾螈，蜥蜴；蜥蜴，蝘蜓；蝘蜓，守宫也。

【注】蝾螈音 róng yuán，两栖动物。蜥蜴音 xī yì，爬行动物。俗称四脚蛇。蝘蜓音 yǎn tíng，爬行动物，守宫，蜥蜴的一种。又称壁虎。

【经】蚨，蝁。螣，螣蛇。蟒，王蛇。蝮虺，博三寸，首大如擘。

【注】蝁音 è，蝮蛇类毒蛇。古代又称蚨（dié）。螣音 téng，传说中一种能飞的蛇。也称螣蛇。蟒音 mǎng，一种无毒的大蛇。又称蚺（rán）蛇。蝮虺音 fù huǐ，一种毒蛇。又称

蝮蛇。头呈三角形。

【经】鲵,大者谓之鰕。

【注】鲵音 ní ,两栖动物。俗称娃娃鱼。鰕音 xiā,大鲵。

【经】鱼枕谓之丁,鱼肠谓之乙,鱼尾谓之丙。

【经】一曰神龟,二曰灵龟,三曰摄龟,四曰宝龟,五曰文龟,六曰筮龟,七曰山龟,八曰泽龟,九曰水龟,十曰火龟。

释鸟第十七

【经】隹其,鳺鴀。

【注】鳺鴀fū fú,一种鸠类小鸟。又称隹(zhuī)其。鹁鸪(bó gū)、鹁鸪。

【经】鹯鸠,鹘鸼。

【注】鹯鸠音 qū jiū ,即斑鸠,又称鹘鸼。

【经】鸤鸠,鴶鵴。

【注】鸤(shī)鸠,或作尸鸠,即布谷鸟,又称鴶鵴。

【经】鹝鸠,鹈鶪。

【注】鹝(lí)鸠,又称鹈鶪(pí jí)、乌鸢(jiù)、批颊。

【经】鴡鸠,王鴡。

【注】鴡(jū)鸠,或作雎鸠,鱼鹰的古名。

【经】鸧,鶌鹈。

【注】鸧音 gé,猫头鹰类鸟名。又称鶌鹈(jìqí)、鵂鶹(xiūliú)。

【经】鹚,鶶轨。

【注】鹚音 zī。鶶音 tù。

【经】鸩,天狗。

【注】鸩音 lì,水鸟名。又称鱼狗、鱼虎、翠鸟。体大如燕,羽毛青翠色,喙长,能水上捕鱼。

【经】鹦,天鷚。

【注】鷚音 liù，云雀。又称天鸙（yuè）。

【经】䴇䴖，鹅。

【注】䴇䴖音 lù lū，野鹅。又称鸿雁、大雁。

【经】鸧，麋鸹。

【注】鸧音 cāng，鹤类鸟名，又称麋鸹（míguā）、灰鹤。

【经】鸬，乌鸔，一种水鸟。

【注】鸬音 luò，水鸟名。又称乌鸔（bó）。

【经】舒鴈，鹅。

【注】鴈音 yàn，原指家鹅，"雁"原指野鹅，后两字通用。

【经】舒凫，鹜。

【注】舒凫，野鸭，鹜音 wù。指野鸭。

【经】鵁，鸧鶄。

【注】鸧鶄音 jiāo jīng，或作鵁鶄、交精。鹭类水鸟。又称鸦（jiān）、池鹭。

【经】舆，鶇鶄。

【注】舆，本或作鸒（yú）。鶄音 jīng，舆鶄，传说中一种鸟喙蛇尾的怪鸟。又称鶇（tú）。

【经】鹈，鸮鸮。

【注】鹈音 tí，即水鸟鹈鹕（hú）。古代又称鸮鸮（wūzé），俗称淘河鸟。

【经】鶾，天鸡。

【注】鶾音 hàn，同翰，野鸡类鸟名，又称天鸡、锦鸡，是一种赤羽的山鸡。

【经】鹭，山鹊。

【注】鹭音 xué，一种小鸣禽。又称山鹊，长尾。

【经】鹠，负雀。

【注】鹠音 yín，鹰类猛禽，又称负雀、雀鹰，俗称鹞（yào）。

【经】啮齿艾。

【经】鹯，鹠老。

【注】鹯音 chuàn，鹰类鸟名。又称鹠（qí）老、鸰（qín）、句喙鸟，俗称痴鸟。

【经】鸟，鹩。

【注】鷃同鳼，音 yàn，鹌鹑(ān chún) 类小鸟。又称老鳸(hù)、鷃雀、斥鷃。

【经】桑鳸，窃脂。

【注】桑鳸(hù)，鳸或作雇，一种小鸟名。俗称青雀、窃脂。

【经】鴡鷯，剖苇。

【注】鴡鷯音 diāo liáo，鴡或作刀。小鸟名。又称剖苇。

【经】桃虫，鷦，其雌鴱。

【注】鷦音 jiāo，小鸟名。又称桃雀、鷦鷯。鴱音 ài，雌的鷦鷯。

【经】鶠，凤，其雌皇。

【注】凤，古代传说中的一种神鸟，鸟王。又称鶠(yǎn)、凤凰。皇，或作凰，雌凤凰。

【经】鶺鸰，雝渠。

【注】鶺鸰音 jí líng，或作脊令、鶺鸰，小鸟名。又称雝渠。

【经】鸒斯，鵯鶋。

【注】鸒音 yú，鸦类小鸟。又称鵯鶋(bēi jū)、雅乌、寒鸦。

【经】燕，白脰乌。

【注】脰音 dòu，颈项。白脰乌，鸦类小鸟。又称燕乌、燕。

【经】鴽，鴾母。

【注】鴽音 rú，鹌鹑类小鸟。又称鴾(móu)母。

【经】密肌，系英。

【注】密，或作鷭。英，或作鶧。又称系英，英鸡。

【经】巂周。

【注】巂(guī)周，杜鹃鸟。又名子巂、子规、杜宇、布谷等。

【经】燕燕，乚。

【注】燕燕，燕子。古代又称乚(yǐ)，玄鸟。

【经】鸱鸮，鸋鴂。

【注】鸱鸮音 chī xiāo，猫头鹰。又称鸋鴂(nìng jué)。

【经】狂，茅鸱。怪鸱。枭，鸱。

【注】狂，或作鵟(kuáng)，一种猫头鹰。又称茅鸱(chī)。怪鸱，猫头鹰。又称鸱鸺

（xiū）、鸮（xiāo）。枭通鸮，音 xiāo，猫头鹰的通称。鸱音 chī，猫头鹰。

【经】鹪，刘疾。

【注】鹪音 jiē。

【经】生哺，鷇。生噣，雏。

【注】鷇音 kòu，需要喂食的幼鸟。噣音 zhuó，通啄，鸟用嘴自行取食。

【经】爰居，杂县。

【注】爰居，古籍中一种大如马驹的海鸟名。又称杂县。

【经】春扈鳻鶞，夏扈窃玄，秋扈，窃蓝，冬扈窃黄，桑扈窃脂，棘扈窃丹，行扈唶唶，宵扈啧啧。

【注】扈音 hù，或作鳸、雇，古代候鸟的通称。

【经】鹎鶋，戴鵀。

【注】鹎鶋音 bī fú，或作鸡鶋，即戴胜鸟。古代又称载鵀（rén）、鵀。

【经】鸶，泽虞。

【注】鸶音 fǎng，水鸟名。又称泽虞、护泽、俗称护田鸟。

【经】鷀，鹝。

【注】鷀音 cí，即鸬鷀（lúcí）。又称鹝（yì）、鱼鹰。

【经】鷷，鹑。其雄鶛，牝庳。

【注】鷷音 chún，即鹌鹑。古代又称鷯（liáo）。鶛音 jiē，雄鹌鹑。庳音 bēi，雌鹌鹑。

【经】鸤，沈凫。

【注】鸤音 shī，一种野鸭。又称沉凫（fú）、水鸭子。

【经】鸺头，鸮。

【注】鸮音 xiāo，水鸟名。又称鹦（yǎo）头、鱼鸮。

【经】鹩鸠，寇雉。

【注】鹩（duò）鸠，野鸡类小鸟。又称寇雉、沙鸡等。

【经】萑，老鵵。

【注】萑音 huán，一种猫头鹰。又称老鵵（tù）。

【经】鸮鴟鸟。

【注】鹠鹠(tū hú)鸟,鹠或作突,鹠或作胡,即白头翁。

【经】狂,梦鸟。

【注】狂,或作鵟(kuáng)。

【经】皇,黄鸟。

【注】黄鸟,雀类小鸟。又称黄雀。

【经】翠,鹬。

【注】鹬音 yù,鸟名。又称翡翠。

【经】鸀,山乌。

【注】鸀音 shǔ,鸦类小鸟。又称山乌、赤嘴鸟。

【经】蝙蝠,服翼。

【经】晨风,鹯。

【注】鹯音 zhān,鹰类猛禽。又称晨风。

【经】鹬,白鹭。

【注】鹬音 yáng,鹰类猛禽。又称白鹭,俗称白鹞子。

【经】寇雉,泆泆。

【注】寇雉(zhì),野鸡类小鸟。又称泆泆(yìyì)。

【经】鹓,蚊母。

【注】鹓音 tián,鸟名。

【经】鹛,须赢。

【注】鹛音 tī,一种小野鸭。又称须赢(luó)。

【经】鼯鼠,夷由。

【注】鼯(wú)鼠,哺乳动物。又称夷由。前后肢之间有飞膜,能在树间滑翔飞行,又称飞鼠。

【经】仓庚,商庚。

【注】仓庚,或作鸧鹒,黄莺鸟。又称商庚,即黄鹏。

【经】鹅,铺豉。

【注】鹅音 dié,铺音 pù,豉音 chǐ。

【经】鹰,鹕鸠。

【注】鹩(lái)鸠,鹰的一种。

【经】鹣鹣,比翼。

【注】鹣鹣音 jiān jiān,传说中的比翼鸟。

【经】鹠黄,楚雀。

【注】鹠(lí)黄,即黄鹂,黄莺。

【经】䴕,斫木。

【注】䴕音 liè,啄木鸟。斫音 zhuó,砍,削。

【经】鹭,鶒鶒。

【注】鹭音 jī,鸟名。又称鶒鶒(táng tú)。

【经】鸬,诸雉。

【注】鸬音 lú,野鸡。又称诸雉。

【经】鹭,舂锄。

【注】鹭音 lù,白鹭。又称舂锄(chōng chú),俗称鹭鸶。

【经】鹞雉。鹪雉。鸊雉。鷩雉。秩秩,海雉。鹬,山雉。鷞雉。鸐雉。雉绝有力奋。伊、洛而南,素质,五采皆备成章曰翚。江、淮而南,青质,五采皆备成章曰鹬。南方曰弓,东方曰鹬,北方曰鹬,西方曰鹬。

【注】鹞(yáo)雉,一种羽毛蓝绿色的野鸡。鹪(jiāo)雉,一种野鸡。鸊(bǐ)雉,一种野鸡,羽毛黄色。鷩(bì,又音 biē)雉,即锦鸡。海雉,一种野鸡。又称秩秩。鹬音 dí,一种野鸡。又称山雉,山鸡。鷞(hàn)雉,或作翰雉,一种野鸡。鸐(zhào)雉,一种野鸡。又称白雉、白鹬。伊,伊河,在今河南省西部。章,花纹,文采。翚音 huī,有五采花纹的野鸡。弓音 chóu,南方的野鸡别名。鹬音 zī,东方的野鸡。鹬音 xī,北方的野鸡。鹬音 zūn,西方的野鸡。

【经】鸟鼠同穴,其鸟为鵌,其鼠为鼵。

【注】鸟鼠同穴,山名。今称鸟鼠山。在今甘肃省渭源县西南。鵌音 tú,一种与鼵鼠同穴而居的鸟。鼵音 tū,一种与鵌鸟同穴而居的鼠。

【经】鸛鷒,鹊鹑。如鹊,短尾,射之。衔矢射人。

【注】鸛鷒音 huān tuán,传说中的鸟名。又称鹊鹑(fú róu)。

【经】鹊鸥丑,其飞也翪;鸢乌丑,其飞也翔;鹰隼丑,其飞也翚。凫雁丑,其足蹼,其踵

企。乌鹊丑,其掌缩。

【注】鶪同䴗,音 jú,本或作䴗,伯劳鸟。丑,类。翪音 zōng,鸟张翅上下竦动。鸢音 yuān,老鹰。鹰,指苍鹰等鹰类猛禽。隼音 sǔn,鹰类猛禽。又称鹘(hú)。翚音 huī,鼓动翅膀快飞。凫音 fú,野鸭。䳏同雁,大雁。踵,脚后跟。企,踮起、伸直脚后跟。

【经】亢,鸟咙,其粻嗉。

【注】亢音 gāng,咽喉。咙音 lóng,喉咙。粻音 zhāng,食粮。嗉音 sù,鸟类食管末段盛食物的囊。

【经】鹑子,鳼。鴽子,鸋。雒之暮子为鷚。

【注】鹑(chún)子,鹌鹑的幼鸟。鳼音 wén,小鹌鹑名。鴽(rú)子,鴽的幼鸟。鸋音 níng,小鴽名。暮子,晚出的幼鸟。鷚音 liù。

【经】鸟之雌雄不可别者,以翼右掩左,雄;左掩右,雌。

【经】鸟少美长丑为鹠鷅。

【注】鹠鷅音 liú lì,或作留离、流离,猫头鹰的别名。

【经】二足而羽谓之禽,四足而毛谓之兽。

【经】鶪,伯劳也。

【注】鶪同䴗,音 jù,本或作䴗,小鸟名。又称伯劳、博劳。

【经】仓庚,鸝黄也。

【注】鸝(lí)黄,即黄莺鸟。

释兽第十八

【经】麋:牡麔,牝麎,其子麇,其迹躔,绝有力狄。

【注】麔音 jiù,公麋。麎音 chén,母麋。麇音 yǎo,幼麋。躔音 chán,麋的足,狄,强壮有力的麋。

【经】鹿:牡麚,牝麀,其子麛,其迹速,绝有力麉。

【注】麚音 jiā,雄鹿。麀音 yǒu,雌鹿。麛音 mí,或作麑,幼鹿。速,鹿的足迹。麉音 jiān,极强壮有力的鹿。

1067

【经】麢:牡麇,牝鹂,其子麆,其迹解,绝有力狷。

【注】麢同麇,音 jūn,獐子。麇音 yù,雄獐。鹂音 lì,雌獐。麆音 zhù,幼獐。解音xiè,獐的足印迹。狷音 jiān,极强壮有力的獐。

【经】狼:牡貛,牝狼,其子獥,绝有力迅。

【注】貛同獾,音 huān,公狼。獥音 jiào,幼仔。迅,强壮有力有狼。

【经】兔子嬎,其迹迒,绝有力欣。

【注】嬎音 fù,幼兔。迒音 háng,足迹。

【经】豕子猪。豶,豱。么,幼。奏者豱。豕生三豵,二师,一特。所寝橧。四蹢皆白豥。其迹刻,绝有力豝。牡豝。

【注】豕音 shǐ ,猪。豕子,小猪。豶音 wěi,阉割过的猪,又称豮(fén)。奏通凑,音 còu,皮肤皱缩。豱音 wēn,头短小,皮肤皱缩的猪。特,小猪。橧音 zēng,猪圈。蹢音 dí,蹄。豥音 gāi。刻,猪的足迹。豝音 è,身高五尺的猪。豝音 bā,母猪。

【经】虎窃毛谓之虦猫。

【注】窃,浅淡。虦(zhàn),猫,浅毛虎。

【经】貘,白豹。

【注】貘音 mò,野兽名。即大熊猫,又称白豹。

【经】甝,白虎。虪,黑虎。

【注】甝音 hán,白虎。虪音 shù,黑虎。

【经】豽,无前足。

【注】豽音 nà,野兽名,没有前足。

【经】鼳,鼠身长须而贼,秦人谓之小驴。

【注】鼳音 qù,野兽名,有长须,身如鼠,性凶残。

【经】熊虎丑,其子狗,绝有力麙。

【注】狗,熊虎类猛兽的幼兽。麙音 yǎn,熊虎类猛兽,极其强壮。

【经】狸子隶。

【注】狸音 lí,同狸,野猫。隶音 sì,幼狸。

【经】貀子貆。

【注】貀同貉,音 hè,野兽名。俗称狗獾。貆音 huán,幼貀。

【经】貒子貕。

【注】貒音 tuān，野兽名。又称獾。俗称猪獾。貕音 jù，幼貒。

【经】豼，白狐，其子縠。

【注】豼音 pí，一种豹类猛兽。又称白狐、白豖。縠音 hù，幼豼。

【经】麝父，麇足。

【注】麝（shè）父，即麝。又称香獐。麇音 jūn，獐。形体与麝相似，比麝稍大，没有香腺。

【经】豺，狗足。

【注】豺音 chái，野兽名。俗称豺狗，其足如狗。

【经】貙獌，似狸。

【注】貙音 chū，野兽名。又称貙獌（màn）。

【经】黑如熊，黄白文。

【注】黑音 pí，马熊。又称人熊，毛皮黄白色。

【经】麢，大羊。

【注】麢同羚，音 líng，羚羊，似羊而大。

【经】麅，大麎，牛尾，一角。

【注】麅同麃，音 páo，或作狍，一种鹿类动物。俗称狍子。麎同麚，音 jīng，一种鹿类动物，尾巴像牛，一只角。又称马鹿、黑鹿。

【经】麕，大麕，旄毛，狗足。

【注】麕同麂，音 jǐ，一种鹿类动物。古代又称大麕（jūn）。旄音 mào，毛长。旄毛，生有长毛。

【经】魋如小熊，窃毛而黄。

【注】魋音 tuí，一种熊类野兽。俗称赤熊。窃通浅，颜色淡而呈黄色。

【经】貔貐类貙，虎爪，食人，迅走。

【注】貔貐音 yà yǔ，或作猰貐，古代传说中一种吃人猛兽，跑的很快。貙音 chū，野兽名。

【经】狻麑如虦猫，食虎豹。

【注】狻麑音 suān ní，或作狻猊，狮子。虦（zhàn）猫，浅毛虎，吃虎豹。

【经】䮯如马，一角；不角者，騏。

【注】䮯音 xí，野兽名。騏音 qí，没有角的䮯，像马。

【经】羱，如羊。

【注】羱音 yuán，一种大角野羊。

【经】麐，麕身，牛尾，一角。

【注】麐音 lín，同麟，麒麟，古代传说中的一种象征吉祥的神兽，身似獐，尾似牛，一只角。

【经】犹如麂，善登木。

【注】犹，猴类野兽，善于攀树。又称犹糊。

【经】貄，脩毫。

【注】貄音 sì，幼貍。脩音 xiū，长。

【经】貙，似貍。

【注】貙音 chū，一种形似貍的狼类野兽。

【经】兕，似牛。

【注】兕音 sì，一种犀牛类野兽。

【经】犀，似豕。

【注】犀音 xī，犀牛。

【经】彙，毛刺。

【注】彙音 wèi，或作蝟，即刺猬。

【经】狒狒如人，被发，迅走，食人。

【注】狒狒音 fèi fèi，传说中的一种吃人的猛兽，披发，跑的很快。又称山都、枭羊。

【经】貍、狐、貒、貈丑，其足蹯，其迹厹。

【注】貍、狐、貒（tuān）、貈（hé），野兽名。蹯音 fán，野兽足掌。厹音 róu，野兽足迹。

【经】蒙颂，猱状。

【注】蒙颂，一种猴类野兽形状像猱。猱音 náo，一种猿猴。又称狨（róng）、狖猴。

【经】猱、猨善援。

【注】猨，猿猴，善于攀援。

【经】貜父善顾。

【注】貜（jué）父，貜或作玃，一种大猴。俗称马猴。形似狝猴而大。喜回头张望。

【经】威夷，长脊而泥。

【注】威夷，野兽名，背长而力量弱小。

【经】麞、麚，短脰。

【注】麞音 jiù，雄麋。麚音 jiā，雄鹿。脰音 dòu，颈。

【经】𤝢有力。

【注】𤝢音 xuàn，野兽名，有力气。

【经】㺄迅头。

【注】㺄音 jù，野兽名。形似狝猴，大如狗，能举石掷人。

【经】蜼，卬鼻而长尾。时善乘颂。

【注】蜼音 wèi，一种长尾猴。卬音 yǎng，通仰，脸朝上。时通是，此。乘音 chéng，升，登。颂通岭，山岭。

【经】猩猩小而好啼。

【经】阙泄多狃。

【注】阙音 què。狃音 niǔ。

【经】寓属。

【注】寓音 yù，寄居，指寄居山野的兽类。

【经】鼢鼠。

【注】鼢（fén）鼠，一种鼠名。又称鼹（yǎn）鼠，俗称地老鼠。

【经】鼸鼠。

【注】鼸（xiàn）鼠，一种田鼠。

【经】鼷鼠。

【注】鼷（xī）鼠，一种小鼠。又称甘口鼠。

【经】鼶鼠。

【注】鼶（sī）鼠，大田鼠。简称为鼶。

【经】鼬鼠。

【注】鼬（yòu）鼠，即黄鼠狼。又称黄鼬。

【经】鼩鼠。

【注】鼩（qú）鼠。又称鼩鼱（jīng）、鼱鼩、地鼠。

【经】鼫鼠。

【注】鼫（shí）鼠，鼠名。

【经】鼣鼠。

【注】鼣（fèi）鼠：鼠名。

【经】鼫鼠。

【注】鼫（shí）鼠，鼠名。又称鼩（jué）鼠、雀鼠。

【经】鼤鼠。

【注】鼤（wén）鼠，斑鼠。

【经】鼨鼠，豹文。

【注】鼨（zhōng）鼠，鼠名，又称豹文鼠。

【经】鼪鼠。

【注】鼪（tíng）鼠，鼠名。

【经】鼩鼠。

【注】鼩（qù）鼠，鼩，或作鼫，松鼠。

【经】鼠属。

【经】牛曰齝，羊曰齥，麋鹿曰齸。

【注】齝音 chī，牛反刍。齥音 xiè，羊反刍。齸音 yì，麋鹿反刍。

【经】鸟曰嗉，寓鼠曰嗛。

【注】嗛音 qiǎn，猴、鼠之类动物颊内贮藏食物之处。

【经】齸属。

【注】齸音 yì，麋鹿反刍。又泛指反刍类动物。

【经】兽曰衅，人曰挢，鱼曰须，鸟曰狊。

【注】衅音 xìn，振奋。挢音 jiǎo，举起，伸出。须，休息，喘息。狊音 jù，鸟张开两翅。

【经】须属。

释畜第十九

【经】騊駼马。

【注】騊駼（táotú）马，一种北方良马。

【经】野马。

【注】野马，一种北方良马。

【经】駮如马，倨牙，食虎豹。

【注】駮bó，传说中的一种猛兽，形状像马。倨音jù，通锯。

【经】䮝蹄趼，善升甗。

【注】䮝（kūn）蹄，一种野马。或称䮝。趼音yán，同研，蹄趾平正。甗音yǎn，上大下小的山。

【经】䮝駼，枝蹄趼，善升甗。

【注】䮝駼音kūn tú，一种良马。枝蹄趼（yǎn），蹄底平正而有小趾歧出，善于登山。

【经】小领，盗骊。

【注】领，颈。盗骊（lí），一种良马。

【经】绝有力駥。

【注】绝，极。駥音róng，身高八尺强壮有力的马。

【经】膝上皆白，惟馵。四骹皆白，驓。四蹄皆白，騚。前足皆白，騱。后足皆白，翑。前右足白，启。左白，踦。后右足白，骧。左白，馵。

【注】馵音zhù，惟馵，膝上全白的马。骹音qiāo，小腿。驓音céng，小腿全白的马。蹄音dí，蹄。騚，或作騝，四蹄全白的马。騱音xī，前腿全白的马。翑音qú，后足全白的马。启，前右足白的马。踦音qī，前左脚白的马。骧音xiāng，后右腿白的马。馵音zhù，后左腿白的马。

【经】骊马白腹，驒。骢马白跨，驈。白州，驠。尾本白，騴。尾白，駺。驖颡，白颠。白达，素县。面颡皆白，惟駹。

【注】骊同騮，音liú，红身黑鬃黑尾的马。驒音yuán，赤身腹部毛白的马。骊音lí，黑

色的马。骦音 yù,胯间白色的黑马。州通尻,音 kāo,臀部。驠音 yàn,白臀的马。騴音 yàn,尾根白色的马。駺音 láng,白色尾巴的马。駎音 dí,白色。颡音 sāng,额。駺颡,额间白色的马。又称素县。駹音 máng,全身黑色而面额白色的马。

【经】回毛在膺,宜乘。在肘后,减阳。在干,茀方。在背,阙广。

【注】膺,胸。宜乘,腹下长旋毛如乳的马。减阳,肘后长旋毛的马。茀方,胁部生旋毛的马。阙(què)广,背部有旋毛的马。

【经】逆毛,居驲。

【注】居驲(yǎn),毛逆着生长的马。

【经】騋:牝,骊;牡玄;驹,褭骖。

【注】騋音 lái,身高七尺的马。骊音 lí,雌騋。褭骖音 niǎo cān,騋驹名。

【经】牡曰骘,牝曰騇。

【注】骘音 zhì,公马。騇音 shè,母马。

【经】骝白,驳,黄白,騜。骝马黄脊,騝。骊马黄脊,騽。青骊,駽。青骊驎,驒。青骊繁鬣,騥。骊白杂毛,駂。黄白杂毛,駓。阴白杂毛,骃。苍白杂毛,騅。彤白杂毛,騢。白马黑鬣,骆。白马黑唇,駩;黑喙,騧。一目白,瞯;二目白,鱼。

【注】骝音 liú,红色。驳,毛色不纯。騝音 qián。骊音 lí,黑色。騽音 xí。駽音 xuān。驎音 lín。驒音 tuó。鬣音 liè,马颈上的长毛,即马鬃(zōng)。騥音 róu。駂音 bǎo。駓音 pī。骃音 yīn。騢音 xiá。騇音 quán。騧音 guā。瞯音 xián。

【经】"既差我马",差,择也。宗庙齐毫,戎事齐力,田猎齐足。

【经】马属。

【经】犘牛。

【注】犘(má)牛,牦(máo)牛,大牛。

【经】犦牛。

【注】犦(bó)牛,一种野牛。

【经】犤牛。

【注】犤(pái)牛,一种矮小的牛。

【经】犩牛。

【注】犩(wéi)牛,西南山区一种大野牛。

【经】犣牛。

【注】犣liè,牦牛。

【经】犝牛。

【注】犝(tóng)牛,无角小牛。

【经】犑牛。

【注】犑(jù)牛,牛名。

【经】角一俯一仰,觭;皆踊,觢。

【注】觭音 jī,牛的两角一向下俯,一向上仰。觢音 shì,牛的两角耸立。

【经】黑唇,犉。黑眥,牰。黑耳,犚。黑腹,牧。黑脚,犈。

【注】犉音 rún,黑嘴唇的牛。眥音 zì,眼眶。牰音 xiù,黑眼眶的牛。犚音 wèi,黑耳朵的牛。犈音 quán,黑脚的牛。

【经】其子犊。

【经】体长,牬。

【注】牬同犕,音 bèi,体长的牛。

【经】绝有力欣犌。

【注】"欣"为衍文。犌音 jiā。

【经】牛属

【经】羊:牡羒,牝牂。

【注】羒音 fén,白色的雄羊。牂音 zāng,白色的雌羊。

【经】夏羊:牡羭,牝羖。

【注】夏羊,黑毛羊。羖音 gǔ,黑色的公羊。羭音 yú,黑色的母羊。

【经】角不齐,觤。角三觠,羷。

【注】觤音 guǐ,羊两角一长一短。觠音 quán,角有卷曲。羷音 liǎn,角卷三匝的羊。

【经】羳羊,黄腹。

【注】羳(fán)羊,腹下毛黄。

【经】未成羊,羜。

【注】羜音 zhù,未长成的小羊羔。

【经】绝有力奋。

【经】羊属。

【经】犬生三猣，二师，一獅。

【注】猣音 zōng。獅音 qí。

【经】未成毫，狗。

【经】长喙，獫；短喙，猲獢，未长成的小狗。

【注】喙音 huì，鸟兽的嘴。獫音 xiǎn，一种长嘴的猎狗。猲獢音 xiē xiāo，一种短嘴的猎狗。

【经】绝有力狣。

【注】狣音 zhào，猛犬，极其强壮有力。

【经】尨，狗也。

【注】尨音 máng，多毛的狗。

【经】狗属。

【经】鸡大者蜀，蜀子雓。

【注】蜀，一种大鸡。雓音 yú，蜀鸡的鸡仔。

【经】未成鸡僆。

【注】僆音 liàn，未长成的幼鸡。

【经】绝有力奋。

【注】奋，极其强壮的鸡。

【经】鸡属。

【经】马八尺为𬴞。

【经】牛七尺为犉。

【经】羊六尺为羬。

【经】彘五尺为䝈。

【经】狗四尺为獒。

【注】獒音 áo，身高体大的猛犬。

【经】鸡三尺为鶤。

【注】鶤音 kūn，或作鹍，身高三尺的大鸡。

【经】六畜。

· 图文珍藏本 ·

孟 子

[战国] 孟子 ◎ 著

导读

　　《孟子》一书七篇,是战国时期孟子的言论汇编,记录了孟子与其他诸家思想的争辩,对弟子的言传身教,游说诸侯等内容,由孟子及其弟子(万章等)共同编撰而成。《孟子》记录了孟子的治国思想、政治观点仁政、王霸之辨、民本、格君心之非,民为贵社稷次之君为轻)和政治行动,成书大约在战国中期,属儒家经典著作。其学说出发点为性善论,主张德治。南宋时朱熹将《孟子》与《论语》《大学》《中庸》合在一起称"四书"。自从宋、元、明、清以来,都把它当作家传户诵的书。就像今天的教科书一样。《孟子》是四书中篇幅最大的部头最重的一本,有三万五千多字,从此直到清末,"四书"一直是科举必考内容。《孟子》这部书的理论,不但纯粹宏博,文章也极雄健优美。

梁惠王上

【原文】

孟子见梁惠王。王曰："叟！不远千里而来，亦将有以利吾国乎？"

孟子对曰："王！何必曰利？亦有仁义而已矣。王曰：'何以利吾国？'大夫曰：'何以利吾家？'士庶人曰：'何以利吾身？'上下交征利而国危矣。万乘之国，弑其君者，必千乘之家；千乘之国，弑其君者，必百乘之家。万取千焉，千取百焉，不为不多矣。苟为后义而先利，不夺不餍。未有仁而遗其亲者也，未有义而后其君者也。王亦曰仁义而已矣，何必曰利？"

孟子见梁惠王。王立于沼上，顾鸿雁麋鹿，曰："贤者亦乐此乎？"

孟子对曰："贤者而后乐此。不贤者，虽有此不乐也。《诗》云：'经始灵台，经之营之。庶民攻之，不日成之。经始勿亟，庶民子来。王在灵囿，麀鹿攸伏。麀鹿濯濯，白鸟鹤鹤。王在灵沼，於牣鱼跃。'文王以民力为台为沼，而民欢乐之，谓其台曰灵台，谓其沼曰灵沼，乐其有麋鹿鱼鳖。古之人与民偕乐，故能乐也。《汤誓》曰：'时日害丧？予及女偕亡。'民欲与之偕亡，虽有台池鸟兽，岂能独乐哉？"

宋·《孟子》书影

梁惠王曰："寡人之于国也，尽心焉耳矣。河内凶，则移其民于河东，移其粟于河内。河东凶亦然。察邻国之政，无如寡人之用心者。邻国之民不加少，寡人之民不加多，何也？"孟子对曰："王好战，请以战喻。填然鼓之，兵刃既接，弃甲曳兵而走，或百步而后止，或五十步而后止。以五十步笑百步，则何如？"

曰："不可，直不百步耳，是亦走也。"

曰："王如知此，则无望民之多于邻国也。

"不违农时，谷不可胜食也。数罟不入洿池，鱼鳖不可胜食也。斧斤以时入山林，材

1079

木不可胜用也。谷与鱼鳖不可胜食,材木不可胜用,是使民养生丧死无憾也。养生丧死无憾,王道之始也。

"五亩之宅,树之以桑,五十者可以衣帛矣。鸡豚狗彘之畜,无失其时,七十者可以食肉矣。百亩之田,勿夺其时,数口之家可以无饥矣。谨庠序之教,申之以孝悌之义,颁白者不负戴于道路矣。七十者衣帛食肉,黎民不饥不寒,然而不王者,未之有也。

"狗彘食人食而不知检,途有饿莩而不知发;人死,则曰:'非我也,岁也。'是何异于刺人而杀之,曰:'非我也,兵也。'王无罪岁,斯天下之民至焉。"

梁惠王曰:"寡人愿安承教。"孟子对曰:"杀人以梃与刃,有以异乎?"曰:"无以异也。""以刃与政,有以异乎?"曰:"无以异也。"曰:"庖有肥肉,厩有肥马,民有饥色,野有饿莩,此率兽而食人也。兽相食,且人恶之;为民父母,行政,不免于率兽而食人,恶在其为民父母也?仲尼曰:'始作俑者,其无后乎?'为其象人而用之也。如之何其使斯民饥而死也?"

梁惠王曰:"晋国,天下莫强焉,叟之所知也。及寡人之身,东败于齐,长子死焉;西丧地于秦七百里;南辱于楚。寡人耻之,愿比死者壹洒之。如之何则可?"孟子对曰:"地方百里而可以王。王如施仁政于民,省刑罚,薄税敛,深耕易耨,壮者以暇日修其孝悌忠信,入以事其父兄,出以事其长上,可使制梃以挞秦、楚之坚甲利兵矣。彼夺其民时,使不得耕耨以养其父母。父母冻饿,兄弟妻子离散。彼陷溺其民,王往而征之,夫谁与王敌?故曰:'仁者无敌。'王请勿疑。"

孟子见梁襄王。出,语人曰:"望之不似人君,就之而不见所畏焉。卒然问曰:'天下恶乎定?'吾对曰:'定于一。''孰能一之?'对曰:'不嗜杀人者能一之。''孰能与之?'对曰:"天下莫不与也。王知夫苗乎?七、八月之间旱,则苗槁矣。天油然作云,沛然下雨,则苗浡然兴之矣。其如是,孰能御之?今夫天下之人牧,未有不嗜杀人者也。如有不嗜杀人者,则天下之民皆引领而望之矣。诚如是也,民归之,由水之就下,沛然谁能御之?'"

齐宣王问曰:"齐桓、晋文之事,可得闻乎?"孟子对曰:"仲尼之徒无道桓、文之事者,是以后世无传焉,臣未之闻也。无以,则王乎?"曰:"德何如则可以王矣?"曰:"保民而王,莫之能御也。"曰:"若寡人者,可以保民乎哉?"曰:"可。"曰:"何由知吾可也?"曰:"臣闻之胡龁曰:王坐于堂上,有牵牛而过堂下者,王见之,曰:'牛何之?'对曰:'将以衅钟。'王曰:'舍之!吾不忍其觳觫,若无罪而就死地。'对曰:'然则废衅钟与?'曰:'何可废也?

以羊易之。'——不识有诸?"曰:"有之。"曰:"是心足以王矣。百姓皆以王为爱也,臣固知王之不忍也。"王曰:"然。诚有百姓者。齐国虽褊小,吾何爱一牛?即不忍其觳觫,若无罪而就死地,故以羊易之也。"曰:"王无异于百姓之以王为爱也,以小易大,彼恶知之?王若隐其无罪而就死地,则牛羊何择焉?"王笑曰:"是诚何心哉?我非爱其财,而易之以羊也。宜乎百姓之谓我爱也。"曰:"无伤也。是乃仁术也,见牛未见羊也。君子之于禽兽也,见其生,不忍见其死;闻其声,不忍食其肉。是以君子远庖厨也。"

王说,曰:"《诗》云:'他人有心,予忖度之。'夫子之谓也。夫我乃行之,反而求之,不得吾心。夫子言之,于我心有戚戚焉,此心之所以合于王者,何也?"曰:"有复于王者曰:'吾力足以举百钧',而不足以举一羽;明足以察秋毫之末,而不见舆薪。则王许之乎?"曰:"否。""今恩足以及禽兽,而功不至于百姓者,独何与?然则一羽之不举,为不用力焉;舆薪之不见,为不用明焉;百姓之不见保,为不用恩焉。故王之不王,不为也,非不能也。"曰:"不为者与不能者之形何以异?"曰:"挟太山以超北海,语人曰:'我不能。'是诚不能也。为长者折枝,语人曰:'我不能。'是不为也,非不能也。故王之不王,非挟太山以超北海之类也;王之不王,是折枝之类也。老吾老,以及人之老;幼吾幼,以及人之幼。天下可运于掌。《诗》云:'刑于寡妻,至于兄弟,以御于家邦。'言举斯心加诸彼而已。故推恩足以保四海,不推恩无以保妻子。古之人所以大过人者,无他焉,善推其所为而已矣。今恩足以及禽兽,而功不至于百姓者,独何与?权,然后知轻重;度,然后知长短。物皆然,心为甚。王请度之!"

"抑王兴甲兵,危士臣,构怨于诸侯,然后快于心与?"王曰:"否。吾何快于是?将以求吾所大欲也!"曰:"王之所大欲,可得闻与?"王笑而不言。曰:"为肥甘不足于口与?轻暖不足于体与?抑为采色不足视于目与?声音不足听于耳与?便嬖不足使令于前与?王之诸臣皆足以供之,而王岂为是哉?"曰:"否。吾不为是也。"曰:"然则王之所大欲可知已。欲辟土地,朝秦、楚,莅中国而抚四夷也。以若所为求若所欲,犹缘木而求鱼也。"王曰:"若是其甚与?"曰:"殆有甚焉。缘木求鱼,虽不得鱼,无后灾。以若所为求若所欲,尽心力而为之,后必有灾。"曰:"可得闻与?"曰:"邹人与楚人战,则王以为孰胜?"曰:"楚人胜。"曰:"然则小固不可以敌大,寡固不可以敌众,弱固不可以敌强。海内之地方千里者九,齐集有其一。以一服八,何以异于邹敌楚哉?盖亦反其本矣。今王发政施仁,使天下仕者皆欲立于王之朝,耕者皆欲耕于王之野,商贾皆欲藏于王之市,行旅皆欲出于王之

途,天下之欲疾其君者皆欲赴愬于王,其若是,孰能御之?"

王曰:"吾惛,不能进于是矣。愿夫子辅吾志,明以教我。我虽不敏,请尝试之。"曰:"无恒产而有恒心者,惟士为能。若民,则无恒产,因无恒心。苟无恒心,放辟邪侈,无不为已。及陷于罪,然后从而刑之,是罔民也。焉有仁人在位罔民而可为也?是故明君制民之产,必使仰足以事父母,俯足以畜妻子,乐岁终身饱,凶年免于死亡。然后驱而之善,故民之从之也轻。今也制民之产,仰不足以事父母,俯不足以畜妻子,乐岁终身苦,凶年不免于死亡。此惟救死而恐不赡,奚暇治礼义哉?王欲行之,则盍反其本矣!五亩之宅,树之以桑,五十者可以衣帛矣。鸡豚狗彘之畜,无失其时,七十者可以食肉矣。百亩之田,勿夺其时,八口之家可以无饥矣。谨庠序之教,申之以孝悌之义,颁白者不负戴于道路矣。老者衣帛食肉,黎民不饥不寒,然而不王者,未之有也。"

【译文】

孟子晋见梁惠王。惠王说:"老头儿,您不辞千里长途的辛劳而来,是不是将给我国带来利益呢?"孟子答道:"王呀,为什么定要说利呢?只要有仁义就行了。如果王只是说'怎样才有利于我的国家呢'?大夫也说'怎样才有利于我的封地呢'?那一般士子和老百姓也都会说'怎样才有利于我自己呢?'这样,上上下下都互相追逐私利,国家便危险了。在拥有一万辆兵车的国家里,杀掉它的国君的,一定是拥有一千辆兵车的大夫;在拥有一千辆兵车的国家里,一定是拥有一百辆兵车的大夫。在一万辆里头,他就拥有一千辆;在一千辆里头,他就拥有一百辆,这些大夫的产业不能不说是很多的了。但如果他轻公义,重私利,那不把国君的一切都夺去,他是不会满足的。从没有讲'仁'的人遗弃父母的,也没有讲'义'的人怠慢君上的。王只要讲仁义就可以了,为什么一定要说'利'呢?"

孟子晋见梁惠王。王站在池塘边,一边欣赏着鸟兽,一边说道:"有德行的人也享受这种快乐吗?"孟子答道:"只有有德行的人才能体会到这种快乐,没有德行的人纵然有这一切,也没法享受。怎么这样说呢?我拿周文王和夏桀的史实作例子来说明吧。《诗经·大雅·灵台篇》中写道:'开始筑灵台,经营又经营。大家齐努力,很快就完成。王说不要急,百姓更卖力。王到鹿宛中,母鹿正安逸。母鹿亮又肥,白鸟羽毛洁。王到灵沼上,满池鱼跳跃。'周文王虽然用了百姓的力量来筑高台挖深池,可是百姓高兴这样做,他们管这台叫作'灵台',管这池叫作'灵沼',还高兴那里有许多麋鹿和鱼鳖。古时候的圣君

周代驹尊,陕西省郿县出土。

贤王因为能与老百姓一同快乐,所以能得到真正的快乐。(夏桀却恰恰相反,百姓诅咒他死,他却自比太阳,说道,太阳什么时候消灭,我才什么时候死亡。)《汤誓》中便记载着老百姓的怨歌:'太阳呀,你什么时候灭亡呢? 我宁肯和你一道去死!' 老百姓恨不得与他同归于尽,纵然有高台深池,奇禽异兽,他又怎么能够独自享受呢?"

梁惠王(对孟子)说:"我对于国家,可算是操心到家了。河内地方遭了灾,我便把那里的一些百姓迁到河东,还把河东的一些粮食运到河内。河东遭了灾也这样对待。考察邻国的政治,没有一个国家能像我这样替百姓打算的。尽管这样,邻国的百姓并不减少,我的百姓并不增多,这是为什么呢?"孟子答道:"王喜欢战争,就请让我用战争来打个比喻吧。战鼓咚咚一响,枪尖刀锋一接触,就扔掉盔甲拖着兵器逃跑。有的一口气跑了一百步停住脚,有的一口气跑了五十步停住脚。那些跑了五十步的战士竟耻笑跑了一百步的战士(说他太胆小),这怎么样?"王说:"这不行,他只不过没跑到一百步罢了,但他也逃跑了呀。"

孟子说:"王如果懂得这个道理,就不要指望老百姓比邻国多了。如果在农忙时,不去(征兵征工,)妨碍耕作,那粮食便会吃不完了。如果密网不拿到大池去捕鱼,那鱼鳖也就吃不完了。如果砍伐树木有一定的时间,木材也就用不尽了。粮食和鱼鳖吃不完,木

材用不尽,这样就使老百姓对生老病死没有什么不满了。老百姓对生老病死没有什么不满,这就是王道的开端呀。在五亩大小的庭院里栽植桑树,五十岁以上的人就能够穿上丝棉袄了。鸡和猪狗的饲养,都能按时按量,七十岁以上的人都可以吃上肉了。一家人百亩的耕地,不要让他们失去耕种收割的时机,一家几口人就可以吃得饱饱的了。好好地办些学校,反复地用孝顺父母敬爱兄长的大道理教育他们,那么,须发斑白的老人也就用不着背负头顶着重物奔波于道路上了。七十岁以上的人有丝棉袄穿,有肉吃,平民百姓不受冻饿,这样还不能使天下归服的,是绝不会有的事。(可是现在富贵人家的)猪狗吃掉了老百姓的粮食,却不晓得去检查和制止;道路上有饿死的人,也没想到要打开仓库来赈济。老百姓死了,就说'不怪我呀,怪年成不好。'这种说法和拿刀子杀了人,却说'不怪我呀,怪兵器吧'有什么不同呢? 王假如不去怪罪年成,(而切切实实地去改革政治,)这样,天下的百姓都会来投奔了。"

战国时期农耕图,选自元王祯《农书》。

梁惠王(对孟子)说:"我很高兴得到您的教诲。"孟子答道:"杀人用棍子与用刀子,有什么不同吗?"王说:"没有什么不同。""用刀子与用政治(杀人),有什么不同吗?"王说:"也没有什么不同。"孟子又说:"厨房里有肥肥的肉,马栏里有健壮的马,老百姓却面

色菜黄,郊野外也横着饿死的尸体,这等于(居上位的人)率领禽兽来吃人。兽类自相残杀,人尚且厌恶它;作为老百姓的父母官来主持政治,还不免率领禽兽来吃人,这又怎么配做老百姓的父母官呢?孔子曾说:'最开始制作木偶土偶用来殉葬的人,该会断子绝孙吧!'这是因为木偶土偶很像人形,却用来殉葬。(用土偶木偶殉葬,尚且不可,)又怎么能让老百姓活活饿死呢?"

梁惠王(对孟子)说:"魏国的强大,天下没有比得上的,这您是知道的。但到了我这时候,东边先败在齐国手里,连大儿子都死了;西边又被迫割了七百里土地给秦国;南边又被楚国所羞辱(被夺去了八个城池)。我觉得这实在是奇耻大辱,希望为死难者报仇雪恨,您说要怎样办才行呢?"孟子答道:"只要纵横各一百里的小国就可以行仁政使天下归服,(何况像魏国这样的大国呢?)您如果向百姓施行仁政,减免刑罚,减轻赋税,使百姓能够深耕细作,早除秽草;让年轻人在闲暇时间能讲求孝顺父母、敬爱兄长、为人忠心、诚实守信的德行,并用来在家里侍奉父兄,在朝廷服事上级,这样,就是造些木棒也足以抗击披坚执锐的秦楚大军。那秦国楚国(却相反),侵占了老百姓的生产时间,使他们不能耕种来养活父母,于是父母受冻挨饿,兄弟妻儿东逃西散。那秦王楚王使他们的百姓陷在痛苦的深渊里,您去讨伐他们,那还有谁来与您为敌呢?老话讲得好:'仁德的人无敌于天下。'您不要疑虑了吧!"

孟子谒见了梁襄王,出来以后,告诉别人说:"远远望去,不像个国君的样子;走过去,也看不出一点威严。他开口就问道:'天下要如何安定?'我答道:'天下统一,就会安定。'他又问:'谁能统一天下?'我又答:'不好杀人的国君,就能统一天下。'他又问:'那有谁来跟随他呢?'我又答:'天下的人没有不跟随他的。您熟悉禾苗吗?七八月间天旱,禾苗就枯槁了。这时,一团浓浓的乌云出现,哗啦哗啦地下起大雨来,禾苗又苗壮茂盛地生长起来。这样的话,谁能阻挡得住呢?当今各国的君王,没有一个不好杀人的。如有一位不好杀人的,那么,天下的老百姓都会伸长着脖子来盼望他了。真的这样,百姓的归附他跟随他,就好像水向下奔流一般,汹涌澎湃,谁能阻挡?'"

齐宣王问孟子道:"齐桓公、晋文公的事迹,您可以讲给我听吗?"孟子答道:"孔子的门徒们没有谈到齐桓公、晋文公的事迹的,所以这些事迹后代也没有流传,我也没听说过。您如果定要我说,就说说'王道'吧!"宣王问道:"要有怎样的道德才能够实行王道呢?"孟子说:"通过安定百姓的生活去实现王道,便没有人能够阻挡。"宣王说:"像我这

样的人,可以使百姓的生活安定吗?"孟子说:"能够。"宣王说:"凭什么晓得我能够呢?"
孟子说:"我听胡龁说:王坐在殿堂上,有人牵着牛从殿下走过,王看见了,便问:'这牛牵
到哪里去?'那人答道:'准备杀它来祭钟。'王便道:'放了它吧! 我实在不忍心看到它那
哆哆嗦嗦的样子,没一点罪过,却被送往屠宰场!'那人便道:'那么,就不祭钟了吗?'王又
道:'怎么可以不祭呢? 用只羊来代替吧!'——有这么回事吗?"宣王说:"有的。"

宰羊,选自《北京民间风俗百图》。

孟子说:"凭这种好心就可以实行王道了。老百姓都以为王是舍不得,我早就知道王
是不忍心呀。"宣王说:"对呀,确实有这样的百姓。齐国虽狭小,我又何至于舍不得一头
牛? 我只是不忍心看到它那哆哆嗦嗦的样子,没一点罪过,却被送进屠宰场,才用羊来替
换它。"孟子说:"百姓说王舍不得,王也不必奇怪。您以小的换取大的,他们怎么会知道
王的心意呢? 如果说可怜它没一点罪过便被送进屠宰场,那么宰牛和宰羊又有什么不同
呢?"宣王笑着说:"这到底是一种什么心理呢? 我确实不是吝惜钱财才去用羊来代替牛。
(您这么一说,)百姓说我舍不得真是理所当然的了。"孟子说:"这也没什么关系。这种
怜悯心正是仁爱呀。因为王只看见了牛的可怜相,却没有看见那只羊。君子对于飞禽走
兽,看见它们活着,便不忍心再看到它们死去;听到它们悲鸣哀号,便不再忍心再吃它们
的肉。君子总是离厨房远远的,就是这个道理。"宣王高兴地说:"有两句诗说:'别人想的
啥,我能猜到它。'您正是这样的。我只是这样做了,再扪心自问(这样做的道理),却想不
出个所以然来。经您老这么一说,我的心便豁然明亮了。但我的这种心思合于王道,又

是为什么呢?"孟子说:"假如有个人向王报告说:'我的臂力能够举起三千斤,却拿不起一根羽毛;我的眼力能把鸟儿秋天生的细毛看得一清二楚,却看不见眼前的一车柴火。'您肯相信这话吗?"宣王说:"不。"

孟子马上接着说:"如今王的好心好意足以使动物沾光,却不能使老百姓得到好处,这是为什么呢?这样看来,一根羽毛都拿不起,只是不肯出力气的缘故;一车子柴火都看不见,只是不肯用眼睛的缘故,老百姓过不上安定的生活,只是不肯施恩的缘故。所以王的不肯实行王道,只是不肯干,不是不能干。"宣王说:"不肯干和不能干在表现上有什么不同呢?"孟子说:"把泰山夹在胳膊底下跳过北海,告诉别人说:'这个我办不到。'这是真的不能。替老年人按摩肢体,告诉别人说:'这个我办不到。'这是不肯干,不是不能干。王的不行仁政不是属于把泰山夹在胳膊底下跳过北海一类,而是属于替老年人按摩肢体一类的。

"尊敬我家里的长辈,并推广到尊敬别人家里的长辈;爱护我家里的儿女,并推广到爱护别人家里的儿女。(如果一切政治措施都由这一原则出发,)治理天下就如同在手心转动小球那般容易了。《诗》上说:'先给妻子做榜样,再推广到兄弟,进而推广到封邑和国家,这就是说把这样的好心意扩大到其他方面就行了。所以由近及远地把恩惠推广开去,便足以安定天下;不这样,甚至连自己的妻子都保护不了。古代的圣贤之所以远远地超越一般人,没有别的法子,只是他们善于推行他们的好行为罢了。如今您的好心好意足以使动物沾光,百姓却得不着好处,这是为什么呢?

"称一称,才晓得轻重;量一量,才知道长短。什么东西都如此,人的心更需要这样。王,您考虑一下吧!

"难道说,动员全国军队,让将士冒着危险去和别国结仇构怨,这样做您心里才痛快吗?"

宣王说:"不,我为什么非要这样做才快活呢?所以这样做,是追求满足我最大的欲望呀。"孟子说:"王的最大欲望是什么呢?我可以听听吗?"宣王笑而不答。孟子便说:"为了肥美的食品不够吗?为了轻暖的衣裳不够穿吗?或者是为了鲜艳的色彩不够看吗?为了美妙的音乐不够听吗?为了献媚的宠臣不够您使唤吗?这些,您的臣下都能尽量供给,您难道是为了这些吗?"宣王说:"不,我不是为了这些。"孟子说:"那么,您的最大欲望可以知道了。您是想要扩张国土,让秦楚等国都来朝纳贡,自己作为天下的盟主,

同时安抚四周围的落后民族，不过，以您这样的行为想满足您这样的欲望，就好像爬到树上去捉鱼一样。"宣王说："像这样严重吗?"孟子说："恐怕比这更严重呢。爬上树去捉鱼，虽然捉不到，却没有灾祸。以您这样的行为去满足您这样的欲望。费尽心思去干，(不但达不到目的)还有灾祸在后头。"

宣王说："(这是什么道理呢?)我可以听听吗?"孟子说："如果邹国和楚国打仗，您以为谁会打胜呢?"宣王说："楚国会胜。"孟子说："这样看来，小国本来就不可与大国为敌，人口少的国家也不可与人口多的国家为敌，弱国不可与强国为敌。现在中国的土地，有九个纵横各一千里那么大，齐国全部土地不过它的九分之一。凭九分之一想叫九分之八归服，这跟邹国与楚国为敌有什么不同呢?(既然这条路根本行不通，那么，)为什么不从根基着手呢?现在王如果能改革政治，施行仁德，便会使天下的士大夫都想到齐国来做官，庄稼汉都想到齐国来种地，行商坐贾都想到齐国来做生意，来往的旅客也都想取道齐国，各国痛恨本国君主的人也都想到您这里来控诉。果然做到这样，又有谁能抵挡得住呢?"宣王说："我头脑昏乱，对您的理想不能再进一层地体会，希望您老人家辅导我达到目的，明明白白地教导我。我虽不聪明，也不妨试它一试。"

孟子说："没有固定的产业而有坚定的信念，只有士人才能够做到。至于一般人，如果没有固定的产业，便也没有坚定的信念。没有坚定的信念，就会胡作非为，违法乱纪，什么事都干得出来。等到他犯了法，然后再处以刑罚，这等于陷害。哪有仁爱的人坐了朝廷却做出陷害老百姓的事呢?所以英明的君主规定人们的产业，一定要使他们上足以赡养父母，下足以抚养妻儿;好年成，丰衣足食;坏年成，也不致饿死。然后再把他们引上善良的道路，老百姓也就很容易地听从了。现在呢，规定人民的产业，上不足以赡养父母，下不足以抚养妻儿;好年成，也是艰难困苦;坏年成，只有死路一条。这样，每个人拯救自己还怕来不及，哪有闲工夫学习礼义呢?

"王如果要施行仁政，为什么不从根基着手呢?每家给他五亩土地建立宅院，四周围遍植桑树，五十岁以上的人就可以穿上丝棉袄了。鸡、狗和猪这类畜牲，都有时间去饲养，七十岁以上的人就可以有肉吃了。一家人给他百亩田地，不去耽误他的农时，八口之家就可以不饿肚子了。办好各级学校，反复地用孝顺父母、敬爱兄长的大道理来开导他们，须发斑白的人就不至于要自己头顶背负着物件在路上行走了。老年人都达到穿棉袄、吃肉食的小康水平，一般人都达到温饱水平，这样还不能使天下归服的，那是从来没

有的事。"

梁惠王下

【原文】

庄暴见孟子,曰:"暴见于王,王语暴以好乐,暴未有以对也。"曰:"好乐何如?"孟子曰:"王之好乐甚,则齐国其庶几乎!"他日,见于王,曰:"王尝语庄子以好乐,有诸?"王变乎色,曰:"寡人非能好先王之乐也,直好世俗之乐耳。"曰:"王之好乐甚,则齐其庶几乎!今之乐犹古之乐也。"曰:"可得闻与?"曰:"独乐乐,与人乐乐,孰乐?"曰:"不若与人。"曰:"与少乐乐,与众乐乐,孰乐?"曰:"不若与众。""臣请为王言乐。今王鼓乐于此,百姓闻王钟鼓之声、管籥之音,举疾首蹙頞而相告曰:'吾王之好鼓乐,夫何使我至于此极也?父子不相见,兄弟妻子离散。'今王田猎于此,百姓闻王车马之音,见羽旄之美,举疾首蹙頞而相告曰:'吾王之好田猎,夫何使我至于此极也?父子不相见,兄弟妻子离散。'此无他,不与民同乐也。今王鼓乐于此,百姓闻王钟鼓之声、管籥之音,举欣欣然有喜色而相告曰:'吾王庶几无疾病与,何以能鼓乐也?'今王田猎于此,百姓闻王车马之音,见羽旄之美,举欣欣然有喜色而相告曰:'吾王庶几无疾病与,何以能田猎也?'此无他,与民同乐也。今王与百姓同乐,则王矣。"

齐宣王问曰:"文王之囿方七十里,有诸?"孟子对曰:"于传有之。"曰:"若是其大乎?"曰:"民犹以为小也。"曰:"寡人之囿方四十里,民犹以为大,何也?"曰:"文王之囿方七十里,刍荛者往焉,雉兔者往焉。与民同之,民以为小,不亦宜乎?臣始至于境,问国之大禁,然后敢入。臣闻郊关之内,有囿方四十里,杀其麋鹿者,如杀人之罪。则是方四十里为阱于国中,民以为大,不亦宜乎?"

齐宣王问曰:"交邻国有道乎?"孟子对曰:"有。惟仁者为能以大事小,是故汤事葛,文王事昆夷。惟智者为能以小事大,故太王事獯鬻,勾践事吴。以大事小者,乐天者也。以小事大者,畏天者也。乐天者保天下,畏天者保其国。《诗》云:'畏天之威,于时保之。'"王曰:"大哉言矣!寡人有疾,寡人好勇。"对曰:"王请无好小勇。夫抚剑疾视,曰:'彼恶敢当我哉!'此匹夫之勇,敌一人者也。王请大之!《诗》云:'王赫斯怒,爰整其旅。

《孟子文翼》书影

以遏徂莒，以笃周祜，以对于天下。'此文王之勇也。文王一怒而安天下之民。《书》曰：'天降下民，作之君，作之师。惟曰其助上帝宠之。四方有罪无罪惟我在。天下曷敢有越厥志？'一人衡行于天下，武王耻之。此武王之勇也，而武王亦一怒而安天下之民。今王亦一怒而安天下之民，民惟恐王之不好勇也。"

齐宣王见孟子于雪宫。王曰："贤者亦有此乐乎？"孟子对曰："有。人不得，则非其上矣。不得而非其上者，非也。为民上而不与民同乐者，亦非也。乐民之乐者，民亦乐其乐。忧民之忧者，民亦忧其忧。乐以天下，忧以天下，然而不王者，未之有也。昔者齐景公问于晏子曰：'吾欲观于转附、朝儛，遵海而南，放于琅邪，吾何修而可以比于先王观也？'晏子对曰：'善哉问也！天子适诸侯曰巡狩，巡狩者，巡所守也。诸侯朝于天子曰述职，述职者，述所职也。无非事者。春省耕而补不足，秋省敛而助不给。夏谚曰：'吾王不游，吾何以休？吾王不豫，吾何以助？'一游一豫，为诸侯度。今也不然：师行而粮食，饥者弗食，劳者弗息。睊睊胥谗，民乃作慝。方命虐民，饮食若流。流连荒亡，为诸侯忧。从流下而忘反，谓之流。从流上而忘反，谓之连。从兽无厌谓之荒。乐酒无厌谓之亡。先王无流连之乐、荒亡之行。惟君所行也。'景公说，大戒于国，出舍于郊。于是始兴发补不足，召大师曰：'为我作君臣相说之乐。'盖《徵招》《角招》是也。其《诗》曰：'畜君何尤？'畜君者，好君也。"

齐宣王问曰："人皆谓我毁明堂，毁诸？已乎？"孟子对曰："夫明堂者，王者之堂也。王欲行王政，则勿毁之矣。"王曰："王政可得闻与？"对曰："昔者文王之治岐也，耕者九一，仕者世禄，关市讥而不征，泽梁无禁，罪人不孥。老而无妻曰鳏，老而无夫曰寡，老而无子曰独，幼而无父曰孤。此四者，天下之穷民而无告者。文王发政施仁，必先斯四者。《诗》云：'哿矣富人，哀此茕独！'"王曰："善哉言乎！"曰："王如善之，则何为不行？"王曰：

1090

“寡人有疾,寡人好货。”对曰:“昔者公刘好货,《诗》云:‘乃积乃仓,乃裹餱粮,于橐于囊,思戢用光。弓矢斯张,干戈戚扬,爰方启行。’故居者有积仓,行者有裹囊也,然后可以爰方启行。王如好货,与百姓同之,于王何有?”王曰:“寡人有疾,寡人好色。”对曰:“昔者太王好色,爱厥妃。《诗》云:‘古公亶父,来朝走马。率西水浒,至于岐下。爰及姜女,聿来胥宇。’当是时也,内无怨女,外无旷夫。王如好色,与百姓同之,于王何有?”

孟子谓齐宣王曰:“王之臣,有托其妻子于其友而之楚游者。比其反也,则冻馁其妻子,则如之何?”王曰:“弃之。”曰:“士师不能治士,则如之何?”王曰:“已之。”曰:“四境之内不治,则如之何?”王顾左右而言他。

孟子见齐宣王,曰:“所谓故国者,非谓有乔木之谓也,有世臣之谓也。王无亲臣矣,昔者所进,今日不知其亡也。”王曰:“吾何以识其不才而舍之?”曰:“国君进贤,如不得已,将使卑逾尊,疏逾戚,可不慎与?左右皆曰贤,未可也。诸大夫皆曰贤,未可也。国人皆曰贤,然后察之;见贤焉,然后用之。左右皆曰不可,勿听。诸大夫皆曰不可,勿听。国人皆曰不可,然后察之;见不可焉,然后去之。左右皆曰可杀,勿听。诸大夫皆曰可杀,勿听。国人皆曰可杀,然后察之;见可杀焉,然后杀之。故曰国人杀之也。如此,然后可以为民父母。”

齐宣王问曰:“汤放桀,武王伐纣,有诸?”孟子对曰:“于传有之。”曰:“臣弑其君,可乎?”曰:“贼仁者谓之‘贼’,贼义者谓之‘残’。残贼之人,谓之‘一夫’。闻诛一夫纣矣,未闻弑君也。”

孟子见齐宣王曰:“为巨室,则必使工师求大木。工师得大木,则王喜,以为能胜其任也。匠人斫而小之,则王怒,以为不胜其任矣。夫人幼而学之,壮而欲行之,王曰‘姑舍女所学而从我’,则何如?今有璞玉于此,虽万镒,必使玉人雕琢之。至于治国家,则曰‘姑舍女所学而从我’,则何以异于教玉人雕琢玉哉?”

齐人伐燕,胜之。宣王问曰:“或谓寡人勿取,或谓寡人取之。以万乘之国伐万乘之国,五旬而举之,人力不至于此。不取,必有天殃,取之,何如?”孟子对曰:“取之而燕民悦,则取之。古之人有行之者,武王是也。取之而燕民不悦,则勿取。古之人有行之者,文王是也。以万乘之国伐万乘之国,箪食壶浆以迎王师,岂有他哉?避水火也。如水益深,如火益热,亦运而已矣。”

齐人伐燕,取之。诸侯将谋救燕。宣王曰:“诸侯多谋伐寡人者,何以待之?”孟子对

曰："臣闻七十里为政于天下者，汤是也。未闻以千里畏人者也。《书》曰：'汤一征，自葛始。'天下信之，东面而征，西夷怨；南面而征，北狄怨，曰：'奚为后我？'民望之，若大旱之望云霓也。归市者不止，耕者不变。诛其君而吊其民，若时雨降，民大悦。《书》曰：'徯我后，后来其苏。'今燕虐其民，王往而征之，民以为将拯己于水火之中也，箪食壶浆，以迎王师。若杀其父兄，系累其子弟，毁其宗庙，迁其重器，如之何其可也？天下固畏齐之强也，今又倍地而不行仁政，是动天下之兵也。王速出令，反其旄倪，止其重器，谋于燕众，置君而后去之，则犹可及止也。"

邹与鲁哄。穆公问曰："吾有司死者三十三人，而民莫之死也。诛之，则不可胜诛；不诛，则疾视其长上之死而不救，如之何则可也？"孟子对曰："凶年饥岁，君之民老弱转乎沟壑，壮者散而之四方者，几千人矣；而君之仓廪实、府库充，有司莫以告，是上慢而残下也。曾子曰：'戒之戒之！出乎尔者，反乎尔者也。'夫民今而后得反之也，君无尤焉！君行仁政，斯民亲其上、死其长矣。"

滕文公问曰："滕，小国也，间于齐、楚。事齐乎？事楚乎？"孟子对曰："是谋非吾所能及也。无已，则有一焉：凿斯池也，筑斯城也，与民守之。效死而民弗去，则是可为也。"

滕文公问曰："齐人将筑薛，吾甚恐。如之何则可？"孟子对曰："昔者大王居邠，狄人侵之。去，之岐山之下居焉，非择而取之，不得已也。苟为善，后世子孙必有王者矣。君子创业垂统，为可继也。若夫成功，则天也。君如彼何哉？强为善而已矣。"

滕文公问曰："滕，小国也。竭力以事大国，则不得免焉，如之何则可？"孟子对曰："昔者大王居邠，狄人侵之。事之以皮币，不得免焉。事之以犬马，不得免焉。事之以珠玉，不得免焉。乃属其耆老而告之曰：'狄人之所欲者，吾土地也。吾闻之也：君子不以其所以养人者害人。二三子何患乎无君？我将去之！'去邠，逾梁山，邑于岐山之下居焉。邠人曰：'仁人也，不可失也。'从之者如归市。或曰：'世守也，非身之所能为也。'效死勿去。君请择于斯二者。"

鲁平公将出，嬖人臧仓者请曰："他日君出，则必命有司所之。今乘舆已驾矣，有司未知所之，敢请！"公曰："将见孟子。"曰："何哉，君所为轻身以先于匹夫者，以为贤乎？礼义由贤者出，而孟子之后丧逾前丧。君无见焉！"公曰："诺。"乐正子入见，曰："君奚为不见孟轲也？"曰："或告寡人曰：'孟子之后丧逾前丧。'是以不往见也。"曰："何哉，君所谓逾者，前以士，后以大夫；前以三鼎，而后以五鼎与？"曰："否。谓棺椁衣衾之美也。"曰：

"非所谓逾也，贫富不同也。"乐正子见孟子，曰："克告于君，君为来见也。嬖人有臧仓者沮君，君是以不果来也。"曰："行，或使之；止，或尼之。行止，非人所能也。吾之不遇鲁侯，天也。臧氏之子焉能使予不遇哉？"

【译文】

（齐国的大臣）庄暴来见孟子，说道："我去朝见王，王告诉我，他爱好音乐，我不知道该怎样回答。"接着又说："爱好音乐，究竟好不好？"孟子说："王如果非常爱好音乐，那齐国便会很不错了。"过了些时，孟子谒见齐王，问道："您曾经告诉庄暴，说您爱好音乐，有这回事吗？"齐王脸红了，不好意思地说："我并不是爱好古代的严肃音乐，只是爱好流行乐曲罢了。"孟子说："只要您非常爱好音乐，那齐国便会很不错了。无论是现代流行音乐，或者古代严肃音乐都是一样的。"齐王说："这道理我可以听听吗？"孟子说："一个人欣赏音乐快乐，与别人一块欣赏音乐也快乐，哪一种更快乐呢？"齐王说："跟别人一起欣赏快乐。"孟子说："跟少数人欣赏音乐固然快乐，跟多数人欣赏音乐也快乐，究竟哪一种更快乐呢？"齐王说："跟多数人一起欣赏更快乐。"

孟子马上说道："请让我为王说说'乐'的道理吧。假使王在这里奏乐，老百姓听到鸣钟击鼓的声音，又听到吹奏箫管的声音，大家都觉得讨厌，皱着眉头互相议论道：'我们国王这样爱好音乐，为什么使我困苦到这步田地呢？父子不能见面，兄弟妻儿东逃西散？'假使王在这里打猎，老百姓听到车马的声音，看到仪仗的华丽，大家都觉得讨厌，皱着眉头议论道：'我们国王这样爱好打猎，为什么使我困苦到这步田地呢？父子不能见面，兄弟妻儿东逃西散？'（为什么老百姓会这样呢？）这没有别的原因，就是因为王只图自己快乐而不与大家一同娱乐的缘故。

"假使王在这里奏乐，老百姓听到鸣钟击鼓的声音，又听到吹奏箫管的声音，全都眉开眼笑地互相告诉：'我们国王大概很健康吧，要不然怎么能够奏乐呢？'假使王在这里打猎，老百姓听到车马的声音，看到仪仗的华丽，全都眉开眼笑地互相告诉：'我们国王大概很健康吧，要不这样，怎么能够打猎呢？'（为什么老百姓会这样呢？）这没有别的原因，只是因为王同百姓一同娱乐罢了。如果王同百姓一同娱乐，就可以使天下归服了。"

齐宣王（问孟子）道："听说周文王有一处狩猎场，纵横各七十里，真有这回事吗？"孟子答道："史书上记载着呢。"宣王说："真有这么大吗？"孟子说："老百姓还嫌小呢。"宣王

说："我的狩猎场纵横只有四十里,老百姓还嫌太大了,这又是为什么呢?"孟子说:"文王的狩猎场纵横各七十里,割草打柴的去,打鸟捕兽的也去,和老百姓一同使用。老百姓以为太小,不是很自然的吗?（而您恰恰相反。）我刚到边界,就打听齐国最严格的禁令,然后才敢入境。我听说首都郊外有一处狩猎场,纵横各四十里,谁要宰了里头的麋鹿,就和犯了杀人罪一样惩治。那么,对老百姓来说,是在国内布置了一个纵横四十里的大陷阱。他们认为太大了,不是应该的吗?"

齐宣王问道:"和邻国打交道有什么原则和方法吗?"孟子答道:"有的。只有仁爱的人才能够以大国的身份服事小国,所以商汤服事葛伯,文王服事昆夷。只有聪明的人才能够以小国的身份服事大国,所以太王服事獯鬻,句践服事夫差。以大国身份服事小国的,是天性快乐的人;以小国身份服事大国的,是谨慎畏惧的人。天性快乐的人足以安定天下,谨慎畏惧的人足以保护自己的国家。《诗》说得好:'害怕上帝有威灵,（因此谨慎又小心,）所以能得到安定。'"宣王说:"这话说得真好! 不过,我有个小毛病,就是喜爱勇武,（恐怕不能够服事别国。)"孟子答道:"那么,王就不是喜爱小勇。有一种人,只会手按着剑柄瞪着眼睛说:'他怎么敢抵挡我呢?'这只是普通人的勇武,只能抵得住一个人。希望王能把它扩大。

"《诗》说:'我王赫然一发怒,整肃军阵如猛虎,阻止侵莒的敌人,增添周室的福禄,报答天下的向往。'这便是文王的勇武。文王一发怒便使天下的人民生活安定。《书》说:'天降生了芸芸众民,也替他们降生了君主,也替他们降生了师傅,这些君主和师傅的唯一责任,就是帮助上帝来爱护人民。因此,四方之大,有罪者和无罪者,都由我负责。普天之下,谁敢超越他的本分（胡作非为）?'当时有一个纣王在世上横行霸道,武王便认为这是奇耻大辱。这便是武王的勇。武王也一发怒而使天下的人民生活安定。如今王若是也一怒而安定天下的人民,那么,人民还生怕王不喜爱勇武呢。"

齐宣王在他的别墅雪宫里接见孟子。宣王问道:"有道德的贤人也有这种快乐吗?"孟子答道:"有的,他们要是得不到这种快乐,就会讲国王的坏话的。得不到快乐就讲国王的坏话,固然不对;作为老百姓的统治者有快乐一人独享而不同老百姓一同享受,也是不对的。把老百姓的快乐当作他自己的快乐的,老百姓也会把他的快乐当作自己的快乐;把老百姓的忧愁当作他自己的忧愁的,老百姓也会把他的忧愁当作自己的忧愁。和天下的人同忧同乐,这样还不能使天下归服于他的,是从来不曾有的事。当年齐景公问

晏子道：'我想到转附山和朝儛山去观光，然后沿着海岸南行，一直到琅琊，我该怎么办才能够和过去的圣王贤君的巡游相比拟呢？'晏子答道：'问得好呀！天子到诸侯的国家去叫作巡狩。巡狩，就是巡视各诸侯所守的疆土的意思。诸侯去朝见天子叫作述职。述职就是报告在他职责内的工作的意思。这一切都是工作。春天巡视耕种情况，对贫穷农户加以补助；秋天考察收获情况，对缺粮农户加以补助。夏朝的谚语说："我王不出来游，我便劳作不休；我王不出来走，我的补助哪有？我王四处亮相，给诸侯树立榜样。如今就不同了：国王仪仗还没动，官吏四处筹粮米。饿汉越发没饭吃，苦力累死难休息。大家切齿又骂娘，铤而走险揭竿起。既违天命又害民。挥霍的粮食如水东流。流连荒亡无节制，诸侯愁得皱眉头！"（流连荒亡是什么意思呢？）顺流而下地游玩，乐而忘返叫作流，溯流而上地游玩，乐而忘返叫作连，无厌倦地打猎叫作荒，不知节制地喝酒叫作亡。过去的圣王贤君都没有这种流连荒亡的行为。（视察工作的出巡和只知自己快乐的流连荒亡，）您从事哪一种，您自己选择吧！'景公听了，大为高兴。先在都城内做好准备，然后驻扎郊外，拿出钱粮，救济穷人。景公又把乐官长叫来，对他说：'给我创作一篇君臣同乐的乐曲！'这篇乐曲就是《徵招角招》，歌词说：'畜君有什么不对呢？'畜君，就是喜爱国君的意思。"

观乐，汉画像石。

齐宣王问道："别人都劝我把明堂毁掉，到底是毁呢，还是不毁？"孟子答道："明堂是

什么呢？是有道德而能统一天下的王者的殿堂。您如果要实行王政，就不要把它给毁了。"王说："实行王政的事，我可以听听吗？"答道："从前周文王治理岐地，对农夫的税率是九分抽一；做官的人可以世代承袭俸禄；在关卡和市场只稽查，不征税；湖泊可以任意捕鱼，没有禁令；罪犯只惩罚他本人，不株连家属。老了没妻子的叫鳏夫，老了没丈夫的叫寡妇，没有儿女的老人叫孤独者，死了父亲的儿童叫孤儿。这四种人是世上最穷苦无依的人。周文王实行仁政，一定最先照顾他们。《诗》说得好：'有钱人生活没困难，可怜那些无依无靠的人吧！'"宣王说："这话说得真好！"孟子说："您如果认为这话好，那为什么不实行呢？"

宣王说："我有个小毛病，我喜爱钱财，（实行王政怕有困难。）"孟子说："从前公刘也喜爱钱财，《诗》说：'粮食堆满仓，用来做干粮，还装满橐囊。百姓安居国威扬。箭上弦，弓开张，梭镖大斧都上场，浩浩荡荡向前方。'留在家里的人都有存粮，行军的人都有干粮，这样才能'浩浩荡荡向前方。'王如果喜爱钱财，能跟老百姓一道，对您实行王政有什么困难呢？"王又说："我有个毛病，我喜爱女人，（实行王政怕有困难。）"孟子答道："从前太王也喜爱女人，十分娇宠他的妃子。《诗》说：'古公亶父清早骑着马，沿着漆水西，来到岐山下。视察民众的住宅，姜女始终伴随着他。'这一时代，既没有老处女，也找不到单身汉。王如果喜爱女人，能跟老百姓一道，对您实行王政有什么困难呢？"

孟子对齐宣王说："您有一个臣子把妻儿托付给朋友照顾，自己游楚国去了。等他回来的时候，他的妻儿却在挨饿受冻。对待这样的朋友，该怎么办呢？"王说："和他绝交。"孟子说："司法长官不能约束他的下级，那该怎么办？"王说："撤他的职！"孟子说："国内治理得不好，那该怎么办？"齐王左右张望，把话题扯到别处去了。

孟子谒见齐宣王，说道："我们所说的'故国'，并不是说那个国家有高大的树木的意思，而是有建有功勋的老臣的意思。您现在没有亲信的臣子了。过去所进用的人到今天想不到都罢免了。"王问："我怎样去识别那些没才能的人从而不用他呢？"孟子答道："国君选拔贤人，如不得已要起用新人，就不得不把卑贱者提拔到尊贵者之上，把疏远的人提拔到亲近者之上，对这种事能不慎重吗？因此，左右亲近的人都说某人好，还不行；各位大夫都说某人好，还不行；全国的人都说某人好，然后去调查；发现他真的不错，然后起用他。左右亲近的人都说某人不好，不要听信；各位大夫都说某人不好，也不要听信；全国的人都说某人不好，然后去调查，发现他真的不好，再罢免他。左右亲近的人都说某人该

杀,不要听信;各位大夫都说某人该杀,也不要听信;全国的人都说某人该杀,然后去调查;发现他真的该杀,再杀他。所以说,他是全国人杀的。只有这样,才能做百姓的父母。"

齐宣王问道:"商汤流放夏桀,周武王讨伐商纣王,有这回事吗?"孟子答道:"史书上有这样的记载。"宣王说:"做臣子的弑他的君主,这是可以的吗?"孟子说:"破坏仁爱的人叫作'贼',破坏道义的人叫作'残'。残贼俱全的人,我们叫他做'一夫',我只听说过武王诛杀了一夫殷纣,没有听说过他是以臣弑君的。"

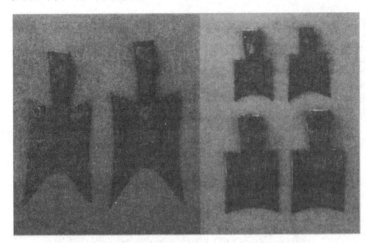

空首布

孟子谒见齐宣王,说:"建筑一所大房子,就一定要派工师去寻找大木料。工师得到了大木料,王就高兴,认为他能够尽到他的责任。如果木工把木料砍小了,王就会发怒,认为他担负不了他的责任。(可见要学好一门手艺是很难的。)有些人,从小学习一门手艺,长大了便想运用实行。可是王却对他说:'暂时放下你所学的,听从我的话吧!'这又怎么行呢? 假如这里有一块没雕琢过的玉石,虽然它非常值钱,也一定要请玉匠来雕琢它。可是一说到治理国家,你却(对政治家)说:'暂时放下你所学的,听从我的话吧!'这跟您要让玉匠按照你的办法雕琢玉石,又有什么两样呢?"

齐国攻打燕国,大胜。齐宣王问道:"有些人劝我不要吞并燕国,也有些人劝我吞并它。(我想:)凭着一个万乘之国去攻打另一个万乘之国,只用五十天便打下来了,光靠人力是做不到的呀,(一定是天意如此。)如果我们不把它吞并,上天会(认为我们违反了他的意旨,因而)降下灾害来。吞并它,怎么样?"孟子答道:"如果吞并它,燕国老百姓很高

兴,便吞并它。古人有这样做的,周武王便是。如果吞并它,燕国老百姓不高兴,就不要
吞并它。古人有这样做的,周文王便是。凭着一个万乘之国去攻打燕国这个万乘之国,
燕国的百姓却用筐盛着饭,用壶盛着酒来欢迎您的军队,难道会有别的意思吗?只不过
想逃开那水深火热的苦日子罢了。如果他们的灾难更深了,那只是统治者由燕转为齐
罢了。"

　　齐国讨伐燕国,占领了它。别的国家在酝酿救助燕国。宣王问道:"许多国家正在酝
酿要攻打我,要怎样对待呢?"孟子答道:"我听说过,有凭着方圆七十里的土地来统一天

商后期玉人,1976 年河南安阳殷墟妇好墓出土

下的,商汤就是,还没听说过拥有方圆一千里的国土而害怕别国的。《书》说过:'商汤征
伐,从葛国开始。'天下的人都很相信他,因此,出征东面,西方国家的百姓便不高兴;出征
南面,北方国家的老百姓便不高兴,都说:'为什么把我们放到后面呢?'人们盼望他,就好
像久旱以后盼望乌云和虹霓一样。(汤征伐时,)做买卖的依然来来往往,种庄稼的照常
埋头耕耘,因为他们知道这支队伍只是来诛杀那暴虐的国君来抚慰那被残害的百姓的,
这正像降了一场及时雨呀,因而十分高兴。《书》又说:'盼望我王,他来了,我们才有活
命!'如今燕国的君主虐待百姓,您去征伐他,那里的百姓认为您是要把他们从水深火热

中拯救出来,因此都提着饭筐和酒壶来欢迎您的军队。而您呢,却杀掉他们的父兄,掳掠他们的子弟,毁坏他们的宗庙祠堂,搬走他们的传世宝器,这怎么可以呢? 天下各国本来就害怕齐国强大,如今它的土地又扩大了一倍,而且还暴虐无道,这自然会引起各国兴兵动武。您赶快发出命令,遣回老老小小的俘虏,停止搬运燕国的宝器,再与燕国的人士商量,择立一位燕王,然后撤军。这样做,要使各国停止兴兵,还是来得及的。"

邹国和鲁国发生了边界纠纷。邹穆公问孟子道:"这一次冲突,我的官员牺牲了三十三个,老百姓却没有一个为他们死难的。杀了他们吧,又杀不了那么多;不杀吧,又十分气愤他们瞪着两眼看着长官被杀却不去救。该怎么办好呢?"孟子答道:"灾荒年岁,您的百姓,年老的弃尸于山沟荒野之中,年轻力壮的便四处逃荒,这样的将近一千了。而您的谷仓里堆满了粮食,库房里装满了财宝。这种情形,您的官员们谁也不来报告,这就是在上位的人不关心老百姓,并且还残害他们。曾子说过:'提高警惕,提高警惕! 你怎样去对待人家,人家将怎样回报你。'现在,您的百姓可得着报复的机会了。您不要责备他们吧! 您如果实行仁政,您的百姓自然就会爱护他们的上级,情愿为他们的长官牺牲了。"

滕文公问道:"滕国是一个弱小的国家,位于齐、楚两大国中间。是服事齐国呢,还是服事楚国呢?"孟子答道:"这个问题不是我的能力所能回答的。如您定要我说,就只有一个主意:把护城河挖深,把城墙筑牢,与百姓来保卫它,宁愿死,也不离去,这样,还是有办法的。"

滕文公问道:"齐国人准备加强薛邑的城池,我很害怕,怎么办才好呢?"孟子答道:"从前太王住在邠地,狄人来侵犯,他便搬迁到岐山下定居。他并不是主动选取了这个地方,完全是出于不得已。要是一个君主能实行仁政,后代子孙也一定会有成为帝王的。有德的君子创立功业,传于子孙,正是为了能代代相传。至于成不成功,自有天命。您奈何得了齐人吗,只有努力实行仁政罢了。"

滕文公问道:"滕是个弱小的国家,尽心竭力地服事大国,仍然难免于祸害,怎么办才好呢?"孟子答道:"从前太王住在邠地,狄人来侵犯他。用皮裘和布帛去笼络,不能幸免;用好狗名马去笼络,不能幸免;用珍珠宝玉去笼络,仍然不能幸免。太王便召集邠地德高望重的老年人,向他们宣布:'狄人所要的,乃是我们的土地。我听说过:有德行的人不让本来用以养人的东西成为祸害。你们何必害怕没有君主呢?(狄人不也可以做你们的君主吗?)我要走了(免得连累你们)。'于是离开邠地,翻过梁山,在岐山之下重新建筑一个

城邑定居下来。邻地的老百姓说：'这是一位有仁德的人呀，我们不能失去他。'追随而去的好像赶集的一样多。也有人说：'这是祖宗传下来叫我们世世代代加以保守的基业，不是我本人能擅自做主把它丢弃的，宁愿死，也不离开。'以上两条道路，您可以在其中选择。"

富豪贵族车骑出行，汉画像石，山东嘉祥宋山

鲁平公准备外出，他所宠幸的小臣臧仓来请示道："平日您外出，一定要告诉管事的人您到哪里去。现在车马都预备好了，管事的人还不知道您要到哪里去，因此我冒昧地来请示。"平公说："我要去拜访孟子。"臧仓说："您轻视了自己的身份而先去拜访一个普通人，究竟是为了什么呢？您以为他是贤德的人吗？礼义应该是由贤者实践的，而孟子办他母亲的丧事的花费大大超过了他以前办父亲丧事的花费，（这是贤德的人所应有的行为吗？）您不要去看他！"平公说："好吧。"

乐正子入宫见平公，问道："您为什么不去看孟轲呀？"平公说："有人告诉我，'孟子办他母亲丧事的花费大大超过了他以前办父亲丧事的花费'，所以不去看他了。"乐正子说："您所说的'超过'是什么意思呢？是指父丧用士礼，母丧用大夫礼吗？是指父丧用三只鼎摆放祭品，而母丧用五只鼎摆放祭品吗？"平公说："不，我指的是棺椁衣衾的精美。"乐正子说："那便不能叫'超过'，只是前后贫富不同罢了。"

乐正子去见孟子，说道："我跟鲁君说了，他刚要来看您，可是有一个被宠幸的小臣名叫臧仓的阻止了他，所以他不来了。"孟子说："一个人要干件事情，是有一种力量在指使他；就是不干，也有一种力量在阻止他。干与不干，不是单凭人力所能做到的。我不能和鲁侯见面，是由于天命。臧家那个小子，他怎么能使我和鲁侯见不上面呢？"

公孙丑上

【原文】

公孙丑问曰："夫子当路于齐，管仲、晏子之功，可复许乎？"孟子曰："子诚齐人也，知管仲、晏子而已矣。或问乎曾西曰：'吾子与子路孰贤？'曾西蹵然曰：'吾先子之所畏也。'曰：'然则吾子与管仲孰贤？'曾西艴然不悦，曰'尔何曾比予于管仲？管仲得君，如彼其专也，行乎国政，如彼其久也，功烈如彼其卑也，尔何曾比予于是？'"曰："管仲，曾西之所不为也，而子为我愿之乎？"曰："管仲以其君霸，晏子以其君显。管仲、晏子犹不足为与？"曰："以齐王，由反手也。"曰："若是，则弟子之惑滋甚。且以文王之德，百年而后崩，犹未洽于天下；武王、周公继之，然后大行。今言王若易然，则文王不足法与？"曰："文王何可当也？由汤至于武丁，贤圣之君六七作。天下归殷久矣，久则难变也。武丁朝诸侯有天下，犹运之掌也。纣之去武丁未久也，其故家遗俗，流风善政，犹有存者；又有微子、微仲、王子比干、箕子、胶鬲——皆贤人也——相与辅相之。故久而后失之也。尺地，莫非其有也，一民，莫非其臣也，然而文王犹方百里起，是以难也。齐人有言曰：'虽有智慧，不如乘势。虽有镃基，不如待时。'今时则易然也。夏后、殷、周之盛，地未有过千里者也，而齐有其地矣；鸡鸣狗吠相闻，而达乎四境，而齐有其民矣。地不改辟矣，民不改聚矣，行仁政而王，莫之能御也。且王者之不作，未有疏于此时者也；民之憔悴于虐政，未有甚于此时者也。饥者易为食，渴者易为饮。孔子曰：'德之流行，速于置邮而传命。'当今之时，万乘之国行仁政，民之悦之，犹解倒悬也。故事半古之人，功必倍之，惟此时为然。"

公孙丑问曰："夫子加齐之卿相，得行道焉，虽由此霸王，不异矣。如此，则动心否乎？"孟子曰："否。我四十不动心。"曰："若是，则夫子过孟贲远矣。"曰："是不难。告子先我不动心。"曰："不动心有道乎？"曰："有。北宫黝之养勇也，不肤挠，不目逃。思以一豪挫于人，若挞之于市朝。不受于褐宽博，亦不受于万乘之君。视刺万乘之君，若刺褐夫。无严诸侯。恶声至，必反之。孟施舍之所养勇也，曰：'视不胜犹胜也。量敌而后进，虑胜而后会，是畏三军者也。舍岂能为必胜哉？能无惧而已矣。'孟施舍似曾子，北宫黝似子夏。夫二子之勇，未知其孰贤，然而孟施舍守约也。昔者曾子谓子襄曰：'子好勇乎？

吾尝闻大勇于夫子矣：自反而不缩，虽褐宽博，吾不惴焉；自反而缩，虽千万人，吾往矣。'孟施舍之守气，又不如曾子之守约也。"曰："敢问夫子之不动心，与告子之不动心，可得闻与？""告子曰：'不得于言，勿求于心。不得于心，勿求于气。'不得于心，勿求于气，可。不得于言，勿求于心，不可。夫志，气之帅也；气，体之充也。夫志至焉；气次焉。故曰：'持其志，无暴其气。'""既曰'志至焉；气次焉'，又曰'持其志，无暴其气'，何也？"曰："志壹则动气，气壹则动志也。今夫蹶者趋者，是气也，而反动其心。"

"敢问夫子恶乎长？"曰："我知言，我善养吾浩然之气。""敢问何谓浩然之气？"曰："难言也。其为气也，至大至刚，以直养而无害，则塞于天地之间。其为气也，配义与道，无是，馁也。是集义所生者，非义袭而取之也。行有不慊于心，则馁矣。我故曰：告子未尝知义，以其外之也。必有事焉而勿正，心勿忘，勿助长也。无若宋人然。宋人有闵其苗之不长而揠之者，芒芒然归，谓其人曰：'今日病矣！予助苗长矣！'其子趋而往视之，苗则槁矣。天下之不助苗长者寡矣。以为无益而舍之者，不耘苗者也。助之长者，揠苗者也，非徒无益，而又害之。""何谓知言？"曰："诐辞知其所蔽，淫辞知其所陷，邪辞知其所离，遁辞知其所穷。生于其心，害于其政；发于其政，害于其事。圣人复起，必从吾言矣。"

"宰我、子贡善为说辞。冉牛、闵子、颜渊善言德行，孔子兼之，曰：'我于辞命，则不能也。'然则夫子既圣矣乎？"曰："恶！是何言也！昔者子贡问于孔子曰：'夫子圣矣乎？'孔子曰：'圣则吾不能，我学不厌而教不倦也。'子贡曰：'学不厌，智也；教不倦，仁也。仁且智，夫子既圣矣乎。'夫圣，孔子不居。是何言也！""昔者窃闻之：子夏、子游、子张皆有圣人之一体；冉牛、闵子、颜渊则具体而微。敢问所安？"曰："姑舍是。"曰："伯夷、伊尹何如？"曰："不同道。非其君不事，非其民不使；治则进，乱则退，伯夷也。何事非君，何使非民；治亦进，乱亦进，伊尹也。可以仕则仕，可以止则止，可以久则久，可以速则速，孔子也。皆古圣人也，吾未能有行焉。乃所愿，则学孔子也。""伯夷、伊尹于孔子，若是班乎？"曰："否。自有生民以来，未有孔子也。""然则有同与？"曰："有。得百里之地而君之，皆能以朝诸侯，有天下；行一不义，杀一不辜，而得天下，皆不为也。是则同。"曰："敢问其所以异。"曰："宰我、子贡、有若，智足以知圣人，污，不至阿其所好。宰我曰：'以予观于夫子，贤于尧、舜远矣。'子贡曰：'见其礼而知其政，闻其乐而知其德，由百世之后，等百世之王，莫之能违也。自生民以来，未有夫子也！'有若曰：'岂惟民哉？麒麟之于走兽，凤凰之于飞鸟，太山之于丘垤，河海之于行潦，类也。圣人之于民，亦类也。出于其类，拔乎其

萃,自生民以来,未有盛于孔子也!'"

孟子曰:"以力假仁者霸,霸必有大国;以德行仁者王,王不待大。汤以七十里,文王以百里。以力服人者,非心服也,力不赡也;以德服人者,中心悦而诚服也,如七十子之服孔子也。《诗》云:'自西自东,自南自北,无思不服。'此之谓也。"

孟子曰:"仁则荣,不仁则辱。今恶辱而居不仁,是犹恶湿而居下也。如恶之,莫如贵德而尊士,贤者在位,能者在职。国家闲暇,及是时,明其政刑,虽大国,必畏之矣。《诗》云:'迨天之未阴雨,彻彼桑土,绸缪牖户。今此下民,或敢侮予。'孔子曰:'为此诗者,其知道乎!能治其国家,谁敢侮之?'今国家闲暇,及是时,般乐怠敖,是自求祸也。祸福无不自己求之者。《诗》云:'永言配命,自求多福。'《太甲》曰:'天作孽,犹可违。自作孽,不可活。'此之谓也。"

孟子曰:"尊贤使能,俊杰在位,则天下之士皆悦,而愿立于其朝矣;市,廛而不征,法而不廛,则天下之商皆悦,而愿藏于其市矣。关,讥而不征,则天下之旅皆悦,而愿出于其路矣。耕者,助而不税,则天下之农皆悦,而愿耕于其野矣;廛,无夫里之布,则天下之民皆悦,而愿为之氓矣。信能行此五者,则邻国之民仰之若父母矣。率其子弟,攻其父母,自有生民以来未有能济者也。如此,则无敌于天下。无敌于天下者,天吏也。然而不王者,未之有也。"

孟子曰:"人皆有不忍人之心。先王有不忍人之心,斯有不忍人之政矣。以不忍人之心,行不忍人之政,治天下可运之掌上。所以谓人皆有不忍人之心者,今人乍见孺子将入于井,皆有怵惕恻隐之心,非所以内交于孺子之父母也,非所以要誉于乡党朋友也,非恶其声而然也。由是观之,无恻隐之心,非人也;无羞恶之心,非人也;无辞让之心,非人也;无是非之心,非人也。恻隐之心,仁之端也;羞恶之心,义之端也;辞让之心,礼之端也;是非之心,智之端也。人之有是四端也,犹其有四体也。

管仲,选自《历代名臣像解》

有是四端而自谓不能者,自贼者也。谓其君不能者,贼其君者也。凡有四端于我者,知皆扩而充之矣,若火之始然、泉之始达。苟能充之,足以保四海;苟不充之,不足以事父母。"

孟子曰:"矢人岂不仁于函人哉?矢人唯恐不伤人,函人唯恐伤人。巫匠亦然。故术不可不慎也。孔子曰:'里仁为美。择不处仁,焉得智?'夫仁,天之尊爵也,人之安宅也。莫之御而不仁,是不智也。不仁、不智、无礼、无义,人役也。人役而耻为役,由弓人而耻为弓,矢人而耻为矢也。如耻之,莫如为仁。仁者如射。射者正己而后发,发而不中,不怨胜己者,反求诸己而已矣。"

孟子曰:"子路,人告之以有过,则喜。禹,闻善言,则拜。大舜有大焉,善与人同,舍己从人,乐取于人以为善。自耕稼、陶、渔以至为帝,无非取于人者。取诸人以为善,是与人为善者也,故君子莫大乎与人为善。"

孟子曰:"伯夷,非其君不事,非其友不友,不立于恶人之朝,不与恶人言。立于恶人之朝,与恶人言,如以朝衣朝冠坐于涂炭。推恶恶之心,思与乡人立,其冠不正,望望然去之,若将浼焉。是故诸侯虽有善其辞命而至者,不受也。不受也者,是亦不屑就已。柳下惠不羞污君,不卑小官,进不隐贤,必以其道;遗佚而不怨,厄穷而不悯,故曰:'尔为尔,我为我。虽袒裼裸裎于我侧,尔焉能浼我哉?'故由由然与之偕而不自失焉,援而止之而止。援而止之而止者,是亦不屑去已。"孟子曰:"伯夷隘,柳下惠不恭。隘与不恭,君子不由也。"

【译文】

公孙丑问道:"您如果在齐国当权,管仲、晏子的功业可以复兴吗?"孟子说:"你真是一个齐国人,就知道管仲、晏子。曾经有人问曾西:'您和子路相比,谁强?'曾西不安地说:'他是我父亲所敬畏的人。'那人又问:'那么,您和管仲相比,谁强?'曾西马上变了脸色,不高兴地说:'你为什么竟把我和管仲相比?管仲得到君上的信赖是那样地专一,掌握国家的权柄是那样地长久,而功绩却那样地卑小。你为什么竟把我和他相比?'"停了一会儿,孟子又说:"管仲是曾西不愿相比的人,而你以为我愿意学他吗?"

公孙丑说:"管仲辅佐桓公使他称霸天下;晏子辅佐景公使他名扬诸侯。管仲、晏子难道还不值得学习吗?"孟子说:"以齐国来统一天下,易如反掌。"公孙丑说:"您这样说,我的疑惑便更深了。像文王那样的德行,而且活了将近一百岁,他推行的德政,还没有周

遍于天下；武王、周公继承了他的事业，然后才大大地推行了王道，（统一了天下。）现在你把统一天下说得那么容易，那么，文王也不值得效法了吗？"孟子说："文王谁又比得上呢？从汤到武丁，贤明的君主有六七起之多，天下的人归服殷朝已经很久了，时间一久便很难变动，武丁使诸侯来朝，把天下治理好，就好像在手掌中运转小球一样。纣王的年代上距武丁并不太久，当时的勋旧世家、善良习俗、先民遗风、仁惠政教还有些存在的，又有微子、微仲、王子比干、箕子、胶鬲——他们都是贤德的人——共同来辅助他，所以经历相当长久的时间才亡了国。当时，没有哪一尺土地不是纣王所有，没有哪一个百姓不归纣王所管，然而文王还是凭着方圆一百里的土地来创立丰功伟业，所以是很困难的。齐国有句俗话：'纵然聪明，还得趁形势；纵有锄头，还得等农时。'以现在的形势要推行王政，就容易了。即便在夏、商、周最兴旺发达的时候，土地也没有超过方圆一千里的，现在齐国却有这么广阔的国土了；鸡鸣狗叫的声音，此起彼伏，处处相闻，一直传到四方边境，齐国有这样众多的人口了。国土不必再开拓了，百姓也不必再增加了，只要实行仁政来统一天下，就没有谁能够阻止得了。而且统一天下的贤明君主不出现的时间，从来没有这样长久过；老百姓被暴虐的政治所折磨，也从来没有这样厉害过。肚子饥饿的人不苟择食物，口舌干枯的人不苟择饮料。孔子说过：'德政的流行，比驿站传达政令还迅速。'现在这个时代，拥有万辆兵车的大国实行仁政，老百姓的高兴，就好像被人倒挂着而被解救了一般。所以，花古人一半的时间和精力，完成相当于他们两倍的伟业，只有当今这个时代。"

公孙丑问道："老师假若做了齐国的卿相，能够实现自己的主张，从此小则可以成霸业，大则可以成王业，那是不足奇怪的。如果遇到这种情况，您是不是（有所恐惧疑惑）而动心呢？"孟子说："不，我从四十岁以后就不再动心了。"公孙丑说："这么看来，老师比孟贲强多了。"孟子说："这个不难，告子能不动心比我还早呢。"

公孙丑说："不动心有方法吗？"孟子说："有。北宫黝的培养勇气：肌肤被刺，毫不颤动；眼睛被戳，眨也不眨。他觉得输给对手一点点，就好像在大庭广众中挨了鞭子抽一样。既不能忍受卑贱的人的侮辱，也不能忍受大国君主的侮辱；他把刺杀大国的君主看成刺杀卑贱的人一样；对各国的君主毫不畏惧，挨了骂，一定回敬。孟施舍的培养勇气又有所不同，他说：'我对待不能战胜的敌人，跟对待足以战胜的敌人一样（无所畏惧）。如果先估量敌人的力量这才前进，先考虑胜败这才交锋，这种人若碰到数量众多的军队一

定会害怕。我又怎能做到每战必胜呢？不过能够无所畏惧罢了。'——孟施舍的养勇像曾子，北宫黝的养勇像子夏。这两个人的勇气，我也不知谁强谁弱，（但从培养方法而论，）孟施舍的比较简单易行。从前曾子对子襄说：'你喜欢勇敢吗？我曾经从孔老师那里听到过关于大勇的理论：扪心自问，自己不占理，对方即便是最下贱的人，我不去恐吓他；扪心自问，自己占了理，即便有千军万马，我也勇往直前。'——孟施舍的养勇只是保持一股无所畏惧的盛气，（曾子却以理的曲直为断，）孟施舍自然又不如曾子这一方法的简单易行。"

晏子，选自《历代名臣像解》

公孙丑说："我冒昧地问问，老师您的不动心和告子的不动心，我可以领教领教吗？"孟子说："告子曾说：'言语上赢不了，就不要找思想帮忙；思想上赢不了，就不要找意气帮忙。'（我认为：）思想上赢不了，就不找意气帮忙，是对的；言语上赢不了，就不去找思想帮忙，是不对的。因为思想意志是意气感情的统帅，意气感情是充满体内的力量。思想意志到了哪里，意气感情也就充溢于那里。所以我说：'要坚定思想意志，也不要滥用思想感情。'"公孙丑说："您既然说'思想意志到了哪里，意气感情也就充溢于那里'，可是您又说：'要坚定思想意志，也不要滥用意气感情。'这是为什么呢？"孟子说："专心致志于某一方面，意气感情也将随之而去；情感专一于某一方面，思想意志也必然受到影响。比如跌倒与奔跑，这主要是体气与意气的投入，但必然影响到思想，引起心的波动。"

公孙丑问道："请问，老师擅长哪一方面？"孟子说："我能透彻了解别人的话语，还善于培养我的浩然之气。""请问，什么叫作浩然之气呢？"孟子说："一下子很难说清楚。这种气呀，最伟大，最坚强。用正义去培养它，一点也不伤害它，就会充满在天地之间。这种气呀，必须与道和义相配合，缺乏它，就没有力量了。这种气是由正义日积月累而产生的，不是一两次行侠仗义就能取得的。只要做一次问心有愧的事，它就疲软了。所以我说，告子是不懂义的，因为他把它看作心外之物。（其实义是心内固有的。）一定要培养它，但不要有特定的目的；时刻记住它，但也不要违背规律地帮助它生长——不要学那个

宋国人的样。宋国有一个担心禾苗生长不快而去把它拔高的人，十分疲倦地回家，对家里人说：'今天累坏了！我帮助禾苗生长了！'他儿子赶快跑去一看，禾苗都枯槁了。其实天下不帮助禾苗生长的人是很少的。以为培养工作没好处而放弃不干的，就是种庄稼不锄草的懒汉；违背规律去帮助它生长的就是拔苗的人。这种助长行为，非但没有益处，反而会伤害它。"

公孙丑问："怎样才算透彻了解别人的话语呢？"孟子答道："说得不全面的话我知道它哪里片面；说得过头的话我知道它哪里有缺陷；不合正道的话我知道它哪里有偏差；躲躲闪闪的话我知道它哪里没道理。这四种话，从思想中产生，必然会在政治上造成危害；如果它由执政的人说出，一定会危害国家的各项事业。如果圣人再出现，也一定赞成我这话的。"公孙丑说："宰我、子贡善于讲话，冉牛、闵子、颜渊善于阐述道德，但是他还说：'我对于辞令，太不擅长。'（而您既透彻了解别人的话语，又善于养浩然之气，言语道德兼而有之，）那么，您已经是位圣人了吗？"孟子说："哎呀！这叫什么话！从前子贡问孔子说：'老师已经是圣人了吗？'孔子说：'圣人，我算不上；我不过学习不知厌倦，教人不嫌疲劳罢了。'子贡便说：'学习不知厌倦，这是智；教人不嫌疲劳，这是仁。既仁且智，老师已经是圣人了。'圣人，孔子都不敢自居，（你却说我是，）这叫什么话呢！"

公孙丑说："从前我曾听说过，子夏、子游、子张都各有孔子的一些长处；冉牛、闵子、颜渊大体近于孔子，却不如他那样博大精深。请问老师，您以他们中的哪一位自居？"孟子说："暂且不谈这个。"公孙丑又问："伯夷和伊尹怎么样？"孟子答道："也不相同。不是他理想的君主，他不去服事；不是他理想的百姓，他不去使唤；天下太平就出来做官，天下昏乱就深居简出，伯夷就是这样的。任何君主都可以去服事，任何百姓都可以去使唤；太平也做官，不太平也做官，伊尹就是这样的。应该做官就做官，应该辞职就辞职，应该继续干就继续干，应该马上走就马上走，孔子就是这样的。他们都是古代的圣人，可惜我都没有做到；至于我所希望的，是学习孔子。"

公孙丑闻："伯夷、伊尹与孔子，能等量齐观吗？"孟子答道："不，自有人类以来，没有比得上孔子的。"公孙丑又问："那么，在这三位圣人中，有相同的地方吗？"孟子答道："有。如果得到方圆一百里的土地，而以他们为君王，他们都能够使诸侯来朝觐，都能够统一天下。如果叫他们做一件不合道义的事，杀一个没有错误的人，从而得到天下，他们也都不会干的。这就是他们三人相同的地方。"

公孙丑说："请问，他们不同的地方又在哪里呢？"孟子说："宰我、子贡、有若三人，他们的聪明才智足以了解圣人，（即使）他们再不好，也不致偏袒他们所爱好的人。（但他们都不约而同地称颂孔子。）宰我说：'以我来看老师，比尧、舜都强多了。'子贡说：'看见一国的礼制，就了解它的政治；听到一国的音乐，就知道它的德教。即使从百代以后去评价百代以来的君王，任何一个君王都不能违离孔子之道。自有人类以来，没有人能够比得上他老人家的。'有若说：'难道仅仅人类有高下的不同吗？麒麟对于走兽，凤凰对于飞鸟，太山对于土堆，河海对于小溪，何尝不是同类？圣人对于百姓，亦是同类，但远远超出了他那一类，大大高出了他那一群。自有人类以来，还没有比孔子更伟大的。'"

孟子说："仗着实力然后假借仁义的名义以号召征伐的，可以称霸诸侯，称霸一定要凭借国力的强大；依靠道德来实行仁义的，可以使天下归服，这样做不必以强大国家为基础——汤就仅仅用他方圆七十里的土地，文王也就仅仅用他方圆百里的土地（实行了仁政，而使人心归服）。仗着实力来使人服从的，人家不会心悦诚服，只是因为他本身的实力不够的缘故；依靠道德来使人服从的，人家才会心悦诚服，就好像七十多位大弟子的归服孔子一样。《诗》说过：'从东从西，从南从北，无不心悦诚服。'正是这个意思。"

孟子说："（诸侯卿相）如果实行仁政，就会得到荣誉；如果不行仁政，就会招致屈辱。如今这些人，害怕受屈辱，却依然自处于不仁之地；这正好比害怕潮湿，却又自处于低洼之地一样。若真害怕受屈辱，最好是崇尚道德而尊敬士人，让贤人居于高位，让能人担任要职。国家既无内忧外患，趁着这时修明政治法典，即便是强大的邻国也一定畏惧它了。《诗》说：'趁雨没下云没起，桑树根上剥些皮，门儿窗儿都修理。下面的人们，谁敢把我欺！'孔子说：'这诗的作者真懂道理呀！能治理好他的国家，谁敢侮辱他？如今国家没有内忧外患，追求享乐，怠惰游玩，这等于自己寻求祸害。祸害和幸福没有不是自己找来的。《诗》说：'我们永远要与天命相配，自己去追求更多的幸福。'《太甲》也说：'天降的灾祸还可以躲避，自作的罪孽，逃也逃不掉。'正是这个意思。"

孟子说："尊重有道德的人，使用有能力的人，杰出的人物都有官位，那么天下的士子都会高兴，都愿意到这个朝廷来谋取一官半职了；在市场，划出空地来储藏货物，却不征收货物税；如果滞销，依法征购，不让它长久积压，那么天下的商人都会高兴，愿意把货物存放在那市场上了；关卡，只稽查而不征税，那么天下的旅客都会高兴，愿意经过那里的道路了；对耕田的人实行井田制，只助耕公田，不再征税，那么天下的农夫都会高兴，愿意

在那里的田野里种庄稼了;人们居住的地方,没有那些额外的雇役钱和地税,那么天下的百姓都会高兴,愿意在那里侨居了。真正能够做到这五项,那么邻近国家的老百姓都会像对待爹娘一样爱戴他了。(如果邻国之君要率领人民来攻打他,便好比)率领儿女去攻打他们的父母,从有人类以来,这种事没有能够成功的,能这样,便会天下无敌。天下无敌的人叫作'天吏'。如此而不能统一天下的,是从来不曾有过的。"

孟子说:"人人都有同情心,先王因为有同情心,于是就有同情别人的政治了。凭着同情心来实行同情别人的政治,治理好天下就像手掌运转一个小球一样容易。我之所以说人人都有同情心,道理就在于:现在忽然看见一个小孩子就要掉到井里去了,每个人都会产生惊骇同情的心情。这种心情的产生,不是为了要和这小孩的爹妈攀交情,不是为了要在乡里朋友间博得声誉,也不是讨厌那小孩的哭声才这样的。从这一点来看,一个人如果没有同情之心,便不算是人;如果没有羞耻之心,便不算是人;如果没有推让之心,便不算是人;如果没有是非之心,便不算是人。同情之心是仁的萌芽,羞耻之心是义的萌芽,推让之心是礼的萌芽,是非之心是智的萌芽。人有这四种萌芽,就好比他有手足四肢一般自然。有这四种萌芽却自己认为不行的人,是自暴自弃的人。认为他的君主不行的人,是残害那君主的人。凡是具有这四种萌芽的人,如果晓得把它们扩充起来,那就会像刚点燃的星星之火,(终成燎原之势;)刚涌出的涓涓之流(终必汇为江河)。真的能够扩充,便足以安定天下;如果不肯扩充,(让它自生自灭,)最终连赡养爹妈都办不到。"

孟子说:"造箭的人难道比造甲的人本性要残忍些吗?(如果不是这样,为什么)造箭的人生怕他的箭不能伤害人,而造甲的人却生怕他的甲不能抵御刀箭而伤人呢?做巫的和做木匠的也是这样。(巫唯恐自己的法术不灵,病人不得痊愈;木匠唯恐病人好了,棺材销不出去。)可见一个人选择谋生之术不能不谨慎。孔子说:'与仁共处是好的。自己不选择与仁共处,怎么能说是聪明呢?'仁,是上天赐与的最尊贵的爵位,是人最安逸的住宅。没有人来阻止你,你却不仁,这是不明智的。不仁、不智、无礼、无义,这种人只能做别人的仆役。作为一个仆役而自以为耻,就好比造弓的人以造弓为耻,造箭的人以造箭为耻一样。如果真以为耻,不如好好地去实践仁义。实行仁义的人好比比赛射箭的人一样:射箭的人先必须端正自己的姿势然后才能开弓;如果没有射中,不能埋怨那些胜过自己的人,只是反过来审查自己哪里没做好罢了。"

孟子说:"子路,别人把他的错误指点给他,他便高兴。禹听到了善言,就给人敬礼。

伟大的舜更是了不得,他对于行善,没有别人和自己的区分,抛弃自己的不是,接受人家的是,非常快乐地吸取别人的优点来自己行善。从他种庄稼,做瓦器、做渔夫一直到做天子,没有一处优点不是从别人那里吸取来的。吸取别人的优点来自己行善,这就是偕同别人一道行善。所以君子最高的德行就是偕同别人一道行善。"

孟子说:"伯夷,不是他理想的君主,不去服事;不是他理想的朋友,不去结交。不站在坏人的朝廷里,不同坏人说话;站在坏人的朝廷里,同坏人说话,就好比穿戴着礼服礼帽坐在稀泥或炭灰之上。把这种厌恶坏人坏事的心情推广开来,他便觉得如果同乡下佬站在一块,那人的帽子没有戴正,便咬

伯夷,选自《历代名臣像解》

牙切齿地离去,好像自己会被弄脏似的。所以当时的各国君主虽然有好言好语来招致他的,但他却不接受。他之所以不接受,就是因为他自己不屑于去接受。柳下惠却不以侍奉坏君为耻,不以自己官职小为卑下;入朝做官,不隐藏自己的才能,但一定要按自己的原则办事;不被起用,也不怨恨;艰难困苦,也不忧愁。所以他说:'你是你,我是我,你纵然赤身露体站在我身边,怎么能玷污我呢?'所以无论什么人他都高兴地相处,而且极其自然,不失常态。牵住他,叫他留住,他就留住。叫他留住就留住,也是因为他用不着离开的缘故。"孟子又说:"伯夷太狭隘,柳下惠太油滑。狭隘和油滑,都是君子所不取的。"

公孙丑下

【原文】

孟子曰:"天时不如地利,地利不如人和。三里之城,七里之郭,环而攻之而不胜。夫环而攻之,必有得天时者矣;然而不胜者,是天时不如地利也。城非不高也,池非不深也,兵革非不坚利也,米粟非不多也;委而去之,是地利不如人和也。故曰:域民不以封疆之

界,固国不以山谿之险,威天下不以兵革之利。得道者多助,失道者寡助。寡助之至,亲戚畔之;多助之至,天下顺之。以天下之所顺,攻亲戚之所畔;故君子有不战,战必胜矣。"

孟子将朝王,王使人来曰:"寡人如就见者也,有寒疾,不可以风。朝,将视朝,不识可使寡人得见乎?"对曰:"不幸而有疾,不能造朝。"明日,出吊于东郭氏。公孙丑曰:"昔者辞以病,今日吊,或者不可乎?"曰:"昔者疾,今日愈,如之何不吊?"王使人问疾,医来。孟仲子对曰:"昔者有王命,有采薪之忧,不能造朝。今病小愈,趋造于朝,我不识能至否乎?"使数人要于路,曰:"请必无归而造于朝!"不得已而之景丑氏宿焉。景子曰:"内则父子,外则君臣,人之大伦也。父子主恩,君臣主敬。丑见王之敬子也,未见所以敬王也。"曰:"恶!是何言也!齐人无以仁义与王言者,岂以仁义为不美也?其心曰'是何足与言仁义也'云尔,则不敬莫大乎是。我非尧、舜之道,不敢以陈于王前,故齐人莫如我敬王也。"景子曰:"否,非此之谓也。礼曰:'父召,无诺;君命召,不俟驾。'固将朝也,闻王命而遂不果,宜与夫礼若不相似然。"曰:"岂谓是与?曾子曰:'晋、楚之富,不可及也。彼以其富,我以吾仁;彼以其爵,我以吾义。吾何慊乎哉?'夫岂不义而曾子言之?是或一道也。天下有达尊三:爵一,齿一,德一。朝廷莫如爵,乡党莫如齿,辅世长民莫如德。恶得有其一以慢其二哉?故将大有为之君,必有所不召之臣,欲有谋焉,则就之。其尊德乐道,不如是,不足有为也。故汤之于伊尹,学焉而后臣之,故不劳而王。桓公之于管仲,学焉而后臣之,故不劳而霸。今天下地丑德齐,莫能相尚,无他,好臣其所教,而不好臣其所受教。汤之于伊尹,桓公之于管仲,则不敢召。管仲且犹不可召,而况不为管仲者乎?"

陈臻问曰:"前日于齐,王馈兼金一百而不受;于宋,馈七十镒而受;于薛,馈五十镒而受。前日之不受是,则今日之受非也;今日之受是,则前日之不受非也:夫子必居一于此矣。"孟子曰:"皆是也。当在宋也,予将有远行。行者必以赆;辞曰:'馈赆。'予何为不受?当在薛也,予有戒心;辞曰:'闻戒,故为兵馈之。'予何为不受?若于齐,则未有处也。无处而馈之,是货之也。焉有君子而可以货取乎?"

孟子之平陆,谓其大夫曰:"子之持戟之士,一日而三失伍,则去之否乎?"曰:"不待三。""然则子之失伍也亦多矣,凶年饥岁,子之民,老羸转于沟壑,壮者散而之四方者,几千人矣。"曰:"此非距心之所得为也。"曰:"今有受人之牛羊而为之牧之者,则必为之求牧与刍矣。求牧与刍而不得,则反诸其人乎?抑亦立而视其死与?"曰:"此则距心之罪也。"他日,见于王曰:"王之为都者,臣知五人焉。知其罪者惟孔距心。"为王诵之。王曰:

"此则寡人之罪也。"

孟子谓蚳鼃曰："子之辞灵丘而请士师，似也，为其可以言也。今既数月矣，未可以言与？"蚳鼃谏于王而不用，致为臣而去。齐人曰："所以为蚳鼃则善矣，所以自为则吾不知也。"公都子以告。曰："吾闻之也：有官守者，不得其职则去；有言责者，不得其言则去。我无官守，我无言责也，则吾进退，岂不绰绰然有馀裕哉？"

孟子为卿于齐，出吊于滕。王使盖大夫王驩为辅行。王驩朝暮见，反齐滕之路，未尝与之言行事也。公孙丑曰："齐卿之位，不为小矣。齐滕之路，不为近矣。反之而未尝与言行事，何也？"曰："夫既或治之，予何言哉？"

孟子自齐葬于鲁。反于齐，止于嬴。充虞请曰："前日不知虞之不肖，使虞敦匠事。严，虞不敢请。今愿窃有请也：木若以美然。"曰："古者棺椁无度。中古，棺七寸，椁称之，自天子达于庶人。非直为观美也，然后尽于人心。不得，不可以为悦；无财，不可以为悦。得之为，有财，古之人皆用之，吾何为独不然？且比化者无使土亲肤，于人心独无恔乎？吾闻之，君子不以天下俭其亲。"

沈同以其私问曰："燕可伐与？"孟子曰："可。子哙不得与人燕，子之不得受燕于子哙。有仕于此，而子悦之，不告于王而私与之吾子之禄爵，夫士也，亦无王命而私受之于子，则可乎？何以异于是？"齐人伐燕。或问曰："劝齐伐燕，有诸？"曰："未也。沈同问'燕可伐与'，吾应之曰'可'。彼然而伐之也。彼如曰：'孰可以伐之？'则将应之曰：'为天吏，则可以伐之。'今有杀人者，或问之曰：'人可杀与？'则将应之曰：'可。'彼如曰：'孰可以杀之？'则将应之曰：'为士师，则可以杀之。'今以燕伐燕，何为劝之哉？"

燕人畔。王曰："吾甚惭于孟子。"陈贾曰："王无患焉。王自以为与周公孰仁且智？"王曰："恶！是何言也！"曰："周公使管叔监殷，管叔以殷畔。知而使之，是不仁也；不知而使之，是不智也。仁智，周公未之尽也，而况于王乎？贾请见而解之。"见孟子，问曰："周公何人也？"曰："古圣人也。"曰："使管叔监殷，管叔以殷畔也，有诸？"曰："然。"曰："周公知其将畔而使之与？"曰："不知也。""然则圣人且有过与？"曰："周公，弟也；管叔，兄也。周公之过，不亦宜乎？且古之君子，过则改之；今之君子，过则顺之。古之君子，其过也，如日月之食，民皆见之，及其更也，民皆仰之；今之君子，岂徒顺之，又从为之辞。"

孟子致为臣而归。王就见孟子，曰："前日愿见而不可得，得侍同朝，甚喜。今又弃寡人而归，不识可以继此而得见乎？"对曰："不敢请耳，固所愿也。"他日，王谓时子曰："我

欲中国而授孟子室，养弟子以万钟，使诸大夫国人皆有所矜式，子盍为我言之！"时子因陈子而以告孟子。陈子以时子之言告孟子。孟子曰："然。夫时子恶知其不可也？如使予欲富，辞十万而受万，是为欲富乎？季孙曰：'异哉子叔疑！使己为政，不用，则亦已矣，又使其子弟为卿。人亦孰不欲富贵？而独于富贵之中有私龙断焉。'古之为市也，以其所有易其所无者，有司者治之耳。有贱丈夫焉，必求龙断而登之，以左右望而罔市利。人皆以为贱，故从而征之。征商自此贱丈夫始矣。"

孟子去齐，宿于昼。有欲为王留行者，坐而言。不应，隐几而卧。客不悦，曰："弟子齐宿而后敢言，夫子卧而不听，请勿复敢见矣。"曰："坐。我明语子。昔者鲁缪公无人乎子思之侧，则不能安子思；泄柳、申详无人乎缪公之侧，则不能安其身。子为长者虑，而不及子思。子绝长者乎？长者绝子乎？"

孟子去齐。尹士语人曰："不识王之不可以为汤武，则是不明也；识其不可，然且至，则是干泽也。千里而见王，不遇故去，三宿而后出昼，是何濡滞也？士则兹不悦。"高子以告。曰："夫尹士恶知予哉？千里而见王，是予所欲也。不遇故去，岂予所欲哉？予不得已也。予三宿而出昼，于予心犹以为速，王庶几改之；王如改诸，则必反予。夫出昼而王不予追也，予然后浩然有归志。予虽然，岂舍王哉？王由足用为善。王如用予，则岂徒齐民安？天下之民举安。王庶几改之！予日望之。予岂若是小丈夫然哉？谏于其君而不受，则怒，悻悻然见于其面，去则穷日之力而后宿哉？"尹士闻之，曰："士诚小人也。"

孟子去齐，充虞路问曰："夫子若有不豫色然。前日虞闻诸夫子曰：'君子不怨天，不尤人。'"曰："彼一时，此一时也。五百年必有王者兴，其间必有名世者。由周而来，七百有馀岁矣。以其数，则过矣；以其时考之，则可矣。夫天未欲平治天下也，如欲平治天下，当今之世，舍我其谁也？吾何为不豫哉？"

孟子去齐，居休。公孙丑问曰："仕而不受禄，古之道乎？"曰："非也。于崇，吾得见王。退而有去志，不欲变，故不受也。继而有师命，不可以请。久于齐，非我志也。"

【译文】

孟子说："天时不如地利，地利不如人和。比如有一座小城，它的每一边只有三里长，外郭每边也只有七里。敌人围攻它，却不能取胜。能够围而攻之，一定得到了合乎天时的战机，然而不能取胜，这就说明得天时不如占地利。（又比如，另一守城者，）城墙不是

不高,护城河不是不深,兵器甲胄不是不锐利坚固,粮食不是不多;(然而敌人一来,)便弃城而逃,这就说明占地利不如得人和。所以我说,限制人民不必用国家的疆界,保护国家不必靠山川的险阻,威慑天下不必凭兵器的锐利。行仁政的人得到的帮助多,不行仁政的人得到的帮助少。帮助的人少到了顶点,连亲戚都背叛他;帮助的人多到了顶点,普天下都顺从他。拿全天下顺从的力量去攻打连亲戚都背叛的人,那么,仁君圣主要么不用战争手段,若用战争手段,就必然胜利。"

孟子准备去朝见齐王,这时王派了个人来传话:"我本应该来看你,但是感冒了,不能吹风。如果你肯来朝,我也将临朝办公,不知道你能让我见上面吗?"孟子答道:"很不幸,我也有病,不能上朝。"第二天,孟子要到东郭大夫家去吊丧。公孙丑说:"昨天托辞有病谢绝王的召见,今天又去吊丧,大概不可以吧?"孟子说:"昨天生了病,今天好了,为什么不去吊丧呢?"

齐王打发人来探病,并且有医生同来。孟仲子对来人说:"昨天王有命令来,他得了小病,不能奉命上朝。今天刚好一点,已经上朝去了,但我不晓得他能走得到不?"接着孟仲子派了好几个人分别在孟子归家的路上去拦截他,说道:"您无论如何不要回去,一定要赶快上朝廷去。"孟子没有办法,只好躲到景丑家去歇宿。

景丑说:"在家庭里有父子,在家庭外有君臣,这是人与人之间最重要的关系。父子之间以慈爱为主,君臣之间以恭敬为主。我只看见王对你很尊敬,却没看见你对王是如何恭敬的。"孟子说:"哎,这算什么话呀!在齐国人中,没有一个拿仁义的道理向王进言的,他们难道以为仁义不好吗?(不是的。)他们心里是这样想的:'这个王哪里值得和他谈仁义呢?'他们对王就是这样的。这才是最大的不尊敬呢。我呢,不是尧舜之道,不敢拿来向王陈述,所以说,在齐国人中间没有谁有我这么恭敬王的。"景丑说:"不,我指的不是这个。礼经上说过,父亲召唤,'唯'一声就起身,不说'诺';君主召唤,不等车马驾好就先走。你呢,本来准备朝见王,一听到王召见你,反而不去了。这似乎和礼经上所说的有点不相合吧。"

孟子说:"原来你说的是这个呀!曾子说过:'晋国和楚国的财富,我们是赶不上的。但他凭他的财富,我凭我的仁;他凭他的爵位,我凭我的义,我比他又少了什么呢?'这些话如果不合道理,曾子难道肯说吗?大概是有些道理的。天下公认为尊贵的东西有三样:爵位是一个,年龄是一个,道德是一个。在朝廷中,先论爵位;在乡党中,先论年龄;至于辅助君主统治百姓自然以道德为上。他怎么能凭着爵位来侮慢我的年龄和道德呢？所以大有作为的君主一定有他不能召唤的臣子；如有什么事要商量，就亲自到臣那儿去。他要尊尚道德，乐行仁政；不这样做，便不足与他一道干事业了。因此，商汤对于伊尹，先向他学习，然后以他为臣，所以不大费力气便统一了天下；桓公对于管仲，也是先向他学习，然后以他为臣，所以不大费力气而称霸于诸侯。当今天下各大国土地大小相当，行为作风也不相上下，谁也不能超过谁，这没有别的缘故，只是因为这些国家的君主喜欢以听从他的话的人为臣，却不喜欢以能够教导他的人为臣。商汤对于伊尹，桓公对于管仲，就不敢召唤。管仲还不可以召唤，何况不屑于做管仲的人呢？"

陈臻问道："过去在齐国，齐王送您上等金一百镒，您不接受；后来在宋国，宋君送您七十镒，您受了；在薛，田家送您五十镒，您也受了。如果过去的不接受是正确的，那今天的接受便错了；如果今天的接受是正确的，那过去的不接受便错了。二者之中，老师一定有一个错误。"孟子说："都是正确的。当在宋国的时候，我准备远行，对远行的人一定要送些盘费，因此他说：'送上一点盘费吧'。我为什么不受？当在薛的时候，我听说路上有危险，须要戒备，因此他说：'听说您须要戒备，送点钱给您买兵器吧。'我为什么不受？至于在齐国，就没有什么理由。没有什么理由却要送我一些钱，这实际上是用金钱收买我。哪里有正人君子能够用金钱来收买的呢？"

孟子到了平陆，对当地长官孔距心说："如果你的战士一天三次掉队，你开除他吗？"答道："用不着三次，（我就开除他了。）"孟子说："那么，你自己掉队的地方也很多了。灾荒年成，你的百姓，年老体弱抛尸露骨于山沟中的，年轻力壮盲流到四方的，几近一千人了。"答道："这种事情不是我的力量所能做到的。"孟子说："比如有人接受别人的牛羊而替人放牧，那一定要替牛羊寻找牧场和草料了。如果找不到牧场和草料，是把牛羊退还原主呢，还是站在那儿看着它们一个个死掉呢？"答道："这就是距心的罪过了。"过了些时，孟子朝见齐王，说："王的地方长官，我认识了五位。明白自己的罪过的，只有孔距心一个人。"于是把前一晌的问答复述了一遍。王说："这个也是我的罪过呢！"

孟子对蚔蛙说："你辞去灵丘县长，却要做治狱官，似乎很有道理，因为可以向王进言。现在，你已上任几个月了，还不能向王进言吗？"蚔蛙向王进谏而不被采纳，因此辞职而去。齐国有人便说："孟子替蚔蛙考虑的主意是不错的；但是他怎样替自己考虑，那我还不知道。"公都子把这话转告孟子。孟子说："我听说过：有固定职位的，不能尽到他的

职责,便可以离去;有进言的责任的,如果进谏不被采纳,也可以离去。我既没有固定的职位,也没有进言的责任,那么我的行动,不是宽松得有很大的回旋余地吗?"

孟子在齐国做卿,奉命到滕国去吊丧,齐王还派盖邑的县长王驩做副使同行。王驩同孟子朝夕相处,来回于齐滕两国的旅途,孟子却没和他一起谈过公事。公孙丑说:"齐国卿的官位,也不算小了;齐滕间的路程,也不算短了;但来回一趟,却没和王驩谈过一回公事,这是为什么呢?"孟子答道:"他既然独断专行,我还说什么呢?"

金棺银椁

孟子从齐国运送母亲的遗体到鲁国埋葬后返回齐国,到了嬴县,停了下来。充虞恭敬地问道:"承您看得起我,让我总管棺椁的制造工作。当时大家都很忙,我便不敢请教。今天才来请教:棺木似乎太好了。"孟子答道:"上古对于棺椁的尺寸,没有一定的规矩;到了中古,才规定棺厚七寸,椁的厚度与棺相称。从天子一直到老百姓,讲究棺椁,不单单为了美观,而是要这样,才算尽了孝子之心。被法度限制,不能用上等木料,当然不称心;没有财力,买不起上等木料,还是不称心。有用上等木料的地位,又有用上等木料的财力,古人又都这样做了,我为什么单单不这样做呢?而且,只是为了不使死者的遗体挨着泥土,对孝子来说,难道就称心快意了吗?我听说过:在任何情况下,都不应当在父母身上去省钱。"

沈同凭着他与孟子的私交问道:"燕国可以讨伐吗?"孟子答道:"可以,燕王子哙不可以任意把燕国让给别人;相国子之也不可以随便从子哙那里接受燕国。比如有个士人,

你很喜欢他，便不跟王说一声就把你的俸禄官位都送给他；他呢，也没得到王的任命就从你那里接受了俸禄官位，这样可以吗？——子哙子之私相授受的事和这个例子又有什么不同呢？"

齐国讨伐了燕国。有人问孟子道："你曾经劝齐国伐燕国，有这回事吗？"孟子答道："没有，沈同曾凭着私交问我，说'燕国可以讨伐吗？'我答应道：'可以。'他们就这样去打燕国了。他如果再问：'谁可以去讨伐它？'那我便会说：'是天吏，才有资格去讨伐。'比如这里有一个杀人犯，有人问道：'这犯人该杀吗？'那我会说：'该杀。'如果他再问：'谁可以杀他？'那我就会回答：'只有执法官才可以去杀他'。如今却是'燕国第二'去讨伐燕国，我为什么去劝他呢？"

燕国人叛乱，反抗齐国的占领。齐王说："我对于孟子感到非常惭愧。"陈贾说："王不要难过。王自己想想，您和周公比，谁更仁更智呢？"齐王说："哎！这算什么话呀！（我怎敢和周公相比？）"陈贾说："周公让管叔监督殷国遗民，管叔却率领他们叛乱；如果这一点周公早就预料到了，却仍派管叔去监督，那便是他不仁；如果周公未能预见到，那便是他不智。仁和智，连周公都没有完全做到，何况您呢？我请求您让我去见见孟子，以便解释解释。"

陈贾来见孟子，问道："周公是怎样的人？"答道："古代的圣人。"陈贾说："他让管叔来监督殷朝遗民，管叔却率领他们叛乱，有这回事吗？"答道："有的。"问道："周公是早晓得他会叛乱，还要派他去的吗？"答道："这是周公没有料到的。"陈贾说："这样说来，圣人也会有过错吗？"孟子答道："周公是弟弟，管叔是哥哥，（难道弟弟会疑心哥哥吗？）周公的这种错误，难道不也是合乎情理的吗？而且，古代的君子，有了错误，随时改正；今天的君子，有了错误，仍将错就错。古代的君子，他的过错，就像日食月食一般，老百姓人人都看得到；当他改正时，人人都抬头望着。今天的君子，又何止是将错就错，他还要编造一番大道理来掩饰。"

孟子辞去官职准备回老家，齐王到孟子家中相见，说："过去想见到您而不可能；后来能够同朝共事，我真高兴；现在您又将抛弃我回家乡去，不晓得我们今后还可以相见不？"答道："这个，我只是不敢请求罢了，本来是很希望的。"

过了几天，齐王对时子说："我想在临淄城中给孟子一幢房屋，用万钟之粟来养着他的学生，使各位大夫和百姓都有个榜样。你何不替我去向孟子谈谈！"

时子便托陈臻把齐王的话转告孟子;陈臻也就把时子的话告诉了孟子。孟子说:"那时子哪晓得这事是做不得的呢?假使我想发财,辞去十万钟的俸禄来接受这一万钟的赠予,有这种发财法吗?季孙说过:'奇怪呀子叔疑!自己要做官,别人不用,也就算了,却还要让他的儿子兄弟来做卿大夫。谁不想升官发财,而他却想把升官发财的事都垄断起来。'(什么叫'垄断'呢?)古代做买卖,都是以货易货的,有关部门只是管理管理罢了。却有那么个卑鄙的汉子,一定要找一个高坡登上去,左边望望,右边望望,巴不得把所有买卖的好处由他一口独吞。别人都觉得这家伙卑劣,因此征他的税。向商人征税就由此开始了。"

周公,选自《历代名臣像解》

孟子离开齐国,在昼县过夜。有一位想替齐王挽留孟子的人恭敬地坐着同孟子说话,孟子却不愿理睬,伏在靠几上打瞌睡。那人很不高兴地说:"为了同您说话,我昨天就整洁身心,想不到您竟打瞌睡,不听我说,以后再也不敢同您相见了。"(说着,起身要走。)孟子说:"坐下来!让我明白地告诉你。过去,(鲁缪公是如何对待贤者的呢?)他如果没有人在子思身边,就不能使子思安心;如果泄柳、申详没有人在鲁缪公身边,也就不能使自己安心。你替我这个老人考虑一下,却没想到子思在鲁缪公那里享有多高规格的待遇;(你不去劝齐王改变态度,却用空话留我,)那么,是你对我做得绝呢,还是我对你做得绝?"

孟子离开了齐国,尹士对别人说:"不晓得齐王不能够做商汤、周武,那便是孟子的糊涂;晓得他不行,然而还要来,那便是他贪求富贵。老远地跑来,不相融洽而走,在昼县歇了三夜才离开,为什么这样慢腾腾地呢?我很不喜欢这种情形。"

高子便把这话告诉给孟子。孟子说:"那尹士哪能了解我呢?大老远地来和齐王见面,是我的希望;不相融洽而走,难道也是我所希望的吗?我只是不得已罢了。我在昼县歇了三晚才离去,但我心里还是以为太快了,我总是希望王或许会改变态度的;王如果改

变态度，那一定会召我返回。我出了昼县，王还没有追回我，我才铁定了回乡的念头。即便这样，我难道肯抛弃王吗？王也还可以行仁政；王如果用我，又何止齐国的百姓得到太平，天下的百姓都将得到太平。王或许会改变态度的！我天天盼啊盼啊！我难道非要像这种小家子气的人一样；向王进谏，王不接受，便大发脾气，满脸不高兴；一旦离开，就非得走得筋疲力尽，不到太阳落山不肯落脚吗？"

尹士听了这话后说："我真是个小人。"

孟子离开齐国，在路上，充虞问道："您的脸色看上去不太快活似的。可以前我听您讲过，'君子不抱怨天，不责怪人。'"孟子说："那是一个时候，现在又是一个时候，（情况不同了。从历史上看来，）每过五百年一定有位圣君兴起，这期间还会有命世之才脱颖而出。从周武王以来，到现在已经七百多年了。论年数，已过了五百，论时势，也该是圣君贤臣出来的时候了。上苍大概不想让天下太平了吧；如果要让天下太平，当今这个时代，除了我，又有谁呢！我为什么不快活呢？"

孟子离开齐国。居于休地。公孙丑问道："做官却不受俸禄，合乎古道吗？"孟子说："不，在崇，我见到了齐王，回来便有离开的意思；不想改变，所以不接受俸禄。不久，齐国有战事，不可以申请离开。然而长久地淹留在齐国，并不是我的心愿。"

滕文公上

【原文】

滕文公为世子，将之楚，过宋而见孟子。孟子道性善，言必称尧、舜。世子自楚反，复见孟子。孟子曰："世子疑吾言乎？夫道一而已矣。成覸谓齐景公曰：'彼，丈夫也；我，丈夫也，吾何畏彼哉？'颜渊曰：'舜，何人也？予，何人也？有为者亦若是！'公明仪曰：'文王，我师也。周公岂欺我哉？'今滕，绝长补短，将五十里也，犹可以为善国。《书》曰：'若药不瞑眩，厥疾不瘳。'"

滕定公薨。世子谓然友曰："昔者孟子尝与我言于宋，于心终不忘。今也不幸至于大故，吾欲使子问于孟子，然后行事。"然友之邹，问于孟子。孟子曰："不亦善乎！亲丧，固所自尽也。曾子曰：'生，事之以礼；死，葬之以礼，祭之以礼：可谓孝矣。'诸侯之礼，吾未

之学也。虽然，吾尝闻之矣。三年之丧，齐疏之服，饘粥之食，自天子达于庶人，三代共之。”然友反命，定为三年之丧。父兄百官皆不欲，曰：“吾宗国鲁先君莫之行，吾先君亦莫之行也，至于子之身而反之，不可。且《志》曰：‘丧祭从先祖。’”曰：“吾有所受之也。”谓然友曰：“吾他日未尝学问，好驰马试剑。今也父兄百官不我足也，恐其不能尽于大事，子为我问孟子。”然友复之邹问孟子。孟子曰：“然，不可以他求者也。孔子曰：‘君薨，听于冢宰，歠粥，面深墨，即位而哭，百官有司莫敢不哀，先之也。’上有好者，下必有甚焉者矣。君子之德，风也；小人之德，草也。草尚之风，必偃。是在世子。”然友反命，世子曰：“然，是诚在我。”五月居庐，未有命戒。百官族人可，谓曰知。及至葬，四方来观之，颜色之戚，哭泣之哀，吊者大悦。

滕文公问为国。孟子曰：“民事不可缓也。《诗》云：‘昼尔于茅，宵尔索绹；亟其乘屋，其始播百谷。’民之为道也，有恒产者有恒心，无恒产者无恒心。苟无恒心，放辟邪侈，无不为已。及陷乎罪，然后从而刑之，是罔民也。焉有仁人在位罔民而可为也？是故贤君必恭俭礼下，取于民有制。阳虎曰：‘为富不仁矣，为仁不富矣。’夏后氏五十而贡，殷人七十而助，周人百亩而彻，其实皆什一也。彻者，彻也。助者，藉也。龙子曰：‘治地莫善于助，莫不善于贡。’贡者，校数岁之中以为常。乐岁，粒米狼戾，多取之而不为虐，则寡取之；凶年，粪其田而不足，则必取盈焉。为民父母，使民盻盻然，将终岁勤动，不得以养其父母，又称贷而益之，使老稚转乎沟壑，恶在其为民父母也？夫世禄，滕固行之矣。《诗》云：‘雨我公田，遂及我私。’惟助为有公田，由此观之，虽周亦助也。设为庠序学校以教之。庠者，养也。校者，教也。序者，射也。夏曰校，殷曰序，周曰庠；学则三代共之，皆所以明人伦也。人伦明于上，小民亲于下。有王者起，必来取法，是为王者师也。《诗》云：‘周虽旧邦，其命惟新。’文王之谓也。子力行之，亦以新子之国！”

使毕战问井地。孟子曰：“子之君将行仁政，选择而使子，子必勉之！夫仁政，必自经界始。经界不正，井地不钧，谷禄不平。是故暴君污吏必慢其经界。经界既正，分田制禄可坐而定也。夫滕，壤地褊小，将为君子焉，将为野人焉。无君子，莫治野人；无野人，莫养君子。请野九一而助，国中什一使自赋。卿以下必有圭田，圭田五十亩。馀夫二十五亩。死徙无出乡，乡田同井，出入相友，守望相助，疾病相扶持，则百姓亲睦。方里而井，井九百亩，其中为公田。八家皆私百亩，同养公田，公事毕，然后敢治私事，所以别野人也。此其大略也。若夫润泽之，则在君与子矣。”

有为神农之言者许行，自楚之滕，踵门而告文公曰："远方之人，闻君行仁政，愿受一廛而为氓。"文公与之处。其徒数十人，皆衣褐，捆屦、织席以为食。陈良之徒陈相与其弟辛负耒耜而自宋之滕，曰："闻君行圣人之政，是亦圣人也。愿为圣人氓。"陈相见许行而大悦，尽弃其学而学焉。

陈相见孟子，道许行之言曰："滕君则诚贤君也。虽然，未闻道也。贤者与民并耕而食，饔飧而治。今也滕有仓廪府库，则是厉民而以自养也，恶得贤？"孟子曰："许子必种粟而后食乎？"曰："然。""许子必织布而后衣乎？"曰："否。许子衣褐。""许子冠乎？"曰："冠。"曰："奚冠？"曰："冠素。"曰："自织之与？"曰："否。以粟易之。"曰："许子奚为不自织？"曰："害于耕。"曰："许子以釜甑爨，以铁耕乎？"曰："然。""自为之与？"曰："否。以粟易之。""以粟易械器者，不为厉陶冶；陶冶亦以其械器易粟者，岂为厉农夫哉？且许子何不为陶冶，舍皆取诸其宫中而用之？何为纷纷然与百工交易？何许子之不惮烦？"曰："百工之事，固不可耕且为也。""然则治天下独可耕且为与？有大人之事，有小人之事。且一人之身，而百工之所为备，如必自为而后用之，是率天下而路也。故曰或劳心，或劳力；劳心者治人，劳力者治于人；治于人者食人，治人者食于人，天下之通义也。"

"当尧之时，天下犹未平。洪水横流，泛滥于天下；草木畅茂，禽兽繁殖，五谷不登；禽兽偪人，兽蹄鸟迹之道交于中国。尧独忧之，举舜而敷治焉。舜使益掌火，益烈山泽而焚之。禽兽逃匿。禹疏九河，瀹济、漯而注诸海；决汝、汉，排淮、泗而注之江。然后中国可得而食也。当是时也，禹八年于外，三过其门而不入，虽欲耕，得乎？后稷教民稼穑，树艺五谷，五谷熟而民人育。人之有道也，饱食、暖衣、逸居而无教，则近于禽兽，圣人有忧之，使契为司徒，教以人伦：父子有亲，君臣有义，夫妇有别，长幼有叙，朋友有信。放勋曰：'劳之来之，匡之直之，辅之翼之，使自得之，又从而振德之。'圣人之忧民如此，而暇耕乎？尧以不得舜为己忧，舜以不得禹、皋陶为己忧。夫以百亩之不易为己忧者，农夫也。分人以财谓之惠，教人以善谓之忠，为天下得人者谓之仁。是故以天下与人易，为天下得人难。孔子曰：'大哉尧之为君！惟天为大，惟尧则之。荡荡乎民无能名焉！君哉舜也！巍巍乎有天下而不与焉！'尧、舜之治天下，岂无所用其心哉？亦不用于耕耳。

"吾闻用夏变夷者，未闻变于夷者也。陈良，楚产也，悦周公、仲尼之道，北学于中国。北方之学者，未能或之先也。彼所谓豪杰之士也，子之兄弟事之数十年，师死而遂倍之！昔者孔子没，三年之外，门人治任将归，入揖于子贡，相向而哭，皆失声，然后归。子贡反，

筑室于场,独居三年,然后归。他日,子夏、子张、子游以有若似圣人,欲以所事孔子事之,强曾子。曾子曰:'不可。江汉以濯之,秋阳以暴之,皜皜乎不可尚已。'今也南蛮鴃舌之人非先王之道,子倍子之师而学之,亦异于曾子矣。吾闻出于幽谷迁于乔木者,未闻下乔木而入于幽谷者。《鲁颂》曰:'戎狄是膺,荆舒是惩。'周公方且膺之,子是之学,亦为不善变矣。""从许子之道,则市贾不贰,国中无伪。虽使五尺之童适市,莫之或欺。布帛长短同,则贾相若;麻缕丝絮轻重同,则贾相若;五谷多寡同,则贾相若;屦大小同,则贾相若。"曰:"夫物之不齐,物之情也。或相倍蓰,或相什百,或相千万。子比而同之,是乱天下也。巨屦小屦同贾,人岂为之哉?从许子之道,相率而为伪者也,恶能治国家?"

墨者夷之因徐辟而求见孟子。孟子曰:"吾固愿见。今吾尚病,病愈,我且往见。夷子不来!"他日,又求见孟子。孟子曰:"吾今则可以见矣。不直,则道不见,我且直之。吾闻夷子墨者,墨之治丧也,以薄为其道也。夷子思以易天下,岂以为非是而不贵也。然而夷子葬其亲厚,则是以所贱事亲也。"徐子以告夷子。夷子曰:"儒者之道,古之人若保赤子,此言何谓也?之则以为爱无差等,施由亲始。"徐子以告孟子。孟子曰:"夫夷子信以为人之亲其兄之子为若亲其邻之赤子乎?彼有取尔也。赤子匍匐将入井,非赤子之罪也。且天之生物也,使之一本,而夷子二本故也。盖上世尝有不葬其亲者。其亲死,则举而委之于壑。他日过之,狐狸食之,蝇蚋姑嘬之。其颡有泚,睨而不视。夫泚也,非为人泚,中心达于面目,盖归反蘽梩而掩之。掩之诚是也,则孝子仁人之掩其亲,亦必有道矣。"徐子以告夷子。夷子怃然为间,曰:"命之矣!"

【译文】

滕文公做太子的时候,要到楚国去,经过宋国,会见了孟子。孟子和他讲人性本是善良的道理,总要提到尧舜。太子从楚国回来,又来见孟子。孟子说:"太子怀疑我的话吗?天下的真理就这么一个。成覸对齐景公说:'他是个男子汉,我也是个男子汉,我为什么怕他呢?'颜渊说:'舜是什么样的人,我也是什么样的人,有作为的人也会像他那样。'公明仪说:'文王是我的老师,周公难道会骗我吗?'现在的滕国,取长补短,也还有方圆五十里土地,还可以治理成一个好国家。《书经》说:'那药不叫人晕头胀脑,那种病就好不了的。'"

滕文公去世,太子对他的师傅然友说:"过去在宋国,孟子曾和我谈了许多,我一直难

以忘怀。现在不幸父亲去世,我想请您到孟子那里问问,然后再办丧事。"然友便到邹国去问孟子。孟子说:"好得很啊!父母去世,本来就应该把亲情发泄得淋漓尽致。曾子说:'父母健在时,依礼去奉侍,他们去世了,依礼去埋葬,依礼去祭祀。这可以算是尽到孝心了。'诸侯的礼节,我虽然没有学过;但也听说实行三年的丧礼,穿着粗布缉边的孝服,吃着稀粥,从天子一直到老百姓,夏、商、周三代都是这样的。"

然友回国传达了孟子的话,太子便决定行三年的丧礼。滕国的父老官吏都不愿意,说道:"我们的宗国的历代君主没有实行过,我国的列祖列宗也没有实行过,到你这一代却来改变祖先的做法,这是要不得的。而且《志》说过:'丧礼祭礼一律依照祖宗成法。'道理就在于我们是从这一传统继承下来的。"

太子便对然友说:"我过去不曾做过学问,只喜欢跑马弄剑。现在,我要实行三年的丧礼,父老们官吏们都对我不满,恐怕这一丧礼不能够使我尽心竭力,您再替我去问问孟子吧!"

于是,然友又到邹国去问孟子。

孟子说:"嗯!这种事是求不得别人的。孔子说过,'君主去世,太子把一切政务交给首相,喝着粥,面色墨黑,就临孝子之位便哭,大小官吏没有人敢不悲哀,这是因为太子带头的缘故。'在上位的有什么爱好,在下面的人一定爱好得更加利害。君子的德好像风,小人的德好像草,风向哪边吹,草就向哪边倒。这一件事情完全决定于太子。"

然友回来向太子转达。太子说:"对,这应当决定于我。"

于是太子居于丧庐中五月,不曾颁布过任何命令和禁令。官吏们同族们都很赞成,认为知礼。等待举行葬礼的时候,四方人都来观礼,太子表情的悲戚,哭泣的哀痛,使来吊丧的人都非常满意。

滕文公问孟子怎样治理国家。孟子说:"老百姓生产和生活的事是拖不得的。《诗》上说:'白天把茅草割,晚上把绳儿搓;赶紧修理房屋,按时播种五谷。'人民有一个基本情况:有固定产业的人才有一定的原则,没有一定产业的人便不会有一定的原则。没有一定的原则的人,就会胡作非为违法乱纪,什么事都做得出来。等到他们犯了罪,然后加以处罚,这等于陷害。哪有仁人坐了朝廷却做得出陷害老百姓的事来呢?所以贤明的君主一定要敬业、节俭、礼遇臣下,尤其是取之于民要依照一定的制度,不能乱摊派,乱收费。阳虎曾经说过:'要想发财就不能仁爱,要想仁爱就不能发财。'

　　"古代的税收制度:夏代每家五十亩地而行'贡'法,商朝每家七十亩地而行'助'法,周朝每家一百亩地而行'彻'法。这三法的税率都是十分抽一。'彻'是'通'的意思,(即分别不同情况通盘计算出的十分之一的税率;)'助'是借助的意思,(因为要借助人民的劳力来耕种公有土地。)龙子说过:'田税最好的是助法,最不好的是贡法。'贡法是比较若干年的收成得一个常数。(不管灾年和丰年,都必须按这常数来交纳。)丰年,到处洒着谷米,多征收一点也不算暴虐,却并不多收。灾年,收到的秸秆连肥田都不够,却非收足那个常数不可。一国的君主号称是百姓的父母,却让他们一年到头辛辛苦苦,而结果却连他们自己的父母都养不活,还不得不借高利贷来交足税款,终于一家老小抛尸露骨于山沟,这算是哪门子'为民父母'呢? 做大官的人都有一定的田租收入,子孙相传,这种办法,滕国早就实行了,(为什么老百姓却不能有一定的田地收入呢?)周朝的一篇诗说:'雨先下到公田,然后再落到私田!'只有助法才有公田有私田。这样看来,就是周朝,也是实行助法的。

稻田,明沈周绘。

　　"(人民的生活有了着落,)便要兴办'庠'、'序'、'学'、"校"来教育他们。'庠'是教养的意思,'校'是教导的意思,'序'是陈列的意思。(地方学校,)夏代叫'校',商代叫'序',周代叫'庠';至于大学,三代都叫'学'。学习的目的都是为了让人明白人与人相处的大道理。人与人相处的大道理,诸侯、卿、大夫、士都明白了,小小老百姓自然会亲密地团结在一起了。如果有圣王兴起,也一定会来学习效法,这样便做了圣王的老师了。《诗》上又说:'岐周虽然是一个古老的国家,国运却充满着新气象。'这是赞美文王的诗。你努力实行吧,也来使你的国家气象一新!"

　　滕文公派毕战来向孟子问井田制。孟子说："你的国君准备实行仁政，选中你来问我，你一定要好好干！实行仁政，一定要从划分整理田界开始。田界划分得不正确，井田的大小就不均匀，作为俸禄的田租收入也就不会公平合理，所以暴虐的君王和贪官污吏一定要打乱正确的田间界限。田间界限正确了，人民土地的分配，官吏俸禄的厘定，都可以毫不费力地决定了。滕国土地狭小，但也得有官吏和劳动人民。没有官吏，便没人治理劳动人民；没有劳动人民，也没有人养活官吏。我建议：郊野用九分抽一的助法，城市用十分抽一的贡法。公卿以下的官吏一定有供祭祀的圭田，每家五十亩；如果还有剩余的劳动力，每一劳动力再给二十五亩。无论埋葬或搬家，也不离开本乡本土。一井田中的各家平日出入，互相友爱；防御盗贼，互相帮助；一有疾病，互相照顾，百姓之间便亲爱和睦了。办法是：每一方里的土地划为一个井田，每一井田划为九百亩，当中一百亩是公田，以外八百亩分给八家作私田。这八家共同来耕种公有田，先把公有田种完毕，再来料理私人的事务，这便是区别官吏和劳动人民的办法。这不过是一个大概，至于怎样去使它完善，那就在于你的国君和你本人了。"

　　有一位信奉神农氏学说的叫许行的人，从楚国到了滕国，登门谒见滕文公，告诉他说："我这来自远方的人听说您实行仁政，希望得到一处住所，做您的百姓。"文公给了他住房。他的门徒好几十人，都穿着粗麻编成的衣服，以打草鞋织席子为生。

　　陈良的门徒陈相和他弟弟陈辛背着农具，从宋国到了滕国，也对文公说："听说您实行圣人的政治，那您也是圣人了。我愿意做圣人的百姓。"

　　陈相见了许行，非常高兴，便完全抛弃了以前信奉的学说而向许行学习。

　　陈相来看孟子，转述许行的话说："滕君确实是个贤明的君主，尽管这样，但是也还不真懂得道理。贤人要和人民一道耕种，才吃；自己做饭，而且也要替百姓办事。如今滕国有谷仓，有存财物的府库，这都是损害别人来奉养自己，又怎能叫作贤明呢？"孟子说："许子一定要自己种庄稼才吃饭吗？"陈良说："对。""许子一定要自己织布才穿衣吗？""不，许子只穿粗麻编成的衣。""许子戴帽子吗？"答道："戴。""戴什么帽子？"答道："戴白绸帽子。""是自己织的吗？"答道："不，用粟米换来的。""许子为什么不自己织呢？"答道："因为妨碍做农活。""许子也用铁锅瓦罐做饭，用铁器耕田吗？"答道："用。""自己做的吗？"答道："不，用粟米换来的。""农夫用粟米换取锅碗瓢盆和农具，不能说损害了瓦匠铁匠；那瓦匠铁匠用他们的产品来换取粟米，又难道损害了农夫吗？况且许子为什么不亲自干

瓦匠活铁匠活,啥东西都藏在家里以备用? 为什么许子要一件一件地和各种工匠做买卖? 为什么许子这样不怕麻烦?"

陈相答道:"各种工匠的工作本来就不可能一边耕种一边又能干得了的。""难道治理天下就能够一边耕种一边又能干得了吗? (可见必须有分工。)有官吏的工作,有小民的工作。只要是一个人,各种工匠的产品对他就是必不可少的;如果每件东西都要靠自己制造才去用它,那是率领天下的人疲于奔命。所以我说,有的人劳动脑力,有的人劳动体力;脑力劳动者管理人,体力劳动者被人管理;被管理者向别人提供生活消费物资,管理者所必需的生活消费物资仰仗于别人,这是通行天下的共同原则。当尧的时候,天下还不太平,洪水成

伯益,选自《历代名臣像解》

灾,泛滥天下,草木茂密地生长,鸟兽成群地繁殖,谷物却没有收成,飞鸟禽兽威逼人类,到处都是它们的脚印。尧一个人为这事忧虑,于是把舜选拔出来总管治理工作。舜命令伯益主持放火工作,益便将山野沼泽的草木尽行焚毁,迫使鸟兽逃跑隐匿。禹又疏浚九河,把济水漯水疏导入海,挖掘汝水汉水,疏通淮水泗水,引导流入长江,中国才可以耕种,人民才有饭吃。在这一时期,禹八年在外,好几次经过自己的家门都不进去,即使想亲自耕种,可能吗?

"后稷教导百姓种庄稼,栽培谷物。谷物成熟了,老百姓便得到了养育。人之所以为人,光是吃得饱,穿得暖,住得安逸,却没有教育,那也和禽兽差不多。圣人又为这事忧虑,便让契做了司徒的官,主管教育。用关于人与人之间关系的大道理来教育人民——父子间有骨肉之亲,君臣间有礼义之道,夫妻间有内外之别,老少间有尊卑之序,朋友间有诚信之德。尧说:'督促他们,纠正他们,帮助他们,使他们各得其所,然后加以提携和教诲。'圣人为百姓考虑这样呕心沥血,还有空闲来耕种吗?

"尧为得不到舜这样的人而忧虑,舜为得不到禹和皋陶这样的人而忧虑。为了自己

的田地耕种得不好而忧虑的,那是农夫。把钱财分给别人的行为,叫作惠;教导大家都学好的行为,叫作忠;为天下找到好人才的行为便叫作仁。把天下让给人家比较容易做到,为天下找到好的人才却很难。所以孔子说:'尧作为天子真是伟大! 只有天最伟大,也只有尧能效法天。尧的圣德广阔无边,老百姓都找不到恰当的词来形容了! 舜真是个好天子! 天下坐得稳如泰山,却不去享受它,占有它!'尧舜的治理天下,难道不用心思吗? 只是不把这心思用于如何种庄稼罢了。

尧,选自《乾隆年制历代帝王像真迹》

"我只听说用中国的方式来改变落后国家的,没有听说过用落后国家的方式来改变中国的。陈良土生土长在楚国,却喜欢周公和孔子的学说,北上中国来学习。北方的读书人,还没有超过他的,他真是所谓豪杰之士啊! 你们兄弟向他学习了几十年,老师一死,你们竟背叛了他! 从前,孔子死了,守孝三年之后,门徒们在收拾行李准备回去前,走进子贡住处作揖告别,相对而哭,都泣不成声,这才回去。子贡又回到墓地重新筑屋,独自住了三年,这才回去。过了些时,子夏、子张、子游认为有若有些像圣人,便想像服事孔子那样服事他,勉强曾子同意。曾子说:'不行,比如曾经用江汉之水洗涤过,曾经在夏日之下暴晒过,真是白得不能再白了。(谁还能与孔子相比呢?)'如今许行这南蛮子,说话就像鸟叫,也敢来非议我们祖先圣王之道,而你俩却违背师道去向他学,那就和曾子的态度恰好相反了。我只听说过鸟儿飞出幽暗的山谷迁往高大的树木,没有听说离开高大的树木再飞进幽暗的山谷的。《鲁颂》说过,'猛攻戎狄,痛惩荆楚'。(荆楚这样的国家,)周公还要攻击它,你却向它学,真是越变越坏了。"

陈相说:"如果按许子说的办,市场上的物价就能一致。人人没有欺假,即使打发个小孩子上市场,也没有人会欺骗他。布匹丝绸的长短一样,价钱便一样;麻线丝棉的轻重一样,价钱便一样;谷米的多少一样,价钱便一样;鞋的大小一样,价钱也一样。"

孟子说:"各种物品的质量不一样,这是自然的。(它们的价格,)有的相差一倍五倍,有的相差十倍百倍,有的相差千倍万倍;你要(不分精粗优劣,)完全使它们一致,只是扰乱天下罢了。好鞋和坏鞋一样价钱,人们肯干吗? 按许子说的办,是率领大家走向虚伪,

哪能够治理国家呢？"

墨家信徒夷之凭着徐辟的关系要求见孟子。孟子说："我本来愿意见他，不过我现在正病着；病好了，我打算去看他，他不必来！"过了一段时间，又要求见孟子。孟子说："我现在可以见他了。但不说直话，真理表现不出。我就说直话吧。我听说夷子是墨家信徒，墨家的办理丧事，以薄为合理，夷子也想用这一套来改革天下，自然认为不这样就不足为贵了；但是他给父母亲的葬礼却安排得很丰厚，那便是拿他所看不起的东西来对待父母亲了。"

徐子把这话转达给夷子。夷子说："儒家的学说认为，古代君王爱护百姓就好像爱护婴儿一般。这话是什么意思呢？我以为便是，人们之间的爱没有亲疏厚薄的区别，只是由双亲开始实行罢了。（这样看来，墨家的兼爱之说和儒家学说并不矛盾，而我厚葬父母，也没有什么说不过去了。）"徐子又把这话告诉了孟子。孟子说："夷子真正以为人们爱他的侄儿和爱他邻居家的婴儿一样的吗？夷子只不过抓住了一点：婴儿在地上爬行，快要跌到井里去了，这自然不是婴儿的罪过。（这时候，无论是谁的孩子，无论谁看见了，都会去救的，夷子以为这就是爱无等次，其实，这是人的恻隐之心。）况且天生万物，只有一个根源，夷子却以为有两个根源，道理就在这里。大概上古曾经有不埋葬父母的人，父母死了，就抬着扔到山沟里。过了些时候，再经过那里，就发现狐狸在撕咬着，苍蝇蚊子在咀咀着那尸体。那个人不禁额头上冒出了汗，斜着眼睛，不敢正视。这一种汗，不是流给别人看的，而是心中的悔恨在面目上的流露。大概后来他回家取了箩筐铲子把尸体埋了。埋葬尸体诚然是对的，那么，孝子仁人埋葬他的父母，自然有他的道理了。"徐子把这话又转达给夷子，夷子十分怅惘地停了一会，说："我懂得了。"

滕文公下

【原文】

陈代曰："不见诸侯，宜若小然。今一见之，大则以王，小则以霸。且《志》曰'枉尺而直寻'，宜若可为也。"孟子曰："昔齐景公田，招虞人以旌，不至，将杀之。志士不忘在沟壑，勇士不忘丧其元。孔子奚取焉？取非其招不往也。如不待其招而往，何哉？且夫枉尺而直寻者,以利言也。如以利,则枉寻直尺而利,亦可为与? 昔者赵简子使王良与嬖奚乘,终日而不获一禽。嬖奚反命曰:'天下之贱工也。'或以告王良。良曰:'请复之。'强而后可,一朝而获十禽。嬖奚反命曰:'天下之良工也。'简子曰:'我使掌与女乘。'谓王良。良不可,曰:'吾为之范我驰驱,终日不获一;为之诡遇,一朝而获十。《诗》云:"不失其驰,舍矢如破。"我不贯与小人乘,请辞。'御者且羞与射者比,比而得禽兽,虽若丘陵,弗为也。如枉道而从彼,何也? 且子过矣,枉己者,未有能直人者也。"

景春曰:"公孙衍、张仪岂不诚大丈夫哉? 一怒而诸侯惧,安居而天下熄。"孟子曰:"是焉得为大丈夫乎? 子未学礼乎? 丈夫之冠也,父命之;女子之嫁也,母命之,往送之门,戒之曰:'往之女家,必敬必戒,无违夫子!'以顺为正者,妾妇之道也。居天下之广居,立天下之正位,行天下之大道;得志,与民由之;不得志,独行其道。富贵不能淫,贫贱不能移,威武不能屈,此之谓大丈夫。"

周霄问曰:"古之君子仕乎?"孟子曰:"仕。《传》曰:'孔子三月无君,则皇皇如也,出疆必载质。'公明仪曰:'古之人三月无君,则吊。'""三月无君则吊,不以急乎?"曰:"士之失位也,犹诸侯之失国家也。《礼》曰:'诸侯耕助,以供粢盛;夫人蚕缫,以为衣服。牺牲不成,粢盛不絜,衣服不备,不敢以祭。惟士无田,则亦不祭。'牺杀、器皿、衣服不备,不敢以祭,则不敢以宴,亦不足吊乎?""出疆必载质,何也?"曰:"士之仕也,犹农夫之耕也。农夫岂为出疆舍其耒耜哉?"曰:"晋国亦仕国也,未尝闻仕如此其急。仕如此其急也,君子之难仕,何也?"曰:"丈夫生而愿为之有室,女子生而愿为之有家。父母之心,人皆有之。不待父母之命、媒妁之言,钻穴隙相窥,逾墙相从,则父母、国人皆贱之。古之人未尝不欲仕也,又恶不由其道。不由其道而往者,与钻穴隙之类也"。

彭更问曰:"后车数十乘,从者数百人,以传食于诸侯,不以泰乎?"孟子曰:"非其道,则一箪食不可受于人;如其道,则舜受尧之天下,不以为泰——子以为泰乎?"曰:"否,士无事而食,不可也。"曰:"子不通功易事,以羡补不足,则农有馀粟,女有馀布。子如通之,则梓匠轮舆皆得食于子。于此有人焉,入则孝,出则悌,守先王之道,以待后之学者,而不得食于子。子何尊梓匠轮舆而轻为仁义者哉?"曰:"梓匠轮舆,其志将以求食也;君子之为道也,其志亦将以求食与?"曰:"子何以其志为哉? 其有功于子,可食而食之矣。且子食志乎? 食功乎?"曰:"食志。"曰:"有人于此,毁瓦画墁,其志将以求食也,则子食之乎?"曰:"否。"曰:"然则子非食志也,食功也。"

万章问曰："宋，小国也，今将行王政，齐楚恶而伐之，则如之何？"孟子曰："汤居亳，与葛为邻。葛伯放而不祀，汤使人问之曰：'何为不祀？'曰：'无以供牺牲也。'汤使遗之牛羊，葛伯食之，又不以祀。汤又使人问之曰：'何为不祀？'曰：'无以供粢盛也。'汤使亳众往为之耕，老弱馈食。葛伯率其民，要其有酒食黍稻者夺之，不授者杀之。有童子以黍肉饷，杀而夺之。《书》曰：'葛伯仇饷。'此之谓也。为其杀是童子而征之，四海之内皆曰：'非富天下也，为匹夫匹妇复雠也。'汤始征，自葛载。十一征而无敌于天下。东面而征，西夷怨；南面而征，北狄怨。曰：'奚为后我？'民之望之，若大旱之望雨也。归市者弗止，芸者不变，诛其君，吊其民，如时雨降，民大悦。《书》曰：'徯我后，后来其无罚。''有攸不惟臣，东征，绥厥士女，篚厥玄黄，绍我周王见休，惟臣附于大邑周。'其君子实玄黄于篚以迎其君子，其小人箪食壶浆以迎其小人。救民于水火之中，取其残而已矣。《太誓》曰：'我武惟扬，侵于之疆，则取于残，杀伐用张，于汤有光。'不行王政云尔。苟行王政，四海之内皆举首而望之，欲以为君。齐、楚虽大，何畏焉？"

孟子谓戴不胜曰："子欲子之王之善与？我明告子。有楚大夫于此，欲其子之齐语也，则使齐人傅诸？使楚人傅诸？"曰："使齐人傅之。"曰："一齐人傅之，众楚人咻之，虽日挞而求其齐也，不可得矣。引而置之庄岳之间数年，虽日挞而求其楚，亦不可得矣。子谓薛居州，善士也，使之居于王所。在于王所者，长幼卑尊皆薛居州也，王谁与为不善？在王所者，长幼卑尊皆非薛居州也，王谁与为善？一薛居州，独如宋王何？"

公孙丑问曰："不见诸侯，何义？"孟子曰："古者不为臣不见。段干木逾垣而辟之，泄柳闭门而不纳，是皆已甚；迫，斯可以见矣。阳货欲见孔子而恶无礼。大夫有赐于士，不得受于其家，则往拜其门。阳货瞰孔子之亡也，而馈孔子蒸豚。孔子亦瞰其亡也，而往拜之。当是时，阳货先，岂得不见？曾子曰：'胁肩谄笑，病于夏畦。'子路曰：'未同而言，观其色赧赧然，非由之所知也。'由是观之，则君子之所养，可知已矣。"

戴盈之曰："什一，去关市之征，今兹未能，请轻之，以待来年，然后已，何如？"孟子曰："今有人日攘其邻之鸡者，或告之曰：'是非君子之道。'曰：'请损之，月攘一鸡，以待来年，然后已。'如知其非义，斯速已矣，何待来年？"

公都子曰："外人皆称夫子好辩，敢问何也？"孟子曰："予岂好辩哉！予不得已也。天下之生久矣，一治一乱。当尧之时，水逆行，泛滥于中国，蛇龙居之。民无所定。下者为巢，上者为营窟。《书》曰：'洚水警余。'洚水者，洪水也。使禹治之。禹掘地而注之海，

驱蛇龙而放之菹。水由地中行,江、淮、河、汉是也。险阻既远,鸟兽之害人者消,然后人得平土而居之。尧、舜既没,圣人之道衰,暴君代作。坏宫室以为洿池,民无所安息;弃田以为园囿,使民不得衣食。邪说暴行又作。园囿、洿池、沛泽多而禽兽至。及纣之身,天下又大乱。周公相武王诛纣,伐奄三年讨其君,驱飞廉于海隅而戮之,灭国者五十,驱虎、豹、犀、象而远之,天下大悦。《书》曰:'丕显哉,文王谟!丕承哉,武王烈!佑启我后人,咸以正无缺。'世衰道微,邪说暴行有作,臣弑其君者有之,子弑其父者有之。孔子惧,作《春秋》。《春秋》,天子之事也。是故孔子曰:'知我者其惟《春秋》乎!罪我者其惟《春秋》乎!'圣王不作,诸侯放恣,处士横议,杨朱、墨翟之言盈天下。天下之言不归杨,则归墨。杨氏为我,是无君也;墨氏兼爱,是无父也。无父无君,是禽兽也。公明仪曰:'庖有肥肉,厩有肥马;民有饥色,野有饿莩,此率兽而食人也。'杨墨之道不息,孔子之道不著,是邪说诬民,充塞仁义也。仁义充塞,则率兽食人,人将相食。吾为此惧,闲先圣之道,距杨墨,放淫辞,邪说者不得作。作于其心,害于其事;作于其事,害于其政。圣人复起,不易吾言矣。昔者禹抑洪水而天下平,周公兼夷狄、驱猛兽而百姓宁,孔子成《春秋》而乱臣贼子惧。《诗》云:'戎狄是膺,荆舒是惩,则莫我敢承。'无父无君,是周公所膺也。我亦欲正人心,息邪说,距诐行,放淫辞,以承三圣者,岂好辩哉?予不得已也。能言距杨、墨者,圣人之徒也。"

匡章曰:"陈仲子岂不诚廉士哉?居於陵,三日不食,耳无闻,目无见也。井上有李,螬食实者过半矣。匍匐往,将食之,三咽,然后耳有闻,目有见。"孟子曰:"于齐国之士,吾必以仲子为巨擘焉。虽然,仲子恶能廉?充仲子之操,则蚓而后可者也。夫蚓,上食槁壤,下饮黄泉。仲子所居之室,伯夷之所筑与?抑亦盗跖之所筑与?所食之粟,伯夷之所树与?抑亦盗跖之所树与?是未可知也。"曰:"是何伤哉?彼身织屦,妻辟纑,以易之也。"曰:"仲子,齐之世家也,兄戴,盖禄万钟。以兄之禄为不义之禄而不食也,以兄之室为不义之室而不居也,辟兄离母,处于於陵。他日归,则有馈其兄生鹅者,己频顣曰:'恶用是鶂鶂者为哉?'他日,其母杀是鹅也,与之食之。其兄自外至,曰:'是鶂鶂之肉也。'出而哇之。以母则不食,以妻则食之;以兄之室则弗居,以於陵则居之,是尚为能充其类也乎?若仲子者,蚓而后充其操者也。"

【译文】

陈代说:"不去谒见诸侯,似乎太拘泥小节了吧;如今见一次诸侯,大则可以实行仁

政,统一天下;小则可以国富民安,称霸中国。而且《志》上说:'弯曲一尺,伸直一寻',好像应该试一试。"孟子说:"从前齐景公田猎,用旌去召唤猎场管理员,管理员不去,景公便准备杀他。——志士坚守志节,不怕死无葬身之地,弃尸山沟;勇士见义勇为,不怕丢掉脑袋。孔子到底看重他哪一点呢?就是看重他不是自己所应接受的召唤之礼,硬是不去。如果我竟不等待诸侯的招致便去,那又是怎样的呢?而且你所说的弯曲一尺,伸直一寻,完全是从利的观点来考虑的。如果唯利是图,那么即使弯曲一寻,伸直一尺,也有小利益,不是也可以干一干吗?从前,赵简子命令王良替他的宠幸小臣奚驾车打猎,整天都没打到一只野兽。奚向简子汇报说:'王良是天底下最没本事的驾车人。'有人把这话告诉了王良。王良说:'希望再来一次。'奚勉强答应了,一个早上就打中十只野兽。奚又汇报说:'王良是天底下最有本事的驾车人。'赵简子便说:'我让他专门给你驾车好了。'把这告诉王良,王良不肯,说道:'我给他按规矩奔驰,整天打不着一只;我给他违背规矩奔驰,一早上就打中了十只。可是《诗》上说:"按照规矩而奔驰,箭一放出便中的。"我不习惯替小人来驾车,这差事我不能担任。'驾车者尚且羞于与坏的射手为伍;与他为伍,即使打得的禽兽堆成山,也不肯干。如果我们先委屈我们的理想与主张而追随诸侯,那我们又算是什么人呢?况且你错了,因为自己不正直的人从来不能够使别人正直。(教育别人尚且不够格,又如何能实行仁政,统一天下呢?)"

驾车,汉画像石。

景春说:"公孙衍和张仪难道不是真正的大丈夫吗?一发脾气,诸侯个个害怕;安静下来,天下顿时太平。"孟子说:"这个怎么能叫作大丈夫呢?你没有学过礼吗?男子行加冠礼时,父亲要加以训导;女子出嫁的时候,母亲要加以训导,把她送到门口,告诫她说:'到了你家里,一定要恭敬,一定要谨慎,不要违背丈夫!'以顺从为最高原则的,是做妇人

的道理。（至于男子，）应住在天下最宽广的住宅——仁——里，站在天下最正确的位置——理——上，走着天下最光明的大道——义；得志时，同老百姓一道走在这条大路上；不得志时，一个人也要走这条路。富贵不能乱我之心，贫贱不能变我之志，威武不能屈我之节，这样才叫作大丈夫。"

周霄问道："古代的君子做官吗？"孟子答道："做官。《传记》上说：'孔子要是三个月没有君主任用他，就焦急不安；离开一个国家，一定要带着见面礼，（以便和别国国君见面）。'公明仪也说，'古代的人三个月没有君主任用，就要去安慰他。'"周霄便说："三个月没找到君主就去安慰他，不是太性急了吗？"孟子答道："士失掉官位，就像诸侯失去国家一样。《礼》说过，'诸侯亲自参加耕种，是为了供给祭品；夫人亲自养蚕缫丝，是为了供给祭服。牛羊不肥壮，祭品不洁净，祭服不具备，不敢用来祭祀。士若没有（供祭祀用的）田地，那也不能祭祀。'牛羊、祭具、祭服不具备，不敢用来祭祀，也就不能举行宴会，这不也应该安慰他吗？"

周霄又问："离开国界一定要带上见面礼，又是什么意思呢？"孟子答道："士的做官，就好像农民的耕田；农民难道因为离开国界便舍弃他的农具吗？"周霄说："魏国也是一个可以做官的国家，我却没听说过找官位是这样迫不及待地。找官位既迫不及待，君子却不轻易做官，又是什么道理呢？"孟子说："男孩一生下来，父母便唯愿他早有妻室；女孩一生下来，父母便唯愿她早有婆家。做父母的，人人都有这样的心情。但是，若是不等爹妈开口，不经过媒人介绍，自己便挖墙洞扒门缝来互相窥望，翻过墙去私奔，那么，爹妈和周围的人都会轻视他。古代的人不是不想做官，但是又讨厌不经由合乎礼义的道路去找官做。不经合乎礼义的道路而奔向仕途的，正和男女挖墙洞扒门缝（翻墙去私奔）一样。"

彭更问道："跟随的车几十辆，跟随的人几百个，从这一国吃到那一国，这不是太过分了吗？"孟子答道："如果不合理，就是一篮子饭也不接受；如果合理，舜甚至接受了尧的天下，也不觉得过分——你以为过分了吗？"彭更说："不是这意思。但读书人不干事，吃白饭，是不可以的。"孟子说："你如果不将各行各业的产品互相流通，用多余的来弥补不够的，就会使农民有多余的米，妇女有多余的布；如果能互通有无，那么木匠车工都能够从你那儿得到吃的。假定这里有个人，在家孝顺父母，出外尊敬长辈，严守着先王的礼法道义，用来培养晚辈学者，却不能从你那儿得到吃的；那么，你为什么尊贵木匠车工而轻视仁义之士呢？"彭更说："木匠车工，他们的动机就是为了谋碗饭吃；君子研究学问，推行仁

政,他的初衷也是为了谋碗饭吃吗?"孟子说:"你为什么非要追究动机呢?他们对你有功绩,可以给他们吃的,就给他们吃的得了。况且,你给他们吃的,是凭动机呢?还是凭功绩呢?"彭更说:"凭动机。"孟子说:"比方这里有个泥瓦工,把屋瓦打碎,在新刷的墙壁上乱画,他的动机也是为了弄到吃的,你给他吃的吗?"彭更说:"不。"孟子说:"那么,你并不是凭动机,而是凭功绩了。"

万章问道:"宋是个小国家,如今想推行仁政,齐楚两个国家却因此厌恶,要出兵讨伐它,怎么办呢?"孟子说:"汤居住在亳地,与葛国为邻;葛伯放荡得很,竟不祭祀鬼神。汤派人去问:'为什么不祭祀?'答道:'没有牛羊做祭品。'汤便送给他牛羊。葛伯把牛羊吃了,却不用来祭祀。汤又派人去问:'为什么不祭祀?'答道:'没有谷物做祭品。'汤便派亳地的民众去替他们耕种,老弱的人给耕田者去送饭。葛伯却带领他的百姓拦住那些提着酒菜好饭的人进行抢劫,不给的就杀掉。有个小孩去送饭和肉,葛伯竟把他杀了,抢了饭和肉。《书》上说:'葛伯仇视送饭者',正是这个意思。汤便为了这小孩的被杀去征讨葛伯,天下的人都说:'汤不是为了天下的财富,而是为老百姓报仇雪恨呀。'汤的作战,便是从伐葛开始,出征十一次,战无不胜,天下没人能与他匹敌。向东方出征,西方的人便不高兴;向南方出征,北方的人便不高兴,说道:'为什么把我们这儿排在后边?'老百姓盼望他,就和大旱之年盼望下雨一般。(作战的时候,)做买卖的照常营业,干农活的照样耘田,杀掉那暴虐的君主,抚慰那可怜的百姓,这正像下了一场及时雨啊,老百姓自然非常高兴。《书》上说:'等待我王,王来了我们不再受苦!'又说:'攸国不服,周王便东行讨伐,来安定那些男男女女,他们把黄色黑色的束帛放在筐中,请求介绍和周王相见,以得到荣光,作为大周国的臣民。'这说明了周朝初年东征攸国的情况,官员们把黑色的黄色的束帛装满筐子来迎接官员,老百姓提着饭篮和酒壶来迎接士兵,可见这次出征只是把老百姓从水深火热中拯救出来,而杀掉那残暴的君主罢了。《泰誓》上说:'我们的威武要发扬,攻到邘国的疆土上,杀掉那残暴的君王,把那该死的都砍光,这功绩比汤还辉煌。'不实行王政便罢了,如果实行王政,天下的人都要抬起头来盼望,要拥护他来做君主;齐国楚国纵是强大,又有什么可怕呢?"

孟子对戴不胜说:"你想你的君王学好吗?我明白告诉你。这里有位楚国的大臣,希望他儿子会说齐国话,那么,找齐国人来教呢?还是找楚国人来教呢?"答道:"找齐国人来教。"孟子说:"一个齐国人教他,却有许多楚国人在起哄,即使你每天鞭打他,逼他说齐国话,也不能达到目的;如果把他带到临淄城里的庄街、岳里住上几年,就是每天鞭打他,逼他说楚国话,那也做不到了。你说薛居州是个好人,要他住在王宫里(影响王,使他学好。)如果住在王宫里的人,不论大的小的、贱的贵的,都是好人,那王和谁去干坏事呢?如果住在王宫里的人,不论大的小的、贱的贵的,都不是好人,那王又和谁去干好事呢?一个薛居州能把宋王怎么样呢?"

公孙丑问道:"不去谒见诸侯,是什么道理?"孟子说:"古代,一个人如果不是诸侯的臣属,就不去谒见。(从前魏文侯去看段干木,)段干木却跳过墙去躲开他。(鲁缪公去看泄柳,)泄柳却关紧大门不加接纳,这些都做得太过分;迫不得已,也就可以相见了。阳货想要孔子来看他,又不愿自己失礼,(径自召唤,便利用了)大夫对士有所赏赐,当时士如果不在家,不能亲自接受并拜谢,便要亲自去大夫家答谢(这一礼节)。阳货探听到孔子外出的时候,给他送去一只蒸小猪;孔子也探听到阳货不在家,才去答谢。在那时候,阳货若是(不耍花招,)先去看孔子,孔子哪会不去看他? 曾子说:'肩膀抬得高高,满脸谄媚的笑,这比大热天在菜地浇粪还吃不消。'子路说:'分明不想和这种人谈话,却勉强应付几句,脸上又显出惭愧的表情,这是我所不赞成的。'从这一点来看,君子如何培养自己的节操,就认识得很清楚了。"

戴盈之说:"税率定为十分之一,不准乱设卡乱收费,今年还不能完全做到,想先减轻一些,等到明年,再完全实行,怎么样?"孟子说:"现在有个人每天偷邻居一只鸡,有人告诉他说:'这不是正派人的行为。'他便说:'想先减少一些,先每个月偷一只,等到明年,再洗手不干。'——如果晓得这种行为不合道义,就赶快住手得了,为什么要等到明年呢?"

公都子说:"别人都说您喜欢辩论,请问,这是为什么?"孟子说:"我难道喜欢辩论吗?我这样做是迫不得已呀。自从有人类以来,已经很久了,总是太平一阵子,又混乱一阵子。当唐尧的时候,大水倒流,到处泛滥,大地成为蛇和龙的居所,人们无处安身。低地的人们在树上搭巢,高地的人们便挖相连的洞窟。《尚书》说:'洚水警告我们。'洚水就是洪水。命令禹来治理,禹疏通河道,把水都引向海里,把蛇和龙都赶回草泽中。水在河床中流动,长江、淮河、黄河、汉水便是这样。危险既已消除,害人的野兽也无影无踪,人们才能够在平原上居住。

"尧舜死了以后,圣人之道逐渐衰微,残暴的君主不断出现。他们毁掉民居来挖掘深池,使百姓无处安身;毁坏良田来营造园林,使老百姓不得穿、不得吃。荒谬的学说、残暴

的行为随之兴起,园林、深池、草泽多了起来,禽兽也就来了。到商纣的时候,天下又大乱。周公辅佐武王,诛杀了纣王;他又讨伐奄国,经过三年征战,又诛杀了奄君;并把飞廉驱赶到海边,也把他杀了。被灭掉的国家一共五十多个,同时,把老虎、豹子、犀牛、大象赶到了远方,天下的百姓都非常高兴。《尚书》说过:'文王的谋略多么光明! 武王的功烈多么伟大! 帮助我们,启发我们,使大家都正确而没有缺点。'

"世道又逐渐变坏了,荒谬的学说、残暴的行为又起来了:有臣子杀死君王的,也有儿子杀掉父亲的。孔子对这非常忧虑,于是写了《春秋》这部书。著作历史,(褒扬善的,鞭挞恶的,)这本是天子的职责,(孔子不得已而做了。)所以孔子说:'了解我的,恐怕是通过《春秋》这部书吧! 怪罪我的,恐怕也是通过《春秋》这部书吧!'

"(自那以后,)圣王也没再出现,诸侯肆无忌惮,一般士人也胡言乱语,杨朱、墨翟的言论遍及天下。于是所有的主张不是站在杨朱的立场,就是站在墨翟的立场。杨朱派主张一切为自己,这便是目无君上;墨翟派主张爱要一视同仁,这便是目无父母。无视父母和君上,这便成了禽兽。公明仪说过:'厨房里有肥肉,马厩里有肥马;百姓却面色蜡黄,野外躺着饿死者的尸体,这就是率领着禽兽来吃人。'杨朱、墨翟的言论不消除,孔子的学说就没法发扬光大。这便是荒谬的学说蒙蔽了百姓,而挤占了仁义所占有的空间。仁义被排挤到一边,也就等于率领着禽兽来吃人了,人们也将你吃我,我吃你了。我因而深为忧惧,便出来捍卫古代圣人的学说,反对杨、墨的谬说,驳斥错误的言论,使发表谬论的人不能得逞。种种荒谬的念头,从心里产生,便会危害工作;危害了工作,也就危害了政治。即使圣人再度兴起,也会同意我这番话的。

"从前大禹制伏了洪水,天下才得到太平;周公兼并了夷狄,赶跑了猛兽,百姓才得到安宁;孔子写了《春秋》,叛臣和逆子便有所畏惧。《诗》说:'攻击戎狄,惩罚荆舒,就所向无敌。'像杨、墨这样目无父母君上的人,正是周公所要惩罚的。我也要端正人心,消灭邪说,反对偏颇的行为,排斥荒唐的言论,以继承大禹、周公、孔子三位圣人的事业。我难道喜欢辩论吗? 我实在是迫不得已呀。能够以言论来反对杨、墨的,也就是圣人的门徒了。"

匡章说:"陈仲子难道不真是一个廉洁的人吗? 住在於陵,三天没吃东西,耳朵不能听了,眼睛不能看了。井上有个李子,已被金龟子吃掉了大半;他爬过去,拿来吃,咽了几口,耳朵才能听,眼睛才能看。"孟子说:"在齐国人士中间,我一定要把仲子看作大拇哥。

孔子著《诗》《书》，选自《孔子圣迹图》。

但是，他怎能叫作廉洁？要推广他的这种‘操守’，那只有把人变成蚯蚓才行。那蚯蚓，吃着地面上的沃土，喝着地底下的黄泉。（廉洁到了极点，但仲子还不能与它相比，为什么呢？）他所住的房屋，是廉洁得像伯夷一样的人所盖的呢？还是贪婪得像盗跖一样的人所盖的呢？他所吃的谷米，是像伯夷一样的人所种的呢？还是像盗跖一样的人所种的呢？这个还是不知道的。”

匡章说：“那有什么关系呢？他亲自编草鞋，他妻子绩麻练麻，用这些换来的。”孟子说：“仲子是齐国的宗族大家，他哥哥陈代，从盖邑收入的俸禄便有几万石之多。他却认为他哥哥的俸禄是不义之物，不去吃它；认为他哥哥的住宅是不义之产，不去住它。避开哥哥，远离母亲，住在於陵那地方。有一天回到家，恰巧有一个人来送给他哥哥一只活鹅，他便皱着眉头说：‘要这种呃呃叫的东西干什么？’过了些时候，他母亲杀了这只鹅，做成菜给他吃。刚好他哥哥从外面回家，便说：‘这就是那呃呃叫的东西的肉呀。’他便跑出门去，呕了出来。母亲做的东西不吃，却吃妻子做的；哥哥的房子不住，却住在於陵，这还能算是推广廉洁之义到了顶点吗？像仲子的这种行为，若要加以推广，只有把人变成蚯蚓才行。”

离娄上

【原文】

孟子曰:"离娄之明,公输子之巧,不以规矩,不能成方圆;师旷之聪,不以六律,不能正五音;尧、舜之道,不以仁政,不能平治天下。今有仁心仁闻而民不被其泽,不可法于后世者,不行先王之道也。故曰:徒善不足以为政,徒法不能以自行。《诗》云:'不愆不忘,率由旧章。'遵先王之法而过者,未之有也。圣人既竭目力焉,继之以规矩准绳,以为方员平直,不可胜用也;既竭耳力焉,继之以六律正五音,不可胜用也;既竭心思焉,继之以不忍人之政,而仁覆天下矣。故曰:为高必因丘陵,为下必因川泽。为政不因先王之道,可谓智乎?是以惟仁者宜在高位。不仁而在高位,是播其恶于众也。上无道揆也,下无法守也,朝不信道,工不信度,君子犯义,小人犯刑,国之所存者幸也。故曰:城郭不完,兵甲不多,非国之灾也。田野不辟,货财不聚,非国之害也。上无礼,下无学,贼民兴,丧无日矣。《诗》曰:'天之方蹶,无然泄泄。'泄泄犹沓沓也。事君无义,进退无礼,言则非先王之道者,犹沓沓也。故曰:责难于君谓之恭,陈善闭邪谓之敬,吾君不能谓之贼。"

孟子曰:"规矩,方员之至也;圣人,人伦之至也。欲为君,尽君道;欲为臣,尽臣道。二者皆法尧、舜而已矣。不以舜之所以事尧事君,不敬其君者也;不以尧之所以治民治民,贼其民者也。孔子曰:'道二,仁与不仁而已矣。'暴其民甚,则身弑国亡;不甚,则身危国削。名之曰'幽'、'厉',虽孝子慈孙,百世不能改也。《诗》云:'殷鉴不远,在夏后之世。'此之谓也。"

孟子曰:"三代之得天下也以仁,其失天下也以不仁。国之所以废兴存亡者亦然。天子不仁,不保四海;诸侯不仁,不保社稷;卿大夫不仁,不保宗庙;士庶人不仁,不保四体。今恶死亡而乐不仁,是犹恶醉而强酒。"

孟子曰:"爱人不亲,反其仁。治人不治,反其智。礼人不答,反其敬。行有不得者皆反求诸己,其身正而天下归之。《诗》云:'永言配命,自求多福。'"

孟子曰:"人有恒言,皆曰'天下国家'。天下之本在国,国之本在家,家之本在身。"

孟子曰:"为政不难,不得罪于巨室。巨室之所慕,一国慕之;一国之所慕,天下慕之。

故沛然德教溢乎四海。”

孟子曰:"天下有道,小德役大德,小贤役大贤;天下无道,小役大,弱役强。斯二者,天也。顺天者存,逆天者亡。齐景公曰:'既不能令,又不受命,是绝物也。'涕出而女于吴。今也小国师大国而耻受命焉,是犹弟子而耻受命于先师也。如耻之,莫若师文王。师文王,大国五年,小国七年,必为政于天下矣。《诗》云:'商之孙子,其丽不亿。上帝既命,侯于周服。侯服于周,天命靡常。殷士肤敏,裸将于京。'孔子曰:'仁不可为众也。夫国君好仁,天下无敌。'今也欲无敌于天下而不以仁,是犹执热而不以濯也。《诗》云:'谁能执热,逝不以濯?'"

孟子曰:"不仁者可与言哉?安其危而利其菑,乐其所以亡者。不仁而可与言,则何亡国败家之有?有孺子歌曰:'沧浪之水清兮,可以濯我缨;沧浪之水浊兮,可以濯我足。'孔子曰:'小子听之!清斯濯缨,浊斯濯足矣。自取之也。'夫人必自侮,然后人侮之;家必自毁,而后人毁之;国必自伐,而后人伐之。《太甲》曰:'天作孽,犹可违。自作孽,不可活。'此之谓也。"

孟子曰:"桀纣之失天下也,失其民也。失其民者,失其心也。得天下有道:得其民,斯得天下矣。得其民有道:得其心,斯得民矣。得其心有道:所欲与之聚之,所恶勿施尔也。民之归仁也,犹水之就下、兽之走圹也。故为渊驱鱼者,獭也;为丛驱爵者,鹯也;为汤武驱民者,桀与纣也。今天下之君有好仁者,则诸侯皆为之驱矣。虽欲无王,不可得已。今之欲王者,犹七年之病求三年之艾也。苟为不畜,终身不得。苟不志于仁,终身忧辱,以陷于死亡。《诗》云:'其何能淑,载胥及溺。'此之谓也。"

孟子曰:"自暴者,不可与有言也;自弃者,不可与有为也。言非礼义,谓之自暴也。吾身不能居仁由义,谓之自弃也。仁,人之安宅也;义,人之正路也。旷安宅而弗居,舍正路而不由,哀哉!"

孟子曰:"道在迩而求诸远,事在易而求诸难——人人亲其亲,长其长,而天下平。"

孟子曰:"居下位而不获于上,民不可得而治也。获于上有道,不信于友,弗获于上矣。信于友有道,事亲弗悦,弗信于友矣。悦亲有道,反身不诚,不悦于亲矣。诚身有道,不明乎善,不诚其身矣。是故诚者,天之道也。思诚者,人之道也。至诚而不动者,未之有也。不诚,未有能动者也。"

孟子曰:"伯夷辟纣,居北海之滨,闻文王作,兴曰:'盍归乎来!吾闻西伯善养老者。'

太公辟纣，居东海之滨，闻文王作，兴曰：'盍归乎来！吾闻西伯善养老者。'二老者，天下之大老也，而归之，是天下之父归之也。天下之父归之，其子焉往？诸侯有行文王之政者，七年之内，必为政于天下矣。"

孟子曰："求也为季氏宰，无能改于其德，而赋粟倍他日。孔子曰：'求非我徒也，小子鸣鼓而攻之可也。'由此观之，君不行仁政而富之，皆弃于孔子者也。况于为之强战？争地以战，杀人盈野；争城以战，杀人盈城，此所谓率土地而食人肉，罪不容于死。故善战者服上刑，连诸侯者次之，辟草莱、任土地者次之。"

孟子曰："存乎人者，莫良于眸子。眸子不能掩其恶。胸中正，则眸子瞭焉；胸中不正，则眸子眊焉。听其言也，观其眸子，人焉廋哉！"

孟子曰："恭者不侮人，俭者不夺人。侮夺人之君，惟恐不顺焉，恶得为恭俭？恭俭岂可以声音笑貌为哉？"

淳于髡曰："男女授受不亲，礼与？"孟子曰："礼也。"曰："嫂溺，则援之以手乎？"曰："嫂溺不援，是豺狼也。男女授受不亲，礼也。嫂溺，援之以手者，权也。"曰："今天下溺矣，夫子之不援，何也？"曰："天下溺，援之以道。嫂溺，援之以手。——子欲手援天下乎？"

公孙丑曰："君子之不教子，何也？"孟子曰："势不行也。教者必以正。以正不行，继之以怒。继之以怒，则反夷矣。'夫子教我以正，夫子未出于正也。'则是父子相夷也。父子相夷，则恶矣。古者易子而教之，父子之间不责善。责善则离，离则不祥莫大焉。"

孟子曰："事，孰为大？事亲为大。守，孰为大？守身为大。不失其身而能事其亲者，吾闻之矣。失其身而能事其亲者，吾未之闻也。孰不为事？事亲，事之本也。孰不为守？守身，守之本也。曾子养曾皙，必有酒肉。将彻，必请所与。问有馀，必曰：'有。'曾皙死，曾元养曾子，必有酒肉。将彻，不请所与。问有馀，曰：'亡矣。'——将以复进也。此所谓养口体者也。若曾子，则可谓养志也。事亲若曾子者，可也。"

孟子曰："人不足与適也，政不足与间也。惟大人为能格君心之非。君仁，莫不仁；君义，莫不义。君正，莫不正；一正君而国定矣。"

孟子曰："有不虞之誉，有求全之毁。"

孟子曰："人之易其言也，无责耳矣。"

孟子曰："人之患在好为人师。"

乐正子从于子敖之齐。乐正子见孟子。孟子曰："子亦来见我乎?"曰："先生何为出此言也?"曰："子来几日矣?"曰："昔者。"曰："昔者!则我出此言也,不亦宜乎?"曰："舍馆未定。"曰："子闻之也:舍馆定,然后求见长者乎?"曰："克有罪。"

孟子谓乐正子曰："子之从于子敖来,徒餔啜也。我不意子学古之道而以餔啜也。"

孟子曰："不孝有三,无后为大。舜不告而娶,为无后也,君子以为犹告也。"

孟子曰："仁之实,事亲是也;义之实,从兄是也;智之实,知斯二者弗去是也;礼之实,节文斯二者是也;乐之实,乐斯二者,乐则生矣;生则恶可已也,恶可已,则不知足之蹈之,手之舞之。"

孟子曰："天下大悦而将归己,视天下悦而归己,犹草芥也,惟舜为然。不得乎亲,不可以为人。不顺乎亲,不可以为子。舜尽事亲之道而瞽瞍厎豫,瞽瞍厎豫而天下化,瞽瞍厎豫而天下之为父子者定,此之谓大孝。"

【译文】

孟子说:"就是有离娄的视力,公输般的手艺,如果不用圆规和曲尺,也不能画好方形和圆形;就是有师旷审音的耳力,如果不用六律,也不能校正五音。就是有尧舜之道,如果不行仁政,也不能治理好天下。现在有些诸侯,虽然有好心肠和好名声,但是老百姓却受不到他的恩惠,他的政治也不能成为后世的样板,这就是因为不去实行前代圣王之道的缘故。所以说,光有好心,不足以治理政治;光有好法,它自己也不能自动运作。(必须两者都有。)《诗》上说:'不出错,不遗忘,都按既定方针办。'依循前代圣王的法度而犯错误的,是从来没有过的事。圣人既已用尽了视力,又用圆规、曲尺、水平仪、绳墨来制造方的、圆的、平的、直的各种器物,各种器物就用之不尽了;圣人既已用尽了听力,又用六律来校正五音,各种音阶也就运用无穷了;圣人既已用尽了脑力,又实行仁政,那么,仁德便衣被天下了。所以说,筑高台一定要依靠山陵,挖深池一定要依赖沼泽;管理政治不依靠前代圣王之道,能说是聪明吗? 因此,只有仁人应该处于统治地位。不仁的人而处于统治地位,就会把他的罪恶传播给群众。在上的没有道德规范,在下的没有法律制度,朝廷不相信道义,工匠不相信尺度,官吏触犯义理,百姓触犯刑法,这样的国家还能存在的,真是太侥幸了。所以说,城墙不坚固,军备不充足,不是国家的灾难;田野没开辟,经济不富裕,不是国家的祸害;如果在上的人没有礼义,在下的人没有教育,违法乱纪的人都起来

了，离国家灭亡的日子也就没几天了。《诗》上说：'上天正在动，不要喋喋不休！'喋喋不休就是啰唆重复的意思。事君不义，进退无礼，一说话便诋毁前代圣人之道，这样便是'喋喋不休'。所以说：用仁政来要求君主才叫作'恭'；向君主宣讲仁义，堵塞异端，这才叫'敬'；如果认为君主不能为善，这便是'贼'。"

孟子说："圆规和曲尺是方圆的极致，圣人是为人的极致。要做君主，就要尽君主之道；要做臣子，就要尽臣子之道。这两者都只要效法尧和舜就行了。不像舜服事尧那样服事君上，便是对君主的不恭敬；不像尧治理百姓那样治理百姓，便是对老百姓的残害。孔子说：'治理国家的方法有两种，行仁政和不行仁政罢了。'暴虐百姓太厉害，本身便会被杀，国家会被灭亡；不太厉害，本身也会危险，国力会被削弱，死了的谥号叫作'幽'，叫作'厉'，即使他有孝子贤孙，经历一百代也背着一个坏名声。《诗》说过：'殷商的镜子离它不远，就是前一代的夏朝。'说的正是这个意思。"

孟子说："夏、商、周三代的获得天下是由于仁，它们的失去天下是由于不仁。国家的兴起和衰败，生存和灭亡也是这样。天子如果不仁，便不能保有天下；诸侯如果不仁，便不能保有国家，卿大夫如果不仁，便不能保有他的祖庙；士和百姓如果不仁，便不能保全自己的身体。现在有的人怕死却乐于不仁，这就好比怕醉却偏要喝酒一样。"

孟子说："我爱别人，别人却不亲近我，便反问自己仁爱是否足够；我治理别人，却没治理好，便反问自己知识智慧是否足够；我礼貌待人，可人家却不理睬，便反问自己恭敬是否到了家。任何事情没有达到预期的效果都要反躬自问。自己确实端正了，天下的人都会归附于他。《诗》说得好：'与天意相配的周朝万岁呀！幸福都得自己寻求。'"

孟子说："有句话大家都喜欢挂在口头，就是'天下国家'。可见天下的基础是国，国的基础是家，而家的基础则是每个人。"

孟子说："从事政治并不难，只要不得罪那些有影响的贤明的卿大夫便行了。因为他们所敬慕的，一国的人都会敬慕；一国人所敬慕的，天下的人都会敬慕，因此德教就可以浩浩荡荡地洋溢于天下。"

孟子说："政治清明的时候，道德高的人统治道德不高的人，非常贤能的人统治不太贤能的人；政治黑暗的时候，便是大的统治小的，强的统治弱的。这两种情况，都取决于天。顺从天的生存，违背天的灭亡。齐景公说过：'既不能命令别人，又不接受别人的命令，只有绝路一条。'因此流着眼泪把女儿嫁到吴国去了。如今小国以大国为师，却以听命于人为耻，这就好比学生以听命于老师为耻一样。如果真以为耻，最好以文王为师。以文王为师，大国只要五年，小国只要七年，就一定可以号令天下了。《诗》说过：'商代的子孙，数目已不到十万。上帝既已授命于武王，他们也只好臣服于周。上国的子孙如今却臣服于周，可见天意没有一定。殷国的臣子也都聪明漂亮，如今只好酹酒于地，助祭于周京。'孔子也说过，'仁德的力量，不取决于人多人少。君主如果爱好仁，就将无敌于天下。'如今一些诸侯一心只想无敌于天下，却又不行仁政，这就好比苦于暑热却不肯洗澡一样。《诗》上说：'谁能不以炎热为苦，却不去沐浴？'"

孟子说："不仁的人难道可以同他商议吗？眼见别人处于危险之中，他却安之若素；别人遭了灾，他趁火打劫，捞他一把；那足以导致别人亡国败家的惨祸，他当作快乐来追求。不仁的人如果还可以同他商议，那怎么会发生亡国败家的惨祸呢？从前有个小孩歌唱道："沧浪的水清啊，可以洗我的帽缨；沧浪的水浊啊，可以洗我的双脚。'孔子说：'同学们听好了！水清就洗帽缨，水浊就洗双脚，这是由水本身决定的。'所以人必先有自取侮辱的行为，别人才侮辱他；家必先有自取毁坏的因素，别人才毁坏它；国必先有自取讨伐的原因，别人才讨伐它。《尚书·太甲篇》说过：'天造作的罪孽还可以逃避；自己造作的罪孽，逃也逃不掉。'正是这个意思。"

孟子说："桀和纣的丧失天下，是由于失去了老百姓；失去了老百姓，是由于失去了民心。获得天下有方法：得到了老百姓，就得到天下了；获得老百姓有方法：赢得了民心，就得到老百姓了；获得民心也有方法：他们所希望的，替他们聚积起来；他们所厌恶的，不要加在他们头上，如此罢了。老百姓的向仁德仁政归附，就如同水的流向下游，兽的奔向旷野一样。所以，为深潭把鱼赶来的是水獭，为森林把鸟雀赶来的是鹞鹰，为商汤、周武把百姓赶来的，就是桀和纣了。当今天下的君主中如果有好施行仁政的，那其他诸侯都会为他把百姓赶来的。即使他不想统一天下，也是办不到的。但是如今这些希望用仁政来统一天下的人，就比如害了七年的痼疾，要用三年的陈艾来医治，平时如果不积蓄，终身都会得不到。如果无意于仁政，那一辈子都将陷于忧患与屈辱之中，一直到死亡。《诗》上说：'那如何能办得好，全都落水淹死了。'正是这个意思。"

孟子说："自己残害自己的人，不能和他谈出有价值的话；自己抛弃自己的人，不能和他做出有价值的事。开口便非议礼义，这便叫作自己残害自己；认为自己不能以仁居心，不能实践道义，这便叫作自己抛弃自己。仁是人类最安适的住宅；义是人类最正确的道

路。把最安适的住宅空着不去住,把最正确的道路丢掉不去走,可悲呀!"

孟子说:"道在近处却往远处求,事情容易却往难处做——只要人人都亲爱自己的父母,尊敬自己的长辈,天下就太平了。"

孟子说:"职位低下,又得不到上级的信任,是不能够把百姓治理好的。要得到上级的信任,有一定的方法:(首先要得到朋友的信任,)得不到朋友的信任,也就得不到上级的信任了。要使朋友信任,也有一定的方法:(首先要得到父母的欢心,)侍奉父母而不能叫他们高兴,朋友也就不信任你了。叫父母高兴,也有一定的方法:(首先要诚心诚意,)若是反躬自问,心意不诚,也就不能叫父母高兴了。要使自己诚心诚意,也有一定的方法:(首先要明白什么是善,)不明白什么是善,也就不能使自己诚心诚意了。所以诚是大自然的规律,追求诚是做人的规律。诚心到顶点却不能叫人动心的,是从来不曾有过的事;不诚心,没有能感动别人的。"

孟子说:"伯夷避开纣王,住在北海边上,听说文王兴起来了,便说:'何不到西伯那里去呢,我听说他是善于养老的人。'姜太公避开纣王,住在东海边上,听说文王兴起来了,便说:'何不到西伯那里去呢? 我听说他是善于养老的人。'这两位老人,是天下最有声望的老人;他们归于西伯,这等于天下的父亲都归于西伯了。天下的父亲都去了,他们的儿子还有哪里可去呢? 如果诸侯中间有实行文王的政治的,顶多七年,就一定能掌握天下的政权了。"

孟子说:"冉求当了季康子的总管,不能改变他的行为,田赋反而增加了一倍。孔子说:'冉求不是我的学生,同学们大张旗鼓地攻击他都可以。'从这里看来,君主不实行仁政,反而去帮助他搜刮财富的人,都是被孔子所唾弃的;何况替那不仁的君主努力作战的人呢?(这些人)为争夺土地而战,杀得尸横遍野;为争夺城池而战,杀死的人满城,这真可以叫作带领土地来吃人肉,一死不足以赎出他们的罪过。所以战争贩子应该受最重的刑罚,摇唇鼓舌,推销合纵连横战略构想的人该受次一等的刑罚,(为了替君主搜刮财富而让百姓背井离乡去)开垦草莽以尽地利的人该受再次一等的刑罚。"

孟子说:"观察一个人,最好是观察他的眼睛。(因为眼睛是心灵的窗口,它)不能掩盖一个人丑恶的灵魂。心正,眼睛就明亮;心不正,眼睛就昏暗。听一个人说话的时候,注意观察他的眼睛,这人的善恶能往哪里躲呢?"

孟子说:"恭敬别人的人不会侮辱别人,节俭的人不会掠夺别人。侮辱人掠夺人的诸

侯,只怕别人不顺从自己,又如何能恭敬和节俭? 恭敬和节俭难道可以靠甜言蜜语和笑容可掬装出来吗?"

淳于髡问:"男女之间,不亲手递接东西,这是礼制吗?"孟子答道:"是礼制。"淳于髡说:"那嫂子掉在水里,用手去拉她吗?"孟子说:"嫂子掉在水里,不去拉她,这简直是豺狼。男女之间不亲手递接,这是通常的礼制;嫂子掉在水里,用手去拉她,这是变通的办法。"淳于髡说:"现在全天下的人都遭灭顶之灾了,您不去救援,这是为什么?"孟子说:"天下的人都在水里,要用'道'去救援;嫂子在水里,用手去救援——你难道要单枪匹马用一双手救援天下的人吗?"

公孙丑问:"君子不亲自教育孩子,为什么呢?"孟子答道:"由于情势行不通,教育一定要讲正理,用正理讲不通,跟着就容易发怒,一发怒,就反而伤感情了。(孩子会说:)'您用正理教我,可是您的行为却不出于正理。'这样,父子间就互相伤感情了。父子间互伤感情,这可不好。古时候交换小孩来教育,使父子之间不因求好而互相责备。为求好而互相责备,就会变得隔膜,父子之间生疏隔膜可是最不好的。"

孟子说:"侍奉谁最重要? 侍奉父母最重要。守护什么最重要? 守护自己(的良心)最重要。不失去自己的良心又能侍奉父母的,我听说过;失去了良心又能侍奉父母的,我没有听说过。侍奉的事都应该做,但侍奉父母是根本;守护的事都应该做,但守护自己的良心是根本。从前曾子奉养他的父亲曾晳,每餐一定都有酒有肉;撤席时一定要问剩下的给谁。曾晳若问是否还有剩余,一定答道,'还有。'曾晳死了,曾元养曾子,也一定有酒有肉;撤席时便不问剩下的给谁了;曾子若问是否还有剩余,便说,'没有了。'准备下餐再给曾子吃。这个叫作口体之养。至于曾子,才可以叫作顺从亲意之养。侍奉父母能做到像曾子那样,就可以了。"

孟子说:"当政的小人不值得去谴责,他们的政治也不值得去非议;只有大人才能够纠正君主的不正确思想。君主仁,没有人不仁;君主义,没有人不义;君主正,没有人不正。一把君主端正了,国家也就安定了。"

孟子说:"有意料不到的赞扬,也有过于苛求的诋毁。"

孟子说:"说话太随便,这人便不值得责备了。"

孟子说:"人的毛病在喜欢做别人的老师。"

乐正子跟随王子敖到了齐国。乐正子去见孟子。孟子说:"你也来看我吗?"乐正子

答道："老师为什么讲出这样的话呀？"孟子问："你来几天了？"答道："昨天才来。"孟子说："昨天，那我说这样的话，不也是应该的吗？"乐正子说："住所没有找好。"孟子说："你听说过，要住所找好了才来求见长辈吗？"乐正子说："我有罪。"

孟子对乐正子说："你跟着王子敖来，只是吃吃喝喝罢了。我没想到你学习古人的大道，竟是为了吃吃喝喝。"

孟子说："不孝顺父母的事有三种，其中以没有子孙为最大。舜不先禀告父母就娶妻，为的是怕没有子孙，（因为先禀告，他那狠毒的爹瞽瞍就会从中作梗。）虽然他没有禀告，君子却认为他实际上同禀告了一样。"

孟子说："仁的实质就是侍奉父母；义的实质就是顺从兄长；智的实质就是明白这二者的道理并坚持下去；礼的实质是对这二者加以恰如其分的调节与修饰；乐的实质就是以这二者为乐事，快乐于是就发生了；快乐一发生，又如何能止得住呀？止不住，就会不知不觉地手舞足蹈起来了。"

孟子说："天底下的人都很喜欢自己，而且将归附自己，却把这看成草芥一般，只有舜是这样的。不能得到父母的欢心，不可以做人；不能顺从父母的旨意，不能做儿子。舜尽心竭力侍奉父母，结果瞽瞍变得高兴了；瞽瞍高兴了，天下的风俗也就开始变好；瞽瞍高兴了，天下父子间的伦常也由此确定了，这便叫作大孝。"

离娄下

【原文】

孟子曰："舜生于诸冯，迁于负夏，卒于鸣条，东夷之人也。文王生于岐周，卒于毕郢，西夷之人也。地之相去也，千有馀里；世之相后也，千有馀岁，得志行乎中国，若合符节。先圣后圣，其揆一也。"

子产听郑国之政，以其乘舆济人于溱洧。孟子曰："惠而不知为政。岁十一月，徒杠成；十二月，舆梁成，民未病涉也。君子平其政，行辟人可也，焉得人人而济之？故为政者，每人而悦之，日亦不足矣。"

孟子告齐宣王曰："君之视臣如手足，则臣视君如腹心；君之视臣如犬马，则臣视君如

国人；君之视臣如土芥，则臣视君如寇雠。"王曰："礼，为旧君有服。何如斯可为服矣？"

曰："谏行言听，膏泽下于民；有故而去，则君使人导之出疆，又先于其所往；去三年不反，然后收其田里。此之谓三有礼焉。如此，则为之服矣。今也为臣，谏则不行，言则不听，膏泽不下于民；有故而去，则君搏执之，又极之于其所往；去之日，遂收其田里。此之谓寇雠。寇雠，何服之有？"

孟子曰："无罪而杀士，则大夫可以去；无罪而戮民，则士可以徙。"

孟子曰："君仁，莫不仁。君义，莫不义。"

孟子曰："非礼之礼，非义之义，大人弗为。"

孟子曰："中也养不中，才也养不才，故人乐有贤父兄也。如中也弃不中，才也弃不才，则贤不肖之相去，其间不能以寸。"

孟子曰："人有不为也，而后可以有为。"

孟子曰："言人之不善，当如后患何！"

孟子曰："仲尼不为已甚者。"

孟子曰："大人者，言不必信，行不必果，惟义所在。"

孟子曰："大人者，不失其赤子之心者也。"

孟子曰："养生者不足以当大事，惟送死可以当大事。"

孟子曰："君子深造之以道，欲其自得之也。自得之，则居之安；居之安，则资之深；资之深，则取之左右逢其原，故君子欲其自得之也。"

孟子曰："博学而详说之，将以反说约也。"

孟子曰："以善服人者，未有能服人者也。以善养人，然后能服天下，天下不心服而王者，未之有也。"

孟子曰："言无实不祥。不祥之实，蔽贤者当之。"

徐子曰："仲尼亟称于水，曰：'水哉，水哉！'何取于水也？"孟子曰："源泉混混，不舍昼夜，盈科而后进，放乎四海。有本者如是，是之取尔。苟为无本，七、八月之间雨集，沟浍皆盈；其涸也，可立而待也。故声闻过情，君子耻之。"

孟子曰："人之所以异于禽兽者几希，庶民去之，君子存之。舜明于庶物，察于人伦；由仁义行，非行仁义也。"

孟子曰："禹恶旨酒而好善言。汤执中，立贤无方。文王视民如伤，望道而未之见。

武王不泄迩，不忘远。周公思兼三王，以施四事，其有不合者，仰而思之，夜以继日；幸而得之，坐以待旦。"

孟子曰："王者之迹熄而《诗》亡，《诗》亡然后《春秋》作。晋之《乘》，楚之《梼杌》，鲁之《春秋》，一也。其事则齐桓、晋文，其文则史。孔子曰：'其义则丘窃取之矣。'"

孟子曰："君子之泽五世而斩，小人之泽五世而斩。予未得为孔子徒也，予私淑诸人也。"

孟子曰："可以取，可以无取，取伤廉；可以与，可以无与，与伤惠；可以死，可以无死，死伤勇。"

逢蒙学射于羿，尽羿之道，思天下惟羿为愈己，于是杀羿。孟子曰："是亦羿有罪焉。"公明仪曰："宜若无罪焉。"曰："薄乎云尔，恶得无罪？郑人使子濯孺子侵卫，卫使庾公之斯追之。子濯孺子曰：'今日我疾作，不可以执弓。吾死矣夫！'问其仆曰：'追我者谁也？'其仆曰：'庾公之斯也。'曰：'吾生矣！'其仆曰：'庾公之斯，卫之善射者也。夫子曰吾生，何谓也？'曰：'庾公之斯学射于尹公之他，尹公之他学射于我。夫尹公之他，端人也，其取友必端矣。'庾公之斯至，曰：'夫子何为不执弓？'曰：'今日我疾作，不可以执弓。'曰：'小人学射于尹公之他，尹公之他学射于夫子。我不忍以夫子之道反害夫子。虽然，今日之事，君事也，我不敢废。'抽矢，扣轮，去其金，发乘矢而后反。"

孟子曰："西子蒙不洁，则人皆掩鼻而过之。虽有恶人，斋戒沐浴，则可以祀上帝。"

孟子曰："天下之言性也，则故而已矣。故者以利为本。所恶于智者，为其凿也。如智者若禹之行水也，则无恶于智矣。禹之行水也，行其所无事也。如智者亦行其所无事，则智亦大矣。天之高也，星辰之远也，苟求其故，千岁之日至，可坐而致也。"

公行子有子之丧。右师往吊。入门，有进而与右师言者，有就右师之位而与右师言者。孟子不与右师言，右师不悦，曰："诸君子皆与欢言，孟子独不与欢言，是简欢也。"孟子闻之，曰："礼，朝廷不历位而相与言，不逾阶而相揖也。我欲行礼，子敖以我为简，不亦异乎？"

孟子曰："君子所以异于人者，以其存心也。君子以仁存心，以礼存心。仁者爱人，有礼者敬人。爱人者，人恒爱之；敬人者，人恒敬之。有人于此，其待我以横逆，则君子必自反也：我必不仁也，必无礼也，此物奚宜至哉？其自反而仁矣，自反而有礼矣，其横逆由是也，君子必自反也，我必不忠。自反而忠矣，其横逆由是也。君子曰：'此亦妄人也已矣。

如此，则与禽兽奚择哉？于禽兽又何难焉？'是故君子有终身之忧，无一朝之患也。乃若所忧则有之：舜，人也；我，亦人也。舜为法于天下，可传于后世，我由未免为乡人也，是则可忧。忧之如何？如舜而已矣。若夫君子所患则亡矣。非仁无为也，非礼无行也。如有一朝之患，则君子不患矣。"

禹、稷当平世，三过其门而不入，孔子贤之。颜子当乱世，居于陋巷，一箪食，一瓢饮；人不堪其忧，颜子不改其乐，孔子贤之。孟子曰："禹、稷、颜回同道。禹思天下有溺者，由己溺之也。稷思天下有饥者，由己饥之也，是以如是其急也。禹、稷、颜子易地则皆然。今有同室之人斗者，救之，虽被发缨冠而救之，可也。乡邻有斗者，被发缨冠而往救之，则惑也，虽闭户可也。"

公都子曰："匡章，通国皆称不孝焉。夫子与之游，又从而礼貌之，敢问何也？"孟子曰："世俗所谓不孝者五：惰其四支，不顾父母之养，一不孝也；博弈好饮酒，不顾父母之养，二不孝也；好货财，私妻子，不顾父母之养，三不孝也；从耳目之欲，以为父母戮，四不孝也；好勇斗很，以危父母，五不孝也。章子有一于是乎？夫章子，子父责善而不相遇也。责善，朋友之道也。父子责善，贼恩之大者。夫章子，岂不欲有夫妻子母之属哉？为得罪于父，不得近，出妻屏子，终身不养焉。其设心以为不若是，是则罪之大者，是则章子已矣。"

曾子居武城，有越寇。或曰："寇至，盍去诸？"曰："无寓人于我室，毁伤其薪木。"寇退，则曰："修我墙屋，我将反。"寇退，曾子反，左右曰："待先生如此其忠且敬也，寇至，则先去以为民望；寇退，则反，殆于不可。"沈犹行曰："是非汝所知也。昔沈犹有负刍之祸，从先生者七十人，未有与焉。"子思居于卫。有齐寇。或曰："寇至，盍去诸？"子思曰："如伋去，君谁与守？"孟子曰："曾子、子思同道。曾子，师也，父兄也。子思，臣也，微也。曾子、子思易地则皆然。"

储子曰："王使人瞯夫子，果有以异于人乎？"孟子曰："何以异于人哉？尧、舜与人同耳。"

齐人有一妻一妾而处室者。其良人出，则必餍酒肉而后反，其妻问所与饮食者，则尽富贵也。其妻告其妾曰："良人出，则必餍酒肉而后反。问其与饮食者，尽富贵也，而未尝有显者来。吾将瞯良人之所之也。"蚤起，施从良人之所之，遍国中无与立谈者。卒之东郭墦间，之祭者，乞其馀；不足，又顾而之他，此其为餍足之道也。其妻归，告其妾，曰："良

人者,所仰望而终身也。今若此!"与其妾讪其良人,而相泣于中庭,而良人未之知也,施施从外来,骄其妻妾。由君子观之,则人之所以求富贵利达者,其妻妾不羞也而不相泣者,几希矣!

【译文】

孟子说:"舜出生在诸冯,迁居到负夏,死在鸣条,那么他是东方民族的人。文王生在岐周,死在毕郢,那么他是西方民族的人。两地相隔一千多里;时代相差一千多年。他们得志时在中国的所作所为,几乎一模一样,古代的圣人和后代的圣人,他们的道路是相同的。"

子产主持郑国的行政,用他的专车帮助别人渡过溱水和洧水。孟子评论道:"是个好人,却并不懂得政治。如果十一月修成走人的桥,十二月修成走车的桥,百姓就不会为渡河发愁了。君子只要修平政治,他外出时鸣锣开道都可以,哪能够一个一个地帮人渡河呢?如果从事政治的人一个一个地去讨人欢心,时间也就会太不够用了。"

孟子告诉齐宣王说:"君主把臣子当作自己的手脚,那臣子就会把君主当作自己的腹心;君主把臣子当作狗马,那臣子就会把君主当作一般的人;君主把臣子当作泥土草芥,那臣子就会把君主当作仇敌。"

宣王说:"礼制规定,已经离职的臣子对过去的君主还得服一定的孝服;君主怎样对待臣子,臣子才会为他服孝呢?"孟子说:"忠告他接受,建议他听从;好政策落实到群众。有事情不得不离开,君主一定派人引导他离开国境,又先派人到他要去的地方布置一番。离开好几年还不回来,才收回他的土地和住房。这个叫作三有礼。这样做,臣子就会为他服孝了。现在做臣子的,忠告,他不接受;建议,他不听从。群众也得不到实惠。臣子有什么事不得不离开,那君主还把他绑起来;还到他要去的地方捣乱,叫他走投无路。离开那一天,马上收回他的土地和住房。这个叫仇敌。对仇敌般的旧君,臣子干吗要服孝呢?"

孟子说:"士人并没犯罪,却被杀掉,那么大夫就可以离得远远的!群众并没犯罪,却被杀掉,那么士人就可以卷铺盖走路!"

孟子说:"君主如果仁,便没有人不仁;君主如果义,便没有人不义。"

孟子说:"不是礼的'礼',不是义的'义',有德行的人是不干的。"

　　孟子说："品质好的人来教养那些品质不好的人,有才能的人来教养那些没才能的人,所以人人都喜欢有好父兄。如果品质好的人不去教养那些品质不好的人,有才能的人不去教养那些没才能的人,那么,所谓好,所谓不好,他们中间的距离也就相近得不能用分寸来计量了。"

　　孟子说："人要有所不为,才能有所作为。"

　　孟子说："说人家的坏话,有了后患,又怎么办呢?"

　　孟子说："仲尼是做事从不做过头的人。"

　　孟子说："有德行的人,说话不一定句句守信,行为不一定贯彻始终,只要时时刻刻秉持着义便行了。"

　　孟子说："有德行的人便是能保持天真纯朴的一颗童心的人。"

　　孟子说："养活父母不算什么大事情,只有给他们送终才算得上是件大事情。"

　　孟子说："君子依循正确的方法来得到高深的造诣,就是要求他自觉地有所得。自觉地有所得,就能牢固地掌握它而不动摇;牢固地掌握它而不动摇,就能积蓄很深;积蓄很深,便能取之不尽,左右逢源,所以君子要自觉地有所得。"

　　孟子说："广博地学习,详细地解说,(是为了融会贯通以后,)能回到用浅显的话语表述高深的道理的地步。"

　　孟子说："拿善来使人服输,没有能够使人服输的;拿善来教养人,这才能使天下的人都归服。天下人不心服而能统一天下的,是从来没有过的事。"

　　孟子说："说话空洞无物,不解决任何问题,很不好。这种不好的后果,必须由阻碍德才兼备者进入执政层的人来承担。"

　　徐子说："孔子好几次称赞水,说:'水呀,水呀!'他看中了水的哪一点呢?"孟子说:"泉水滚滚向下流,昼夜不息,把坑坑坎坎灌满后,又继续奔流,一直到海洋之中。有本源的都是这样,孔子正看中了这一点。如果没有本源,纵然七八月间大雨滂沱,把大小沟渠都灌满了;但是它的干涸,也就是一会儿的工夫。所以名誉超过实际的,君子引以为耻。"

　　孟子说："人和禽兽不同的地方只那么一点点,一般百姓丢弃它,君子保存了它。舜懂得事物的道理,了解人类的常情,于是顺着仁义的道路前行,不是把仁义当作工具、手段来使用的啊。"

　　孟子说："禹不喜欢美酒,却喜欢至理名言。汤秉持中正之道,能破格提拔德才兼备

的人。文王总把百姓当作伤员一样，(加以怜爱；)追求真理又好像总看不到它，(从不松懈。)武王不轻侮在朝廷中的近臣，不遗忘散在四方的远臣。周公想要兼学夏、商、周三代的君王，来实践禹、汤、文、武的事业；如果有不合于当日情况的，便抬着头夜以继日地考虑；总算想通的话，便坐着等到天亮(马上付诸实施)。"

孟子说："圣王派人采诗的事终止了，《诗》也就没有了；《诗》没有了，孔子便创作了《春秋》。(各国都有叫作'春秋'的史书，)晋国的又叫《乘》，楚国的又叫《梼杌》，鲁国的只叫《春秋》，都是一个样：记载的事情不过齐桓公、晋文公之类，所用的笔法不过一般史书的笔法。(而孔子的《春秋》就不同，)他说：'《诗》三百篇所寓有的褒善贬恶的大义，我在《春秋》里借用了。'"

孟子说："君子的流风余韵五代以后便断绝了，小人的流风余韵，五代以后也断绝了。我没有能够做孔子的学生，我是私下从别人那里学来的。"

孟子说："可以拿，也可以不拿，拿了便对廉洁有损害；可以给，也可以不给，给了便是滥用了恩惠；可以死，可以不死，死了便是对勇德的亵渎。"

古时候，逢蒙跟羿学射箭，完全学到了羿的本领，便想，天下只有羿比自己强了，因此便把羿给杀了。孟子说："这事羿也有错误。"公明仪说："好像没什么错误吧。"孟子说："错误不大罢了，怎能说一点也没有呢？郑国从前派子濯孺子侵犯卫国，卫国便派庾公之斯来追击他。子濯孺子说：'今天我的病发作了，拿不了弓，我算死定了。'他又问驾车的人道：'追我的是谁呀？'驾车的人答道：'庾公之斯。'他便说：'我可以活命了。'驾车的人说：'庾公之斯是卫国有名的射手，您反说能活命了，这是什么道理呀？'答道：'庾公之斯跟尹公之他学射，尹公之他又跟我学射。那尹公之他可是个正派人，他选取的朋友学生一定也正派。'庾公之斯追上了，问道：'老师何为不拿弓？'子濯孺子说：'今天我的病发作了，拿不了弓。'庾公之斯便说：'我跟尹公之他学射，尹公之他又跟您学射。我不忍心拿您的本领反过来伤害您。但是，今天的事情是国家的公事，我又不敢完全废弃。'便抽出箭，在车轮上敲了几下，去掉箭头，发射四箭然后就回去了。"

孟子说："如果西施弄得满身污秽，那别人走过的时候，也会掩着鼻子；纵是面目丑恶的人，如果他斋戒沐浴，也就可以祭祀上帝。"

孟子说："天下的人讨论人性，只要能弄清楚它的来龙去脉便行了。要弄清它的来龙去脉，首先在于顺其自然。我们讨厌聪明，是因为聪明容易让人钻牛角尖。如果聪明像

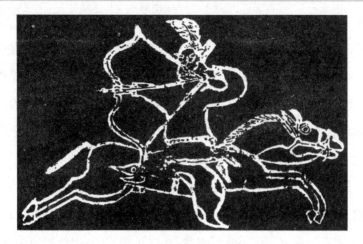

习射，汉画像石。

禹疏导河道一样让它顺其自然，就不必讨厌聪明了。禹的治理水患，就是让水的运行像没事一样（顺着它的本性流向下游，奔腾入海）。如果聪明人也都能像没事一样（顺着大自然的法则而行），那聪明也就不小了。天极高，星辰极远，只要能弄清楚它的来龙去脉，以后一千年的冬至，都可以坐着推算出来。”

公行子死了儿子，右师去吊唁。他一进门，就有人走上前同他说话；（他坐下后，）又有人走近他的座位同他说话。孟子不同他说话，他不高兴，说道：“各位大夫都同我说话，只有孟子不同我说话，这是简慢我王驩呀。”孟子听说了，讲道：“依礼节，在朝廷中，谈话不能越位，作揖也不能越过石阶。我依礼而行，子敖却以为我简慢了他，这不也奇怪吗？”

孟子说：“君子和一般人不同的地方，就在于居心不同。君子心里老惦记着仁，惦记着礼。仁人爱别人，有礼的人尊敬别人。爱别人的人，别人总是爱他；尊敬别人的人，别人总是尊敬他。假如这里有个人，对待我蛮横无礼。那君子一定反躬自问，我一定不够仁，一定不够有礼，不然，这种态度怎么会来呢？反躬自问，我实在仁，实在有礼，那人的蛮横无礼还是原样，君子一定又反躬自问，我一定不够忠心。反躬自问，我实在忠心耿耿，那人的蛮横无礼还是原样，君子就会说：‘这不过是个妄人罢了，这样不讲理，那和禽兽有什么区别呢？对于禽兽又有什么好责备的呢？’所以君子有长期的忧虑，却没有突发的痛苦。这样的忧虑是有的：舜是人，我也是人。舜是天下人的榜样，能流芳百世，我却仍然不免是个乡巴佬。这个才是值得忧虑的事。有了忧虑怎么办呢？尽力向舜学习罢了。至于君子的别的痛苦，那是没有的。不是仁爱的事不干，不合礼节的事不做。即使

有意外飞来的横祸,君子也不以为痛苦了。"

禹、稷处于政治清明的年代,几次经过自家门口都不进去,孔子认为他们贤明。颜子处于政治昏乱的年代,住在狭窄的巷子里,一篮子饭,一瓜瓢水,别人都忍受不了那苦日子,他却不改变自己乐观向上的生活态度,孔子认为他贤良。孟子说:"禹、稷和颜回(处世的态度表面上看去恰恰相反,其实)道理是一样的。禹觉得天下有人遭了水淹,就好像是自己淹了他一样;稷觉得天下有人饿着肚子,就好像是自己饿了他一样,所以他们拯救百姓才这样急迫。禹、稷和颜子如果互相交换地位,也都会那样做的。假若有同住一室的人互相斗殴,我去救他,就是披散着头发,连帽子也不系好去救都可以;如果本乡的邻居家在斗殴,也披着头发帽带也不系好去救,那就是糊涂了;即使把门关着都是可以的。(颜回的行为正好比这样。)"

公都子说:"匡章,全国都说他不孝,您却同他来往,还相当敬重他,请问这是为什么?"孟子说:"一般人所说的不孝的事有五件:四肢不勤,不赡养父母,一不孝;好下棋喝酒,不赡养父母,二不孝;好钱财,偏爱妻室儿女,不赡养父母,三不孝;放纵耳目的欲望,使父母蒙受羞辱,四不孝;逞勇敢好打架,危及父母,五不孝。章子在这五项之中占了一项吗?章子不过是父子中间以善相责而把关系弄僵了罢了。以善相责,这是朋友相处之道;父子之间以善相责,是最伤感情的事。那章子,难道不想有夫妻母子的团聚吗?就因为得罪了父亲,不能和他亲近,因此把自己的妻室也赶出去;把儿子也赶走了,终身不要他们赡养。他觉得不这样做,那罪过可更大了,这就是章子的为人啊。"

曾子住在武城时,越国军队来侵犯。有人便说:"敌寇要来了,何不离开一下呢?"曾子说:"(好吧,但是)不要使别人借住在我这里,破坏那些树木。"敌寇退了,曾子便说:"把我的墙屋修理修理吧,我要回来了。"敌寇退了,曾子也回来了。他旁边的人说:"武城军民对您是这样的忠诚恭敬,敌人来了,便早早地走开,给百姓做了个坏榜样;敌寇退了,马上回来,这恐怕不可以吧?"沈犹行说:"这个不是你们所晓得的。从前先生住在我那里,有个名叫负刍的捣乱,跟随先生的七十个人也都早早地走开了。"

子思住在卫国,齐国军队来侵犯。有人说:"敌人来了,何不走开呢?"子思说:"如果连我也走开了,君主同谁来守城呢?"

孟子说:"曾子、子思其实殊途同归。曾子是老师,是前辈;子思是臣子,是小官。曾子、子思如果对换地位,他们也会像对方那样做的。"

储子说："王派人来窥探您，看来真有什么跟一般人不同的地方吗？"孟子说："有什么跟别人不同的地方呢？尧舜也同一般人一样呢。"

齐国有一个人，家里有一妻一妾。那丈夫每次外出，一定吃饱喝足才回家。他妻子问他一同赴宴的都是些什么人，他总是回答不是大款便是大官。他妻子便告诉他的妾说："丈夫外出，总是吃饱喝足才回家，问他一同赴宴的是什么人，总回答不是大款便是大官，但我从来没见过有什么显贵人物到咱家来。我准备偷偷地看看他究竟到什么地方去了。"

第二天大清早起来，她便远远地跟在丈夫后面走；走遍全城，没有一个人站住同她丈夫谈话的。最后一直走到东郊外的墓地，他便走向祭扫坟墓的人那儿，讨些残汤剩菜；不够，又东张西望地走到别人那去讨——这就是他吃饱喝足的办法。

他妻子回家后，便把所看到的告诉他的妾，并且说："丈夫，是我们需要仰仗一辈子的人，现在他却这样……"于是她俩一道在庭中咒骂着，哭泣着，而那丈夫还不知道，高高兴兴地从外边回来，又在妻妾面前吹牛皮，耍威风。

由君子看来，有些人所用的乞求升官发财的方法，能不使他妻妾引为羞耻而共同哭泣的，是很少的！

万章上

【原文】

万章问曰："舜往于田，号泣于旻天，何为其号泣也？"孟子曰："怨慕也。"万章曰："'父母爱之，喜而不忘。父母恶之，劳而不怨。'然则舜怨乎？"曰："长息问于公明高曰：'舜往于田，则吾既得闻命矣。号泣于旻天，于父母，则吾不知也。'公明高曰：'是非尔所知也。'夫公明高以孝子之心，为不若是恝。我竭力耕田，共为子职而已矣。父母之不我爱，于我何哉？帝使其子九男二女，百官牛羊仓廪备，以事舜于畎亩之中。天下之士多就之者，帝将胥天下而迁之焉。为不顺于父母，如穷人无所归。天下之士悦之，人之所欲也，而不足以解忧；好色，人之所欲，妻帝之二女，而不足以解忧；富，人之所欲，富有天下，而不足以解忧；贵，人之所欲，贵为天子，而不足以解忧。人悦之、好色、富贵，无足以解忧

者,惟顺于父母可以解忧。人少,则慕父母;知好色,则慕少艾;有妻子,则慕妻子;仕则慕君,不得于君则热中。大孝终身慕父母。五十而慕者,予于大舜见之矣。"

万章问曰:"《诗》云:'娶妻如之何?必告父母。'信斯言也,宜莫如舜。舜之不告而娶,何也?"孟子曰:"告则不得娶。男女居室,人之大伦也。如告,则废人之大伦,以怼父母,是以不告也。"万章曰:"舜之不告而娶,则吾既得闻命矣。帝之妻舜而不告,何也?"曰:"帝亦知告焉则不得妻也。"万章曰:"父母使舜完廪,捐阶,瞽瞍焚廪。使浚井,出,从而掩之。象曰:'谟盖都君咸我绩,牛羊父母,仓廪父母。干戈朕,琴朕,弤朕,二嫂使治朕栖。'象往入舜宫,舜在床琴。象曰:'郁陶思君尔。'忸怩。舜曰:'惟兹臣庶,汝其于予治。'不识舜不知象之将杀己与?"曰:"奚而不知也?象忧亦忧,象喜亦喜。"曰:"然则舜伪喜者与?"曰:"否。昔者有馈生鱼于郑子产,子产使校人畜之池。校人烹之,反命曰:'始舍之,圉圉焉;少则洋洋焉;攸然而逝。'子产曰:'得其所哉!得其所哉!'校人出,曰:'孰谓子产智?予既烹而食之,曰:"得其所哉,得其所哉。"'故君子可欺以其方,难罔以非其道。彼以爱兄之道来,故诚信而喜之,奚伪焉?"

万章问曰:"象日以杀舜为事。立为天子则放之,何也?"孟子曰:"封之也,或曰放焉。"万章曰:"舜流共工于幽州,放驩兜于崇山,杀三苗于三危,殛鲧于羽山,四罪而天下咸服,诛不仁也。象至不仁,封之有庳。有庳之人奚罪焉?仁人固如是乎——在他人则诛之,在弟则封之?"曰:"仁人之于弟也,不藏怒焉,不宿怨焉,亲爱之而已矣。亲之,欲其贵也;爱之,欲其富也。封之有庳,富贵之也。身为天子,弟为匹夫,可谓亲爱之乎?""敢问或曰放者,何谓也?"曰:"象不得有为于其国,天子使吏治其国而纳其贡税焉,故谓之放。岂得暴彼民哉?虽然,欲常常而见之,故源源而来。'不及贡,以政接于有庳。'此之谓也。"

咸丘蒙问曰:"语云:盛德之士,君不得而臣,父不得而子。舜南面而立,尧帅诸侯北面而朝之,瞽瞍亦北面而朝之。舜见瞽瞍,其容有蹙。孔子曰:'于斯时也,天下殆哉!岌岌乎!'不识此语诚然乎哉?"孟子曰:"否!此非君子之言,齐东野人之语也。尧老而舜摄也。《尧典》曰:'二十有八载,放勋乃徂落,百姓如丧考妣。三年,四海遏密八音。'孔子曰:'天无二日,民无二王。'舜既为天子矣,又帅天下诸侯以为尧三年丧,是二天子矣。"咸丘蒙曰:"舜之不臣尧,则吾既得闻命矣。《诗》云:'普天之下,莫非王土。率土之滨,莫非王臣。'而舜既为天子矣,敢问瞽瞍之非臣,如何?"曰:"是诗也,非是之谓也。劳于王事

而不得养父母也。曰:'此莫非王事,我独贤劳也。'故说诗者不以文害辞,不以辞害志。以意逆志,是为得之,如以辞而已矣,《云汉》之诗曰:'周馀黎民,靡有孑遗。'信斯言也,是周无遗民也。孝子之至,莫大乎尊亲。尊亲之至,莫大乎以天下养。为天子父,尊之至也。以天下养,养之至也。《诗》曰:'永言孝思,孝思维则。'此之谓也。《书》曰:'祗载见瞽瞍,夔夔斋栗,瞽瞍亦允若。'是为父不得而子也。"

万章曰:"尧以天下与舜,有诸?"孟子曰:"否。天子不能以天下与人。""然则舜有天下也,孰与之?"曰:"天与之。""天与之者,谆谆然命之乎?"曰:"否。天不言,以行与事示之而已矣。"曰:"以行与事示之者,如之何?"曰:"天子能荐人于天,不能使天与之天下。诸侯能荐人于天子,不能使天子与之诸侯。大夫能荐人于诸侯,不能使诸侯与之大夫。昔者尧荐舜于天而天受之,暴之于民而民受之。故曰:'天不言,以行与事示之而已矣。'"曰:"敢问荐之于天而天受之,暴之于民而民受之,如何?"曰:"使之主祭,而百神享之,是天受之;使之主事而事治,百姓安之,是民受之也。天与之,人与之,故曰天子不能以天下与人。舜相尧二十有八载,非人之所能为也,天也。尧崩,三年之丧毕,舜避尧之子于南河之南,天下诸侯朝觐者,不之尧之子而之舜;讼狱者,不之尧之子而之舜;讴歌者,不讴歌尧之子而讴歌舜,故曰天也。夫然后之中国,践天子位焉。而居尧之宫,逼尧之子,是篡也,非天与也。《太誓》曰:'天视自我民视,天听自我民听。'此之谓也。"

万章问曰:"人有言,'至于禹而德衰,不传于贤而传于子',有诸?"孟子曰:"否,不然也。天与贤,则与贤;天与子,则与子。昔者,舜荐禹于天。十有七年,舜崩。三年之丧毕,禹避舜之子于阳城,天下之民从之,若尧崩之后不从尧之子而从舜也。禹荐益于天,七年,禹崩。三年之丧毕,益避禹之子于箕山之阴。朝觐讼狱者不之益而之启,曰:'吾君之子也。'讴歌者不讴歌益而讴歌启,曰:'吾君之子也。'丹朱之不肖,舜之子亦不肖。舜之相尧、禹之相舜也,历年多,施泽于民久。启贤,能敬承继禹之道。益之相禹也,历年少,施泽于民未久。舜、禹、益相去久远。其子之贤不肖,皆天也,非人之所能为也。莫之为而为者,天也;莫之致而至者,命也。匹夫而有天下者,德必若舜、禹,而又有天子荐之者,故仲尼不有天下。继世而有天下,天之所废,必若桀、纣者也,故益、伊尹、周公不有天下。伊尹相汤以王于天下,汤崩,太丁未立,外丙二年,仲壬四年。太甲颠覆汤之典刑,伊尹放之于桐,三年,太甲悔过,自怨自艾,于桐处仁迁义,三年,以听伊尹之训己也,复归于亳。周公之不有天下,犹益之于夏、伊尹之于殷也。孔子曰:'唐虞禅,夏后殷周继,其义

一也。'"

万章问曰:"人有言'伊尹以割烹要汤',有诸?"孟子曰:"否,不然。伊尹耕于有莘之野,而乐尧、舜之道焉。非其义也,非其道也,禄之以天下弗顾也,系马千驷弗视也。非其义也,非其道也,一介不以与人,一介不以取诸人。汤使人以币聘之,嚣嚣然曰:'我何以汤之聘币为哉?我岂若处畎亩之中,由是以乐尧、舜之道哉?'汤三使往聘之,既而幡然改曰:'与我处畎亩之中,由是以乐尧、舜之道,吾岂若使是君为尧、舜之君哉?吾岂若使是民为尧、舜之民哉?吾岂若于吾身亲见之哉?天之生此民也,使先知觉后知,使先觉觉后觉。予,天民之先觉者也。予将以斯道觉斯民也,非予觉之而谁也?'思天下之民,匹夫匹妇有不被尧、舜之泽者,若己推而内之沟中,其自任以天下之重如此,故就汤而说之以伐夏救民。吾未闻枉己而正人者也,况辱己以正天下者乎?圣人之行不同也,或远或近,或去或不去,归洁其身而已矣。吾闻其以尧、舜之道要汤,未闻以割烹也。《伊训》曰:'天诛造攻自牧宫,朕载自亳。'"

万章问曰:"或谓孔子于卫主痈疽,于齐主侍人瘠环,有诸乎?"孟子曰:"否,不然也。好事者为之也。于卫主颜雠由。弥子之妻与子路之妻,兄弟也。弥子谓子路曰:'孔子主我,卫卿可得也。'子路以告。孔子曰:'有命。'孔子进以礼,退以义,得之不得曰'有命'。而主痈疽与侍人瘠环,是无义无命也。孔子不悦于鲁、卫,遭宋桓司马将要而杀之,微服而过宋。是时孔子当厄,主司城贞子,为陈侯周臣。吾闻观近臣,以其所为主;观远臣,以其所主。若孔子主痈疽与侍人瘠环,何以为孔子?"

万章问曰:"或曰:'百里奚自鬻于秦养牲者,五羊之皮、食牛,以要秦穆公。'信乎?"孟子曰:"否,不然。好事者为之也。百里奚,虞人也。晋人以垂棘之璧与屈产之乘,假道于虞以伐虢。宫之奇谏。百里奚不谏,知虞公之不可谏而去之秦,年已七十矣,曾不知以食牛干秦穆公之为污也,可谓智乎?不可谏而不谏,可谓不智乎?知虞公之将亡而先去之,不可谓不智也。时举于秦,知穆公之可与有行也而相之,可谓不智乎?相秦而显其君于天下,可传于后世,不贤而能之乎?自鬻以成其君,乡党自好者不为,而谓贤者为之乎?"

【译文】

万章问道:"舜到田地里去,向着天一面诉苦,一面哭泣,他为什么要哭诉呢?"孟子答

道:"由于对父母一方面怨恨,一方面怀恋的原故。"万章说:"(曾子说过)'父母喜爱他,虽然高兴,却不因此而懈怠;父母厌恶他,虽然忧愁,却不因此而怨恨。'那么,舜怨恨父母吗?"孟子说:"从前长息曾经问过公明高,他说,'舜到田里去,我是已经懂得的了;他向天诉苦哭泣,这样来对待父母,我却还不懂得那是为什么。'公明高说:'这不是你所能懂得的。'公明高的意思,以为孝子的心理是不能像这样地满不在乎的:我尽力耕田,好好地尽我做儿子的职责罢了;父母不喜爱我,叫我有什么办法呢?帝尧打发他的孩子九男二女跟百官一起带着牛羊、粮食等等东西到田野中去为舜服务;天下的士人也有很多到舜那里去,尧也把整个天下让给了舜。舜却只因为没有得着父母的欢心,便好像鳏寡孤独的人找不着依靠一般。天下的士人喜爱他,是谁都愿意的,却不足以消除忧愁;美丽的姑娘,是谁都爱好的,他娶了尧的两个女儿,却不足以消除忧愁;财富,是谁都希望获得的,富而至于占有天下,却不足以消除忧愁;尊贵,是谁都希望获得的,尊贵而至于做了君主,却不足以消除忧愁。大家都喜爱他、美丽的姑娘、财富和尊贵都不足以消除忧愁,只有得到父母的欢心才可以消除忧愁。人在幼小的时候,就怀恋父母;长大成人,有了情欲,懂得喜欢女子,便想念年轻而貌美的人;有了妻子儿女,便依恋妻子儿女;做了官,便讨好君主,得不着君主的欢心,便内心焦急得发热;只有最孝顺的人才终身怀恋父母。到了五十岁的年纪还怀恋父母的,我在伟大的舜身上见到了。"

万章问道:"《诗》说过,'娶妻该怎么办?一定要事先报告父母。'相信这句话的,应该没有人赶得上舜。但是,舜却事先不向父母报告,娶了妻子,又是什么道理呢?"孟子答道:"报告便娶不成。男女结婚,是人与人之间的大伦常。如果舜事先报告了,那么,这一大伦常在舜身上便被废弃了,结果便将怨恨父母,所以他便不报告了。"万章说:"舜不报告父母而娶妻,那我懂得这道理了;尧给舜以妻子,也不向舜的父母说一声,又是什么道理呢?"孟子说:"尧也知道,假若事先一加说明,便会嫁娶不成了。"万章问道:"舜的父母打发舜去修缮谷仓,等舜上了屋顶,便抽去梯子,他父亲瞽瞍还放火焚烧那谷仓。(幸而舜设法逃下来了。)于是又打发舜去淘井,(他不知道舜从旁边的洞穴)出来了,便用土填塞井眼。舜的兄弟象说:'谋害舜都是我的功劳,牛羊分给父母,仓廪分给父母,干戈归我,琴归我,弤弓归我,两位嫂嫂要她们替我铺床叠被。'象便向舜的住房走去,舜却坐在床边弹琴,象说:'我好想念你呀!'但却显得十分不自在。舜说:'我想念着这些臣下和百姓,你替我管理管理吧!'我弄不清楚,舜是否知道象要杀他。"

1159

舜之二妃娥皇和女英，选自明蒋应镐绘图本。

　　孟子答道：“为什么不知道呢？象忧愁，他也忧愁；象高兴，他也高兴。”万章说：“那么，舜的高兴是假装的吗？”孟子说：“不；从前有一个人送条活鱼给郑国的子产，子产使主管池塘的人畜养起来，那人却煮着吃了，回报说：‘刚放在池塘，它还要死不活的；一会儿，摇摆着尾巴活动起来了，突然间远远地不知去向。’子产说：‘它得到了好地方呀！得到了好地方呀！’那人出来了，说道：‘谁说子产聪明，我已经把那条鱼煮着吃了，他还说：“得到了好地方呀！得到了好地方呀！”’所以对于君子，可以用合乎人情的方法来欺骗他，不能用违反道理的诡诈欺罔他。象既然假装着敬爱兄长的样子来，舜因此真诚地相信而高兴起来，为什么是假装的呢？”

　　万章问道：“象天天把谋杀舜的事情作为他的工作，等舜做了天子，却仅仅流放他，这是什么道理呢？”孟子答道：“其实是封他为诸侯，有人说是流放罢了。”万章说：“舜流放共工到幽州，发配驩兜到崇山，驱逐三苗之君到三危，把鲧充军到羽山，这四个人被治了罪，天下便都归服了，就因为讨伐了不仁的人的缘故。象最不仁，却以有庳之国来封他。有庳国的百姓又有什么罪过呢？对别人，就加以惩处；对弟弟，就封以国土，难道仁人的做法竟是这样的吗？”孟子说：“仁人对于弟弟，不忍气吞声，也不耿耿于怀，只是亲他爱他罢了。亲他，便想让他贵；爱他，便想让他富。把有庳国土封给他，就是让他又富又贵。本人做了天子，弟弟却是一个老百姓，可以说是亲爱吗？”万章说：“我请问，为什么有人说是流放呢？”孟子说：“象不能在他国土上为所欲为，天子派遣了官吏来给他治理国家，缴

纳贡税,所以有人说是流放。象难道能够暴虐地对待他的百姓吗?(自然不能。)就算这样,舜还是想常常看到象,象也不断地来和舜相见。(古书上说,)'不必等到规定的朝贡的时候,平常也假借政治上的需要来相接待。'就是这个意思。"

咸丘蒙问道:"俗话说,'道德最高的人,君主不能拿他当臣子,父亲不能拿他当儿子。'舜(便是这种人,)做了天子,尧便率诸侯向北面去朝他,他父亲瞽瞍也向北面去朝他。舜看见了瞽瞍,容貌局促不安。孔子说道,'在这个时候,天下真岌岌可危呀!'不晓得这话可不可信?"孟子答道:"不;这不是君子的言语,而是齐东野人的话。不过是尧老了时,让舜摄政罢了。《尧典》上说过,'过了二十八年,放勋才逝世。群臣好像死了父母一样,服丧三年,老百姓也停止一切音乐。'孔子说过,'天上没有两个太阳,人间没有两个天子。'假若舜真在尧死以前做了天子,同时又率领天下的诸侯为尧服丧三年,这便是同时有两个天子了。"

咸丘蒙说:"舜不以尧为臣,我已经领受你的教诲了。《诗》又说过,'普天之下,无不是天子的土地;四面八方,无不是天子的臣民。'舜既做了天子,请问瞽瞍却不是臣民,又是什么道理呢?"孟子说:"《北山》这首诗,不是你所说的那意思,而是说作者勤劳国事以致不能够奉养父母。他说,'这些事没有一件不是天子之事呀,为什么独我一人这么辛劳呢?'所以解说诗的人,不要拘于文字而误解词句,也不要拘于词句而误解原意。用自己切身的体会去推测作者的本意,这就对了。假如拘于词句,那《云汉》诗说过,'周朝剩余的百姓,没有一个存留。'相信了这一句话,是周朝没有留一个人了。孝子孝的极点,没有超过尊敬他的双亲的;尊敬双亲的极点,没有超过拿天下来奉养父母的。瞽瞍做了天子的父亲,可说是尊贵到极点了;舜以天下来奉养他,可说是奉养的顶点了。《诗》又说过,'永远地讲究孝道,孝道便是天下的法则。'这正是这个意思。《书》又说过,'舜恭敬小心地来见瞽瞍,态度谨慎恐惧,瞽瞍也因之真正顺理而行了。'这难道是'父亲不能够以他为子'吗?"

万章问道:"尧拿天下授予舜,有这么回事吗?"孟子答道:"不;天子不能够拿天下授予人。"万章又问:"那么,舜得到了天下,是谁授予的呢?"答道:"天授予的。"又问道:"天授予的,是通过反复叮咛告诉他的吗?"答道:"不是,天不说话,拿行动和工作来表示罢了。"问道:"拿行动和工作来表示,是怎样的呢?"答道:"天子能把人推荐给天,却不能强迫天把天下给与他;(正如)诸侯能把人推荐给天子,却不能强迫天子把诸侯之位给与他;

大夫能把人推荐给诸侯,却不能强迫诸侯把大夫之位给与他。从前,尧将舜推荐给天,天接受了;又把舜公开介绍给百姓,百姓也接受了;所以说,天不说话,拿行动和工作来表示罢了。"问道:"我大胆地问,把他推荐给天,天接受了;公开介绍给百姓,百姓也接受了,这是怎样的呢?"答道:"叫他主持祭祀,所有神明都来享用,这便是天接受了;叫他主持政务,工作井井有条,百姓都满意他,这便是百姓接受了。天授予他,'百姓授予他,所以说,天子不能够拿天下授予人。舜辅佐尧二十八年,这不是某一人的意志所能做到的,而是天意。尧逝世了,三年之丧完毕,舜(为着要使尧的儿子能够继承天下,)自己便回避到南河的南边去。可是,天下诸侯朝见天子的,不到尧的儿子那里,却到舜那里;打官司的,也不到尧的儿子那里,却到舜那里;民歌手们,也不歌颂尧的儿子,而歌颂舜,所以说,这是天意。这样,舜才回到首都,坐了朝廷。如果自己居住于尧的宫室,逼迫尧的儿子(让位给自己),这是篡夺,而不是天授了。《太誓》说过,'百姓的眼睛就是天的眼睛,百姓的耳朵就是天的耳朵。'正是这个意思。"

夏后启,选自明蒋应镐绘本。

万章问道:"有人说,'到禹的时候道德就衰微了,天下不传给贤良,却传给儿子。'这样的话可靠吗?"孟子答道:"不,不是这样的;天让授予贤良,便授予贤良,天让授予儿子,便授予儿子。从前,舜把禹推荐给天,十七年之后,舜逝世了,三年之丧完毕,禹(为着要让位给舜的儿子,)便回到阳城去。可是,天下百姓跟随禹,就好像尧死了以后他们不跟

随尧的儿子却跟随舜一样。禹把益荐给天，七年之后，禹死了，三年之丧完毕，益（又为着让位给禹的儿子，）便回避到箕山之北去。当时朝见天子的人，打官司的人都不去益那里，而去启那里，说道，'他是我们君主的儿子呀。'民歌手也不歌颂益，而歌颂启，说道：'他是我们君主的儿子呀。'尧的儿子丹朱不好，舜的儿子也不好。而且舜辅佐尧，禹辅佐舜，经过的年岁多，为老百姓谋幸福的时间长。（启和益就不同。）启很贤明，能够认真地继承禹的传统。益辅佐禹，经过的年岁少，为百姓谋幸福的时间短。舜、禹、益之间相距时间的长短，以及他们儿子的好坏，都是天意，不是人力所能做到的。没有人叫他们这样做，而竟这样做了的，便是天意；没有人叫他来，而竟这样来了的，便是命运。凭一个老百姓的身份而得到天下的，他的德行必然要像舜和禹一样，而且还要有天子推荐他，所以孔子（虽是圣人，因没有天子的推荐，）便不能得到天下。世袭而拥有天下却要被天所废弃的，一定要像夏桀、商纣那样残暴无道，所以益、伊尹、周公（虽是圣人，因为所逢的君主不像桀纣，）便不能得到天下。伊尹辅佐汤行王道于天下，汤死了，太丁未立就死了，外丙在位二年，仲壬在位四年，（太丁的儿子太甲又继承王位。）太甲破坏了汤的法度，伊尹便流放他到桐邑。三年之后，太甲悔过，自己怨恨，自己改悔，就在桐邑，便能够以仁居心，唯义是从；三年之后，完全听从伊尹对自己的教训了，然后又回到亳都做天子。周公的不能得到天下，正好像益在夏朝、伊尹在殷朝一样。孔子说过，'唐尧虞舜以天下让贤，夏商周三代却世世代代传于子孙，道理是一样的。'"

万章问道："有人说，'伊尹使自己做了厨子切肉做菜以便向汤有所干求。'有这么回事吗？"孟子答道："不，不是这样的；伊尹耕作于莘国的郊野，而以尧舜之道为乐。如果不合道义，纵使把天下给他做俸禄，他也不回头看一眼；纵使有四千匹马系在那里，他也不看一眼。如果不合道义，一点也不给与别人，一点也不从别人那儿拿走。汤曾使人拿礼物去聘请他，他却平静地说，'我要汤的聘礼干吗呢？我何不待在田野里，就这样以尧舜之道自娱呢？'汤几次使人去聘请他，不久，他便完全改变了态度，说：'我与其待在田野里，就这样以尧舜之道自娱，又何不使当今的君主做尧舜一样的君主呢？又何不使现在的百姓做尧舜时代一样的百姓呢？（尧舜的盛世，）我何不使它在我这个时代亲眼见到呢？上天生育人民，就是要让先知先觉者来使后知后觉者有所觉悟。我呢，是百姓中间的先觉者；我就得拿尧舜之道使当代的人民有所觉悟。不是我去唤醒他们，又有谁呢？'伊尹是这样想的：在天下的百姓中，只要有一个男子或一个妇女，没有被尧舜之道的雨露

所灌溉，便好像自己把他推进山沟中让他去死一样。他是像这样地把匡扶天下的重担挑在自己肩上，所以一到汤那里，便用讨伐夏桀、拯救百姓的道理来说服汤。我没有听说过，先让自己受委屈，却能够匡正别人的；何况先使自己遭受侮辱，却能够匡正天下的呢？圣人的行为，可能各有不同，有的疏远君主，有的靠拢君主，有的离开朝廷，有的留恋朝廷，归根到底，都得使自己身体干干净净而已。我只听说过伊尹用尧舜之道向汤干求，没有听说过他切肉做菜的事。《伊训》说过，'上天的讨伐，最初是在夏桀宫室里由他自己造成的，我呢，不过从殷都亳邑开始打算罢了。'"

伊尹，选自《历代古人像赞》

万章问道："有人说，孔子在卫国住在（卫灵公所宠幸的宦官）痈疽家里，在齐国，也住在宦官瘠环家里。真有这一回事吗？"孟子说："不，不是这样的；这是好事之徒造的谣。孔子在卫国，住在颜雠由家中。弥子瑕的妻子和子路的妻子是姊妹。弥子瑕对子路说：'孔子住在我家中，卫国卿相的位置便可以得到。'子路把这话告诉孔子。孔子道：'一切听从命运。'孔子依礼法而进，依道义而退，所以他当不当官都听从命运。如果他住在痈疽和宦官瘠环家中，这种行为，便是无视礼义和命运了。孔子在鲁国和卫国不得意，又碰上了宋国的司马桓魋预备拦截他并将他杀死，只得化装悄悄地走过宋国。这时候，孔子正处在困难的境地，便住在司城贞子家中，做了陈侯周的臣子。我听说过，观察在朝的臣子，看他所招待的客人；观察外来的臣子，看他所寄居的主人。如果孔子真的以痈疽和宦官瘠环为主人，还怎么能算'孔子'呢？"

万章问道："有人说，'百里奚把自己卖给秦国养牲畜的人，得价五张羊皮，替人家饲养牛，以此来干求秦穆公。'是真的吗？"孟子答道："不，不是这样的；这是好事之徒捏造的。百里奚是虞国人。晋人用垂棘的美玉和屈地所产的良马向虞国借路，来攻打虢国。当时的虞国的大臣宫之奇谏阻虞公，劝他不要允许；百里奚却不去劝阻。他知道虞公是

不可以劝阻的,因而离开虞国,搬到秦国,这时已经七十岁了。他竟不知道用饲养牛的方法来干求秦穆公是一种恶浊行为,可以说是聪明吗? 但是,他预见到虞公不可以劝阻,便不去劝阻,谁又能说这不聪明呢? 他又预见到虞公将要被灭亡,因而早早离开,又不能说不聪明。当他在秦国被推举出来的时候,便知道秦穆公是一位可以帮助而有作为的君主,因而辅佐他,谁又能说这不聪明呢? 为秦国的卿相,使穆公在天下有显赫的名望,而且足以流传于后代,不是贤者,能够如此吗? 卖掉自己来成全君主,乡村中洁身自爱的人尚且不肯,反说贤者肯干吗?"

万章下

【原文】

孟子曰:"伯夷,目不视恶色,耳不听恶声。非其君不事,非其民不使。治则进,乱则退。横政之所出,横民之所止,不忍居也。思与乡人处,如以朝衣朝冠坐于涂炭也。当纣之时,居北海之滨,以待天下之清也。故闻伯夷之风者,顽夫廉,懦夫有立志。伊尹曰:'何事非君? 何使非民?'治亦进,乱亦进,曰:'天之生斯民也,使先知觉后知,使先觉觉后觉。予,天民之先觉者也。予将以此道觉此民也。'思天下之民,匹夫匹妇有不与被尧、舜之泽者,如己推而内之沟中——其自任以天下之重也。柳下惠不羞污君,不辞小官。进不隐贤,必以其道。遗佚而不怨,厄穷而不悯。与乡人处,由由然不忍去也。'尔为尔,我为我,虽袒裼裸裎于我侧,尔焉能浼我哉?'故闻柳下惠之风者,鄙夫宽,薄夫敦。孔子之去齐,接淅而行。去鲁,曰:'迟迟吾行也。去父母国之道也。'可以速而速,可以久而久,可以处而处,可以仕而仕,孔子也。"孟子曰:"伯夷,圣之清者也;伊尹,圣之任者也;柳下惠,圣之和者也;孔子,圣之时者也。孔子之谓集大成。集大成也者,金声而玉振之也。金声也者,始条理也;玉振之也者,终条理也。始条理者,智之事也;终条理者,圣之事也。智,譬则巧也;圣,譬则力也。由射于百步之外也,其至,尔力也;其中,非尔力也。"

北宫锜问曰:"周室班爵禄也,如之何?"孟子曰:"其详不可得闻也,诸侯恶其害己也,而皆去其籍;然而轲也尝闻其略也。天子一位,公一位,侯一位,伯一位,子、男同一位,凡五等也。君一位,卿一位,大夫一位,上士一位,中士一位,下士一位,凡六等。天子之制,地方千里,公侯皆方百里,伯七十里,子、男五十里,凡四等。不能五十里,不达于天子,附

于诸侯，曰附庸。天子之卿受地视侯，大夫受地视伯，元士受地视子、男。大国地方百里，君十卿禄，卿禄四大夫，大夫倍上士，上士倍中士，中士倍下士，下士与庶人在官者同禄，禄足以代其耕也。次国地方七十里，君十卿禄，卿禄三大夫，大夫倍上士，上士倍中士，中士倍下士，下士与庶人在官者同禄，禄足以代其耕也。小国地方五十里，君十卿禄，卿禄二大夫，大夫倍上士，上士倍中士，中士倍下士，下士与庶人在官者同禄，禄足以代其耕也。耕者之所获，一夫百亩，百亩之粪，上农夫食九人，上次食八人，中食七人，中次食六人，下食五人。庶人在官者，其禄以是为差。"

万章问曰："敢问友。"孟子曰："不挟长，不挟贵，不挟兄弟而友。友也者，友其德也，不可以有挟也。孟献子，百乘之家也，有友五人焉：乐正裘，牧仲，其三人则予忘之矣。献子之与此五人者友也，无献子之家者也。此五人者，亦有献子之家，则不与之友矣。非惟百乘之家为然也，虽小国之君亦有之。费惠公曰：'吾于子思则师之矣。吾于颜般则友之矣。王顺、长息，则事我者也。'非惟小国之君为然也，虽大国之君亦有之。晋平公之于亥唐也，入云则入，坐云则坐，食云则食。虽蔬食菜羹，未尝不饱，盖不敢不饱也。然终于此而已矣，弗与共天位也，弗与治天职也，弗与食天禄也。士之尊贤者也，非王公之尊贤也。舜尚见帝。帝馆甥于贰室，亦飨舜，迭为宾主，是天子而友匹夫也。用下敬上，谓之贵贵；用上敬下，谓之尊贤。贵贵尊贤，其义一也。"

万章问曰："敢问交际何心也？"孟子曰："恭也。"曰："'却之却之为不恭'，何哉？"曰："尊者赐之，曰：'其所取之者义乎？不义乎？'而后受之，以是为不恭，故弗却也。"曰："请无以辞却之，以心却之，曰：'其取诸民之不义也。'而以他辞无受，不可乎？"曰："其交也以道，其接也以礼，斯孔子受之矣。"万章曰："今有御人于国门之外者，其交也以道，其馈也以礼，斯可受御与？"曰："不可。《康诰》曰：'杀越人于货，闵不畏死，凡民罔不譈。'是不待教而诛者也。殷受夏，周受殷，所不辞也。于今为烈，如之何其受之？"曰："今之诸侯取之于民也，犹御也。苟善其礼际矣，斯君子受之。敢问何说也？"曰："子以为有王者作，将比今之诸侯而诛之乎？其教之不改而后诛之乎？夫谓非其有而取之者盗也，充类至义之尽也。孔子之仕于鲁也，鲁人猎较，孔子亦猎较；猎较犹可，而况受其赐乎？"曰："然则孔子之仕也，非事道与？"曰："事道也。""事道奚猎较也？"曰："孔子先簿正祭器，不以四方之食供簿正。"曰："奚不去也？"曰："为之兆也。兆足以行矣，而不行，而后去，是以未尝有所终三年淹也。孔子有见行可之仕，有际可之仕，有公养之仕。于季桓子，见行可之

仕也。于卫灵公，际可之仕也。于卫孝公，公养之仕也。"

孟子曰："仕非为贫也，而有时乎为贫。娶妻非为养也，而有时乎为养。为贫者，辞尊居卑，辞富居贫。辞尊居卑，辞富居贫，恶乎宜乎？抱关击柝。孔子尝为委吏矣，曰：'会计当而已矣。'尝为乘田矣，曰：'牛羊茁壮长而已矣。'位卑而言高，罪也。立乎人之本朝而道不行，耻也。"

万章曰："士之不托诸侯，何也？"孟子曰："不敢也。诸侯失国，而后托于诸侯，礼也。士之托于诸侯，非礼也。"万章曰："君馈之粟，则受之乎？"曰："受之。""受之何义也？"曰："君之于氓也，固周之。"曰："周之则受，赐之则不受，何也？"曰："不敢也。"曰："敢问其不敢何也？"曰："抱关击柝者皆有常职以食于上。无常职而赐于上者，以为不恭也。"曰："君馈之则受之，不识可常继乎？"曰："缪公之于子思也，亟问，亟馈鼎肉。子思不悦，于卒也，摽使者出诸大门之外，北面稽首再拜而不受，曰：'今而后知君之犬马畜伋。'盖自是台无馈也。悦贤不能举，又不能养也，可谓悦贤乎？"曰："敢问国君欲养君子，如何斯可谓养矣？"曰："以君命将之，再拜稽首而受。其后廪人继粟，庖人继肉，不以君命将之。子思以为鼎肉使己仆仆尔亟拜也，非养君子之道也。尧之于舜也，使其子九男事之，二女女焉，百官牛羊仓廪备，以养舜于畎亩之中，后举而加诸上位，故曰王公之尊贤者也。"

万章曰："敢问不见诸侯，何义也？"孟子曰："在国曰市井之臣，在野曰草莽之臣，皆谓庶人。庶人不传质为臣，不敢见于诸侯，礼也。"万章曰："庶人，召之役则往役；君欲见之，召之则不往见之，何也？"曰："往役，义也。往见，不义也。且君之欲见之也，何为也哉？"曰："为其多闻也，为其贤也。"曰："为其多闻也，则天子不召师，而况诸侯乎？为其贤也，则吾未闻欲见贤而召之也。缪公亟见于子思，曰：'古千乘之国以友士，何如？'子思不悦，曰：'古之人有言曰：事之云乎？岂曰友之云乎？'子思之不悦也，岂不曰：'以位，则子，君也；我，臣也；何敢与君友也？以德，则子事我者也，奚可以与我友？'千乘之君求与之友而不可得也，而况可召与？齐景公田，招虞人以旌，不至，将杀之。志士不忘在沟壑，勇士不忘丧其元。孔子奚取焉？取非其招不往也。"曰："敢问招虞人何以？"曰："以皮冠。庶人以旃，士以旂，大夫以旌。以大夫之招招虞人，虞人死不敢往。以士之招招庶人，庶人岂敢往哉？况乎以不贤人之招招贤人乎？欲见贤人而不以其道，犹欲其入而闭之门也。夫义，路也；礼，门也。惟君子能由是路，出入是门也。《诗》云：'周道如底，其直如矢。君子所履，小人所视。'"万章曰："孔子，君命召，不俟驾而行，然则孔子非与？"曰："孔子当仕，

有官职,而以其官召之也。"

孟子谓万章曰:"一乡之善士斯友一乡之善士,一国之善士斯友一国之善士,天下之善士斯友天下之善士。以友天下之善士为未足,又尚论古之人。颂其诗,读其书,不知其人,可乎? 是以论其世也。是尚友也。"

齐宣王问卿。孟子曰:"王何卿之问也?"王曰:"卿不同乎?"曰:"不同。有贵戚之卿,有异姓之卿。"王曰:"请问贵戚之卿。"曰:"君有大过则谏,反覆之而不听,则易位。"王勃然变乎色。曰:"王勿异也。王问臣,臣不敢不以正对。"王色定,然后请问异姓之卿。曰:"君有过则谏,反覆之而不听,则去。"

【译文】

孟子说:"伯夷,眼睛不看丑恶的事物,耳朵不听丑恶的声音。不是他理想的君主,不去侍奉;不是他理想的百姓,不去使唤。天下太平,就出来做事;天下混乱,就退居田野。施行暴政的国家,住有暴民的地方,他都不忍心去居住。他想同乡巴佬相处,就好比穿戴着礼服礼帽坐在泥涂或炭灰之上。当商纣的时候,住在北海海边,等待天下的清平。所以听到伯夷的风节的人,贪得无厌的人都廉洁起来了,懦弱的人也都有独立不屈的意志了。伊尹说:'哪个君主,不可以侍奉? 哪个百姓,不可以使唤?'因此天下太平也出来做官,天下混乱也出来做官,并且说:'上天生育这些百姓,就是要让先知先觉的人来开导后知后觉的人。我是这些人之中的先觉者,我将以尧舜之道来开导这些人。'他这样想:在天下的百姓中,只要有一个男子或一个妇女没有沾溉尧舜之道的雨露,便好像自己把他推进山沟送死一般——这便是他把天下的重担自己挑起来的态度。

"柳下惠不以侍奉坏君为可羞,也不以官小而辞掉。立于朝廷,便不隐藏自己的才能,但一定按他的原则办事。被遗弃,也不怨恨;遭困穷,也不忧愁。同乡巴佬相处,高高兴兴地不忍离开。(他说,)'你是你,我是我,你纵然在我旁边赤身露体,哪能就沾染着我呢?'所以听到柳下惠风节的人,胸襟狭小的人也宽大起来了,刻薄的人也厚道起来了。孔子离开齐国,不等把米淘完,漉干就走;离开鲁国,却说,'我们慢慢走吧,这是离开祖国的态度。'应该马上走就马上走,应该继续干就继续干,应该不做官就不做官,应该做官就做官,这便是孔子。"

孟子又说:"伯夷是圣人之中清高的人,伊尹是圣人之中负责的人,柳下惠是圣人之

中随和的人,孔子则是圣人之中识时务的人。孔子,可以叫他为集大成者。'集大成'的意思,(譬如奏乐,)就像先敲镈钟,最后用特磬收束,(有始有终的)一样。先敲镈钟,是节奏条理的开始;用特磬收束,是节奏条理的终结。条理的开始在于智,条理的终结在于圣。智好比技巧,圣好比气力。犹如在百步以外射箭,射到,是你的力量;射中,却不是你的力量。"

北宫锜问道:"周朝制定的官爵和俸禄的等级制度是怎样的呢?"孟子答道:"详细情况已经不能够知道了,因为诸侯厌恶它妨碍自己,都把那些文献毁灭了。但是,我也曾经大略听到些。天子为一级,公一级,侯一级,伯一级,子和男共为一级,一共五级。君为一级,卿一级,大夫一级,上士一级,中士一级,下士一级,共六级。天子直接管理的土地纵横各一千里,公和侯各一百里,伯七十里,子、男各五十里,一共四级。土地不够五十里的国家,不能直接与天子发生关系,而附属于诸侯,叫作附庸。天子的卿所受的封地同于侯,大夫所受的封地同于伯,元士所受的封地同于子、男。公侯大国土地纵横各一百里,君主的俸禄为卿的十倍,卿为大夫的四倍,大夫为上士的二倍,上士为中士的二倍,中士为下士的二倍,下士的俸禄则和老百姓而在公家当差的相同,所得俸禄也足以抵偿他们的耕种的收入了。中等国家土地为方七十里,君主的俸禄为卿的十倍,卿为大夫的三倍,大夫为上士的二倍,上士为中士的二倍,中士为下士的二倍,下士的俸禄则和在公家当差的老百姓相同,所得俸禄也足以抵偿他们的耕种的收入了。农夫所分得的是,一夫一妇分田百亩。百亩田地的施肥耕种,上等的农夫可以养九个人,其次的养活八个人,中等的养活七个人,其次六个人,下等的五个人。老百姓在公家当差的,他们的俸禄也比照这个分等级。"

万章问道:"请问交朋友的原则。"孟子答道:"交朋友不要倚仗自己年纪大,不要倚仗自己地位高,不要倚仗自己兄弟的富贵。所谓交朋友,正是看中了对方的品德,因此绝不能有所倚仗。孟献子是位具有一百辆车马的大夫,他有五位朋友:乐正裘,牧仲,其余三位,我忘记了。献子同这五位相交,他心目中并不存有自己是大夫的观念。这五位,如果也存在着献子是位大夫的观念,也就不会同他交友了。不单单是有一百辆车马的大夫这样,就是小国的君主也有朋友。费惠公说:'我对子思,则以他为老师;对于颜般,则以他为朋友;至于王顺和长息,那不过是替我工作的人罢了。'不单单小国的君主是这样,就是大国之君也有朋友。晋平公的对于亥唐,亥唐叫他进去,便进去;叫他坐,便坐;叫他吃

饭,便吃饭。纵使糙米饭蔬菜汤,不曾不饱,因为不敢不饱。然而晋平公也只是做到这一点罢了。不同他一起共有官位,不同他一起治理政事,不同他一起享受俸禄,这只是一般士人尊敬贤者的态度,不是王公尊敬贤者所应有的态度。舜谒见尧,尧请他这位女婿住在另一处官邸中,也请他吃饭,(舜有时也做东道,)互为客人和主人,这是天子同老百姓交友的范例。以职位卑下的人尊敬高贵的人,叫作尊重贵人;以高贵的人尊敬职位卑下的人,叫作尊敬贤者。尊重贵人和尊敬贤者,道理是相同的。"

万章问道:"请问交际的时候,当如何存心?"孟子答道:"毕恭毕敬。"万章说:"(俗话说,)'一再拒绝人家的礼物,这是不恭敬。'为什么呢?"孟子说:"尊贵的人有所赐与,还要去想想:'他取得这种礼物是合于义的呢? 还是不合于义的呢?'然后才接受,这是不恭敬的。因此便不拒绝。"万章说:"我说,我不用嘴巴拒绝他的礼物,只是在心里不接受罢了,心里说,'这是他取自百姓的不义之财呀',因而用别的借口来拒绝,难道不可以吗?"孟子说:"他依规矩同我交往,依礼节同我接触,这样,孔子都会接受礼物的。"

万章说:"如今有一个在国都郊野拦路抢劫的人,他也依了规矩同我交往,也依礼节向我馈赠,这种赃物,便可以接受了吗?"孟子说:"不可以;《康诰》说,'杀人劫物,横蛮不怕死,这种人,是人人切齿痛恨的。'这是不必先去教育他就可以诛杀的。殷商接受了夏朝的这种法律,周朝接受了殷商的这种法律,没有更改。现在抢杀行为更为厉害,怎样能够接受呢?"

万章说:"今天这些诸侯,他们的财物取自民间,也和拦路抢劫差不多。假若把交际的礼节搞好,君子也就接受了,请问这又是什么道理呢?"孟子说:"你以为若有圣王兴起,对于今天的诸侯,还是一律看待全部诛杀呢? 还是先行教育,如再不改悔,然后诛杀呢?而且,不是自己所有,而去取得它,把这种行为说成抢劫,这只是提到原则性高度的话。孔子在鲁国做官的时候,鲁国人争夺猎物,孔子也争夺猎物。争夺猎物都可以,何况接受赐与呢?"

万章说:"那么,孔子的做官,不是为着行道吗?"孟子说:"为着行道。""既为着行道,为什么又来争夺猎物呢?"孟子说:"孔子先用文书规定祭祀所用器物和祭品,不用别处的食物来供祭祀,(所争夺来的猎物原为着祭祀,既不能用来供祭祀,便无所用之,争夺猎物的风气自然可以逐渐衰灭了。)"

万章说:"孔子为什么不辞官而走呢?"孟子说:"孔子做官,先得试行一下。试行的结

果,他的主张可以行得通,而君主却不肯实行下去,这才离开,所以孔子不曾在一个朝廷停留整整三年。孔子有因可以行道而做官,也有因为君主对他的礼遇不错而做官,也有因国君养贤而做官。对于鲁国的季桓子,是因为可以行道而做官;对于卫灵公,是因为礼遇不错而做官;对于卫孝公,是因为国君养贤而做官。"

孟子说:"做官不是因为贫穷,但有时候也因为贫穷。娶妻不是为着孝养父母,但有时候也为着孝养父母。因为贫穷而做官的,便该拒绝高官,居于卑位;拒绝厚禄,只受薄俸。拒绝高官,居于卑位;拒绝厚禄,只受薄俸,那居于什么位置才合宜呢? 就是去守门打更也行。孔子也曾经做过管理仓库的小吏,他说,'出入的数字都对了。'也曾经做过管理牲畜的小吏,他说,'牛羊都壮实地长大了。'位置低下,而议论朝廷大事,这是罪行;在那君主的朝廷上做官,而自己正义的主张不能实现,这是耻辱。"

万章说:"士人不仰仗诸侯生活,这是为什么呢?"孟子说:"不敢这样。诸侯丧失了自己的国家,然后仰仗别国诸侯,这是合于礼的;士仰仗诸侯,是不合于礼的。"万章道:"君主如果送给他谷米,那接受不呢?"孟子说:"接受。""接受又有个什么说法呢?"答道:"君主对于流亡者,本来可以周济他。"问道:"周济他,就接受;赐与他,就不接受,又有个什么说法呢?"答道:"不敢呀。"问道:"不敢接受,又是为什么呢?"答道:"守门打更的人都有一定的职务,因而接受上面的给养。没有一定的职务,却接受上面的赐与的,这被认为是不恭敬的。"

问道:"君主给他馈赠,他也就接受,不知道经常这样可以吗?"答道:"鲁缪公对于子思,就是屡次问候,屡次送给他肉食,子思很不高兴。最后一次,子思便把来人赶出大门,自己朝北面先磕头后作揖地拒绝了,说道:'今天才知道君主把我当成犬马一样地畜养。'大概从此才不给子思送礼了。喜悦贤人,却不能重用,又不能有礼貌地照顾生活,可以说是喜悦贤人吗?"问道:"国君要在生活上照顾君子,要怎样才能照顾得好呢?"答道:"先称述君主的旨意送给他,他便先作揖后磕头,接受了。然后管理仓库的人经常送来谷米,掌管伙食的人经常送来肉食,这些都不用称述君主的旨意了,(接受者也就可以不再作揖磕头了。)子思以为为着一块肉便使自己一次一次地作揖行礼,这便不是照顾君子生活的方式了。尧对于舜,使自己的九个儿子向他学习,把自己的两个女儿嫁给他,而且各种官吏,以及牛羊、仓库无不具备,来使舜在田野之中得着周到的生活照顾,然后提拔他到很高的职位上,所以说,这是王公尊敬贤者的范例。"

万章问道："请问士子不去谒见诸侯,这是什么道理呢?"孟子答道："不曾有过职位的人,住在城市,便叫作市井之臣;住在乡野,便叫作草莽之臣,这都叫作老百姓。老百姓不送见面礼物而为臣属,不敢去谒见诸侯,这是合于礼的。"万章说："老百姓,召他去服役,便去服役;君主若要接见他,召唤他,却不去谒见,这又为什么呢?"孟子说："去服役,是应该的;去谒见,是不应该的。而且君主想去同他会晤,为的是什么呢?"万章说："为的是他见闻广博,为的是他品德高洁。"

孟子说："如果为的是他见闻广博,(那便应以他为师。)天子还不能召唤老师,何况诸侯呢? 如果为的是他品德高洁,那我也不曾听说过想要同贤人相见却随便召唤的。鲁缪公屡次去访晤子思,说道:'古代具有千辆兵车的国君若同士人交友,是怎样的呢?'子思不高兴,说道:'古代人的话,是说以士人为师吧,难道说是同士人交友吗?'子思的不高兴,难道不是这样的意思吗:'论地位,那你是君主,我是臣下,哪敢同你交朋友呢? 论道德,那你是向我学习的人,怎能同我交朋友呢?'千乘之国的国君求同他交朋友都做不到,何况召唤呢? 齐景公田猎,用旌来召唤猎场管理员,他不来,准备杀他。有志之士不怕(死无葬身之地,)弃尸山沟;勇敢的人(见义勇为,)不怕丧失脑袋。孔子对这一管理员取他哪一点呢? 就是取不是该召他的礼,他硬是不去。"

问道："召唤猎场管理员该用什么呢?"答道："用皮帽子。召唤老百姓用全幅红绸做的曲柄旗,召唤士用有铃铛的旗,召唤大夫才用有羽毛的旗。用召唤大夫的旗帜去召唤猎场管理员,猎场管理员死也不敢去;用召唤士人的旗帜去召唤老百姓,老百姓难道敢去吗? 何况用召唤不贤之人的礼节去召唤贤人呢? 想同贤人会晤,却不依循规矩礼节,就正好像要请他进来却关闭着大门。义好比是大路,礼好比是大门。只有君子能从这一条大路行走,由这处大门出进。《诗》说,'大路像磨刀石一样平,像箭一样直。这是君子所行走的,小人所效法的。'"万章问道："孔子,有国君之命的召唤,不等车马驾好自己便先行走去,那么,孔子错了吗?"

答道："那是因为孔子正在做官,有职务在身,国君用他担任的官职去召唤他。"

孟子对万章说道："一个乡村的优秀人物才结交那一乡村的优秀人物,全国性的优秀人物才结交全国性的优秀人物,天下性的人物才结交天下性的优秀人物。认为结交天下性的优秀人物还不够,便又追论古代的人物。吟咏他们的诗歌,研究他们的著作,不了解他的为人,可以吗? 所以要讨论他那一个时代。这就是追溯历史与古人交朋友。"

齐宣王问关于公卿的事情。孟子说："王所问的是哪一种类的公卿？"王说："公卿还不一样吗？"孟子说："不一样；有和王室同宗族的公卿，有非王族的公卿。"王说："我请问和王室同宗族的公卿。"孟子说："君王若有重大错误，他便加劝阻；反复劝阻了还不听从，就把他废弃，改立别人。"宣王突然变了脸色。孟子说："王不要奇怪。王问我，我不敢不拿老实话答复。"宣王脸色正常了，又请问非王族的公卿。孟子说："君王若有错误，便加劝阻；反复劝阻了还不听从，自己就离职。"

告子上

【原文】

告子曰："性，犹杞柳也；义，犹桮棬也。以人性为仁义，犹以杞柳为桮棬。"孟子曰："子能顺杞柳之性而以为桮棬乎？将戕贼杞柳而后以为桮棬也？如将戕贼杞柳而以为桮棬，则亦将戕贼人以为仁义与？率天下之人而祸仁义者，必子之言夫！"

告子曰："性犹湍水也，决诸东方则东流，决诸西方则西流。人性之无分于善不善也，犹水之无分于东西也。"孟子曰："水信无分于东西，无分于上下乎？人性之善也，犹水之就下也。人无有不善，水无有不下。今夫水，搏而跃之，可使过颡；激而行之，可使在山。是岂水之性哉？其势则然也。人之可使为不善，其性亦犹是也。"

告子曰："生之谓性。"孟子曰："生之谓性也，犹白之谓白与？"曰："然。""白羽之白也，犹白雪之白；白雪之白，犹白玉之白与？"曰："然。""然则犬之性犹牛之性；牛之性，犹人之性欤？"

告子曰："食、色，性也。仁，内也，非外也。义，外也，非内也。"孟子曰："何以谓仁内义外也？"曰："彼长而我长之，非有长于我也。犹彼白而我白之，从其白于外也，故谓之外也。"曰："（异于）白马之白也，无以异于白人之白也。不识长马之长也，无以异于长人之长欤？且谓长者义乎？长之者义乎？"曰："吾弟则爱之，秦人之弟则不爱也，是以我为悦者也，故谓之内。长楚人之长，亦长吾之长，是以长为悦者也，故谓之外也。"曰："耆秦人之炙，无以异于耆吾炙。夫物则亦有然者也，然则耆炙亦有外欤？"

孟季子问公都子曰："何以谓义内也？"曰："行吾敬，故谓之内也。""乡人长于伯兄一

岁,则谁敬?"曰:"敬兄。""酌则谁先?"曰:"先酌乡人。""所敬在此,所长在彼,果在外,非由内也。"公都子不能答,以告孟子。孟子曰:"敬叔父乎?敬弟乎?彼将曰:'敬叔父。'曰:'弟为尸,则谁敬?'彼将曰:'敬弟。'子曰:'恶在其敬叔父也?'彼将曰:'在位故也。'子亦曰:'在位故也。庸敬在兄,斯须之敬在乡人。'"季子闻之,曰:"敬叔父则敬,敬弟则敬,果在外,非由内也。"公都子曰:"冬日则饮汤,夏日则饮水,然则饮食亦在外也?"

公都子曰:"告子曰:'性无善无不善也。'或曰:"性可以为善,可以为不善。是故文、武兴,则民好善;幽、厉兴,则民好暴。'或曰:'有性善,有性不善。是故以尧为君而有象,以瞽瞍为父而有舜,以纣为兄之子且以为君,而有微子启、王子比干。'今曰'性善',然则彼皆非欤?"孟子曰:"乃若其情,则可以为善矣,乃所谓善也。若夫为不善,非才之罪也。恻隐之心,人皆有之;羞恶之心,人皆有之;恭敬之心,人皆有之;是非之心,人皆有之。恻隐之心,仁也;羞恶之心,义也;恭敬之心,礼也;是非之心,智也。仁义礼智,非由外铄我也,我固有之也,弗思耳矣。故曰:'求则得之,舍则失之。'或相倍蓰而无算者,不能尽其才者也。《诗》曰:'天生蒸民,有物有则。民之秉彝,好是懿德。'孔子曰:'为此诗者,其知道乎!故有物必有则,民之秉彝也,故好是懿德。'"

孟子曰:"富岁,子弟多赖;凶岁,子弟多暴。非天之降才尔殊也,其所以陷溺其心者然也。今夫麰麦,播种而耰之,其地同,树之时又同,浡然而生,至于日至之时,皆熟矣。虽有不同,则地有肥硗,雨露之养、人事之不齐也。故凡同类者,举相似也,何独至于人而疑之?圣人与我同类者。故龙子曰:'不知足而为屦,我知其不为蒉也。'屦之相似,天下之足同也。口之于味,有同耆也,易牙先得我口之所耆者也。如使口之于味也,其性与人殊,若犬马之与我不同类也,则天下何耆皆从易牙之于味也?至于味,天下期于易牙,是天下之口相似也。惟耳亦然。至于声,天下期于师旷,是天下之耳相似也。惟目亦然。至于子都,天下莫不知其姣也。不知子都之姣者,无目者也。故曰:口之于味也,有同耆焉;耳之于声也,有同听焉;目之于色也,有同美焉。至于心,独无所同然乎?心之所同然者何也?谓理也,义也。圣人先得我心之所同然耳。故理义之悦我心,犹刍豢之悦我口。"

孟子曰:"牛山之木尝美矣,以其郊于大国也,斧斤伐之,可以为美乎?是其日夜之所息,雨露之所润,非无萌蘖之生焉,牛羊又从而牧之,是以若彼濯濯也。人见其濯濯也,以为未尝有材焉,此岂山之性也哉?虽存乎人者,岂无仁义之心哉?其所以放其良心者,亦

犹斧斤之于木也,旦旦而伐之,可以为美乎? 其日夜之所息,平旦之气,其好恶与人相近也者几希,则其旦昼之所为,有梏亡之矣。梏之反覆,则其夜气不足以存。夜气不足以存,则其违禽兽不远矣。人见其禽兽也,而以为未尝有才焉者,是岂人之情也哉? 故苟得其养,无物不长;苟失其养,无物不消。孔子曰:'操则存,舍则亡;出入无时,莫知其乡。'惟心之谓与?"

孟子曰:"无或乎王之不智也。虽有天下易生之物也,一日暴之,十日寒之,未有能生者也。吾见亦罕矣,吾退而寒之者至矣,吾如有萌焉何哉? 今夫弈之为数,小数也。不专心致志,则不得也。弈秋,通国之善弈者也。使弈秋诲二人弈。其一人专心致志,惟弈秋之为听。一人虽听之,一心以为有鸿鹄将至,思援弓缴而射之,虽与之俱学,弗若之矣。为是其智弗若与? 曰:非然也。"

孟子曰:"鱼,我所欲也。熊掌,亦我所欲也;二者不可得兼,舍鱼而取熊掌者也。生,亦我所欲也,义,亦我所欲也;二者不可得兼,舍生而取义者也。生亦我所欲,所欲有甚于生者,故不为苟得也;死亦我所恶,所恶有甚于死者,故患有所不辟也。如使人之所欲莫甚于生,则凡可以得生者,何不用也? 使人之所恶莫甚于死者,则凡可以辟患者,何不为也? 由是则生而有不用也,由是则可以辟患而有不为也,是故所欲有甚于生者,所恶有甚于死者。非独贤者有是心也,人皆有之,贤者能勿丧耳。一箪食,一豆羹,得之则生,弗得则死,呼尔而与之,行道之人弗受;蹴尔而与之,乞人不屑也。万钟则不辨礼义而受之。万钟于我何加焉? 为宫室之美、妻妾之奉、所识穷乏者得我与? 乡为身死而不受,今为宫室之美为之;乡为身死而不受,今为妻妾之奉为之;乡为身死而不受,今为所识穷乏者得我而为之,是亦不可以已乎? 此之谓失其本心。"

孟子曰:"仁,人心也;义,人路也。舍其路而弗由,放其心而不知求,哀哉! 人有鸡犬放,则知求之;有放心而不知求。学问之道无他,求其放心而已矣。"

孟子曰:"今有无名之指,屈而不信,非疾痛害事也。如有能信之者,则不远秦、楚之路,为指之不若人也。指不若人,则知恶之;心不若人,则不知恶:此之谓不知类也。"

孟子曰:"拱把之桐梓,人苟欲生之,皆知所以养之者。至于身,而不知所以养之者,岂爱身不若桐梓哉? 弗思甚也。"

孟子曰:"人之于身也,兼所爱。兼所爱,则兼所养也。无尺寸之肤不爱焉,则无尺寸之肤不养也。所以考其善不善者,岂有他哉? 于己取之而已矣。体有贵贱,有小大。无

以小害大,无以贱害贵。养其小者为小人,养其大者为大人。今有场师,舍其梧檟,养其樲棘,则为贱场师焉。养其一指而失其肩背,而不知也,则为狼疾人也。饮食之人,则人贱之矣,为其养小以失大也。饮食之人无有失也,则口腹岂适为尺寸之肤哉?"

公都子问曰:"钧是人也,或为大人,或为小人,何也?"孟子曰:"从其大体为大人,从其小体为小人。"曰:"钧是人也,或从其大体,或从其小体,何也?"曰:"耳目之官不思而蔽于物。物交物,则引之而已矣。心之官则思,思则得之,不思则不得也。此天之所与我者。先立乎其大者,则其小者不能夺也。此为大人而已矣。"

孟子曰:"有天爵者,有人爵者。仁义忠信,乐善不倦,此天爵也;公卿大夫,此人爵也。古之人修其天爵,而人爵从之。今之人修其天爵以要人爵;既得人爵,而弃其天爵;则惑之甚者也,终亦必亡而已矣。"

孟子曰:"欲贵者,人之同心也。人人有贵于己者,弗思耳。人之所贵者,非良贵也。赵孟之所贵,赵孟能贱之。《诗》云:'既醉以酒,既饱以德。'言饱乎仁义也,所以不愿人之膏粱之味也。令闻广誉施于身,所以不愿人之文绣也。"

孟子曰:"仁之胜不仁也,犹水胜火。今之为仁者,犹以一杯水救一车薪之火也,不熄,则谓之水不胜火。此又与于不仁之甚者也,亦终必亡而已矣。"

孟子曰:"五谷者,种之美者也。苟为不熟,不如荑稗。夫仁亦在乎熟之而已矣。"

孟子曰:"羿之教人射,必志于彀;学者亦必志于彀。大匠诲人,必以规矩;学者亦必以规矩。"

【译文】

告子说:"人的本性好比杞柳树,义理好比杯盘;把人的本性纳于仁义,正好比用杞柳树来制成杯盘。"孟子说:"您是顺着杞柳树的本性来制成杯盘呢?还是毁伤杞柳树的本性来制成杯盘呢?如果要毁伤杞柳树的本性后才制成杯盘,那不也要毁伤人的本性后才纳之于仁义吗?率领天下的人来祸害仁义的,一定是您的这种学说吧!"

告子说:"人性好比急流水,东方开了缺口便向东流,西方开了缺口便向西流。人性的没有善和不善,正好比水性的不管东流西流。"孟子说:"水诚然没有东流西流的定向,难道也没有向上或者向下的定向吗?人性的善良,正好比水性的向下流。人没有不善良的,水没有不向下流的。当然,拍水使它跳起来,可以高过额角;屏水使它倒流,可以引上

高山,这难道是水的本性吗? 形势使它这样罢了。人所以能够做坏事,它的本质也正是这样。"

告子说;"天生的资质叫作性。"孟子说:"天生的资质叫作性,好比一切东西的白色叫作白吗?"答道:"是这样。""白羽毛的白如同白雪的白,白雪的白如同白玉的白吗?"答道:"是这样。""那么,狗性如同牛性,牛性如同人性吗?"

告子说:"饮食男女,这是本性。仁是内在的东西,不是外在的东西;义是外在的东西,不是内在的东西。"孟子说:"为什么说仁是内在的东西,义是外在的东西呢?"答道:"因为他年纪大,于是我才尊敬他,这尊敬不是我本有的;正好比那东西是白的,我便认它作白东西,这是由于那东西的白被我认识的缘故,所以说是外在的东西。"孟子说:"白马的白和白人的白或者无所不同,但是不知道对老马的怜悯和对老者的尊敬心,是不是也没有什么不同呢? 而且,您说的所谓义,是说老者呢? 还是说尊敬老者的人呢?"答道:"是我的弟弟便爱他,是秦国人的弟弟便不爱他,这是因我自己高兴这样做,所以说仁是内在的东西。尊敬楚国的老者,也尊敬我自己的老者,这是因为他们都是老者的缘故。所以说义是外在的东西。"孟子说:"喜欢吃秦国人的烧肉,和喜欢吃自己的烧肉无所不同,各种事物也有这样的情形,那么,难道喜欢吃烧肉的心也是外在的东西吗? (那不和您说的饮食是本性的论点相矛盾了吗?)"

孟季子问公都子:"为什么说义是内在的东西呢?"答道:"恭敬从我的内心发出,所以说是内在的东西。""本乡人比大哥大一岁,那你尊敬谁?"答道:"恭敬哥哥。""那么,先给谁斟酒?"答道:"先给本乡长者斟酒。""你心里恭敬的是大哥,却向本乡长者敬礼,可见义毕竟是外在的东西,不是由内心发出的。"公都子不能对答,便来告诉孟子。孟子说:"(你可以说,)'恭敬叔父呢? 还是恭敬弟弟呢?'他会说,'恭敬叔父'。你又说,'弟弟若做了受祭的代理人,那又恭敬谁呢?'他会说,'恭敬弟弟。'你便说,'那为什么又说恭敬叔父呢?'他会说,'这是由于弟弟在那个位子的缘故。'那你也可以说,'那也是由于本乡长者在那个位子的缘故。平常的恭敬在于哥哥,暂时的恭敬在于本地长者。"季子听到了这话,又说:"对叔父也是恭敬,对弟弟也是恭敬,毕竟义是外在的,不是由内心出发的。"公都子说:"冬天喝热水,夏天喝凉水,那么,难道饮食(便不是由于本性,)也是外在的了吗?"

公都子说:"告子说,'本性没有什么善良,也没有什么不善良。'也有人说:'本性可

以使它善良,也可以使它不善良;所以周文王、武王在上,百姓便趋向善良;周幽王、厉王在上,百姓便趋向横暴。'也有人说,'有些人本性善良,有些人本性不善良;所以凭着尧这样的圣人为君,却有像这样不好的百姓;凭着瞽瞍这样坏的父亲,却有舜这样好的儿子;凭着纣这样恶的侄儿,而且贵为君主,却有微子启、王子比干这样的仁人。'如今老师说本性善良,那么,他们的说法都错了吗?"

孟子说:"从天生的资质看,可以使它善良,这便是我所谓的人性善良。至于有些人不善良,不能归罪于他的资质。同情心,人人都有;羞耻心,人人都有;恭敬心,人人都有;是非心,人人都有。同情心属于仁,羞耻心属于义,恭敬心属于礼,是非心属于智。这仁义礼智,不是由外人给与我的,是我本身就有的,不过不曾探索它罢了。所以说,'一经探求,便会得到;一加放弃,便会失掉。'人与人之间相差一倍、五倍甚至无数倍的,就是不能充分发挥他们人性的本质的缘故。《诗》说,'天生育众民,每一样事物,都有它的规律。百姓把握了那些不变的规律,于是乎喜爱优良的品德。'孔子说:'这篇诗的作者真懂得道呀!有事物,便有它的规律;百姓把握了这些不变的规律,所以喜爱优良的品德。'"

孟子说:"丰年,少年子弟多半懒惰;荒年,少年子弟多半强暴,不是天生的资质这样不同,是由于环境使他们心情变坏的缘故。用大麦做比喻吧,播了种,耪了地,如果地土一样,种植的时候一样,便会蓬勃地生长,到了夏至,都会成熟了。即便有所不同,那便是由于地土的肥瘠,雨露的多少,人工的勤惰不同的缘故。所以一切同类之物,无不大体相同,为什么一讲到人类就怀疑了呢?圣人也是我们的同类。龙子曾经说过,'不看清脚样去编草鞋,我准知道编不成筐子。'草鞋的相似,是因为普天之下的人的脚大体相同。口对于味道,有相同的嗜好;易牙早就摸准了这一嗜好。假使口对于味道,人人不同,而且像狗马和我们人类本质上的不相同一样,那么,凭什么天下的人都追随着易牙的口味呢?一讲到口味,天下都期望做到易牙那样,这就说明了天下人味觉大体相同。耳朵也这样。一讲到声音,天下都期望做到师旷那样,这就说明了天下人的听觉大体相同。眼睛也这样。一讲到子都,天下没有人不知道他美丽。不认为子都美丽的,那是没有眼睛的人。所以说,口对于味道,有相同的嗜好;耳对于声音,有相同的听觉;眼睛对于容色,有相同的美感。谈到心,就偏偏没有相同的地方吗?心相同的地方是什么呢?是理,是义。圣人早就懂得了我们内心的相同的理义。所以理义使我心高兴,正和猪狗牛羊肉合乎我的口味一般。"

孟子说："牛山的树木曾经是很茂盛的,因为它长在大都市的郊外,老用斧子去砍伐,还能够茂盛吗? 当然,它日日夜夜在生长着,雨水露珠在滋润着,不是没有新条嫩芽生长出来,但紧跟着就放羊牧牛,所以变成那样光秃秃了。人们看见那光秃秃的样子,便以为这山不曾有过大树木,这难道是山的本性吗? 在某些人身上,难道没有仁义之心吗? 他之所以丧失他的良心,也正像斧子的对于树木一般。天天去砍伐它,能够茂盛吗? 他在白天黑夜里发出来的善心,他在天刚亮时呼吸到的清明之气,那时节他心里的好恶跟一般人相近的,也有一点点。可是一到第二天白昼,他的所作所为又把它消灭了。反复地消灭,那么,他夜里产生出的善念自然不能存在;夜里产生出的善念不能存在,便和禽兽差不离了。别人看到他简直是禽兽,便以为他不曾有过善良的本质。这难道也是这些人的本性吗? 所以,如果得到滋养,没有东西不生长;失掉滋养,没有东西不消亡。孔子说过,'抓住它,就存在;放弃它,就亡失;出出进进没有一定时候,也不知道它何去何从。'这是指人心而说的吧。"

孟子说："王的不明智,不足奇怪。纵使有一种最容易生长的植物,晒它一天,冷它十天,没有能够再长的。我和王相见的次数也太少了,我退居在家,把他冷淡得也到了极点了,我对于他善良之心的萌芽能有什么帮助呢? 譬如下棋,这只是小技艺,但如果不一心一意,也就学不好。弈秋是全国的下棋圣手。假使让他教导两个人,一个人一心一意,只听弈秋的话。另一个呢,虽然听着,而心里却以为有只天鹅快要飞来,想拿起弓箭去射它。这样,纵使和那人一道学习,成绩一定不如人家。是因为他的才智不如人家吗? 不是这样的。"

孟子说："鱼是我想得到的,熊掌也是我想得到的;如果两者不能同时得到,便舍弃鱼而要熊掌。生命是我想保有的,义也是我想拥有的;如果两者不能并有,便舍弃生命而要义。生命本是我想保有的,但我希望保有更有超过生命的,所以我不干苟且偷生的事;死亡本是我所厌恶的,但是我所厌恶的更有超过死亡的,所以有的祸害我不躲避。如果人们想拥有的没有超过生命的,那么,一切可以求得生存的手段,哪有不使用的呢? 如果人们所厌恶的没有超过死亡的,那么,一切可以避免祸害的事情,哪有不干的呢? (然而,有些人)由此而行,便可以得到生存,却不去做;由此而行,便可以避免祸害,却不去干,这样便可知有比生命更值得拥有的东西,也有比死亡更令人厌恶的东西。这种心不仅仅贤人有,人人都有,不过贤人能够保持它罢了。一筐饭,一碗汤,得着便能活下去,得不着便死

亡,吆喝着给他,就是过路的饿人都不会接受;脚踏过再给与他,就是乞丐也不屑于要;(然而有的人对)万钟的俸禄却不问合于礼义与否,欣然接受了。万钟的俸禄对我有什么好处呢? 为着住宅的华丽、妻妾的侍奉和我所认识的贫苦人感激我吗? 过去宁肯死亡而不接受的,今天却为着住宅的华丽而接受了;过去宁肯死亡而不接受的,今天却为着妻妾的侍奉而接受了;过去宁肯死亡而不接受的,今天却为着我所认识的贫苦人的感激而接受了,这些不是可以罢手的吗? 这样便叫丧失了本性。"

孟子说:"仁是人的心,义是人的路。放弃了那条正路而不走,丢失了那善良的心而不晓得去找回,真可悲呀! 一个人,有鸡和狗走失了,便晓得去找回,有善良的心丧失了,却不晓得去寻求。学问之道没其他的,就是把那丧失了的良心找回来罢了。"

孟子说:"现在有个人,他无名指弯曲而不能伸直,虽然不痛苦,也不妨碍做事,如果有人能够使它伸直,就是走向秦国楚国,也不嫌远,为的是无名指不及别人。无名指不及别人,就知道厌恶;心性不及别人,竟不知道厌恶,这个叫作不晓得轻重。"

孟子说:"一两把粗的桐树梓树,假若要使它生长起来,都晓得如何去培养。至于本身,却不晓得如何去培养,难道爱自己还不及爱桐树梓树吗? 真是太不动用脑筋了。"

孟子说:"人对于身体,哪一部分都爱护。都爱护便都保养。没有一尺一寸的皮肤肌肉不爱护,便没有一尺一寸的皮肤肌肉不保养。考察他护养得好或者不好,难道有别的方法吗? 只是看他所注重的是身体的哪一部分罢了,身体有重要部分,也有次要部分;有小的部分,也有大的部分。不要因为小的部分损害大的部分,不要因为次要部分损害重要部分,保养小的部分的就是小人,保养大的部分的便是君子。如果有一位园艺师,放弃梧桐梓树,却去培养酸枣荆棘,那就是位很坏的园艺师。如果有人只保养他的一个手指,却丧失了肩头背脊,自己还不明白,那是糊涂虫了。只晓得讲究吃喝(而不晓得培养心志)的人。人家都轻视他;因为他保养了小的部分,丧失了大的部分。如果讲究吃喝的人不影响心志的培养,那么,吃喝的目的又怎么能只是为着口腹的那小部分呢?"

公都子问道:"同样是人,有些是君子,有些是小人,什么缘故?"孟子答道:"求满足身体重要器官的需要的是君子,求满足身体次要器官的欲望的是小人。"问道:"同样是人,有人要求满足重要器官的需要,有人要求满足次要器官的欲望,又是什么缘故?"答道:"耳朵眼睛这类器官不会思考,故易为外物所蒙蔽。(因此,耳目不过是一物罢了。)一与外物相接触,便被引向迷途了。心这个器官职在思考,一思考便可求得事物的真谛,不思

考便得不到。这个器官是天特意给我们人类的。因此，这是重要器官，要先把它树立起来，那么，次要的器官便不能把这善性夺去了。这样便成了君子了。"

孟子说："有自然的爵位，有人为的爵位。仁义忠信，不疲倦地好善，这是自然的爵位；公卿大夫，这是人为的爵位。古代的人修养他自然的爵位，于是人为的爵位也跟着来了。现在的人修养他自然的爵位，来追求人为的爵位；已经得到了人为的爵位，便放弃他自然的爵位，那就太糊涂了，到头来连人为的爵位也会丧失掉的。"

孟子说："希望尊贵，这是人们的共同心理。但每人自己都有值得尊贵的东西，只是不去思考它罢了。别人所尊贵的，不一定是真正值得尊贵的。赵孟所尊贵的，赵孟同样可以使它下贱。《诗》说，'酒已经醉了，德已经饱了。'这是说仁义之德很富足了，也就不必羡慕别人的肥肉细米了；人人都晓得的好名声在我身上，也就不必羡慕别人的绣花衣裳了。"

孟子说："仁胜过不仁，正像水可以扑灭火一样。如今行仁的人，好像用一杯水来救一车木柴的火焰；火焰不熄灭，便说水不能扑灭火，这些人又和很不仁的人相同了，到头来连他们已行的这点点仁都会消亡的。"

孟子说："五谷是庄稼中的好品种，如果不能成熟，反而不及稊米和稗子。仁，也在于使它成熟罢了。"

孟子说："羿教人射箭，一定拉满弓；学习的人也一定要求努力拉满弓。技艺精湛的木工带徒弟，一定依照规矩，学习的人也一定要依照规矩。"

告子下

【原文】

任人有问屋庐子曰："礼与食孰重？"曰："礼重。""色与礼孰重？"曰："礼重。"曰："以礼食，则饥而死；不以礼食，则得食，必以礼乎？亲迎，则不得妻；不亲迎，则得妻，必亲迎乎？"屋庐子不能对，明日之邹，以告孟子。孟子曰："於！答是也，何有？不揣其本，而齐其末，方寸之木可使高于岑楼。金重于羽者，岂谓一钩金与一舆羽之谓哉？取食之重者与礼之轻者而比之，奚翅食重？取色之重者与礼之轻者而比之，奚翅色重？往应之曰：

'紾兄之臂而夺之食,则得食;不紾,则不得食,则将紾之乎? 逾东家墙而搂其处子,则得妻;不搂,则不得妻;则将搂之乎?'"

曹交问曰:"人皆可以为尧、舜,有诸?"孟子曰:"然。""交闻文王十尺,汤九尺,今交九尺四寸以长,食粟而已,如何则可?"曰:"奚有于是? 亦为之而已矣。有人于此,力不能胜一匹雏,则为无力人矣。今曰举百钧,则为有力人矣。然则举乌获之任,是亦为乌获而已矣。夫人岂以不胜为患哉? 弗为耳。徐行后长者谓之弟,疾行先长者谓之不弟。夫徐行者,岂人所不能哉? 所不为也。尧、舜之道,孝弟而已矣。子服尧之服,诵尧之言,行尧之行,是尧而已矣。子服桀之服,诵桀之言,行桀之行,是桀而已矣。"曰:"交得见于邹君,可以假馆,愿留而受业于门。"曰:"夫道若大路然,岂难知哉? 人病不求耳。子归而求之,有馀师。"

公孙丑问曰:"高子曰:《小弁》,小人之诗也。"孟子曰:"何以言之?"曰:"怨。"曰:"固哉,高叟之为诗也! 有人于此,越人关弓而射之,则己谈笑而道之,无他,疏之也。其兄关弓而射之,则己垂涕泣而道之,无他,戚之也。《小弁》之怨,亲亲也。亲亲,仁也。固矣夫,高叟之为诗也!"曰:"《凯风》何以不怨?"曰:"《凯风》,亲之过小者也。《小弁》,亲之过大者也。亲之过大而不怨,是愈疏也;亲之过小而怨,是不可矶也。愈疏,不孝也;不可矶,亦不孝也。孔子曰:'舜其至孝矣,五十而慕。'"

宋牼将之楚。孟子遇于石丘,曰:"先生将何之?"曰:"吾闻秦、楚构兵,我将见楚王说而罢之。楚王不悦,我将见秦王说而罢之。二王我将有所遇焉。"曰:"轲也请无问其详,愿闻其指。说之将何如?"曰:"我将言其不利也。"曰:"先生之志则大矣,先生之号则不可。先生以利说秦、楚之王,秦、楚之王悦于利,以罢三军之师,是三军之士乐罢而悦于利也。为人臣者怀利以事其君,为人子者怀利以事其父,为人弟者怀利以事其兄,是君臣、父子、兄弟终去仁义,怀利以相接,然而不亡者,未之有也。先生以仁义说秦、楚之王,秦、楚之王悦于仁义,而罢三军之师,是三军之士乐罢而悦于仁义也。为人臣者怀仁义以事其君,为人子者怀仁义以事其父,为人弟者怀仁义以事其兄,是君臣、父子、兄弟去利,怀仁义以相接也,然而不王者,未之有也。何必曰利?"

孟子居邹。季任为任处守,以币交,受之而不报。处于平陆,储子为相,以币交,受之而不报。他日,由邹之任,见季子;由平陆之齐,不见储子。屋庐子喜曰:"连得间矣!"问曰:"夫子之任,见季子,之齐,不见储子,为其为相与?"曰:"非也。《书》曰:'享多仪,仪

不及物曰不享,惟不役志于享。'为其不成享也。"屋庐子悦。或问之,屋庐子曰:"季子不得之邹,储子得之平陆。"

淳于髡曰:"先名实者,为人也。后名实者,自为也。夫子在三卿之中,名实未加于上下而去之,仁者固如此乎?"孟子曰:"居下位,不以贤事不肖者,伯夷也。五就汤,五就桀者,伊尹也。不恶污君,不辞小官者,柳下惠也。三子者不同道,其趋一也。一者何也?曰:仁也。君子亦仁而已矣,何必同?"曰:"鲁缪公之时,公仪子为政,子柳、子思为臣,鲁之削也滋甚。若是乎,贤者之无益于国也!"曰:"虞不用百里奚而亡,秦穆公用之而霸。不用贤则亡,削何可得与?"曰:"昔者王豹处于淇,而河西善讴。绵驹处于高唐,而齐右善歌;华周杞梁之妻善哭其夫而变国俗。有诸内,必形诸外。为其事而无其功者,髡未尝睹之也。是故无贤者也,有则髡必识之。"曰:"孔子为鲁司寇,不用,从而祭,燔肉不至;不税冕而行。不知者以为为肉也,其知者以为为无礼也。乃孔子则欲以微罪行,不欲为苟去。君子之所为,众人固不识也。"

孟子曰:"五霸者,三王之罪人也。今之诸侯,五霸之罪人也。今之大夫,今之诸侯之罪人也。天子適诸侯曰巡狩。诸侯朝于天子曰述职。春省耕而补不足,秋省敛而助不给。入其疆,土地辟,田野治,养老尊贤,俊杰在位,则有庆,庆以地。入其疆,土地荒芜,遗老失贤,掊克在位,则有让。一不朝,则贬其爵,再不朝,则削其地,三不朝,则六师移之。是故天子讨而不伐,诸侯伐而不讨。五霸者,搂诸侯以伐诸侯者也。故曰,五霸者,三王之罪人也。五霸,桓公为盛。葵丘之会诸侯,束牲、载书而歃血。初命曰:'诛不孝,无易树子,无以妾为妻。'再命曰:'尊贤育才,以彰有德。'三命曰:'敬老慈幼,无忘宾旅。'四命曰:'士无世官,官事无摄,取士必得,无专杀大夫。'五命曰:'无曲防,无遏籴,无有封而不告。'曰:'凡我同盟之人,既盟之后,言归于好。'今之诸侯皆犯此五禁,故曰:今之诸侯,五霸之罪人也。长君之恶其罪小。逢君之恶其罪大。今之大夫皆逢君之恶,故曰,今之大夫,今之诸侯之罪人也。"

鲁欲使慎子为将军。孟子曰:"不教民而用之,谓之殃民。殃民者,不容于尧、舜之世。一战胜齐,遂有南阳,然且不可——"慎子勃然不悦,曰:"此则滑釐所不识也。"曰:"吾明告子:天子之地方千里,不千里,不足以待诸侯。诸侯之地方百里,不百里,不足以守宗庙之典籍。周公之封于鲁,为方百里也,地非不足,而俭于百里。太公之封于齐也,亦为方百里也,地非不足也,而俭于百里。今鲁方百里者五,子以为有王者作,则鲁在所

损乎,在所益乎？徒取诸彼以与此,然且仁者不为,况于杀人以求之乎？君子之事君也,务引其君以当道,志于仁而已。"

孟子曰:"今之事君者皆曰:'我能为君辟土地,充府库。'今之所谓良臣,古之所谓民贼也。君不乡道,不志于仁,而求富之,是富桀也。'我能为君约与国,战必克。'今之所谓良臣,古之所谓民贼也。君不乡道,不志于仁,而求为之强战,是辅桀也。由今之道,无变今之俗,虽与之天下,不能一朝居也。"

白圭曰:"吾欲二十而取一,何如？"孟子曰:"子之道,貉道也。万室之国,一人陶,则可乎？"曰:"不可。器不足用也。"曰:"夫貉,五谷不生,惟黍生之。无城郭、宫室、宗庙、祭祀之礼,无诸侯币帛饔飧,无百官有司,故二十取一而足也。今居中国,去人伦,无君子,如之何其可也？陶以寡,且不可以为国,况无君子乎？欲轻之于尧、舜之道者,大貉小貉也;欲重之于尧、舜之道者,大桀小桀也。"

白圭曰:"丹之治水也愈于禹。"孟子曰:"子过矣。禹之治水,水之道也,是故禹以四海为壑。今吾子以邻国为壑。水逆行谓之洚水。洚水者,洪水也——仁人之所恶也。吾子过矣。"

孟子曰:"君子不亮,恶乎执？"

鲁欲使乐正子为政。孟子曰:"吾闻之,喜而不寐。"公孙丑曰:"乐正子强乎？"曰:"否。""有知虑乎？"曰:"否。""多闻识乎？"曰:"否。""然则奚为喜而不寐？"曰:"其为人也好善。""好善足乎？"曰:"好善优于天下,而况鲁国乎？夫苟好善,则四海之内皆将轻千里而来告之以善。夫苟不好善,则人将曰:'訑訑,予既已知之矣。'訑訑之声音颜色距人于千里之外。士止于千里之外,则谗谄面谀之人至矣。与谗谄面谀之人居,国欲治,可得乎？"

陈子曰:"古之君子何如则仕？"孟子曰:"所就三,所去三。迎之致敬以有礼;言,将行其言也,则就之。礼貌未衰,言弗行也,则去之。其次,虽未行其言也,迎之致敬以有礼,则就之。礼貌衰,则去之。其下,朝不食,夕不食,饥饿不能出门户,君闻之,曰:'吾大者不能行其道,又不能从其言也。使饥饿于我土地,吾耻之。'周之。亦可受也,免死而已矣。"

孟子曰:"舜发于畎亩之中,傅说举于版筑之间,胶鬲举于鱼盐之中,管夷吾举于士,孙叔敖举于海,百里奚举于市。故天将降大任于是人也,必先苦其心志,劳其筋骨,饿其

体肤,空乏其身,行拂乱其所为,所以动心忍性,曾益其所不能。人恒过,然后能改。困于心,衡于虑,而后作。征于色,发于声,而后喻。入则无法家拂士,出则无敌国外患者,国恒亡。然后知生于忧患而死于安乐也。"

孟子曰:"教亦多术矣。予不屑之教诲也者,是亦教诲之而已矣。"

【译文】

有一位任国人问屋庐子道:"礼和食哪样重要?"答道:"礼重要。""娶妻和礼哪样重要?"答道:"礼重要。"问道:"如果按着礼节去找吃的,便会饿死;不按着礼节去找吃的,便会得着吃的,那一定要按着礼节行事吗? 如果按照亲迎礼,便得不到妻子;如果不行亲迎礼,便会得到妻子,那一定要行亲迎礼吗?"屋庐子不能对答,第二天便去邹国,把这话告诉孟子。

孟子说:"答复这个有什么困难呢? 如果不度量基底部是否一致,而只比较它的顶端,那一寸厚的木块(若放在高处,)可以使它比尖角高楼还高。金子比羽毛重,难道说三钱多重的金子比一大车的羽毛还重吗? 拿吃的重要方面和礼的细节相比较,何止说吃更重要? 拿婚姻的重要方面和礼的细节相比较,何止说娶妻重要? 你这样去答复他吧:'扭折哥哥的胳膊,抢夺他的食物,便得到吃的;不扭,便得不着吃的,那会去扭吗? 爬过东邻的墙去搂抱女子,便得到妻室;不去搂抱,便得不着妻室,那会去搂抱吗?'"

曹交问道:"人人都可以做尧舜,有这话吗?"孟子答道:"有的。"曹交问:"我听说文王身高一丈,汤身高九尺,如今我有九尺四寸多高,只会吃饭罢了,要怎样才成呢?"孟子说:"这有什么关系呢? 只要去做就行了。要是有人,自己以为一只小鸡都提不起来,便是毫无力气的人了;如果说能够举起三千斤,便是很有力气的人了。那么,举得起乌获所能举的重量的,也就是乌获了。一个人怎能以不胜任为忧呢? 只是不去做罢了。慢慢地走在长者之后,便叫悌;飞快地走,抢在长者之前,便叫不悌。慢慢地走,难道是人所不能的吗? 只是不做罢了。尧舜之道,也不过就是孝和悌而已。你穿尧的衣服,说尧的话,做尧的所作所为,便是尧了。你穿桀的衣服,说桀的话,做桀的所作所为,便是桀了。"曹交说:"我准备去谒见邹君,向他借个地方住,情愿留在您门下学习。"孟子说:"道就像大路一样,难道难于了解吗? 只怕人不去寻求罢了。你回去自己寻求罢,老师多得很呢。"

公孙丑问道:"高子说,《小弁》是小人写的诗。是吗?"孟子说:"为什么这样说呢?

答道："因为它吐露了幽怨。"孟子说："高老先生的讲诗真是太拘泥了！这里有个人，若是越国人张开弓去射他，事后他可以有说有笑地讲述这事；这没有别的原故，只是因为越国人和他关系疏远。若是他哥哥张开弓去射他，事后他会哭哭啼啼地讲述着这事；这没有别的原故，因为哥哥是亲人。《小弁》的怨恨，正是热爱亲人的缘故。热爱亲人，是仁的表现。高老先生的讲诗实在是太拘泥了！"

公孙丑说：'《凯风》为什么不吐诉幽怨呢？"答道：'《凯风》这篇诗，是由于母亲的过错小；《小弁》这一篇诗，却是由于父亲的过错大。父母的过错大，却不抱怨，是更疏远父母的表现；父母的过错小，却去抱怨，反而激怒了自己。更把父母疏远是不孝，反而使自己激怒也是不孝。孔子说，'舜是最孝顺的人吧，五十岁还依恋父母。'"

宋牼到楚国去，孟子在石丘碰到了他，孟子问道："先生准备往哪里去？"答道："我听说秦楚两国交兵，我打算去谒见楚王，向他进言，劝他罢兵。如果楚王不高兴我的话，我又打算去谒见秦王。向他进言，劝他罢兵。在两个国王中，我总会有所遇合。"孟子说："我不想问得太详细，只想知道你的大意，你将怎样去进言呢？"答道："我打算说，交兵是不利的。"孟子说："先生的志向是很好的了，可是先生的提法却不行。先生用利来向秦王、楚王进言，秦王、楚王因为喜欢有利，于是停止军事行动，这就将使军队的官兵乐于罢兵，因而喜欢利。做臣属的为求利而服事君主，做儿子的为求利而服事父亲，做弟弟的为求利而服事哥哥，这就会使君臣、父子、兄弟之间都完全失去仁义，为了求利而打交道，这样而国家不灭亡的，是没有的事情。如果先生用仁义来向秦王、楚王进言，秦王、楚王因为喜欢仁义的缘故，而停止军事行动，这就会使军队的官兵乐于罢兵，因而喜欢仁义。做臣属的满怀仁义来服事君主，做儿子的满怀仁义来服事父亲，做弟弟的满怀仁义来服事哥哥，这就会使君臣、父子、兄弟之间都去掉利的观念，满怀仁义来打交道，这样的国家不以德政统一天下的，也是没有的事。为什么一定要说到'利'呢？"

当孟子住在邹国的时候，季任留守任国，代理国政，送礼物来和孟子交友，孟子接受了礼物，并不回报。又当孟子住在平陆的时候，储子做齐国的卿相，也送礼物来和孟子交友，孟子接受了，并不回报。过一段时间，孟子从邹国到任国，拜访了季子；从平陆到齐都，却不去拜访储子。屋庐子高兴地说："我找到了老师的岔子了。"便问道："老师到任国，拜访季子；到齐都，不拜访储子，是因为储子只是卿相吗？"答道："不是；《尚书》说过，享献之礼可贵的是仪节，如果仪节不够，礼物虽多，只能叫作没有享献，因为他的心意并

没有用在这上面。这是因为他没有完成那享献的缘故。"屋庐子高兴得很。有人问他。他说："季子不能够亲身去邹国,储子却能够亲身去平陆,(他为什么只送礼而不自己去呢?)"

淳于髡说："重视名誉功业是为了济世救民,轻视名誉功业是为了独善其身。您贵为齐国三卿之一,名誉和功业都还没在君主和臣民之间显示出来。您就要离开,仁人原来是这样的吗?"孟子说："处在卑贱的地位,不拿自己贤人的身份去服事不肖的人的,有伯夷在;五次往汤那里去,又五次往桀那里去的,有伊尹在;不讨厌恶浊的君主,不拒绝卑微职位的,有柳下惠在。三个人的行为不相同,但总方向是一样的。这一样的是什么呢?应该说,就是仁。君子只要仁就行了,为什么一定要相同呢?"淳于髡说："当鲁缪公的时候,公仪子主持国政,泄柳和子思也都立于朝廷,鲁国的削弱却更厉害,贤人对国家的无用像这样的呀!"孟子说："虞国不用百里奚,因而灭亡;秦穆公用了百里奚,因而称霸。不用贤人就会招致灭亡,即使要求在削地求和的境况下勉强存在,都是办不到的。"淳于髡说："从前王豹住在淇水旁边,河西的人都会唱歌;緜驹住在高唐,齐国西部地方都会唱歌;华周杞梁的妻子痛哭她们的丈夫,因而改变了国家风尚。里面有什么,一定会表现在外面。如果从事某种工作,却见不到功绩的,我不曾看过这样的事。所以今天是没有贤人;如果有贤人,我一定会知道他。"孟子说："孔子做鲁国司寇的官,不被重用,跟随着去祭祀,祭肉也不见送来,于是匆忙地离开。不知道孔子的人以为他是为了祭肉的缘故,知道孔子的人晓得他是为鲁国失礼而离开。至于孔子,却是要自己背一点小罪名而走,不想随便离开。君子的作为,一般人本来是不知道的。"

孟子说："五霸,是三王的罪人,现在的诸侯,又是五霸的罪人;现在的大夫,又是现在诸侯的罪人。天子巡行诸侯的国家叫作巡狩,诸侯朝见天子叫作述职。(天子的巡狩,)春天考察耕种情况,补助不足的人;秋天考察收获情况,周济不够的人。一进到某国的疆界,如果土地已经开辟,庄稼长得很好,老人被赡养,贤者被尊贵,出色的人才立于朝廷,那么就有赏赐;赏赐用土地。如果一进到某国的疆界,土地荒废,老人被遗弃,贤者不被任用,搜括钱财的人立于朝廷,那么就有责罚。(诸侯的述职,)一次不朝,就降低爵位;两次不朝,就削减土地;三次不朝,就把军队开去。所以天子的用武力是'讨',不是'伐';诸侯则是'伐',不是'讨'。五霸呢,是挟持一部分诸侯来攻伐另一部分诸侯的人,所以我说,五霸,是三王的罪人。五霸,齐桓公最了不得。在葵丘的一次盟会,捆绑了牺牲,把

盟约放在它身上,(因为相信诸侯不敢负约,)便没有歃血。第一条盟约说:诛责不孝之人,不要废立太子,不要立妾为妻。第二条盟约说,尊贵贤人,养育人才,来表彰有德者。第三条盟约说,恭敬老人,慈爱幼小,不要怠慢贵宾和旅客。第四条盟约说,士人的官职不要世代相传,公家职务不要兼摄,录用士子一定要得当,不要独断专行地杀戮大夫。第五条盟约说,不要到处筑堤,不要禁止邻国来采购粮食,不要有所封赏而不报告(盟主)。最后说,所有参与盟会的人从订立盟约以后,完全恢复旧日的友好。今日的诸侯都违犯了这五条禁令,所以说,今天的诸侯是五霸的罪人。臣下助长君主的恶行,这罪行还小;臣下逢迎君主的恶行,(给他找出理论根据,使他无所忌惮)这罪行可大了。而今天的大夫,都逢迎君主的恶行,所以说,今天的大夫,又是诸侯的罪人。"

鲁国打算叫慎子做将军。孟子说:"不先教导百姓便用他们打仗,这叫作祸害老百姓。祸害老百姓的人,在尧舜的时代,是容不得的。只打一次仗便胜了齐国,因而得到了南阳,这样尚且不可以——"慎子一下子变了脸色,不高兴地说:"这是我所不了解的了。"孟子说:"我明白地告诉你吧。天子的土地纵横一千里;如果不到一千里,便不够接待诸侯。诸侯的土地纵横一百里;如果不到一百里,便不够来奉守历代相传的礼法制度。周公被封于鲁,是应该纵横一百里的;土地并不是不够,但实际上少于一百里。太公被封于齐,也应该是纵横一百里的;土地并不是不够,但实际上少于一百里,如今鲁国有五个纵横一百里,你以为假如有圣主明王兴起,鲁国的土地在被减少之列呢? 还是在被增加之列呢? 不用兵力,白白地取自那国来给与这国,仁人尚且不干,何况杀人来求得土地呢? 君子的服事君王,只是专心一意地引导他趋向正路,有志于仁罢了。"

孟子说:"今天服事君主的人都说,'我能够替君主开拓土地,充实府库。'今天的所谓好臣子正是古代的所谓百姓的戕害者。君主不向往道德,无意于仁,却想使他钱财富足,这等于使夏桀钱财富足。(又说:)'我能够替君主邀结盟国,每战一定胜利。'今天的所谓好臣子正是古代所谓百姓的戕害者。君主不向往道德,无意于仁,却想替他勉强作战,这等于帮助夏桀。顺着现在这条路走下去,也不改变如今的风俗习气,纵使把整个天下给他,他也是一天都坐不稳的。"

白圭说:"我想定税率为二十抽一,怎么样?"孟子说:"你的方针是貉国的方针。一万户的国家,只有一个人制作瓦器,那可以吗?"答道:"不可以,瓦器会不够用的。"孟子说:"貉国,各种谷类都不生长,只生长糜子;又没有城墙、房屋、祖庙和祭祀的礼节,也没有各国间的互相往来,致送礼物和飨宴,也没有各种衙署和官吏,所以二十抽一便够了。如今在中国,不要社会间的一切伦常,不要各种官吏,那怎么能行呢? 做瓦罂的太少,尚且不能够使一个国家搞好,何况没有官吏呢? 想要比尧舜的十分抽一的税率还轻的,是大貉小貉;想要比尧舜的十分抽一的税率还重的,是大桀小桀。"

白圭说:"我治理水患比大禹还强。"孟子说:"您错了。禹的治理水患,是顺着水的本性疏导的,所以禹使水流注到四海。如今您先生却使水流到邻近的国家去。水逆流而行叫作洚水——洚水就是洪水——是有仁爱之心的人所最厌恶的。先生您错了。"

孟子说:"君子不讲诚信,如何能有操守?"

鲁国打算叫乐正子治理国政。孟子说:"我听到这消息,高兴得睡不着。"公孙丑说:"乐正子很坚强吗?"答道:"不。""有智慧,有主意吗?"答道:"不。""见多识广吗?"答道:"不。""那你为什么高兴得睡不着呢?"答道:"他的为人喜欢听取善言。""喜欢听取善言就够了吗?"答道:"喜欢听取善言,用这个来治理天下都是能够应付裕余的,何况仅仅治理鲁国呢? 假如喜欢听取善言,那四面八方的人都会从千里之外赶来把善言告诉他;假如不喜欢听取善言,那别人会(模仿他的话)说:'呵呵! 我早已都晓得了!'呵呵的声音面色就会把别人拒绝于千里之外了。士人在千里之外停止不来,那进谗言而当面奉承的人就会来了。同进谗言而当面奉承的人住在一起,要把国家治理好,做得到吗?"

陈子说:"古代的君子要怎样才出来做官?"孟子说:"就职的情况有三种,离职的情况也有三种,礼貌地恭敬地来迎接,对他的言论又打算实行,便就职。礼貌虽未衰减,但言论已不实行了,便离开。其次,虽然没有实行他的言论,还是很有礼貌很恭敬地来迎接,也便就职。礼貌衰减,便离开。最下的,早上没饭吃,太阳落山也没饭吃,饿得不能够走出房门,君主知道了,便说,'我上者不能实行他的学说,又不听从他的言论,使他在我国土上饿着肚皮,我引为耻辱。'于是周济他,这也可以接受,免于死亡罢了。"

孟子说:"舜从田野之中发达起来,傅说从筑墙的工作中被提拔起来,胶鬲从鱼盐的工作中被提拔起来,管夷吾从狱官的手里被释放而被提拔起来,孙叔敖从海边被提拔起来,百里奚从市场被提拔起来。所以天将把重大任务落到某人身上,一定先要苦恼他的心志,劳动他的筋骨,饥饿他的肠胃,穷困他的身子,他的每一行为总是不能如意,这样,便可以震动他的心意,坚韧他的性情,增加他的能力。一个人常常犯错误才能改正;心意困苦,思虑阻塞,才能有所发奋而创造;表现在面色上,吐发在言语中,才能被人了解。一个国家,国内没

有有法度的大臣和足为辅弼的士子,国外没有相与抗衡的邻国和外患的,经常容易被灭亡。这样,就可以知道忧愁患害足以使人生存,安逸快乐足以使人死亡的道理了。"

孟子说:"教育也有很多方式,我不屑于去教诲他,这也是一种教诲呢。"

尽心上

【原文】

孟子曰:"尽其心者,知其性也。知其性,则知天矣。存其心,养其性,所以事天也。夭寿不贰,修身以俟之,所以立命也。"

孟子曰:"莫非命也,顺受其正。是故知命者不立乎岩墙之下。尽其道而死者,正命也;桎梏死者,非正命也。"

孟子曰:"求则得之,舍则失之,是求有益于得也,求在我者也。求之有道,得之有命,是求无益于得也,求在外者也。"

孟子曰:"万物皆备于我矣。反身而诚,乐莫大焉。强恕而行,求仁莫近焉。"

孟子曰:"行之而不著焉,习矣而不察焉,终身由之而不知其道者,众也。"

孟子曰:"人不可以无耻。无耻之耻,无耻矣。"

孟子曰:"耻之于人大矣。为机变之巧者,无所用耻焉。不耻不若人,何若人有?"

孟子曰:"古之贤王好善而忘势,古之贤士何独不然?乐其道而忘人之势,故王公不致敬尽礼,则不得亟见之,见且由不得亟,而况得而臣之乎?"

孟子谓宋勾践曰:"子好游乎?吾语子游:人知之,亦嚣嚣;人不知,亦嚣嚣。"曰:"何如斯可以嚣嚣矣?"曰:"尊德乐义,则可以嚣嚣矣。故士穷不失义,达不离道。穷不失义,故士得己焉;达不离道,故民不失望焉。古之人,得志,泽加于民;不得志,修身见于世。穷则独善其身,达则兼济天下。"

孟子曰:"待文王而后兴者,凡民也。若夫豪杰之士,虽无文王犹兴。"

孟子曰:"附之以韩、魏之家,如其自视欿然,则过人远矣。"

孟子曰:"以佚道使民,虽劳不怨。以生道杀民,虽死不怨杀者。"

孟子曰:"霸者之民骥虞如也。王者之民皞皞如也。杀之而不怨,利之而不庸,民日

迁善而不知为之者。夫君子所过者化，所存者神，上下与天地同流，岂曰小补之哉？"

孟子曰："仁言不如仁声之入人深也。善政不如善教之得民也。善政，民畏之；善教，民爱之。善政得民财，善教得民心。"

孟子曰："人之所不学而能者，其良能也；所不虑而知者，其良知也。孩提之童无不知爱其亲者；及其长也，无不知敬其兄也。亲亲，仁也；敬长，义也；无他，达之天下也。"

孟子曰："舜之居深山之中，与木石居，与鹿豕游，其所以异于深山之野人者几希。及其闻一善言，见一善行，若决江河，沛然莫之能御也。"

孟子曰："无为其所不为，无欲其所不欲，如此而已矣。"

孟子曰："人之有德慧术知者，恒存乎疢疾。独孤臣孽子，其操心也危，其虑患也深，故达。"

孟子曰："有事君人者，事是君则为容悦者也。有安社稷臣者，以安社稷为悦者也。有天民者，达可行于天下而后行之者也。有大人者，正己而物正者也。"

孟子曰："君子有三乐，而王天下不与存焉。父母俱存，兄弟无故，一乐也。仰不愧于天，俯不怍于人，二乐也。得天下英才而教育之，三乐也。君子有三乐，而王天下不与存焉。"

孟子曰："广土众民，君子欲之，所乐不存焉。中天下而立，定四海之民，君子乐之，所性不存焉。君子所性，虽大行不加焉，虽穷居不损焉，分定故也。君子所性，仁义礼智根于心。其生色也睟然，见于面，盎于背，施于四体，四体不言而喻。"

孟子曰："伯夷辟纣，居北海之滨，闻文王作，兴曰：'盍归乎来？吾闻西伯善养老者。'太公辟纣，居东海之滨，闻文王作，兴曰：'盍归乎来？吾闻西伯善养老者。'天下有善养老，则仁人以为己归矣。五亩之宅，树墙下以桑，匹妇蚕之，则老者足以衣帛矣。五母鸡，二母彘，无失其时，老者足以无失肉矣。百亩之田，匹夫耕之，八口之家足以无饥矣。所谓西伯善养老者，制其田里，教之树畜，导其妻子使养其老。五十非帛不暖，七十非肉不饱。不暖不饱，谓之冻馁。文王之民无冻馁之老者，此之谓也。"

孟子曰："易其田畴，薄其税敛，民可使富也。食之以时，用之以礼，财不可胜用也。民非水火不生活。昏暮叩人之门户求水火，无弗与者，至足矣。圣人治天下，使有菽粟如水火。菽粟如水火，而民焉有不仁者乎？"

孟子曰："孔子登东山而小鲁，登泰山而小天下，故观于海者难为水，游于圣人之门者

难为言。观水有术，必观其澜。日月有明，容光必照焉。流水之为物也，不盈科不行。君子之志于道也，不成章不达。"

孟子曰："鸡鸣而起，孳孳为善者，舜之徒也；鸡鸣而起，孳孳为利者，跖之徒也。欲知舜与跖之分，无他，利与善之间也。"

孟子曰："杨子取为我，拔一毛而利天下，不为也。墨子兼爱，摩顶放踵利天下，为之。子莫执中，执中为近之。执中无权，犹执一也。所恶执一者，为其贼道也，举一而废百也。"

孟子曰："饥者甘食，渴者甘饮，是未得饮食之正也，饥渴害之也。岂惟口腹有饥渴之害？人心亦皆有害。人能无以饥渴之害为心害，则不及人不为忧矣。"

孟子曰："柳下惠不以三公易其介。"

孟子曰："有为者辟若掘井，掘井九轫而不及泉，犹为弃井也。"

孟子曰："尧、舜，性之也；汤、武，身之也；五霸，假之也。久假而不归，恶知其非有也？"

公孙丑曰："伊尹曰：'予不狎于不顺，放太甲于桐，民大悦。太甲贤，又反之，民大悦。'贤者之为人臣也，其君不贤，则固可放与？"孟子曰："有伊尹之志则可，无伊尹之志则篡也。"

公孙丑曰："《诗》曰：'不素餐兮。'君子之不耕而食，何也？"孟子曰："君子居是国也，其君用之，则安富尊荣；其子弟从之，则孝悌忠信。'不素餐兮'，孰大于是？"

王子垫问曰："士何事？"孟子曰："尚志。"曰："何谓尚志？"曰："仁义而已矣。杀一无罪，非仁也。非其有而取之，非义也。居恶在？仁是也。路恶在？义是也。居仁由义，大人之事备矣。"

孟子曰："仲子，不义与之齐国而弗受，人皆信之。是舍箪食豆羹之义也。人莫大焉亡亲戚君臣上下。以其小者信其大者，奚可哉？"

桃应问曰："舜为天子，皋陶为士，瞽瞍杀人，则如之何？"孟子曰："执之而已矣。""然则舜不禁与？"曰："夫舜恶得而禁之？夫有所受之也。""然则舜如之何？"曰："舜视弃天下犹弃敝蹝也；窃负而逃，遵海滨而处，终身欣然，乐而忘天下。"

孟子自范之齐，望见齐王之子，喟然叹曰："居移气，养移体。大哉居乎！夫非尽人之子与！"孟子曰："王子宫室、车马、衣服多与人同。而王子若彼者，其居使之然也。况居天

下之广居者乎？鲁君之宋，呼于垤泽之门。守者曰：'此非吾君也，何其声之似我君也？'此无他，居相似也。"

孟子曰："食而弗爱，豕交之也；爱而不敬，兽畜之也。恭敬者，币之未将者也。恭敬而无实，君子不可虚拘。"

孟子曰："形、色，天性也。惟圣人然后可以践形。"

齐宣王欲短丧。公孙丑曰："为碁之丧，犹愈于已乎？"孟子曰："是犹或紾其兄之臂，子谓之姑徐徐云尔，亦教之孝悌而已矣。"王子有其母死者，其傅为之请数月之丧。公孙丑曰："若此者何如也？"曰："是欲终之而不可得也。虽加一日愈于已，谓夫莫之禁而弗为者也。"

孟子曰："君子之所以教者五：有如时雨化之者，有成德者，有达财者，有答问者，有私淑艾者。此五者，君子之所以教也。"

公孙丑曰："道则高矣，美矣，宜若登天然，似不可及也。何不使彼为可几及而日孳孳也？"孟子曰："大匠不为拙工改废绳墨，羿不为拙射变其彀率。君子引而不发，跃如也。中道而立，能者从之。"

孟子曰："天下有道，以道殉身。天下无道，以身殉道。未闻以道殉乎人者也。"

公都子曰："滕更之在门也，若在所礼，而不答，何也？"孟子曰："挟贵而问，挟贤而问，挟长而问，挟有勋劳而问，挟故而问，皆所不答也。滕更有二焉。"

孟子曰："于不可已而已者，无所不已。于所厚者薄，无所不薄也。其进锐者，其退速。"

孟子曰："君子之于物也，爱之而弗仁；于民也，仁之而弗亲。亲亲而仁民，仁民而爱物。"

孟子曰："知者无不知也，当务之为急；仁者无不爱也，急亲贤之为务。尧、舜之知而不遍物，急先务也。尧、舜之仁不遍爱人，急亲贤也。不能三年之丧，而缌、小功之察；放饭流歠，而问无齿决，是之谓不知务。"

【译文】

孟子说："把善良的本心尽量发挥，这就是懂得了人的本性。懂得了人的本性，就懂得天命了。保持了人的本心，培养人的本性，这就是对待天命的方法。短命也好，长寿也

好，我都不三心二意，只是培养身心，等待天命，这就是安身立命的方法。"

孟子说："无一不是命运，但顺理而行，所接受的便是正命；所以懂得命运的人不站在有倾倒危险的墙壁之下。尽力行道而死的人所受的是正命，犯罪而死的人所受的不是正命。"

孟子说："（有些东西）探求，便会得到；放弃，便会失掉，这样的探求，有益于收获，因为所探求的正存在于我本身。探求有一定的方式，得到与否却听从命运，这种探求无益于收获，因为所探求的存在于我本身之外。"

孟子说："一切我都具备了。反躬自问，自己是忠诚踏实的，便是最大的快乐。不懈地按推己及人的恕道去做，达到仁德的道路没有比这更直接的了。"

孟子说："如此做去，却不明白其当然；习惯了却不探求其所以然，一生都在这条大路走着，却不了解这是什么道路的，这是一般的人。"

孟子说："人不可以没有羞耻，不知羞耻的那种羞耻，真是不知羞耻呀！"

孟子说："羞耻对于人关系重大，于机谋巧诈事情的人是没有地方用得着羞耻的。不以赶不上别人为羞耻，怎样能赶上别人呢？"

孟子说："古代的贤君乐于善言善行，因而忘记自己的富贵权势；古代的贤士何尝不是这样？乐于走他自己的道路，因而也忘记了别人的富贵权势，所以王公不对他恭敬尽礼，就不能够多次地和他相见。相见的次数尚且不能够多，何况要他作为臣下呢？"

孟子对宋句践说："你喜欢游说各国的君主吗？我告诉你游说的态度，别人理解我，我也自得其乐；别人不理解我，我也自得其乐。"宋句践说："要怎样才能够自得其乐呢？"答道："崇尚德，喜爱义，就可以自得其乐了。所以，士人穷困时，不失掉义，得意时，不离开道。穷困时不失掉义，所以自得其乐；得意时不离开道，所以百姓不致失望。古代的人，得意，恩泽普施于百姓，不得意，修养个人品德，以此表现于世。穷困便独善其身，得意便兼善天下。"

孟子说："一定要等待文王出来而后奋发的，是一般百姓。至于出色的人才，纵使没有文王，也能奋发起来。"

孟子说："用春秋时晋国六卿中的韩、魏两家大臣的财富来增强他，如果他并不自满，这样的人就远远超出一般人。"

孟子说："在求老百姓安逸的原则下来役使百姓，百姓虽然劳苦，也不怨恨，在求老百

姓生存的原则下来杀人,那人虽被杀死,也不会怨恨杀他的人。"

孟子说:"霸主的(功业显著,)百姓欢喜快乐,圣王的(功德浩荡,)百姓心情舒畅,杀了他,也不怨恨;给了他,也不认为应该酬谢,天天向好的方面发展,也不知道谁使他这样。圣人经过之处,人们受到感化,驻足之处,所起的作用,更神秘莫测,上与天,下与地同时运转,难道只是小小的补益吗?"

孟子说:"仁德的言语赶不上仁德的音乐深入人心,良好的政治赶不上良好的教育深得民心。良好的政治,百姓怕它;良好的教育,百姓爱它。良好的政治得到百姓的财,良好的教育得到百姓的心。"

孟子说:"人不待学习便能做到的,这是良能;不待思考便会知道的,这是良知。两三岁的小孩儿没有不爱他父母的,等到他长大,没有不知道恭敬兄长的。亲爱父母是仁,恭敬兄长是义,这没有其他原因,因为这两种品德可以通行于天下。"

孟子说:"舜住在深山的时候,和木石为伴,与猪鹿同游,跟深山中一般人不同的地方极少;等到他听到一句好的言语,看到一桩好的行为,(便采用推行,)这种力量,好像江河决了口,汹涌澎湃,谁也阻挡不了。"

孟子说:"不做我不愿做的事,不要我不想要的东西。这样就行了。"

孟子说:"人之所以有道德、智慧、本领、知识,经常是由于他有灾患。只有孤立之臣、庶孽之子,他们时常提高警惕,考虑患害也深,所以才通达事理。"

孟子说:"有侍奉君主的人,那是侍奉某一君主,就一味讨他喜欢的人;有安定国家之臣,那是以安定国家为乐的人;有天民,那是他的道能行于天下时,然后去实行的人;有大人,那是端正了自己,外物便随着端正了的人。"

孟子说:"君子有三种乐趣,但是以德服天下并不在其中。父母都健在,兄弟没灾患,是第一种乐趣;抬头无愧于天,低头无愧于人,是第二种乐趣;得到天下优秀人才而对他们进行教育,是第三种乐趣。君子有三种乐趣,但是以德服天下并不在其中。"

孟子说:"拥有广大的土地,众多的人民,是君子的希望,但是乐趣不在这儿;居于天下的中央,安定天下的百姓,君子以此为乐,但是本性不在这儿。君子的本性,纵使他的理想通行于天下,也并不因此而增,纵使穷困隐居也不因此而减,这是因为本分已固定了的缘故。君子的本性,仁义礼智根植于他心中,而表现在外的是安逸祥和,它表现在颜面,反映于肩背,延伸到手足四肢,在手足四肢的动作上,不必言语,别人一目了然。"

孟子说："伯夷避开纣王，住在北海海滨，听说文王兴起来了，兴奋地说：'何不归到西伯那里去呢？我听说他是善于养老的人。'姜太公避开纣王，住在东海海边，听说文王兴起来了，兴奋地说：'何不归到西伯那里去呢！我听说他是善于养老的人。'天下有善于养老的人，那仁人便把他作自己的依靠了。五亩地的房屋，在墙下栽培桑树，妇女养蚕缫丝，老年人足以有丝棉穿了。五只母鸡，二只母猪，加以饲养，使它们繁殖，老年人足以有肉吃了。百亩的土地，男子去耕种，八口人的家庭足以吃饱了。所谓西伯善于养老，就在于他制定了土地制度，教育人民栽种畜牧，引导他们的妻子儿女去奉养老人，五十岁，没有丝棉便穿不暖，七十岁，没有肉便吃不饱，穿不暖，吃不饱，叫作挨冻受饿。文王的百姓没有挨冻受饿的老人，就是这个意思。"

孟子说："搞好耕种，减轻税收，可以使百姓富足。按时食用，依礼消费，财物是用不尽的。百姓没有水和火便活不下去，黄昏夜晚敲别人的门房来求水火，没有不给与的，为什么呢？因为水火极多的缘故。圣人治理天下，要使粮食好比水火那么多。粮食同水火那样多了，百姓哪有不仁爱的呢？"

孟子说："孔子上了东山，便觉得鲁国小了；上了泰山，便觉得天下也不大了；所以对于看过海洋的人，别的水便难于吸引他了；对于曾在圣人之门学习过的人，别的议论也就难于吸引他了。看水有方法，一定要看它的壮阔的波澜。太阳月亮都有光辉，一点儿缝隙都一定照到。流水这个东西不把土坎流满，不再向前流；君子的有志于道，没有一定的成就，也就不能通达。"

孟子说："鸡叫便起来，努力行善的人，是舜一类人物；鸡叫便起来，努力求利的人，是盗跖一类人物。要晓得舜和盗跖的分别，没有别的，求利和求善的区别罢了。"

孟子说："杨子主张为我，拔一根汗毛而有利于天下，都不肯干。墨子主张兼爱，摩秃头顶，走破脚跟，只要对天下有利，一切都干，子莫就主张中道。主张中道便差不多了。但是主张中道如果没有灵活性，便是拘泥于一点。为什么厌恶拘泥一点呢？因为它有损于仁义之道，只是拿起一点而废弃了其余的缘故。"

孟子说："肚子饿的人觉得什么食物都好吃，干渴的人觉得任何饮料都甘甜。他不能知道饮料食品的正常滋味，是由于受了饥饿干渴损害的缘故。难道仅仅口舌肚皮有饥饿干渴的损害吗？人心也有这种损害。如果人们（能够经常培养心志，）不使它遭受口舌肚皮那样的饥饿干渴，那（自然容易进入圣贤的境界，）不会以赶不上别人为忧虑了。"

孟子说:"柳下惠不因为有大官做便改变他的操守。"

孟子说:"做一件事情譬如掘井,掘到六七丈深还不见泉水,还是一眼废井。"

孟子说:"尧舜的实行仁义,是习于本性,因其自然;商汤和周武王便是亲身体验,努力推行;五霸便是借来运用,以此谋利。但是,借得长久了,总不归还,你又怎能知道他不(弄假成真,)终于变成他自己的呢?"

公孙丑说:"伊尹说过'我不亲近违背义礼的人,因此把太甲放逐到桐邑,百姓大为高兴。太甲变好了,又让他回来(复位),百姓大为高兴。'贤人作为臣属,君王不好,就可以放逐吗?"孟子说:"有伊尹那样的心迹,未尝不可,如果没有伊尹那样的心迹,便是篡夺了。"

公孙丑说:"《诗》说,'不白吃饭呀',可是君子不种庄稼,也来吃饭,为什么呢?"孟子说:"君子居住在一个国家,君王用他,就会平安、富足、尊贵而有名誉;少年子弟信从他,就会孝父母、敬兄长、忠心而守信实。'不白吃饭',还有比这更好的吗?"

王子垫问道:"士做什么事?"孟子答道:"要使自己的志行高尚。"问道:"怎样才算自己的志行高尚?"答道:"行仁和义罢了。杀一个无罪的人,是不仁;不是自己所有,却取了过来,是不义。他住在哪里呢? 仁便是;他走在哪里呢? 义便是。住在仁的屋宇里,走在义的大路上,便够格做一个大写的人了。"

孟子说:"陈仲子,假定不合理地把齐国交给他,他都不会接受,别人都相信他,(但是)他那种义也只是抛弃一筐饭一碗汤的义。人的罪过没有比不要父兄君臣尊卑还大的,而因为他有小节操,便相信他的大节操,怎样可以呢?"

桃应问道:"舜做天子,皋陶做法官,如果瞽瞍杀了人,那怎么办?"孟子答道:"把他逮捕起来罢了。""那么,舜不阻止吗?"答道:"舜怎么能阻止呢? 他去逮捕是有根据的。""那么,舜该怎么办呢?"答道:"舜把抛弃天子之位看成抛弃破鞋一样。偷偷地背着父亲而逃走,沿着海边住下来,一辈子快乐得很,把曾经做过天子的事忘记掉。"

孟子从范邑到齐都,远远地望见了齐王的儿子,长叹一声道:"环境改变气度,奉养改变体质,环境真是重要呀! 他难道不也是人的儿子吗? (为什么就显得特别不同了呢?)"又说:"王子的住所、车马和衣服多半和别人相同,为什么王子却像那样呢? 是因为他的居住环境使他这样的;何况以'仁'为自己住所的人呢? 鲁君到宋国去,在宋国的东南城门下呼喊,守门的说:'这不是我的君主呀,为什么他的声音那么像我们的君主呢?'这没

有别的缘故,环境相似罢了。"

孟子说:"养活他而不爱怜他,等于养猪;爱怜他而不恭敬他,等于畜养狗马。恭敬之心是在致送礼物以前就具备了的。只有恭敬的外表,没有恭敬的实质,君子便不可以被这种虚假的礼仪所拘束。"

孟子说:"人的身体容貌是天生的,(这种外表的美要靠内在的美来充实它),只有圣人才能做到(不愧于这一天赋)。"

齐宣王想要缩短守孝的时间。公孙丑说:"(父母死了,)守孝一年,不是还比完全不守孝强些吗?"孟子说:"这好比有一个人在扭他哥哥的胳膊,你却对他说,暂且慢慢地扭吧。(这算什么呢?)只是教导他以孝父母敬兄长便行了。"王子有死了母亲的,王子的师傅替他请求守孝几个月。公孙丑问道:"像这样的事,怎么样?"孟子答道:"这个是由于王子想要把三年的丧期守完而办不到,那么(我上次所讲,)纵使多守孝一天也比不守孝好,是对那些没有人禁止他守孝自己却不去守孝的人说的。"

孟子说:"君子教育的方式有五种:有像及时雨那样沾溉万物的,有成全品德的,有培养才能的,有解答疑问的,还有以流风余韵为后人所私自学习的。这五种便是君子教育的方式。"

公孙丑说:"道是很高很好,几乎像登天一般,似乎高不可攀,为什么不使它变成可以有希望攀求的因而叫别人每天去努力呢?"孟子说:"高明的工匠不因为拙劣工人改变或者废弃规矩,羿也不因为拙劣射手变更拉开弓的标准。君子(教导别人正如射手,)张满了弓,却不发箭,做出跃跃欲试的样子。他在正确道路之中站住,有能力的便跟随着来。"

孟子说:"天下清明,君子便施行他的'道';天下黑暗,君子则不惜为'道'而死;没有听说过牺牲'道'来迁就别人的。"

公都子说:"滕更在您门下的时候,似乎该在以礼相待之列,可是您却不回答他,为什么呢?"孟子说:"倚仗着自己的权势而来发问,倚仗着自己贤能而来发问,倚仗着自己年纪大而来发问,倚仗着自己有功劳而来发问,倚仗着自己是老交情而来发问,都是我所不回答的。(在这五条里面)滕更占了两条。"

孟子说:"对于不可以停止的工作却停止了,那没有什么不可以停止的了;对于应厚待的人却去薄待他,那没有谁不可以薄待的了。前进太猛的人,后退也会快。"

孟子说:"君子对于万物,爱惜它,却不用仁德对待它;对于百姓,用仁德对待他,却不

中华传世藏书

儒家经典

孟子

亲爱他。君子亲爱亲人,因而仁爱百姓;仁爱百姓,因而爱惜万物。"

孟子说:"智者没有不该知道的,但是急于当前的重要工作;仁者没有不爱的,但是务必先爱亲人和贤者。尧舜的智慧不能完全知道一切事物,因为他急于知道首要任务;尧舜的仁德不能普遍爱一切人,因为他急于爱亲人和贤者。如果不能够实行三年的丧礼,却对于缌麻三月、小功五月的丧礼仔细讲求,在尊长之前用餐,大口吃饭,大口喝汤,(没有礼貌,)却讲求不要用牙齿啃断干肉,这个叫作不识大体。"

尽心下

【原文】

孟子曰:"不仁哉梁惠王也! 仁者以其所爱及其所不爱,不仁者以其所不爱及其所爱。"公孙丑问曰:"何谓也?""梁惠王以土地之故,糜烂其民而战之,大败。将复之,恐不能胜,故驱其所爱子弟以殉之,是之谓以其所不爱及其所爱也。"

孟子曰:"《春秋》无义战,彼善于此,则有之矣。征者,上伐下也,敌国不相征也。"

孟子曰:"尽信《书》,则不如无《书》。吾于《武成》,取二三策而已矣。仁人无敌于天下,以至仁伐至不仁,而何其血之流杵也?"

孟子曰:"有人曰:'我善为陈,我善为战。'大罪也。国君好仁,天下无敌焉。南面而征,北狄怨;东面而征,西夷怨。曰:'奚为后我?'武王之伐殷也,革车三百两,虎贲三千人。王曰:'无畏! 宁尔也,非敌百姓也。'若崩厥角稽首。征之为言正也,各欲正己也,焉用战?"

孟子曰:"梓匠轮舆能与人规矩,不能使人巧。"

孟子曰:"舜之饭糗茹草也,若将终身焉。及其为天子也,被袗衣,鼓琴,二女果,若固有之。"

孟子曰:"吾今而后知杀人亲之重也。杀人之父,人亦杀其父。杀人之兄,人亦杀其兄。然则非自杀之也,一间耳。"

孟子曰:"古之为关也,将以御暴;今之为关也,将以为暴。"

孟子曰:"身不行道,不行于妻子;使人不以道,不能行于妻子。"

孟子曰："周于利者凶年不能杀，周于德者邪世不能乱。"

孟子曰："好名之人能让千乘之国。苟非其人，箪食豆羹见于色。"

孟子曰："不信仁贤，则国空虚；无礼义，则上下乱；无政事，则财用不足。"

孟子曰："不仁而得国者有之矣，不仁而得天下者未之有也。"

孟子曰："民为贵，社稷次之，君为轻。是故得乎丘民而为天子，得乎天子为诸侯，得乎诸侯为大夫。诸侯危社稷，则变置。牺牲既成，粢盛既絜，祭祀以时，然而旱干水溢，则变置社稷。"

孟子曰："圣人，百世之师也，伯夷、柳下惠是也。故闻伯夷之风者，顽夫廉，懦夫有立志；闻柳下惠之风者，薄夫敦，鄙夫宽。奋乎百世之上，百世之下，闻者莫不兴起也。非圣人而能若是乎？而况于亲炙之者乎？"

孟子曰："仁也者，人也。合而言之，道也。"

孟子曰："孔子之去鲁，曰：'迟迟吾行也。'去父母国之道也。去齐，接淅而行，去他国之道也。"

孟子曰："君子之厄于陈、蔡之间，无上下之交也。"

貉稽曰："稽大不理于口。"孟子曰："无伤也。士憎兹多口。《诗》云：'忧心悄悄，愠于群小。'孔子也。'肆不殄厥愠，亦不陨厥问。'文王也。"

孟子曰："贤者以其昭昭，使人昭昭；今以其昏昏，使人昭昭。"

孟子谓高子曰："山径之蹊，间介然用之而成路。为间不用，则茅塞之矣。今茅塞子之心矣。"

高子曰："禹之声尚文王之声。"孟子曰："何以言之？"曰："以追蠡。"曰："是奚足哉？城门之轨，两马之力与？"

齐饥。陈臻曰："国人皆以夫子将复为发棠，殆不可复。"孟子曰："是为冯妇也。晋人有冯妇者，善搏虎，卒为善士。则之野，有众逐虎。虎负嵎，莫之敢撄。望见冯妇，趋而迎之。冯妇攘臂下车，众皆悦之，其为士者笑之。"

孟子曰："口之于味也，目之于色也，耳之于声也，鼻之于臭也，四肢之于安佚也，性也。有命焉，君子不谓性也。仁之于父子也，义之于君臣也，礼之于宾主也，知之于贤者也，圣人之于天道也，命也。有性焉，君子不谓命也。"

浩生不害问曰："乐正子何人也？"孟子曰："善人也，信人也。""何谓善？何谓信？"

曰："可欲之谓善。有诸己之谓信。充实之谓美。充实而有光辉之谓大。大而化之之谓圣。圣而不可知之之谓神。乐正子，二之中、四之下也。"

孟子曰："逃墨必归于杨，逃杨必归于儒。归，斯受之而已矣。今之与杨、墨辩者，如追放豚，既入其苙，又从而招之。"

孟子曰："有布缕之征，粟米之征，力役之征。君子用其一，缓其二。用其二而民有殍，用其三而父子离。"

孟子曰："诸侯之宝三：土地、人民、政事。宝珠玉者，殃必及身。"

盆成括仕于齐，孟子曰："死矣盆成括！"盆成括见杀，门人问曰："夫子何以知其将见杀？"曰："其为人也小有才，未闻君子之大道也，则足以杀其躯而已矣。"

孟子之滕，馆于上宫。有业屦于牖上，馆人求之弗得。或问之曰："若是乎从者之廋也？"曰："子以是为窃屦来与？"曰："殆非也，夫子之设科也，往者不追，来者不拒。苟以是心至，斯受之而已矣。"

孟子曰："人皆有所不忍，达之于其所忍，仁也；人皆有所不为，达之于其所为，义也。人能充无欲害人之心，而仁不可胜用也；人能充无穿窬之心，而义不可胜用也；人能充无受尔汝之实，无所往而不为义也；士未可以言而言，是以言餂之也。可以言而不言，是以不言餂之也。是皆穿窬之类也。"

孟子曰："言近而指远者，善言也；守约而施博者，善道也。君子之言也，不下带而道存焉。君子之守，修其身而天下平。人病舍其田而芸人之田——所求于人者重，而所以自任者轻。"

孟子曰："尧、舜，性者也。汤、武，反之也。动容周旋中礼者，盛德之至也。哭死而哀，非为生者也。经德不回，非以干禄也。言语必信，非以正行也。君子行法，以俟命而已矣。"

孟子曰："说大人则藐之，勿视其巍巍然。堂高数仞，榱题数尺，我得志，弗为也。食前方丈，侍妾数百人，我得志，弗为也。般乐饮酒，驱骋田猎，后车千乘，我得志，弗为也。在彼者，皆我所不为也，在我者，皆古之制也，吾何畏彼哉？"

孟子曰："养心莫善于寡欲。其为人也寡欲，虽有不存焉者，寡矣；其为人也多欲，虽有存焉者，寡矣。"

曾晳嗜羊枣，而曾子不忍食羊枣。公孙丑问曰："脍炙与羊枣孰美？"孟子曰："脍炙

哉!"公孙丑曰:"然则曾子何为食脍炙而不食羊枣?"曰:"脍炙所同也,羊枣所独也。讳名不讳姓,姓所同也,名所独也。"

万章问曰:"孔子在陈曰:'盍归乎来!吾党之小子狂简,进取,不忘其初。'孔子在陈,何思鲁之狂士?"孟子曰:"孔子'不得中道而与之,必也狂狷乎!狂者进取,狷者有所不为也'。孔子岂不欲中道哉?不可必得,故思其次也。""敢问何如斯可谓狂矣?"曰:"如琴张、曾皙、牧皮者,孔子之所谓狂矣。""何以谓之狂也?"曰:"其志嘐嘐然,曰:'古之人,古之人!'夷考其行,而不掩焉者也。狂者又不可得,欲得不屑不絜之士而与之,是獧也,是又其次也。孔子曰:'过我门而不入我室,我不憾焉者,其惟乡原乎!乡原,德之贼也。'"曰:"何如斯可谓之乡原矣?"曰:"何以是嘐嘐也?言不顾行,行不顾言,则曰'古之人,古之人。行何为踽踽凉凉?生斯世也,为斯世也,善斯可矣。'阉然媚于世也者,是乡原也。"万子曰:"一乡皆称原人焉,无所往而不为原人,孔子以为德之贼,何哉?"曰:"非之无举也,刺之无刺也。同乎流俗,合乎污世。居之似忠信,行之似廉絜。众皆悦之,自以为是。而不可与入尧、舜之道,故曰'德之贼'也。孔子曰:'恶似而非者,恶莠,恐其乱苗也。恶佞,恐其乱义也。恶利口,恐其乱信也;恶郑声,恐其乱乐也;恶紫,恐其乱朱也;恶乡原,恐其乱德也。'君子反经而已矣。经正则庶民兴,庶民兴,斯无邪慝矣。"

孟子曰:"由尧、舜至于汤,五百有馀岁。若禹、皋陶,则见而知之;若汤,则闻而知之。由汤至于文王,五百有馀岁。若伊尹、莱朱,则见而知之;若文王,则闻而知之。由文王至于孔子,五百有馀岁。若太公望、散宜生,则见而知之;若孔子,则闻而知之。由孔子而来至于今,百有馀岁。去圣人之世,若此其未远也,近圣人之居,若此其甚也。然而无有乎尔,则亦无有乎尔。"

【译文】

孟子说!"太不仁义了,梁惠王这个人呀!仁人把他对待所喜爱者的恩德推而及于他所不爱的人,不仁者却把他加给所不喜爱者的祸害推而及于他所喜爱的人。"公孙丑问道:"这话是什么意思呢?"答道:"梁惠王为了争夺土地的缘故,驱使他的百姓去作战,使他们(暴尸郊野,)骨肉糜烂。被打得大败了,预备再战,怕不能得胜,又驱使他所喜爱的子弟去死战,这个便叫作把他加给所不喜爱者的祸害推而及于他所喜爱的人。"

孟子说"春秋时代没有正义战争。那一国的君主比这一国的君主好一点,那是有的。

但是征讨的意思是上级讨伐下级,同等级的国家是不能互相征讨的"。

孟子说:"完全相信《书》,那不如没有《书》。我对于《武成》一篇,所取的不过两三页罢了。仁人在天下没有敌手,凭周武王这极为仁道的人来讨伐商纣这极为不仁的人,怎么会使血流得(那么多,甚至)把捣米用的长木槌都漂流起来了呢?"

孟子说:"有人说,'我善于布阵,我善于作战。'其实这是大罪恶。一国的君主如果喜爱仁德,普天之下不会有敌手。(商汤)征讨南方,北方便怨恨;征讨东方,西方便怨恨,说:'为什么晚到我这里来?'周武王讨伐殷商,兵车三百辆,勇士三千人。武王(对殷商的百姓)说:'不要害怕!我是来安定你们的,不是同你们为敌的。'百姓便都把额角触地叩起头来。征的意思是正,各人都希望端正自己,那又何必要战争呢?"

孟子说:"木工以及专做车轮或者车箱的人能够把制作的规矩准则传授给别人,却不能够使别人一定具有高明的技巧,(那是要自己去寻求的。)"

孟子说:"舜吃干粮啃野菜的时候,似乎准备终身如此;等他做了天子,穿着麻葛单衣,弹着琴,尧的两个女儿侍候着,又好像这些本来是有了的。"

孟子说:"我今天才知道杀戮别人亲人的严重性了;杀了别人的父亲,别人也就会杀他的父亲;杀了别人的哥哥,别人也就会杀他的哥哥。那么,(虽然父亲和哥哥)不是被自己杀掉的,但也相差不远了。"

孟子说:"古代设立关卡是打算抵御残暴,今天设立关卡却是打算实行残暴。"

孟子说:"本人不依道而行,道在妻子儿女身上都行不通;使唤别人不合于道,要去使唤妻子儿女都不可能。"

孟子说:"财利富足的人荒年都不受窘困,道德高尚的人乱世都不会迷惑。"

孟子说:"好名的人可以把有千辆兵车国家的君位让给别人,但是,若不是他要让的人,就是要他让一筐饭,一碗汤,脸上也会显出不高兴的神色。"

孟子说:"不信任仁德贤能的人,那国家就会空虚,没有礼义,上下的关系就会混乱;没有好的政治,国家的用度就会不够。"

孟子说:"不仁道却能得着一个国家的,有这样的事;不仁道却能得到天下的,这样的事就不曾有过。"

孟子说:"百姓最为重要,土谷之神为次,君主为轻。所以得着百姓的欢心便做天子,得着天子的欢心便做诸侯,得着诸侯的欢心便做大夫。诸侯危害国家,那就改立。牺牲

既已肥壮,祭品又已洁净,也依一定时候致祭,但是还遭受旱灾水灾,那就改立土谷之神。"

孟子说:"圣人是百代的老师,伯夷和柳下惠便是这样的人,所以听到伯夷风操的人,贪得无厌的人清廉起来了,懦弱的人也有独立不屈的意志了;听到柳下惠风操的人,刻薄的人也厚道起来了,胸襟狭小的人也宽大起来了。他们在百代以前发奋而为,在百代而后,听到的人没有不为之感动奋发的。不是圣人,能够像这样吗?(百代以后还如此,)何况亲自接受熏陶的人呢?"

孟子说:"'仁'的意思就是'人','仁'和'人'合并起来说,便是'道'。"

孟子说:"孔子离开鲁国,说,'我们慢慢走吧,这是离开祖国的态度。'离开齐国,便不等把米淘完,漉干就走——这是离开别国的态度。"

孟子说:"孔子被困在陈国、蔡国之间,是由于对两国的君臣没有交往的缘故。"

貉稽说:"我被人家说得很坏。"

孟子说:"没有关系。士人便厌恶这种多嘴多舌。《诗》说过,'烦恼沉沉压在心,小人当我眼中钉。'孔子可以说是这样的人。又说,'不消灭别人的怨恨,也不失去自己的名声。'这说的是文王。"

孟子说:"贤人(教导别人,)必先使自己彻底明白了,然后才去使别人明白;今天的人(教导别人,)自己还模模糊糊,却用这些模模糊糊的东西去使别人明白。"

孟子对高子说道:"山坡上的小路,经常去走它就变成了一条路;只要有一个时候不去走它,又会被茅草堵塞了。现在茅草也把你的心堵塞了。"

高子说:"禹的音乐比文王的音乐好。"孟子说:"这样说有什么根据呢?"答曰:"因为禹传下来的钟钮都快断了。"孟子说:"这个何足以证明呢?城门下车迹那样深,难道只是几匹马的力量吗?(是由于日子长久车马经过多的缘故。禹的钟钮要断绝了,也是由于日子长久了的关系呢。)"

齐国遭了饥荒,陈臻对孟子说:"国内的人都以为老师会再度劝请齐王打开棠地的仓库来赈济灾民,大概不可以再这样做吧。"孟子说:"再这样做便成了冯妇了。晋国有个人叫冯妇的,善于和老虎搏斗。后来变好了,(不再打虎了,)士人都拿他做榜样。有次野地里有许多人正追逐老虎。老虎背靠着山角,没有人敢于去追近它。他们望到冯妇了,便快步向前去迎接。冯妇也就将起袖子,伸出胳膊,走下车来。大家都高兴他,可是作为士

的那些人却在讥笑他。"

孟子说:"口的对于美味,眼的对于美色,耳的对于好听的声音,鼻的对于芬芳的气味,手足四肢的喜欢舒服,这些都是人的天性使然,但是得到与否,却属于命运,所以君子不把它们认为是天性的必然,(因此不去强求。)仁对于父子之间,义对于君臣之间,礼对于宾主之间,智慧的对于贤者,圣人的对于天道,能够实现与否,属于命运,但也是天性的必然,所以君子不把它们认为是该属于命运的,(因而努力去顺从天性,求其实现。)"

浩生不害问道:"乐正子是怎样的人?"孟子答道:"好人,实在人。""怎么叫好? 怎么叫实在?"

答道:"那人值得喜欢便叫作'好';那些好处实际存在于他本身便叫作'实在';那些好处充满于他本身便叫作'美';不但充满,而且光辉地表现出来便叫作'大';既光辉地表现出来了,又能融化贯通,便叫作'圣';圣德到了神妙不可测度的境界便叫作'神'。乐正子是介于'好'和'实在'两者之中,'美'、'大'、'圣'、'神'四者之下的人物。"

孟子说:"逃离墨子一派的,一定归入杨朱这一派来;逃离杨朱一派的,一定回到儒家来。回来,这就接受他算了。今天同杨、墨两家相辩论的人,好像追逐已走失的猪一般,已经送回猪圈里了,还要把它的脚绊住,(生怕它再走掉。)"

孟子说:"有征收布帛的赋税,有征收谷米的赋税,还有征发人力的赋税。君子于三者之中,采用一种,那两种便暂时不用。如果同时用两种,百姓便会有饿死的;如果同时用三种,那父子之间便只能离散互不相顾了。"

孟子说:"诸侯的宝贝有三样:土地、百姓和政治。以珍珠美玉为宝贝的,祸害一定会到他身上来。"

盆成括在齐国做官,孟子说:"盆成括要死了!"盆成括被杀,学生问道:"老师怎么知道他会被杀?"答道:"他这个人有点小聪明,但是不曾知道君子的大道,那便足以惹来杀身之祸。"

孟子到了滕国,住在上宫。有一双没有织成的草鞋放在窗台上,旅馆中人去取,却不见了。有人便问孟子说:"像这样,是跟随你的人把它藏起来了吧!"孟子说:"你以为他们是为着偷草鞋而来的吗?"答道:"大概不是的。(不过)你老人家开设的课程,(对学生的态度是)去的不追问,来的不拒绝,只要他们怀着学习的心来,便也接受了,(那难免良莠不齐呢。)"

孟子说:"每个人都有不忍心干的事,把它延伸到所忍心干的事上,便是仁;每个人都有不肯干的事,把它延伸到所肯干的事上,便是义。(换句话说,)人能够扩充不想害人的心,仁便用不尽了;人能够扩充不挖洞跳墙的心,义便用不尽了;人能够扩充不受鄙视的言行举止,(以至所言所行都不会遭到鄙视,)那随便到哪里都合于义了。(怎样叫作挖洞跳墙呢? 譬如)一个士人,不可以同他谈论却去同他谈论,这是用言语来挑逗他,以便自己取利;可以同他谈论却不同他谈论,这是用沉默来挑逗他,以便自己取利,这些都是属于挖洞跳墙这一类型的。"

孟子说:"言语浅近而意义深远的,这是'善言';操守简单,效果却广大的,这是'善道'。君子的言语,讲的虽是常见的事情,可是'道'就在其中;君子的操守,从修养自己开始,(然后去影响别人,)从而使天下太平。有些人的毛病就在于放弃自己的田地,却去替别人耘田——要求别人的很重,自己负担的却很轻。"

孟子说:"尧舜的美德是出于本性,汤武则经过修身来恢复本性。动作容貌无不合于礼的,是美德中极高的了。哭死者而悲哀,不是给生者看的。依据道德而行,不致违礼,不是为了谋求官职。言语一定信实,不是为了让人知道我行为端正。君子只是依法度而行,去等待命运罢了。"

孟子说:"游说诸侯,就要藐视他,不要把他高高在上的地位放在眼里。殿堂的基础两三丈高,屋檐几尺宽,我如果得志,不这样干。菜肴满桌,姬妾几百,我如果得志,不这样干。饮酒作乐,驰驱畋猎,跟随的车子千把辆,我如果得志,不这样干。他所干的,都是我所不干的;我所干的,都符合古代制度,那我为什么要怕他呢?"

孟子说:"修养心性的方法没有比减少物质欲望更好的。他的为人,欲望不多,善性纵使有所丧失,也不会多;他的为人,欲望很多,善性纵使有所保存,也是极少的了。"

曾皙喜欢吃羊枣,曾子因而舍不得吃羊枣。公孙丑问道:"炒肉末同羊枣哪一种好吃?"孟子答道:"炒肉末呀!"公孙丑又问:"那么,曾子为什么吃炒肉末却不吃羊枣?"答道:"炒肉末是大家都喜欢吃的,羊枣只是个别人喜欢吃的。就好比父母之名应该避讳,姓却不避讳一样;因为姓是大家相同的,名却是他一个人的。"

万章问道:"孔子在陈国说:'何不回去呢! 我那些学生们志大而狂放,进取而不忘本。'孔子在陈国,为什么思念鲁国这些狂放的人?"孟子答道:"孔子说过,不能结交中行之士,那一定只能结识狂放之人和狷介之士吧。狂放之人进取心强,狷介之士有所不为。

孔子难道不想中行之士吗？不能一定得到，所以只想次一点的了。""请问，怎么样的人才能叫作狂放的人？"

　　孟子答道："像琴张、曾皙、牧皮这类人就是孔子所说的狂放的人。""为什么说他们是狂放的人呢？"答道："他们志大而好夸夸其谈，总是说，'古人呀！古人呀！'可是一考察他们的行为，却不和言语相吻合。这种狂放的人还得不到的话，便想和不屑于做坏事的人来交友，这又是狷介之士，这又是次一等的。孔子说：'从我家大门经过，却不进到我屋里来，我也并不遗憾的，那只有好好先生吧。好好先生，是戕害道德的贼人。'"问道："怎样的人才可以管他叫好好先生呢？"答道："（好好先生批评狂放之人说，）'为什么这样志气高扬，谈吐夸张呢？实在是言语不能和行为相照应，行为也不能同言语相照应，就只说古人呀，古人呀。'（又批评狷介之士说，）'又为什么这样落落寡合呢'？（又说，）'生在这个世界上，为这个世界做事，只要过得去便行了。'八面玲珑，四面讨好的人就是好好先生。"万章说："全乡的人都说他是老好人，他也到处表现出是一个老好人，孔子竟把他看作戕害道德的贼人。为什么呢？"答道："这种人，要非难他。却又举不出什么大错误来；要讥刺他，却也没什么可讥刺，他只是同流合污，为人好像忠诚老实，行为好像清正廉洁，大家也都喜欢他，他自己也以为正确，但是与尧舜之道完全违背，所以说他是戕害道德的贼人。孔子说过厌恶那种似是而非的东西：厌恶狗尾草，因为怕它把禾苗搞乱了；厌恶不正当的才智，因为怕它把义搞乱了，厌恶巧舌如簧，因为怕它把信实搞乱了；厌恶郑国的淫曲，因为怕它把雅乐搞乱了；厌恶紫色，因为怕它把大红色搞乱了；厌恶好好先生，就因为怕它把道德搞乱了。君子使一切事物回到经常正道便行了。经常正道不被歪曲，老百姓就会兴奋积极；老百姓兴奋积极，就没有邪恶了。"

　　孟子说："从尧舜到汤，经历了五百多年，像禹、皋陶那些人便是亲自看见尧舜之道而知其道的；像汤，便是只听到尧舜之道而知其道的。从汤到文王，又有五百多年，像伊尹、莱朱那些人，便是亲自看见而知其道的，像文王，便只是听到而知其道的。从文王到孔子，又有五百多年，像太公望、散宜生那些人，便是亲自看见而知其道的；像孔子，便只是听到而知其道的。从孔子一直到今天，有一百多年了，离开圣人的年代像这样的不远，距离圣人的家乡像这样的近，但是没有承继的人，那就是没有承继的人了。"

中华传世藏书

儒家经典

图文珍藏本

尚 书

[春秋] 孔子 ◎ 著

导读

《尚书》又称《书》《书经》,为一部多体裁文献汇编,是中国现存最早的史书。分为《虞书》《夏书》《商书》《周书》。战国时期总称《书》,汉代改称《尚书》,即"上古之书"。因是儒家五经之一,又称《书经》。现存版本中真伪参半。一般认为《今文尚书》中《周书》的《牧誓》到《吕刑》十六篇是西周真实史料,《文侯之命》《费誓》和《秦誓》为春秋史料,所述内容较早的《尧典》《皋陶谟》《禹贡》反而是战国编写的古史资料。

虞书

尧典

【原文】

曰若稽古帝尧,曰放勋,钦、明、文、思、安安。允恭克让,光被四表,格于上下。克明俊德,以亲九族;九族既睦,平章百姓;百姓昭明,协和万邦;黎民于变时雍。

乃命羲和,钦若昊天历象——日月星辰,敬授民时。分命羲仲宅嵎夷曰旸谷,寅宾出日,平秩东作。日中、星鸟,以殷仲春。厥民析,鸟兽孳尾。申命羲叔宅南交,平秩南为,敬致。日永、星火,以正仲夏。厥民因,鸟兽希革。分命和仲宅西曰昧谷,寅饯纳日,平秩西成。宵中、星虚,以殷仲秋。厥民夷,鸟兽毛毨。申命和叔宅朔方曰幽都,平在朔易。日短、星昴,以正仲冬。厥民隩,鸟兽氄毛。帝曰:"咨汝羲暨和,期三百有六旬有六日,以闰月定四时成岁。"允厘百工,庶绩咸熙。

帝曰:"畴咨若时登庸?"放齐曰:"胤子朱启明。"帝曰:"吁!嚚讼可乎?"

帝曰:"畴咨若予采?"驩兜曰:"都!共工方鸠僝功。"帝曰:"吁!静言庸违,象恭滔天。"

帝曰:"咨!四岳。汤汤洪水方割,荡荡怀山襄陵,浩浩滔天;下民其咨。有能俾乂?"佥曰:"于!鲧哉。"帝曰:"吁,咈哉,方命圮族。"岳曰:"异哉!试可乃已。"帝曰:"往,钦哉!"九载,绩用弗成。

帝曰:"咨!四岳。朕在位七十载,汝能庸命巽朕位。"岳曰:"否德,忝帝位。"曰:"明明扬侧陋。"师锡帝曰:"有鳏在下,曰虞舜。"帝曰:"俞!予闻,如何?"岳曰:"瞽子,父顽母嚚,象傲;克谐以孝,烝烝乂,不格奸。"帝曰:"我其试哉!"女于时,观厥刑于二女,厘降二女于妫汭,嫔于虞。帝曰:"钦哉!"

【译文】

查考往事。帝尧名叫放勋。他敬事节俭,明照四方,善治天地,道德纯备,温和宽容。

他忠实不懈，又能让贤，光辉普照四方，至于天地。他能发扬大德，使家族亲密和睦。家族和睦以后，又辨明其他各族的政事。众族的政事辨明了，又协调万邦诸侯，天下众民也相递变化而友好和睦起来。

（他）于是命令羲氏与和氏，敬慎地遵循天数，推算日月星辰运行的规律，制定出历法，敬慎地把天时节令告诉人们。分别命令羲仲，住在东方的旸谷，恭敬地迎接日出，辨别测定太阳东升的时刻。昼夜长短相等，南方朱雀七宿黄昏时出现在天的正南方，依据这些确定仲春时节。这时，人们分散在田野，鸟兽开始生育繁殖。又命令羲叔，住在南方的交趾，辨别测定太阳往南运行的情况，恭敬地迎接太阳向南回来。白昼时间最长，火星黄昏时出现在南方，依据这些确定仲夏时节。这时，人们住在高处，鸟兽的羽毛稀疏。又命令和仲，住在西方的昧谷，恭敬地送别落日，辨别测定太阳西落的时刻。昼夜长短相等，虚星黄昏时出现在天的正南方，依据这些确定仲秋时节。这时，人们又回到平地上居住，鸟兽换生新毛。又命令和叔，住在北方的幽都，辨别观察太阳往北运行的情况。白昼时间最短，昴星黄昏时出现在正南方，依据这些确定仲冬时节。这时，人们住在室内，鸟兽长出了柔软的细毛。尧说："啊！你们羲氏与和氏啊，一周年是三百六十六天，要用加闰月的办法确定春夏秋冬四季而成一岁。由此规定百官的事务，许多事务都会兴办起来。"

尧帝说："善治四时之职的是谁啊？我要提升任用他。"

放齐说："您的儿子丹朱很开明。"

尧帝说："唉！他说话虚妄，又好争辩，可以吗？"

尧帝说："善于处理我们政务的是谁呢？"

驩兜说："啊！共工防救水灾已具有成效啊。"

尧帝说："唉！他善言而赏邪僻，貌似恭谨，而怀疑上天。"

尧帝说："啊！四方诸侯之长，滔滔的洪水普遍危害人们，水势奔腾包围了山岭，淹没了丘陵，浩浩荡荡，弥漫接天。臣民百姓都在叹息，有能使洪水得到治理的吗？"

人们都说："啊！鲧吧。"

尧帝说："唉！错了啊！他不服从命令，危害族人。"

四方诸侯之长说："起用吧！试试可以，就用他。"

尧帝说："去吧,鲧!要谨慎啊!"过了九年,成效不好。

尧帝说："啊!四方诸侯之长!我在位七十年,你们能用我之命,升任我的帝位吧!"

四方诸侯之长说："我们德行鄙陋,不配升任帝位。"

尧帝说："可以明察贵戚,也可以推举地位低微的人。"

众人提议说："在下面有一个穷困的人,名叫虞舜。"

尧帝说："是的,我也听说过,这个人怎么样呢?"

四方诸侯之长回答说："他是乐官瞽叟的儿子。他的父亲心术不正,后母说话不诚,弟弟象傲慢不友好,而舜能同他们和谐相处。因他的孝心美厚,治理国务不至于坏吧!"

尧帝说："我试试吧!把我的两个女儿嫁给舜,从这两个女儿那里观察舜的治家之法。"于是命令两个女儿下到妫水湾,嫁给虞舜。

尧帝说："敬慎地处理政务吧!"

舜典

【原文】

(曰若稽古帝舜,曰重华,协于帝。濬哲文明,温恭允塞,玄德升闻,乃命以位。)

慎徽五典,五典克从。纳于百揆,百揆时叙。宾于四门,四门穆穆。纳于大麓,烈风雷雨弗迷。

帝曰："格!汝舜。询事考言,乃言底可绩,三载。汝陟帝位。"舜让于德,弗嗣。

正月上日,受终于文祖。在璇玑玉衡,以齐七政。肆类于上帝,禋于六宗,望于山川,遍于群神。辑五瑞,既月乃日,觐四岳群牧,班瑞于群后。

岁二月,东巡守,至于岱宗,柴。望秩于山川,肆觐东后。协时月正日,同律、度、量、衡。修五礼、五玉、三帛、二生、一死赘。如五器,卒乃复。五月,南巡守,至于南岳,如岱礼。八月,西巡守,至于西岳,如初。十有一月,朔巡守,至于北岳,如西礼。归,格于艺祖,用特。五载一巡守,群后四朝。敷奏以言,明试以功,车服以庸。

肇十有二州,封十有二山,浚川。象以典刑,流宥五刑,鞭作官刑,扑作教刑,金作赎

刑。眚灾肆赦,怙终贼刑。"钦哉,钦哉,惟刑之恤哉!"流共工于幽洲,放驩兜于崇山,窜三苗于三危,殛鲧于羽山,四罪而天下咸服。

二十有八载,帝乃殂落。百姓如丧考妣,三载,四海遏密八音。

月正元日,舜格于文祖。询于四岳,辟四门,明四目,达四聪。

"咨,十有二牧!"曰:"食哉惟时!柔远能迩,惇德允元,而难任人,蛮夷率服。"

舜曰:"咨,四岳!有能奋庸熙帝之载,使宅百揆亮采,惠畴?"佥曰:"伯禹作司空。"帝曰:"俞,咨!禹,汝平水土,惟时懋哉!"禹拜稽首,让于稷、契暨皋陶。帝曰:"俞,汝往哉!"

帝曰:"弃,黎民阻饥,汝后稷,播时百谷。"

帝曰:"契,百姓不亲,五品不逊。汝作司徒,敬敷五教,在宽。"

帝曰:"皋陶,蛮夷猾夏,寇贼奸宄。汝作士。五刑有服,五服三就;五流有宅,五宅三居。惟明克允!"

帝曰:"畴若予工?"佥曰:"垂哉!"帝曰:"俞,咨!垂,汝共工。"垂拜稽首,让于殳斨暨伯与。帝曰:"俞,往哉!汝谐。"

帝曰:"畴若予上下草木鸟兽?"佥曰:"益哉!"帝曰:"俞,咨!益,汝作朕虞。"益拜稽首,让于朱、虎、熊、罴。帝曰:"俞,往哉!汝谐。"

帝曰:"咨!四岳,有能典朕三礼?"佥曰:"伯夷!"帝曰:"俞,咨!伯,汝作秩宗。夙夜惟寅,直哉惟清。"伯拜稽首,让于夔、龙。帝曰:"俞,往,钦哉!"

帝曰:"夔!命汝典乐,教胄子,直而温,宽而栗,刚而无虐,简而无傲。诗言志,歌永言,声依咏,律和声。八音克谐,无相夺伦,神人以和。"(夔曰:"於!予击石拊石,百兽率舞。")

帝曰:"龙!朕堲谗说殄行,震惊朕师。命汝作纳言,夙夜出纳朕命,惟允!"

帝曰:"咨!汝二十有二人,钦哉!惟时亮天功。"三载考绩,三考,黜陟幽明,庶绩咸熙。分北三苗。

舜生三十征,庸三十,在位五十载,陟方乃死。

【译文】

查考往事。舜帝名叫重华,与尧帝合志。他有深远的智慧,而又文明、温恭、诚实。

他的潜德上传被朝廷知道后,尧帝于是授给了官位。

舜慎重地赞美父义、母慈、兄友、弟恭、子孝五种常法,人们都能顺从。舜总理百官,百官都能承顺。舜在明堂四门迎接四方宾客,四方宾客都肃然起敬。舜担任守山林的官,在暴风雷雨的恶劣天气也不迷误。

尧帝说:"来吧!舜啊。我同你谋划政事,又考察你的言论,你提的建议用了可以成功,已经三年了,你登上帝位吧!"舜要让给有德的人,不肯继承。

正月的一个吉日,舜在尧的太庙接受了禅让的册命。他观察了北斗七星,列出了七项政事。于是向天帝报告继承帝位的事,又祭祀了天地四时,祭祀山川和群神。又聚敛了诸侯的五种圭玉,选择吉月吉日,接受四方诸侯君长的朝见,把圭玉颁发给各位君长。

这年二月,舜到东方巡视,到达泰山,举行了柴祭。对于其他山川,都按地位尊卑依次举行了祭祀,然后,接受了东方诸侯君长的朝见。协调春夏秋冬四时的月份,确定天数,统一音律、度、量、衡。制定了公侯伯子男朝聘的礼节和五种瑞玉、三种不同颜色的丝绸、二生一死的礼物制度。而五种瑞玉,朝见完毕后,仍然还给诸侯。五月,舜到南方巡视,到达南岳,所行的礼节同在泰山时一样。八月,舜到西方巡视,到达西岳,所行的礼节同当初一样。十一月,舜到北方巡视,到达北岳,所行的礼节同在西岳一样。回来后,到尧的太庙祭祀,用一头牛作祭品。

以后,每五年巡视一次,诸侯在四岳朝见。普遍地使他们报告政务,然后考察他们的政绩,赏赐车马衣物作为酬劳。

舜划定十二州的疆界,在十二州的名山上封土为坛举行祭祀,又疏通了河道。

舜又在器物上刻画五种常用的刑罚。用流放的办法宽恕犯了五刑的罪人,用鞭打作为官的刑罚,用木条打作为学校的刑罚,用铜作为赎罪的刑罚。因过失犯罪,就赦免他;有所依仗终不悔改,就要施加刑罚。舜告诫说:"谨慎啊,谨慎啊,刑罚要慎重啊!"

于是把共工流放到幽州,把驩兜流放到崇山,把三苗驱逐到三危,把鲧流放到羽山。这四个人处罚了,天下的人都心悦诚服。

舜辅助尧帝二十八年后,尧帝逝世了。群臣好像死了父母一样地悲痛,三年间,全国上下停止了乐音。明年正月的一个吉日,舜到了尧的太庙,与四方诸侯君长谋划政事,打开明堂四门宣布政教,使四方见得明白,听得通彻。

"啊,十二州的君长!"舜帝说:"生产民食要依时!安抚远方,爱护近邻,亲厚有德,信任善良,而又拒绝邪佞的人,这样,边远的外族都会服从。"

舜帝说:"啊!四方诸侯的君长!有谁能奋发努力、发扬光大尧帝的事业,使居百揆之官辅佐政事呢?"

都说:"伯禹现在做司空。"

舜帝说:"好啊!禹,你曾经平定水土,还要努力做好百揆这件事啊!"禹跪拜叩头,让给稷、契和皋陶。

舜帝说:"好啦,还是你去吧!"

舜帝说:"稷,人们忍饥挨饿,你主持农业,教人们播种各种谷物吧!"

舜帝说:"契,百姓不亲,父母兄弟子女不和顺。你做司徒吧,谨慎地施行五常教育,要注意宽厚。"

舜帝说:"皋陶,外族侵扰我们中国,抢劫杀人,造成外患内乱。你做狱官之长吧,五刑各有使用的方法,五种用法分别在野外、市、朝三处执行。五种流放各有处所,分别住在三个远近不同的地方。要明察案情,能够公允!"

舜帝说:"谁能当好掌管我们百工的官?"

都说:"垂啊!"

舜帝说:"好啊!垂,你掌管百工的官吧!"垂跪拜叩头,让给殳斨和伯与。

舜帝说:"好啦,去吧!你们一起去吧!"

舜帝说:"谁掌管我们的山丘草泽的草木鸟兽呢?"

都说:"益啊!"

舜帝说:"好啦,啊!益,你担任我的虞官吧。"益跪拜叩头,让给朱虎和熊罴。

舜帝说:"好啦,去吧!你们一起去吧!"

舜帝说:"啊!四方诸侯的君长,有谁能主持我们祭祀天神、地祇、人鬼的三礼呢?"

都说:"伯夷!"

舜帝说:"好啦,啊!伯夷,你做掌管祭祀的礼官吧,要早夜恭敬行事,又要正直、清明。"伯夷跪拜叩头,让给夔和龙。

舜帝说:"好啦,去吧!要敬慎啊!"

舜帝说:"夔! 任命你主持乐官,教导年轻人,使他们正直而温和,宽大而坚栗,刚毅而不粗暴,简约而不傲慢。诗是表达思想感情的,歌是唱出来的语言,五声要根据所唱而选定,六律要和谐五声。八类乐器的声音能够调和,不使它们乱了次序,那么神和人都会因此而和谐了。"

夔说:"啊! 我愿意敲击着石磬,使扮演各种兽类的舞队依着音乐舞蹈起来。"

舜帝说:"龙! 我厌恶谗毁的言论和危害的行为,会使我的民众震惊。我任命你做纳言的官,早晚传达我的命令,转告下面的意见,应当真实!"

舜帝说:"啊! 你们二十二人,要敬慎啊! 要好好领导天下大事啊!"

舜帝三年考察一次政绩,考察三次后,罢免昏庸的官员,提拔贤明的官员,于是,许多工作都兴办起来了。

又分别对三苗之族作了安置。

舜三十岁时被征召,施政二十年,在帝位五十年,在巡狩南方时才逝世。

大禹谟

【原文】

曰若稽古大禹曰文命敷于四海,祗承于帝。曰:"后克艰厥后,臣克艰厥臣,政乃乂,黎民敏德。"帝曰:"俞! 允若兹,嘉言罔攸伏,野无遗贤,万邦咸宁。稽于众,舍己从人,不虐无告,不废困穷,惟帝时克。"

益曰:"都,帝德广运,乃圣乃神,乃武乃文。皇天眷命,奄有四海为天下君。"禹曰:"惠迪吉,从逆凶,惟(影)〔景〕响。"

益曰:"吁! 戒哉! 儆戒无虞,罔失法度。罔游于逸,罔淫于乐。任贤勿贰,去邪勿疑。疑谋勿成,百志惟熙。罔违道以干百姓之誉,罔咈百姓以从己之欲。无怠无荒,四夷来王。"禹曰:"於! 帝念哉! 德惟善政,政在养民。水、火、金、木、土、谷,惟修;正德、利用、厚生,惟和。九功惟叙,九叙惟歌。戒之用休,董之用威,劝之以九歌,俾勿坏。"帝曰:"俞! 地平天成,六府三事允治,万世永赖,时乃功。"

帝曰："格，汝禹！朕宅帝位三十有三载，耄期倦于勤。汝惟不怠，总朕师。"禹曰："朕德罔克，民不依。皋陶迈种德，德乃降，黎民怀之。帝念哉！念兹在兹，释兹在兹，名言兹在兹，允出兹在兹，惟帝念功。"

帝曰："皋陶，惟兹臣庶，罔或干予正。汝作士，明于五刑，以弼五教，期于予治，刑期于无刑，民协于中，时乃功，懋哉！"皋陶曰："帝德罔愆，临下以简，御众以宽；罚弗及嗣，赏延于世。宥过无大，刑故无小；罪疑惟轻，功疑惟重；与其杀不辜，宁失不经；好生之德，洽于民心，兹用不犯于有司。"帝曰："俾予从欲以治，四方风动，惟乃之休。"

帝曰："来，禹！降水儆予，成允成功，惟汝贤。克勤于邦，克俭于家，不自满假，惟汝贤。汝惟不矜，天下莫与汝争能。汝惟不伐，天下莫与汝争功。予懋乃德，嘉乃丕绩。天之历数在汝躬，汝终陟元后。人心惟危，道心惟微，惟精惟一，允执厥中。无稽之言勿听，弗询之谋勿庸。可爱非君？可畏非民？众非元后何戴？后非众，罔与守邦？钦哉！慎乃有位，敬修其可愿，四海困穷，天禄永终。惟口出好兴戎，朕言不再。"禹曰："枚卜功臣，惟吉之从。"帝曰："禹！官占惟（先）〔克〕蔽志，昆命于元龟。朕志先定，询谋金同，鬼神其依，龟筮协从，卜不习吉！"禹拜稽首，固辞。帝曰："毋！惟汝谐！"

正月朔旦，受命于神宗，率百官若帝之初。

帝曰："咨，禹！惟时有苗弗率，汝徂征。"禹乃会群后，誓于师曰："济济有众，咸听朕命。蠢兹有苗，昏迷不恭，侮慢自贤，反道败德，君子在野，小人在位，民弃不保，天降之咎，肆予以尔众士，奉辞（罚）〔伐〕罪。尔尚一乃心力，其克有勋。"

三旬，苗民逆命。益赞于禹曰："惟德动天，无远弗届。满招损，谦受益，时乃天道。帝初于历山，往于田，日号泣于旻天，于父母，负罪引慝。祗载见瞽瞍，夔夔斋慄，瞽亦允若。至诚感神，矧兹有苗！"禹拜昌言，曰"俞！"班师振旅。帝乃诞敷文德，舞干羽于两阶。七旬有苗格。

【译文】

稽考古事。大禹名叫文命，他对四海进行治理之后，又敬慎地辅助帝舜。他说："君主能够知道做君主的艰难，臣下能够知道做臣下不容易，政事就能治理，众民就能勉力于德行了。"

舜帝说："对！真像这样，善言无所隐匿，朝廷之外没有被遗弃的贤人，万国之民就都

安宁了。政事同众人研究,舍弃私见以依从众人,不虐待无告的人,不放弃困穷的事,只有尧帝能够这样。"

伯益说:"啊! 尧德广远,这样圣明,这样神妙,这样英武,这样华美:于是上天顾念,使他尽有四海之内,而做天下的君主。"

禹说:"顺从善就吉,顺从恶就凶,就像影和响顺从形体和声音一样。"

伯益说:"啊! 要戒慎呀! 警戒不要失误,不要放弃法度,不要优游于逸豫,不要放恣于安乐。任用贤人不要怀疑,罢去邪人不要犹豫。可疑之谋不要实行,各种思虑应当广阔。不要违背治道来取得百姓的称赞,不要违背百姓来顺从自己的私心。对这些不要懈怠,不要荒忽,四方各民族的首领就会来朝见天子了。"

禹说:"啊! 帝要深念呀! 帝德应当使政治美好,政治在于养民。水、火、金、木、土、谷六种生活资料应当治理,正德、利用、厚生三件大事应当宣扬,这九件事应当理顺,九事理顺了应当歌颂。要用休庆规劝臣民,用威罚监督臣民,用九歌勉励臣民,使政事不会败坏。"

舜帝说:"对! 水土平治,万物成长,六府和三事真实办好了,是万世永利的事业,这是您的功勋。"

舜帝说:"您来呀,禹! 我居帝位,三十三年了,年岁老耄被勤劳的事务所苦。您当努力不怠,总统我的众民。"

禹说:"我的德不能胜任,人民不会依归。皋陶勤勉树立德政,德惠能下施于民,众民怀念他。帝当思念他呀! 念德的在于皋陶,悦德的在于皋陶,宣扬德的在于皋陶,诚心推行德的也在于皋陶。帝要深念他的功绩呀!"

舜帝说:"皋陶! 这些臣民没有人干犯我的政事,因为您做士官,能明五刑以辅助五常之教,合于我们的治道。施刑期待达到无刑的地步,人民都能合于中道。这是您的功劳,做得真好呀!"

皋陶说:"帝德没有失误。用简约治民,用宽缓御众;刑罚不及于子孙,奖赏扩大到后代;宽宥过失不论罪多大,处罚故意犯罪不问罪多少;罪可疑时就从轻,功可疑时就从重;与其杀掉无罪的人,宁肯自己陷于不常的罪。帝爱生命的美意,合于民心,因此人民就不冒犯官吏。"

舜帝说："使我依从人民的愿望来治理，四方人民像风一样鼓动，是您的美德。"

舜帝说："来，禹！洪水警戒我们的时候，实现政教的信诺，完成治水的工作，只有你贤；能勤劳于国，能节俭于家，不自满自大，只有你贤。你不自以为贤，所以天下没有人与你争能；你不夸功，所以天下没有人与你争功。我赞美你的德行，嘉许你的大功。上天的大命落到你的身上了，你终当升为大君。人心危险，道心精微，要精研要专一，又要诚实保持着中道。无信验的话不要听，独断的谋划不要用。可爱的不是君主吗？可畏的不是人民吗？众人除非大君，他们拥护什么？君主除非众人，没有跟他守国的人。要恭敬啊！慎重对待你的大位，敬行人民可愿的事。如果四海人民困穷，天的福命就将永远终止了。虽然口能说好说坏，但是我的话不再改变了。"

禹说："请逐个卜问有功的大臣，然后听从吉卜吧！"

舜帝说："禹！官占的办法，先定志向，而后告于大龟。我的志向先已定了，询问商量的意见都相同，鬼神依顺，龟筮也协合、依从，况且卜筮的办法不须重复出现吉兆。"

禹跪拜叩首，再辞。

舜帝说："不要这样！只有你适合啊！"

正月初一早晨，禹在尧庙接受舜帝的任命，像舜帝受命之时那样统率着百官。

舜帝说："嗟，禹！这些苗民不依教命，你前去征讨他们！"

禹于是会合诸侯，告戒众人说："众位军士，都听从我的命令！蠢动的苗民，昏迷不敬。侮慢常法，妄自尊大，违反正道，败坏常德。贤人在野，小人在位。人民抛弃他们不予保护，上天也降罪于他。所以我率领你们众士，奉行帝舜的命令，讨伐苗民之罪。你们应当同心同力，就能有功。"

经过三十天，苗民还是不服。伯益会见了禹，说："施德可以感动上天，远人没有不来的。盈满招损，谦虚受益，这是自然规律。舜帝先前到历山去耕田的时候，天天向上天号泣，向父母号泣，自己负罪引咎。恭敬行事去见瞽瞍，诚惶诚恐庄敬战瞍。瞽瞍也信任顺从了他。至诚感通了神明，何况这些苗民呢？"

禹拜谢伯益的嘉言，说："对！"

还师回去后，舜帝于是大施文教，又在两阶之间拿着干盾和羽翳跳着文舞。经过七十天，苗民不讨自来了。

皋陶谟

【原文】

曰若稽古皋陶曰："允迪厥德，谟明弼谐。"禹曰："俞！如何？"皋陶曰："都！慎厥身修，思永。惇叙九族，庶明厉翼，迩可远在兹。"禹拜昌言，曰："俞。"

皋陶曰："都！在知人，在安民。"禹曰："吁！咸若时，惟帝其难之。知人则哲，能官人；安民则惠，黎民怀之。能哲而惠，何忧乎驩兜，何迁乎有苗，何畏乎巧言令色孔壬？"

皋陶曰："都！亦行有九德，亦言其人有德。"乃言曰："载采采。"禹曰："何？"皋陶曰："宽而栗，柔而立，愿而恭，乱而敬，扰而毅，直而温，简而廉，刚而塞，强而义。彰厥有常，吉哉！日宣三德，夙夜浚明有家，日严祗敬六德，亮采有邦。翕受敷施，九德咸事。俊乂在官。百僚、师师、百工惟时，抚于五辰，庶绩其凝。无教逸欲有邦，兢兢业业，一日二日万几。无旷庶官，天工，人其代之。天叙有典，勑我五典五惇哉；天秩有礼，自我五礼有庸哉；同寅协恭和衷哉！天命有德，五服五章哉；天讨有罪，五刑五用哉；政事懋哉懋哉！天聪明，自我民聪明；天明畏，自我民明威。达于上下，敬哉有土！"

皋陶曰："朕言惠可厎行？"禹曰："俞，乃言厎可绩。"皋陶曰："予未有知，思曰赞赞襄哉。"

【译文】

查考往事。皋陶说："诚实地履行其德行，就会决策英明，群臣同心协力。"

禹曰："是啊！怎样履行呢？"

皋陶说："啊！要谨慎其身，自身的修养要坚持不懈。使近亲敦厚顺从，使贤人勉力辅佐，由近及远，在于从这里做起。"

禹听了这番精当的言论，拜谢说："对呀！"

皋陶说："啊！还在于理解臣下，安定民心。"

禹说："唉！都像这样，连尧帝都会认为困难了。理解臣下就显得明智，能够任人。安定民心就受人爱戴，百姓都会怀念他。能做到明智和受人爱戴，怎么会担心驩兜？怎

么会流放三苗？怎么会畏惧巧言、善色、奸佞的人呢？"

皋陶说："啊！检验人的行为有九种美德。检验了言论，如果那个人有德，就告诉他说，可开始做点工作。"

禹问："什么是九德呢？"

皋陶说："宽宏而又坚栗，柔顺而又卓立，谨厚而又严恭，多才而又敬慎，驯服而又刚毅，正直而又温和，简易而又方正，刚正而又笃实，坚强而又良善。要表彰那些具有九德的好人啊！

"天天表现出三德，早晚认真努力于家的人，天天庄严地重视六德，辅助政事于国的人，一同接受，普遍任用。具有九德的人都担任官职，那么在职的官员就都是才德出众的人了。各位官员互相效法，他们都想处理好政务，而且顺从君王，这样，各种工作都会办成。

"治理国家的人不要贪图安逸和私欲，要兢兢业业，因为情况天天变化万端。不要虚设百官，上天命定的工作，人应当代替完成。上天规定了人与人之间的常法，要告诫人们用父义、母慈、兄友、弟恭、子孝的办法，把这五者敦厚起来啊！上天规定了人的尊卑等级，推行天子、诸侯、卿大夫、士和庶人这五种礼制，要经常啊！君臣之间要同敬、同恭，和善相处啊！上天任命有德的人，要用天子、诸侯、卿、大夫、士五等礼服表彰这五者啊！上天惩罚有罪的人，要用墨、劓、剕、宫、大辟五种刑罚处治五者啊！政务要努力啊！要努力啊！

"上天的视听依从臣民的视听。上天的赏罚依从臣民的赏罚。天意和民意是相通的，要谨慎啊，有国土的君王！"

皋陶问："我的话可以实行吗？"

禹说："当然！你的话可以实行并且可以成功。"

皋陶说："我没有别的考虑，只想赞助赞助帝德啊！"

夏书

益稷

【原文】

帝曰:"来,禹!汝亦昌言。"禹拜,曰:"都!帝,予何言?予思日孜孜。"皋陶曰:"吁!如何?"禹曰:"洪水滔天,浩浩怀山襄陵,下民昏垫。予乘四载,随山刊木,暨益奏庶鲜食。予决九川距四海,浚畎浍距川。暨稷播,奏庶艰食鲜食。懋迁有无,化居。烝民乃粒,万邦作乂。"皋陶曰:"俞!师汝昌言。"

禹曰:"都!帝。慎在位。"帝曰:"俞!"禹曰:"安汝止,惟几惟康。其弼(直)〔德〕,惟动丕应。徯志以昭受上帝〔命〕,天其申命用休。"帝曰:"吁!臣哉邻哉!邻哉臣哉!"禹曰:"俞!"

帝曰:"臣作朕股肱耳目。予欲左右有民,汝翼。予欲宣力四方,汝为。予欲观古人之象,日、月、星辰、山、龙、华虫、作会;宗彝、藻、火、粉米、黼、黻、絺绣,以五采彰施于五色作服,汝明。予欲闻六律、五声、八音、七始咏,以出纳五言,汝听。予违,汝弼。汝无面从,退有后言。钦四邻!庶顽谗说,若不在时,侯以明之,挞以记之,书用识哉,欲并生哉!工以纳言,时而飏之,格则承之庸之,否则威之。"

禹曰:"俞哉!帝。光天之下,至于海隅苍生,万邦黎献,共惟帝臣,惟帝时举。敷纳以言,明庶以功,车服以庸。谁敢不让,敢不敬应?帝不时敷,同,日奏罔功。

"无若丹朱傲,惟慢游是好,傲虐是作,罔昼夜额额。罔水行舟,朋淫于家,用殄厥世。予创若时!"

〔禹曰:"予〕娶于涂山,辛壬癸甲。启呱呱而泣,予弗子,惟荒度土功。弼成五服,至于五千。州十有二师,外薄四海,咸建五长,各迪有功。苗顽弗即工,帝其念哉!"

帝曰:"迪朕德,时乃功,惟叙。皋陶方祗厥叙,方施象刑,惟明。"

夔曰:"戛击鸣球、搏拊、琴、瑟以咏。"祖考来格,虞宾在位,群后德让。下管鼗鼓,合

止柷敔,笙镛以间,鸟兽跄跄。《箫韶》九成,凤凰来仪。夔曰:"於!予击石拊石,百兽率舞,庶尹允谐!"帝庸作歌。曰:"敕天之命,惟时惟几。"乃歌曰:"股肱喜哉!元首起哉!百工熙哉!"

皋陶拜手稽首飏言曰:"念哉!率作兴事,慎乃宪,钦哉!屡省乃成,钦哉!"乃赓载歌曰:"元首明哉,股肱良哉!庶事康哉!"又歌曰:"元首丛脞哉!股肱惰哉!万事堕哉!"帝曰:"俞,往钦哉!"

【译文】

舜帝说:"来吧,禹!你也发表高见吧。"禹拜谢说:"啊!君王,我说什么呢?我只想每天努力工作罢了。"皋陶说:"啊!究竟怎么样呢?"禹说:"大水弥漫接天,浩浩荡荡地包围了山顶,漫没了丘陵,老百姓沉没陷落在洪水里。我乘坐四种运载工具,沿着山路砍削树木作为路标,同伯益一起把新杀的鸟兽肉送给百姓们。我疏通了九州的河流,使它们流到四海,挖深疏通了田间的大水沟,使它们流进大河。同后稷一起播种粮食,把百谷、鸟兽肉送给老百姓。让他们调剂馀缺,迁徙居积的货物。于是,百姓们就安定下来了,各个诸侯国开始得到了治理。"

皋陶说:"好啊!这是你的高见啊。"

禹说:"啊!舜帝。你要诚实地对待你的在位的大臣。"舜帝说:"是啊!"

禹说:"要安静你的心意,考虑天下的安危。用正直的人做辅佐,只要你行动,天下就会大力响应。依靠有德的人指导接受上帝的命令,上天就会再三用休美赐予你。"

舜帝说:"唉!靠大臣啊四邻啊!靠四邻啊大臣啊!"

禹说:"对呀!"

舜帝说:"大臣作我的股肱耳目。我想帮助百姓,你辅佐我。我想用力治理好四方,你帮助我。我想显示古人衣服上的图像,用日、月、星辰、山、龙、雉六种图形绘在上衣上;用虎、水草、火、白米、黑白相间的斧形花纹、黑青相间的'己'字花纹绣在下裳上,用五种颜料明显地做成五种色彩,制成礼服,你要做好。我要听六种乐律、五种声音、八类乐器的演奏,从声音的哀乐考察治乱,取舍各方的意见,你要听清,我有过失,你就辅助我。你不要当面顺从,背后又去议论。要敬重左右辅弼的近臣!至于一些愚蠢而又喜欢谗毁、谄媚的人,如果不能明察做臣的道理,要用射侯之礼明确地教训他们,用鞭打警戒他们,

用刑书记录他们的罪过,要让他们共同上进！任用官吏要根据他所进纳的言论,好的就称颂宣扬,正确的就进献上去以便采用,否则就要惩罚他们。"

禹说:"好啊！舜帝,普天之下,至于海内的众民,各国的众贤,都是您的臣子,您要善于举用他们。依据言论广泛地接纳他们,依据工作明确地考察他们,用车马衣服酬劳他们。这样,谁敢不让贤,谁敢不恭敬地接受您的命令？帝不善加分别,好的坏的混同不分,虽然天天进用人,也会劳而无功。

"没有像丹朱那样傲慢的,只喜欢懒惰逸乐,只作戏谑,不论白天晚上都不停止。洪水已经退了,他还要乘船游玩,又成群地在家里淫乱,因此不能继承尧的帝位。我为他的这些行为感到悲伤。我娶了涂山氏的女儿,结婚四天就治水去了。后来,启生下来呱呱地啼哭,我顾不上慈爱他,只忙于考虑治理水土的事。我重新划定了五种服役地带,一直到五千里远的地方。每一个州征集三万人,从九州到四海边境,每五个诸侯国设立一个长,各诸侯长领导治水工作。只有三苗顽抗,不肯接受工作任务,舜帝您要为这事忧虑啊！"

舜帝说:"宣扬我们的德教,依时布置工役,三苗应该会顺从。皋陶正敬重那些顺从的,对违抗的,正示以刑杀的图像警戒他们,三苗的事应当会办好。"

夔说:"敲起玉磬,打起搏拊,弹起琴瑟,唱起歌来吧！"先祖、先父的灵魂降临了,我们舜帝的宾客就位了,各个诸侯国君登上了庙堂互相揖让。庙堂下吹起管乐,打着小鼓,合乐敲着柷,止乐敲着敔,笙和大钟交替演奏。扮演飞禽走兽的舞队踏着节奏跳舞,韶乐演奏了九次以后,扮演凤凰的舞队出来表演了。"

夔说:"唉！我轻敲重击着石磬,扮演百兽的舞队都跳起舞来,各位官长也合着乐曲一同跳起来吧！"

舜帝因此作歌,说:"勤劳天命,这样子就差不多了。"于是唱道:"大臣欢悦啊,君王奋发啊,百事发达啊！"

皋陶跪拜叩头继续说:"要念念不忘啊！统率起兴办的事业,慎守你的法度,要认真啊！经常考察你的成就,要认真啊！"于是继续作歌说:"君王英明啊！大臣贤良啊！诸事安康啊！"又继续作歌说:"君王琐碎啊！大臣懈怠啊！诸事荒废啊！"

舜帝拜谢说:"对啊！我们去认真干吧！"

禹贡

【原文】

禹敷土，随山刊木，奠高山大川。

冀州：既载壶口，治梁及岐。既修太原，至于岳阳。覃怀底绩，至于衡漳。厥土：惟白壤，厥赋：惟上上，错。厥田惟中中。恒卫既从，大陆既作。鸟夷皮服，夹右碣石入于河。

济、河惟兖州。九河既道，雷夏既泽，灉、沮会同。桑土既蚕，是降丘宅土。厥土：黑坟，厥草惟繇，厥木惟条。厥田：惟中下。厥赋：贞。作十有三载，乃同。厥贡：漆、丝，厥筐织文。浮于济、漯，达于河。

海、岱惟青州。嵎夷既略，潍、淄其道。厥土：白坟，海滨广斥。厥田：惟上下。厥赋：中上。厥贡：盐、缔、海物惟错，岱畎丝、枲、铅、松、怪石，莱夷作牧，厥筐檿丝。浮于汶，达于济。

海、岱及淮惟徐州。淮、沂其乂，蒙、羽其艺。大野既猪，东原底平。厥土：赤埴坟，草木渐包。厥田：惟上中。厥赋：中中。厥贡：惟土五色，羽畎夏翟，峄阳孤桐，泗滨浮磬，淮夷蠙珠暨鱼，厥筐玄纤缟。浮于淮、泗，达于菏。

淮、海惟扬州。彭蠡既猪，阳鸟攸居。三江既入，震泽底定。篠荡既敷，厥草惟夭，厥木惟乔。厥土惟涂泥，厥田惟下下，厥赋下上上错。厥贡惟金三品，瑶、琨、篠荡，齿、革、羽、毛，惟木。岛夷卉服，厥筐织贝，厥包橘柚锡贡。沿于江、海，达于淮、泗。

荆及衡阳惟荆州。江、汉朝宗于海，九江孔殷，沱、潜既道，云梦土作乂。厥土惟涂泥，厥田惟下中，厥赋上下。厥贡羽、毛、齿、革，惟金三品，杶干栝柏，砺砥砮丹，惟菌箘楛，三邦底贡厥名，包匦菁茅，厥筐玄纁玑组，九江纳锡大龟。浮于江、沱、潜、汉，逾于洛，至于南河。

荆、河惟豫州。伊、洛、瀍、涧既入于河，荥波既猪，导菏泽，被孟猪。厥土惟壤，下土坟垆。厥田惟中上，厥赋错上中。厥贡漆、枲、缔、纻，厥筐纤纩，锡贡磬错。浮于洛，达于河。

华阳、黑水惟梁州。岷、嶓既艺,沱、潜既道,蔡、蒙旅平,和夷底绩。厥土青黎,厥田惟下上,厥赋下中三错。厥贡璆、铁、银、镂、砮、磬,熊、罴、狐、狸织皮。西倾因桓是来。浮于潜,逾于沔,入于渭,乱于河。

黑水、西河惟雍州。弱水既西,泾属渭汭,漆、沮既从,沣水攸同。荆、岐既旅,终南惇物,至于鸟鼠。原隰底绩,至于猪野。三危既宅,三苗丕叙。厥土惟黄壤,厥田惟上上,厥赋中下,厥贡惟球琳琅玕。浮于积石,至于龙门、西河,会于渭汭。织皮昆仑析支渠搜,西戎即叙。

导岍及岐,至于荆山,逾于河,壶口、雷首,至于太岳;厎柱、析城,至于王屋;太行、恒山,至于碣石,入于海;西倾、朱圉、鸟鼠,至于太华;熊耳、外方、桐柏,至于陪尾。导嶓冢,至于荆山;内方,至于大别;岷山之阳,至衡山,过九江,至于敷浅原。

导弱水,至于合黎,馀波入于流沙。导黑水,至于三危,入于南海。导河积石,至于龙门,南至于华阴,东至于厎柱,又东至于孟津,东过洛汭,至于大伾,北过降水,至于大陆,又北,播为九河,同为逆河,入于海。嶓冢导漾,东流为汉,又东为沧浪之水,过三澨,至于大别,南入于江,东汇泽为彭蠡,东为北江,入于海。岷山导江,东别为沱,又东至于澧,过九江,至于东陵,东迆北会于汇,东为中江,入于海。导沇水,东流为济,入于河,溢为荥;东出于陶丘北,又东至于菏,又东北会于汶,又北,东入于海。导淮自桐柏,东会于泗、沂,东入于海。导渭自鸟鼠同穴,东会于沣,又东会于泾;又东过漆、沮,入于河。导洛自熊耳,东北会于涧、瀍,又东会于伊,又东北入于河。

九州攸同:四隩既宅,九山刊旅,九川涤源,九泽既陂。四海会同。六府孔修,庶土交征,厎慎财赋,咸则三壤,成赋中邦。锡土姓,祗台德先,不距朕行。

五百里甸服:百里赋纳总,二百里纳铚,三百里纳秸服,四百里粟,五百里米。

五百里侯服:百里采,二百里男邦,三百里诸侯。

五百里绥服:三百里揆文教,二百里奋武卫。

五百里要服:三百里夷,二百里蔡。

五百里荒服:三百里蛮,二百里流。

东渐于海,西被于流沙,朔南暨,声教讫于四海。禹锡玄圭,告厥成功。

【译文】

禹分别土地的疆界,行走高山砍削树木作为路标,以高山大河奠定界域。

冀州:从壶口开始施工以后,就治理梁山和它的支脉。太原治理好了以后,又治理到太岳山的南面。覃怀一带的治理取得了成效,又到了横流入河的漳水。那里的土是白壤,那里的赋税是第一等,也夹杂着第二等,那里的田地是第五等。恒水、卫水已经顺着河道而流,大陆泽也已治理了。岛夷用皮服来进贡,先接近右边的碣石山,再进入黄河。

济水与黄河之间是兖州:黄河下游的九条支流疏通了,雷夏也已经成了湖泽,滩水和沮水会合流进了雷夏泽。栽种桑树的地方都已经养蚕,于是人们从山丘上搬下来住在平地上。那里的土质又黑又肥,那里的草是茂盛的,那里的树是修长的。那里的田地是第六等,赋税是第九等,耕作了十三年才与其他八个州相同。那里的贡物是漆和丝,还有那竹筐装着的彩绸。进贡的船只行于济水、漯水到达黄河。

渤海和泰山之间是青州:嵎夷治理好以后,潍水和淄水也已经疏通了。那里的土又白又肥,海边有一片广大的盐碱地。那里的田是第三等,赋税是第四等。那里进贡的物品是盐和细葛布,海产品多种多样。还有泰山谷的丝、大麻、锡、松和奇特的石头。莱夷一带可以放牧。进贡的物品是那筐装的柞蚕丝。进贡的船只行于汶水达到济水。

黄海、泰山及淮河之间是徐州:淮河、沂水治理好以后,蒙山、羽山一带已经可以种植了,大野泽已经停聚着深水,东原地方也获得治理。那里的土是红色的,又黏又肥,草木不断滋长而丛生。那里的田是第二等,赋税是第五等。那里的贡品是五色土,羽山山谷的大山鸡,峄山南面的特产桐木,泗水边上的可以做磬的石头,淮夷之地的蚌珠和鱼。还有那筐子装着的黑色的绸和白色的绢。进贡的船只行于淮河、泗水,到达与济水相通的荷泽。

淮河与黄海之间是扬州:彭蠡泽已经汇集了深水,南方各岛可以安居。三条江水已经流入大海,震泽也获得了安定。小竹和大竹已经遍布各地,那里的草很茂盛,那里的树很高大。那里的土是潮湿的泥。那里的田是第九等,那里的赋是第七等,杂出第六等。那里的贡品是金、银、铜、美玉、美石、小竹、大竹、象牙、犀皮、鸟的羽毛、旄牛尾和木材。东南沿海各岛的人穿着草编的衣服。这一带把那筐装的贝锦,那包裹的橘柚作为贡品。进贡的船只沿着长江、黄海到达淮河、泗水。

荆山与衡山的南面是荆州：长江、汉水像诸侯朝见天子一样奔向海洋，洞庭湖的水系大定了。沱水、潜水疏通以后，云梦泽一带可以耕作了。那里的土是潮湿的泥，那里的田是第八等，那里的赋是第三等。那里的贡物是羽毛、旄牛尾、象牙、犀皮和金、银、铜，椿树、柘树、桧树、柏树，粗磨石、细磨石、造箭镞的石头、丹砂和美竹、楛木。三个诸侯国进贡他们的名产，包裹好了的杨梅、菁茅，装在筐子里的彩色丝绸和一串串的珍珠。九江进贡大龟。这些贡品经长江、沱水、潜水、汉水，到达汉水上游，改走陆路到洛水，再到南河。

荆山、黄河之间是豫州：伊水、瀍水和涧水都已流入洛水，又流入黄河，荥波泽已经停聚了大量的积水。疏通了菏泽，并在孟猪泽筑起了堤防。那里的土是柔软的壤土，低地的土是肥沃的黑色硬土。那里的田是第四等，那里的赋税是第二等，杂出第一等。那里的贡物是漆、麻、细葛、纻麻，那筐装的绸和细绵，又进贡治玉磬的石头。进贡的船只行于洛水到达黄河。

华山南部到怒江之间是梁州：岷山、嶓冢山治理以后，沱水、潜水也已经疏通了。峨嵋山、蒙山治理后，和夷一带也取得了治理的功效。那里的土是疏松的黑土，那里的田是第七等，那里的赋税是第八等，还杂出第七等和第九等。那里的贡物是美玉、铁、银、刚铁、作箭镞的石头、磬、熊、马熊、狐狸、野猫。织皮和西倾山的贡物沿着桓水而来。进贡的船只行于潜水，然后离船上岸陆行，再进入沔水，进到渭水，最后横渡渭水到达黄河。

黑水到西河之间是雍州：弱水疏通已向西流，泾河流入渭河之湾，漆沮水已经会合洛水流入黄河，沣水也向北流同渭河会合。荆山、岐山治理以后，终南山、惇物山一直到鸟鼠山都得到了治理。原隰的治理取得了成绩，至于猪野泽也得到了治理。三危山已经可以居住，三苗就安定了。那里的土是黄色的，那里的田是第一等，那里的赋税是第六等。那里的贡物是美玉、美石和珠宝。进贡的船只从积石山附近的黄河，行到龙门、西河，与从渭河逆流而上的船只会合在渭河以北。织皮的人民定居在昆仑、析支、渠搜三座山下，西戎各族就安定顺从了。

开通了岍山和岐山的道路，到达荆山，越过黄河。又开通壶口山、雷首山，到达太岳山。又开通柱山、析城山，到达王屋山。又开通太行山、恒山，到达碣石山，从这里进入渤海。

开通西倾山、朱圉山、鸟鼠山，到达太华山。又开通熊耳山、外方山、桐柏山，到达陪

尾山。

开通蟠冢山到达荆山。开通内方山到达大别山。开通岷山的南面到达衡山,过洞庭湖到达庐山。

疏通弱水到合黎山,下游流到沙漠。

疏通黑水到三危山,流入南海。

疏导黄河,从积石山开始,到达龙门山;再向南到达华山的北面;再向东到达柱山;又向东到达孟津;又向东经过洛水与黄河会合的地方,到达大伓山;然后向北经过降水,到达大陆泽;又向北,分成九条支流,再会合成一条逆河,流进大海。

从蟠冢山开始疏导漾水,向东流成为汉水;又向东流,成为沧浪水;经过三澨水,到达大别山,向南流进长江。向东,来汇的水叫彭蠡泽;向东,称为北江,流进大海。

从岷山开始疏导长江,向东另外分出一条支流称为沱江;又向东到达澧水;经过洞庭湖,到达东陵;再向东斜行向北,与淮河会合;向东称为中江,流进大海。

疏导沇水,向东流就称为济水,流入黄河,河水溢出成为荥泽;又从定陶的北面向东流,再向东到达菏泽县;又向东北,与汶水会合;再向北,转向东,流进大海。

从桐柏山开始疏导淮河,向东与泗水、沂水会合,向东流进大海。

从鸟鼠同穴山开始疏导渭水,向东与沣水会合,又向东与泾水会合;又向东经过漆沮水,流入黄河。

从熊耳山开始疏导洛水,向东北,与涧水、瀍水会合;又向东,与伊水会合;又向东北,流入黄河。

九州由此统一了:四方的土地都已经可以居住了,九条山脉都伐木修路可以通行了,九条河流都疏通了水源,九个湖泽都修筑了堤防,四海之内进贡的道路都畅通无阻了。水火金木土谷六府都治理得很好,各处的土地都要征收赋税,并且规定慎重征取财物赋税,都要根据土地的上中下三等来确定它。中央之国赏赐土地和姓氏给诸侯,敬重以德行为先,又不违抗我的措施的贤人。

国都以外五百里叫作甸服。离国都最近的一百里缴纳连秆的禾;二百里的,缴纳禾穗;三百里的,缴纳带秸的谷;四百里的,缴纳粗米;五百里的缴纳精米。

甸服以外五百里是侯服。离甸服最近的一百里替天子服差役;二百里的,担任国家

的差役;三百里的,担任侦察工作。

侯服以外五百里是绥服。三百里的,考虑推行天子的政教;二百里的,奋扬武威保卫天子。

绥服以外五百里是要服。三百里的,约定和平相处;二百里的,约定遵守条约。

要服以外五百里是荒服。三百里的,维持隶属关系;二百里的,进贡与否流动不定。

东方进至大海,西方到达沙漠,北方、南方同声教都到达外族居住的地方。

于是禹被赐给玄色的美玉,表示大功告成了。

甘誓

【原文】

大战于甘,乃召六卿。王曰:"嗟!六事之人,予誓告汝。有扈氏威侮五行,怠弃三正,天用剿绝其命。今予惟共行天之罚。左不攻于左,汝不共命;右不攻于右,汝不共命。御非其马之正,汝不共命。用命,赏于祖;不用命,戮于社;予则孥戮汝!"

【译文】

将在甘地进行大战,夏王启就召见了六军的将领。王说:"啊!六军的将士们,我告诫你们:有扈氏轻慢洪范大法,废弃正德、利用、厚生三大政事,因此,上天要断绝他的国运。现在我只有奉行上天对他的惩罚。

"车左的兵士不善于射箭,你们就是不奉行我的命令;车右的兵士不善于用戈矛刺杀,你们也是不奉行我的命令;驾车的兵士违反驭马的规则,你们也是不奉行我的命令。服从命令的,我会在先祖的神位面前赏赐你们;不服从命令的,我会在社神的神位面前惩罚你们,我就会把你们降为奴隶,或者杀掉你们。"

五子之歌

【原文】

太康失邦，昆弟五人须于洛讷，作《五子之歌》。

太康尸位，以逸豫灭厥德，黎民咸贰。及盘游无度，畋于有洛之表，十旬弗反。有穷后羿因民弗忍，距于河。厥弟五人御其母以从，徯于洛之汭。五子咸怨，述大禹之戒以作歌。

其一曰："皇祖有训，民可近，不可下。民惟邦本，本固邦宁。予视天下，愚夫愚妇一能胜予。一人三失，怨岂在明？不见是图。予临兆民，懔乎若朽索之驭六马。为人上者，奈何不敬？"

其二曰："训有之，内作色荒，外作禽荒。甘酒嗜音，峻宇雕墙。有一于此，未或不亡。"

其三曰："惟彼陶唐，有此冀方。今失厥道，乱其纪纲，乃厎灭亡。"

其四曰："明明我祖，万邦之君。有典有则，贻厥子孙。关石和钧，王府则有。荒坠厥绪，覆宗绝祀。"

其五曰："呜呼曷归？予怀之悲。万姓仇予，予将畴依？郁陶乎予心，颜厚有忸怩。弗慎厥德，虽悔可追？"

【译文】

太康失国，兄弟五人在洛水之曲等待着太康，（五子怨恨，于是追述大禹的教戒，）写了一组诗歌，名叫《五子之歌》。

太康处在尊位而不理事，又喜好安乐，丧失君德，众民都怀着二心；竟至盘乐游猎没有节制，到洛水的南面打猎，百天还不回来。有穷国的君主羿，因人民不能忍受，在河北抵御太康，不让他回国。太康的弟弟五人，侍奉他们的母亲以跟随太康，在洛水湾等待他。这时五人都埋怨太康，因此叙述大禹的教导而写了歌诗。

其中一首说："伟大的祖先曾有明训，人民可以亲近而不可看轻；人民是国家的根本，

根本牢固,国家就安宁。我看天下的人,愚夫愚妇都能对我取胜。一人多次失误,民怨难道要等它显明?应当考虑它还未形成。我治理兆民,恐惧得像用坏索子驾着六匹马;做君主的人,怎么能不敬不怕?"

其中第二首说:"禹王的教诲是这样:在内迷恋女色,在外游猎翱翔;喜欢喝酒和爱听音乐,高高建筑大殿又雕饰宫墙。这些事只要有一桩,就没有人不灭亡。"

其中第三首说:"那陶唐氏的尧皇帝,曾经据有冀州这地方。现在废弃他的治道,紊乱他的政纲,就是自己导致灭亡!"

其中第四首说:"我的辉煌的祖父,是万国的大君。有典章有法度,传给他的子孙。征赋和计量平均,王家府库丰殷,现在废弃他的传统,就断绝祭祀又危及宗亲!"

其中第五首说:"唉!哪里可以回归?我的心情伤悲!万姓都仇恨我们,我们将依靠谁?我的心思郁闷,我的颜面惭愧。不愿慎行祖德,即使改悔又岂可挽回?"

胤征

【原文】

惟仲康肇位西海,胤侯命掌六师。羲和废厥职,酒荒于厥邑,胤后承王命徂征。告于众曰:

"嗟予有众,圣有谟训,明徵定保,'先王克谨天戒,臣人克有常宪。百官修辅,厥后惟明明。'每岁孟春,遒人以木铎徇于路:'官师相规,工执艺事以谏,其或不恭,邦有常刑。'

"惟时羲和颠覆厥德,沈乱于酒,畔官离次,俶扰天纪,遐弃厥司,乃季秋月朔,辰弗集于房,瞽奏鼓,啬夫驰,庶人走,羲和尸厥官罔闻知,昏迷于天象,以干先王之诛。

《政典》曰:'先时者杀无赦,不及时者杀无赦。'今予以尔有众,奉将天罚。尔众士同力王室,尚弼予钦承天子威命。火炎崐冈,玉石俱焚。天吏逸德,烈于猛火。歼厥渠魁,胁从罔治,旧染污俗,咸与惟新。呜呼!威克厥爱,允济;爱克厥威,允罔功。其尔众士懋戒哉!"

【译文】

夏帝仲康开始治理四海，胤侯受命掌管夏王的六师。羲和放弃他的职守，在他的私邑嗜酒荒乱。胤侯接受王命，去征伐羲和。

胤侯告诫军众说："啊！我的众位官长。圣人有谟有训，明白有验，可以定国安邦：先王能谨慎对待上天的警戒，大臣能遵守常法，百官修治职事辅佐君主，君主就明而又明。每年孟春之月，宣令官员用木铎在路上宣布教令，官长互相规劝，百工依据他们从事的技艺进行谏说。他们有不奉行的，国家将有常刑。

"这个羲和颠倒他的行为，沉醉在酒中，背离职位，开始搞乱了日月星辰的运行历程，远远放弃他所司的事。前些时候季秋月的朔日，日月不会合于房，出现日食。乐官进鼓而击，啬夫奔驰取币以礼敬神明，众人跑着供役。羲和主管其官却不知道这件事，对天象昏迷无知，因此触犯了先王的诛罚。先王的《政典》说：历法出现先于天时的事，杀掉无赦，出现后于天时的事，杀掉无赦。

"现在我率领你们众长，奉行上天的惩罚。你等众士要对王室同心协力，辅助我认真奉行天子的庄严命令！火烧昆山，玉和石同样被焚烧；天王的官吏如有过恶行为，害处将比猛火更甚。消灭那个为恶的大首领，胁从的人不要惩治；旧时染有污秽习俗的人，都允许更新。

"啊！严明胜过慈爱，就真能成功；慈爱胜过严明，就真会无功。你等众士要努力要戒慎呀！"

商书

汤誓

【原文】

王曰："格尔众庶，悉听朕言。非台小子敢行称乱，有夏多罪，天命殛之！今尔有众，汝曰：'我后不恤我众，舍我穑事而割正夏。'予惟闻汝众言；夏氏有罪，予畏上帝，不敢不正。今汝其曰：'夏罪其如台？'夏王率遏众力，率割夏邑。有众率怠弗协。曰：'时日曷丧？予及汝皆亡！'夏德若兹，今朕必往。

"尔尚辅予一人，致天之罚，予其大赉汝。尔无不信，朕不食言。尔不从誓言，予则孥戮汝，罔有攸赦。"

【译文】

王说："来吧！你们众位，都听我说。不是我小子敢行作乱！因为夏国犯下许多罪行，天帝命令我去讨伐它。现在你们众人，你们说：'我们的君王不怜悯我们众人，荒废我们的农事，为什么要征伐夏国呢？'我虽然理解你们的话，但是夏氏有罪，我畏惧上帝，不敢不去征伐啊！现在你们会问：'夏的罪行究竟怎么样呢？'夏王耗尽民力，剥削夏国的人民。民众怠慢不恭，同他很不和协，他们说：'这个太阳什么时候消失呢？我们愿意同你一起灭亡。'夏的品德这样坏，现在我一定要去讨伐他。

"你们要辅佐我，实行天帝对夏的惩罚，我将重重地赏赐你们！你们不要不相信，我不会说假话。如果你们不听从誓言，我就会把你们降成奴隶，或者杀死你们，不会有所赦免。"

仲虺之诰

【原文】

成汤放桀于南巢，惟有惭德，曰："予恐来世以台为口实。"仲虺乃作《诰》，曰："呜呼！惟天生民有欲，无主乃乱。惟天生聪明，时乂。有夏昏德，民坠涂炭。天乃锡王勇智，表正万邦，缵禹旧服。兹率厥典，奉若天命。夏王有罪，矫诬上天，以布命于下。帝用不臧，式商受命，用爽厥师。

简贤附势，实繁有徒。肇我邦（予）〔于〕有夏，若苗之有莠，若粟之有秕，小大战战，罔不惧于非辜。矧予之德，言足听闻？

惟王不迩声色，不殖货利。德懋懋官。功懋懋赏。用人惟己，改过不吝。克宽克仁，

成汤

彰信兆民。乃葛伯仇饷,初征自葛。东征西夷怨,南征北狄怨。曰:'奚独后予?'攸徂之民,室家相庆,曰:'徯予后,后来其苏。'民之戴商,厥惟旧哉!

佑贤辅德,显忠遂良。兼弱攻昧,取乱侮亡。推亡固存,邦乃其昌。德日新,万邦惟怀;志自满,九族乃离。王懋昭大德,建中于民,以义制事,以礼制心,垂裕后昆!予闻曰:'能自得师者王,谓人莫己若者亡。'好问则裕,自用则小。呜呼!慎厥终,惟其始。殖有礼,覆昏暴。钦崇天道,永保天命!"

【译文】

成汤放逐夏桀使他住在南巢,于是有些惭愧。他说:"我怕后世拿我作为话柄。"仲虺于是向汤做了解释。

仲虺说:"啊!上天生养人民,人人都有情欲,没有君主,人民就会乱,因此上天又生出聪明的人来治理他们。夏桀行为昏乱,人民陷于泥涂火炭一样的困境;上天于是赋予勇敢和智慧给大王,使您做万国的表率,继承大禹长久的事业。您现在要遵循大禹的常法,顺从上天的大命!

"夏王桀有罪,假托上天的意旨,在下施行他的教命。上天因此认为他不善,要我商家承受王命,使他的众庶觉悟。简慢贤明依从权势的,这种人徒众很多。从前我商家立国于夏世,像苗中有莠草,像粟中有秕谷一样。上下战栗恐惧,无不害怕陷入非罪;何况我商家的德和言都可听闻呢?

"大王不近声色,不聚货财;德盛的人用官职劝勉他,功大的人用奖赏劝勉他;用人之言像自己说的一样,改正过错毫不吝惜;能宽能仁,昭信于万民。从前葛伯跟馈食的人为仇,我们的征伐从葛国开始。大王东征则西夷怨恨,南征则北狄怨恨。他们说:怎么独独把我们摆在后面?我军过往的人民,室家互相庆贺。他们说:等待我们的君主,君主来临,我们就会复活了!天下人民爱戴我们商家,已经很久了啊!

"佑助贤德的诸侯,显扬忠良的诸侯;兼并懦弱的,讨伐昏暗的,夺取荒乱的,轻慢走向灭亡的。推求灭亡的道理,以巩固自己的生存,国家就将昌盛。

"德行日新不懈，天下万国就会怀念；志气自满自大，亲近的九族也会离散。大王要努力显扬大德，对人民建立中道，用义裁决事务，用礼制约思想，把宽裕之道传给后人。我听说能够自己求得老师的人就会为王，以为别人不及自己的人就会灭亡。爱好问，知识就充裕；只凭自己，闻见就狭小。

"啊！慎终要像它的开始。扶植有礼之邦，灭亡昏暴之国；敬重上天这种规律，就可以长久保持天命了。"

汤诰

【原文】

王归自克夏，至于亳，诞告万方。王曰：

"嗟！尔万方有众，明听予一人诰。

惟皇上帝，降衷于下民。若有恒性。克绥厥猷惟后。

夏王灭德作威，以敷虐于尔万方百姓。尔万方百姓，罹其凶害，弗忍荼毒，并告无辜于上下神祇。天道福善祸淫，降灾于夏，以彰厥罪。肆台小子，将天命明威，不敢赦。敢用玄牡，敢昭告于上天神后，请罪有夏。聿求元圣，与之戮力，以与尔有众请命。上天孚佑下民，罪人黜伏。天命弗僭，贲若草木，兆民允殖。

俾予一人辑宁尔邦家。兹朕未知获戾于上下，慄慄危惧，若将陨于深渊。凡我造邦，无从匪彝，无即慆淫，各守尔典，以承天休。尔有善，朕弗敢蔽；罪当朕躬，弗敢自赦，惟简在上帝之心。其尔万方有罪，在予一人；予一人有罪，无以尔万方。呜呼！尚克时忱，乃亦有终。"

【译文】

汤王在战胜夏桀后回来，到了亳邑，大告万方诸侯。

汤王说："啊，你们万方众长，明白听从我的教导。伟大的上帝，降善于下界人民。顺从人民的常性，能使他们安于教导的就是君主。夏王灭弃道德滥用威刑，向你们万方百姓施行虐政。你们万方百姓遭受他的残害，痛苦不堪，普遍向上下神祇申诉无罪。天道

福佑善人惩罚坏人，降灾于夏国，以显露他的罪过。所以我小子奉行天命明法，不敢宽宥。敢用黑色牡牛，敢向天神后土祷告，请求惩治夏桀。就邀请了大圣伊尹与我共同努力，为你们众长请求保全生命。

"上天保佑天下人民，罪人夏桀被废黜了。天道不差，灿然像草木的滋生繁荣，兆民真的乐于生活了。上天使我和睦安定你们的国家，这回伐桀我不知道得罪了天地没有，惊恐畏惧，像要落到深渊里一样。凡我建立的诸侯，不要施行非法，不要追求安乐；要各自遵守常法，以接受上天的福禄。你们有善行，我不敢掩盖；罪过在我自身，我不敢自己宽恕，因为这些在上帝心里都明明白白。你们万方有过失，原因都在于我；我有过失，不会连及你们万方诸侯。

"啊！但愿能够这样诚信不疑，也就会获得好的结局。"

伊训

【原文】

惟元祀十有二月乙丑，伊尹祠于先王。奉嗣王祗见厥祖，侯、甸群后咸在，百官总己以听冢宰。伊尹乃明言烈祖之成德，以训于王，曰："呜呼！古有夏先后，方懋厥德，罔有天灾，山川鬼神，亦莫不宁，暨鸟兽鱼鳖咸若。于其子孙弗率，皇天降灾，假手于我有命，造攻自鸣条，朕哉自亳。

惟我商王，布昭圣武，代虐以宽，兆民允怀。今王嗣厥德，罔不在初，立爱惟亲，立敬惟长，始于家邦，终于四海。

呜呼！先王肇修人纪，从谏弗咈，先民时若。居上克明，为下克忠，与人不求备，检身若不及，以至于有万邦，兹惟艰哉！敷求哲人，俾辅于尔后嗣。制官刑，儆于有位。曰：'敢有恒舞于宫，酣歌于室，时谓巫风。敢有殉于货色，恒于游畋，时谓淫风。敢有侮圣言，逆忠直，远耆德，比顽童，时谓乱风。惟兹三风十愆，卿士有一于身，家必丧；邦君有一于身，国必亡。臣下不匡，其刑墨。具训于蒙士。'

呜呼！嗣王祗厥身，念哉！圣谟洋洋，嘉言孔彰。惟上帝不常，作善，降之百祥；作不

善,降之百殃。尔惟德罔小,万邦惟庆;尔惟不德罔大,坠厥宗!"

【译文】

太甲元年十二月乙丑日,伊尹祭祀先王,侍奉嗣王恭敬地拜见他的祖先。侯服甸服的诸侯都在祭祀行列,百官率领自己的官员,听从太宰伊尹的命令。伊尹于是明白说明大功之祖成汤的盛德,来教导太甲。

伊尹说:"啊!从前夏代的先君,当他勉力施行德政的时候,没有发生天灾,山川的鬼神也没有不安宁的,连同鸟兽鱼鳖各种动物的生长都很顺遂。到了他的子孙不遵循先人的德政,上天降下灾祸,借助于我汤王的手。上天有命,先从夏桀讨伐;我就从亳都执行。我商王宣明德威,用宽和代替暴虐,所以天下兆民相信我、怀念我。现在我王嗣行成汤的美德,不可不考虑开头!行爱于亲人,行敬于长上,从家和国开始,最终推广到天下。

"啊!先王努力讲求做人的纲纪,听从谏言而不违反,顺从前贤的话;处在上位能够明察,为臣下能够尽忠;结交人不求全责备,检点自己好像来不及一样。因此达到拥有万国,这是很难的呀!

"又普求贤智,使他们辅助你们后嗣。制订《官刑》来警戒百官。《官刑》上说:敢有经常在宫中舞蹈、在房中饮酒酣歌的,这叫作巫风。敢有贪求财货女色、经常游乐田猎的,这叫作淫风。敢有轻视圣人教训、拒绝忠直谏戒、疏远年老有德、亲近顽愚童稚的,这叫作乱风。这些三风十过,卿士身上有一种,他的家一定会丧失;国君身上有一种,他的国一定会灭亡。臣下不匡正君主,其刑罚就是墨刑。这些要详细教导到下士。

"啊!嗣王当以这些教导警戒自身,念念不忘呀!圣谟美好,嘉训很明啊!上帝的眷顾不常在一家,作善事的,就赐给他百福;作不善的,就赐给他百殃。你修德不论多小,天下的人都会感到庆幸;你行不善,不论多大,也会丧失国家。"

太甲上

【原文】

惟嗣王不惠于阿衡,伊尹作书曰:

"先王顾诿天之明命，以承上下神祇。社稷宗庙，罔不〈祗〉〔祇〕肃。天监厥德，用集大命，抚绥万方。惟尹躬克左右厥辟，宅师，肆嗣王丕承基绪。惟尹躬先见于西邑夏，自周有终，相亦惟终；其后嗣王罔克有终，相亦罔终，嗣王戒哉！祗尔厥辟，辟不辟，忝厥祖。"

王惟庸罔念闻。伊尹乃言曰：

"先王昧爽丕显，坐以待旦。旁求俊彦，启迪后人。无越厥命以自覆！

"慎乃俭德，惟怀永图。若虞机张，往省括于度则释。钦厥止，率乃祖攸行，惟朕以怿，万世有辞。"

王未克变。伊尹曰："兹乃不义，习与性成。予弗狎于弗顺，营于桐宫，密迩先王其训，无俾世迷。"

王徂桐宫居忧，克终允德。

【译文】

嗣王太甲对伊尹不顺从，伊尹作书给王说："先王成汤顾念天的明命是正确的，因此供奉上下神祇、宗庙社稷无不恭敬严肃。上天看到汤的善政，因此降下重大使命，使他抚安天下。我伊尹亲身能辅助君主安定人民，所以嗣王就承受了先王的基业。我伊尹亲身先见到西方夏邑的君主，用忠信取得成就，辅相大臣也取得成就；他们的后继王不能取得成就，辅相大臣也没有成就。嗣王要警戒呀！应当敬重你做君主的法则，做君主而不尽君道，将会羞辱自己的祖先。"

王像往常一样不念不闻。伊尹就说："先王在天将明未明的时刻，就思考国事，坐着等待天明。又遍求俊彦的臣子，开导后人。您不要忘记先祖的教导以自取灭亡。要慎行俭约的美德，怀着长久的计谋。好像虞人张开了弓，还要去察看箭尾与瞄准器才发射一样；您要重视自己的目的，遵行你的祖先的措施！这样我就高兴了，千秋万世您将会得到美好的声誉。"

王未能改变。伊尹对群臣说："嗣王这样就是不义。习惯将同生性相结合，我不能轻视不顺教导的人。要在桐营造宫室，使他亲近先王的教训，莫让他终身迷误。"

嗣王去桐宫，处在忧伤的环境，能够成就诚信的美德。

太甲中

【原文】

惟三祀十有二月朔,伊尹以冕服奉嗣王归于亳,作书曰:"民非后,罔克胥匡以生;后非民,罔以辟四方。皇天眷佑有商,俾嗣王克终厥德,实万世无疆之休。"

王拜手稽首曰:"予小子不明于德,自厎不类。欲败度,纵败礼,以速戾于厥躬。天作孽,犹可违;自作孽,不可逭。既往背师保之训,弗克于厥初,尚赖匡救之德,图惟厥终!"

伊尹拜手稽首曰:"修厥身,允德协于下,惟明后。先王子惠困穷,民服厥命,罔有不悦。并其有邦厥邻,乃曰:'徯我后,后来无罚。'王懋乃德,视乃厥祖,气时豫怠。奉先思孝,接下思恭。视远惟明,听德惟聪。朕承王之休无斁。"

【译文】

三年十三月朔日,伊尹戴着礼帽穿着礼服迎接嗣王太甲回到亳都。作书告王说:"人民没有君主,不能互相匡正而生活;君主没有人民,无法治理四方。上天顾念帮助商家,使嗣王能成就君德,实在是商家万代无疆之美啊!"

嗣王拜跪叩头说:"我小子不明于德行,自己招致不善。多欲就败坏法度,放纵就败坏礼制,因此给自身召来了罪过。上天造成的灾祸,还可回避;自己造成的灾祸,不可逃脱。以前我违背师保的教训,能谋求于开初;还望依靠您的匡救的恩德,谋求我的好结局。"

伊尹跪拜叩头,说:"修治自身,又用诚信的美德和谐臣下,就是明君。先王成汤慈爱穷困的人民,人民服从他的教导,没有不喜悦的。连他的友邦和邻国,也这样说:等待我们的君主吧,我们的君主来了,就没有祸患了。大王要勉力增进你的德行,效法你的烈祖,不可有顷刻的安乐懈怠。事奉先人,当思孝顺;接待臣下,当思恭敬。观察远方要眼明,顺从有德要耳聪。能够这样,我享受王的幸福就会没有止境。"

太甲下

【原文】

伊尹申诰于王曰："呜呼！惟天无亲，克敬惟亲。民罔常怀，怀于有仁。鬼神无常享，享于克诚。天位艰哉！德惟治，否德乱。与治同道，罔不兴；与乱同事，罔不亡。终始慎厥与，惟明明后。先王惟时懋敬厥德，克配上帝。今王嗣有令绪，尚监兹哉。若升高，必自下；若陟遐，必自迩。无轻民事，惟难。无安厥位，惟危。慎终于始。有言逆于汝心，必求诸道。有言逊于汝志，必求诸非道。呜呼！弗虑胡获？弗为胡成？一人元良，万邦以贞。君罔以辩言乱旧政，臣罔以宠利居成功，邦其永孚于休。"

【译文】

伊尹向王反复告诫说："呀！上天没有经常的亲人，能敬天的天就亲近；人民没有经常归附的君主，他们归附仁爱的君主：鬼神没有经常的享食，享食于能诚信的人。处在天子的位置很不容易呀！

"用有德的人就治，不用有德的人就乱。与治者办法相同，没有不兴盛的；与乱者办法相同，没有不灭亡的。终和始都慎择自己的同事，就是英明的君主。

"先王因此勉力敬修自己的德行，所以能够匹配上帝。现在我王继续享有好的基业，希望看到这一点呀！

"如果升高，一定要从下面开始；如果行远，一定要从近处开始。不要轻视人民的事务，要想到它的难处；不要苟安君位，要想到它的危险。慎终要从开头做起啊！

"有些话不顺你的心意，一定要从道义来考求；有些话顺从你的心意，一定要从不道义来考求。

"啊呀！不思考，怎么收获？不做事，怎么成功？天子大善，天下因此而得正。君主不要使用巧辩扰乱旧政，臣下不要凭仗骄宠和利禄而安居成功。这样，国家将永久保持在美好之中。"

咸有一德

【原文】

伊尹既复政厥辟,将告归,乃陈戒于德。曰:

"呜呼!天难谌,命靡常。常厥德,保厥位。厥德匪常,九有以亡。夏王弗克庸德,慢神虐民。皇天弗保,监于万方,启迪有命,眷求一德,俾作神主。惟尹躬暨汤咸有一德,克享天心,受天明命,以有九有之师,爰革夏正。非天私我有商,惟天佑于一德;非商求于下民,惟民归于一德。德惟一,动罔不吉;德二三,动罔不凶。惟吉凶不僭在人,惟天降灾祥在德。

今嗣王新服厥命,惟新厥德。终始惟一,时乃日新。任官惟贤才,左右惟其人。臣为上为德,为下为民。其难其慎,惟和惟一。德无常师,主善为师。善无常主,协于克一。俾万姓咸曰:'大哉王言。'又曰:'一哉王心。'克绥先王之禄,永厎烝民之生。

呜呼!七世之庙,可以观德。万夫之长,可以观政。后非民罔使;民非后罔事。无自广以狭人,匹夫匹妇,不获自尽,民主罔与成厥功!"

【译文】

伊尹已经把政权归还给太甲,将要告老回到他的私邑,于是陈述修德的事,告诫太甲。

伊尹说:"唉!上天难信,天命无常。经常修德,可以保持君位;修德不能经常,九州因此就会失掉。夏桀不能经常修德,怠慢神明,虐待人民。皇天不安,观察万方,开导佑助天命的人,眷念寻求纯德的君,使他作为百神之主。只有我伊尹自己和成汤都有纯一之德,能合天心,接受上天的明教,因此拥有九州的民众,于是革除了夏王的虐政。这不是上天偏爱我们商家,而是上天佑助纯德的人;不是商家求请于民,而是人民归向纯德的人。德纯一,行动起来无不吉利;德不纯一,行动起来无不凶险。吉和凶不出差错,虽然在人;上天降灾降福,却在于德啊!

"现在嗣王新受天命,要更新自己的德行;始终如一而不间断,这样就会日新。任命

官吏当用贤才,任用左右大臣当用忠良。大臣协助君上施行德政,协助下属治理人民;对他们要重视,要慎重,当和谐,当专一。德没有不变之法,要以主善为法;善没有不变的准则,要协合于能一。要使万姓都说:君王的话,重要呀! 又说:纯一野! 君王的心。这样,就能安享先王的福禄,长久安定众民的生活。

"啊呀! 供奉七世祖先的宗庙,可以看到功德;万夫的首长,可以看到行政才能。君主没有人民就无人任用,人民没有君主就无处尽力。不可自大而小视人,平民百姓如果不得各尽其力;人君就没有人跟他建立功业。"

盘庚上

【原文】

盘庚迁于殷。民不适有居。率吁众戚出矢言。曰:"我王来,既爰宅于兹,重我民,无尽刘。不能胥匡以生,卜稽曰其如台? 先王有服,恪谨天命,兹犹不常宁;不常厥邑,于今五邦。今不承于古,罔知天之断命,矧曰其克从先王之烈! 若颠木之有由蘖,天其永我命于兹新邑,绍复先王之大业,底绥四方。"盘庚敩于民由乃在位,以常旧服正法度。曰:"无或敢伏小人之攸箴!"

王命众悉至于庭。王若曰:"格汝众,予告汝训汝,猷黜乃心,无傲从康。古我先王亦惟图任旧人共政。王播告之,修不匿厥指,王用丕钦;罔有逸言,民用丕变。今汝聒聒,起信险肤,予弗知乃所讼! 非予自荒兹德,惟汝含德,不惕予一人。予若观火,予亦炪谋作乃逸。若网在纲,有条而不紊。若农服田力穑,乃亦有秋。汝克黜乃心,施实德于民,至于婚友,丕乃敢大言,汝有积德。乃不畏戎毒于远迩,惰农自安,不昏作劳,不服田亩,越其罔有黍稷。汝不和吉言于百姓,惟汝自生毒,乃败祸奸宄,以自灾于厥身。乃既先恶于民,乃奉其恫,汝悔身何及! 相时憸民,犹胥顾于箴言,其发有逸口;矧予制乃短长之命! 汝曷弗告朕而胥动以浮言,恐沉于众? 若火之燎于原,不可向迩,其犹可扑灭。则惟汝众自作弗靖,非予有咎!

"迟任有言曰:'人惟求旧;器非求旧,惟新。'古我先王暨乃祖乃父胥及逸勤,予敢动用非罚? 世选尔劳,予不掩尔善。兹予大享于先王,尔祖其从与享之。作福、作灾,予亦

1244

不敢动用非德。

"予告汝于难,若射之有志。汝无侮老成人,无弱孤有幼。各长于厥居,勉出乃力,听予一人之作猷。无有远迩,用罪伐厥死,用德彰厥善。邦之臧,惟汝众;邦之不臧,惟予一人有佚罚。凡尔众,其惟致告:自今至于后日,各共尔事,齐乃位,度乃口。罚及尔身,弗可悔。"

【译文】

盘庚将把都城迁到殷。臣民不愿往那个处所,相率呼吁一些贵戚大臣出来,向他们陈述意见。臣民说:"我们的君王迁来,既已改居在这里,是看重我们臣民,不使我们受到伤害。现在我们不能互相救助,以求生存,用龟卜稽考一下,将怎么样呢? 先王有事,敬慎地遵从天命。这里还不能长久安宁吗? 不能长久住在一个地方,到现在已经五个国都了! 现在不继承先王敬慎天命的传统,就不知道老天将断绝我们的命运,更何况说能继承先王的事业呢? 好像倒伏的树又长出了新枝、被砍伐的残余又发出嫩芽一样,老天将使我们的国运在这个新都奄邑延续下去,继续复兴先王的大业,安定天下。"

盘庚开导臣民,又教导在位的大臣遵守旧制、正视法度。他说:"不要有人敢于凭借小民的谏诫,反对迁都!"于是,王命令众人,都来到朝廷。

王这样说:"来吧,你们各位,我要告诉你们,开导你们。可克制你们的私心,不要傲上求安。从前我们的先王,也只是谋求任用旧臣共同管理政事。施行先王的教令,他们不隐瞒教令的旨意,先王因此敬重他们。他们没有错误的言论,百姓们因此也大变了。现在你们拒绝我的好意,自以为是,起来申说危害虚浮的言论,我不知道你们争辩的意图。

"并不是我自己放弃了任用旧人的美德,而是你们包藏好意而不施给我。我对当前形势像看火一样地清楚,我如果又不善于谋划和行动,那就错了。好像把网结在纲上,才能有条理而不紊乱;好像农民从事田间劳动,努力耕种,才会大有收成。你们能克制私心,把实际的好处施给百姓,以至于亲戚朋友,于是才敢扬言你们有积德,如果你们不怕远近会出现大灾害,像懒惰的农民一样自求安逸,不努力操劳,不从事田间劳动,就会没有黍稷。

"你们不向老百姓宣布我的善言,这是你们自生祸害,即将发生灾祸邪恶,而自己害

自己。假若已经引导人们做了坏事，而又承受那些痛苦，你们悔恨自己又怎么来得及？看看这些小人吧，他们尚且顾及规劝的话，顾及发出错误言论，何况我掌握着你们或短或长的生命呢？你们为什么不告诉我，却用些无稽之谈互相鼓动，恐吓煽动民众呢？好像大火在原野上燃烧一样，不能面向，不能接近，还能够扑灭吗？这都是你们众人自己做了不好的事，不是我有过错。

"迟任说过：'人要寻求旧的，器物不要寻求旧的，要新。'过去我们的先王同你们的祖辈父辈共同勤劳，共享安乐，我怎么敢对你们施行不恰当的刑罚呢？世世代代都会说到你们的功劳，我不会掩盖你们的好处。现在我要祭祀我们的先王，你们的祖先也将跟着享受祭祀。赐福降灾，我也不敢动用不恰当的赏赐或惩罚。

"我在患难的时候告诉你们，要像射箭有箭靶一样，你们不能偏离我。你们不要轻视成年人，也不要看不起年幼的人。你们各人领导着自己的封地，要努力使出你们的力量，听从我一人的所作所谋。没有远和近的分别，我用刑罚惩处那些坏的，用赏赐表彰那些好的。国家治理得好，是你们众人的功劳；国家治理得不好，是我有过有罪。

"你们众人，要思考我告诫的话：从今以后，各人履行你们的职务，摆正你们的职位，闭上你们的口，不许乱说。否则，惩罚到你们身上，后悔也不可能啊！"

盘庚中

【原文】

盘庚作，惟涉河以民迁，乃话民之弗率，诞告用亶。其有众咸造，勿亵在王庭。盘庚乃登进厥民，曰："明听朕言，无荒失朕命！呜呼！古我前后罔不惟民之承保，后胥戚鲜，以不浮于天时。殷降大虐，先王不怀厥攸作，视民利用迁。汝曷弗念我古后之闻？承汝俾汝，惟喜康共；非汝有咎，比于罚。予若吁怀兹新邑，亦惟汝故，以丕从厥志。今予将试以汝迁，安定厥邦。汝不忧朕心之攸困，乃咸大不宣，乃心钦，念以忧动予一人。尔惟自鞠自苦！若乘舟，汝弗济，臭厥载。尔忱不属，惟胥以沉。不其或稽，自怒曷瘳？汝不谋长，以思乃灾，汝诞劝忧。今其有今罔后，汝何生在上！今予命汝，一无起秽以自臭，恐人

倚乃身,迁乃心。

"予迓续乃命于天,予岂汝威！用奉畜汝众。予念我先神后之劳尔先。予丕克羞尔,用怀尔。然！失于政,陈于兹,高后丕乃崇降罪疾,曰:'曷虐朕民?'汝万民乃不生生,暨予一人猷同心,先后丕降与汝罪疾,曰:'曷不暨朕幼孙有比,故有爽德?'自上其罚汝,汝罔能迪。古我先后既劳乃祖乃父,汝共作我畜民。汝有戕则在乃心,我先后绥乃祖乃父;乃祖乃父乃断弃汝,不救乃死！兹予有乱政同位,具乃贝玉。乃祖乃父丕乃告我高后曰:'作丕刑于朕孙！'迪高后丕乃崇降弗祥！

"呜呼！今予告汝不易！永敬大恤,无胥绝远！汝分猷念以相从,各设中于乃心！乃有不吉不迪,颠越不共,暂遇奸宄,我乃劓殄灭之,无遗育,无俾易种于兹新邑！往哉,生生！今予将试以汝迁,永建乃家。"

【译文】

盘庚做了君主以后,计划渡过黄河带领臣民迁移。于是,集合了那些不服从的臣民,用至诚普告他们。那些臣民都来了,还没有靠近王庭。盘庚于是登上高处,招呼他们靠前一些。

盘庚说:"你们要听清楚我的话,不要忽视我的命令！啊！从前我们的先王,没有谁不想顺承和安定人民。君王清楚大臣也明白,因此没有被天灾所惩罚。从前上天盛降大灾,先王不安于自己所作的都邑,考察臣民的利益而迁徙。你们为什么不想想我们先王的这些传闻呢？我顺从你们喜欢安乐和稳定的心愿,反对你们有灾难而陷入刑罚。我若呼吁你们安居在这个新都,也是关心你们的祸灾,并且永遵先王的意愿吗？

"现在我打算率领你们迁移,使国家安定。你们不忧虑我内心的困苦,你们的心竟然都很不和顺,很想用些不正确的话来动摇我。你们自己搞得走投无路,自寻烦恼,譬如坐在船上,你们不渡过去,这将会坏事。你们诚心不合作,那就只有一起沉下去。不能前进,只是自己怨怒,又有什么好处呢？你们不作长久打算,不想想灾害,你们普遍安于忧患。这样下去,将会有今天而没有明天了,你们怎么能生活在这个地面上呢？

"现在我命令你们同心同德,不要传播谣言来败坏自己,恐怕有人会使你们的身子不正,使你们心地歪邪。我向上天劝说延续你们的生命,我哪里是要虐待你们啊,我是要帮助你们、养育你们众人。

　　"我想到我们神圣的先王曾经烦劳你们祖先,我不能使你们前进以安定你们,而耽误政事,长久居住在这里,先王就会重重地降下罪疾,问道:'为什么虐待我的臣民?'你们万民如果不去谋生,不和我同心同德,先王也会对你们降下罪责,问道:'为什么不同我的幼孙亲近友好?'因此,有了过错,上天就将惩罚你们,你们不能长久。

　　"从前我们的先王已经烦劳你们的祖先和父辈,你们都作为我养育的臣民,你们内心却又怀着恶念!我们的先王将会告诉你们的祖先和父辈,你们的祖先和父辈就会断然抛弃你们,不会挽救你们的死亡。现在我有乱事的大臣,聚集财物。你们的祖先和父辈于是就会告诉我们的先王说:'对我们的子孙用大刑吧!'于是,先王就会重重地降下刑罚。

　　"啊!现在我告诉你们:不要轻举妄动!要永远警惕大的忧患,不要互相疏远!你们应当考虑顺从我,各人心里都要和和善善。假如有人不善良,不走正道,违法不恭,欺诈奸邪,胡作非为,我就要断绝消灭他们,不留他们的后代,不让他们在这个新国都里延续种族。

　　"去吧,去谋生吧!现在我将率领你们迁徙,永久建立你们的家园。"

盘庚下

【原文】

　　盘庚既迁,奠厥攸居。乃正厥位。绥爰有众,曰:"无戏怠,懋建大命!今予其敷心腹肾肠,历告尔百姓:于朕志,罔罪尔众,尔无共怒,协比谗言予一人。

　　"古我先王将多于前功,适于山用降我凶,德嘉绩于朕邦。今我民用荡析离居,罔有定极。尔谓朕:'曷震动万民以迁?'肆上帝将复我高祖之德,乱越我家,朕及笃敬共敬民命,用永地于新邑。肆予冲人,非废厥谋,吊由灵各;非敢违卜,用宏兹贲。

　　"呜呼!邦伯、师长、百执事之人,尚皆隐哉!予其懋简相尔,念敬我众。朕不肩好货,敢共生生,鞠人谋人之保居叙钦。今我既羞告尔,于朕志若否,罔有弗钦。无总于货宝,生生自庸。式敷民德,永肩一心。"

【译文】

盘庚迁都以后,定好住的地方,才决定宗庙朝廷的位置,然后告诫众人。

盘庚说:"不要戏乐、懒惰,努力传达我的教命吧!现在我将披肝沥胆把我的意思告诉你们各位官员。我不会惩罚你们众人,你们也不要共同发怒,联合起来,毁谤我一个人。

"从前我们的先王想光大前人的功业,迁往山地。因此减少了洪水给我们的灾祸,在我国获得了好效果。现在我们的臣民由于洪水动荡奔腾而流离失所,没有固定的住处,你们反而问我为什么要惊动众人而迁徙!现在上帝要兴复我们高祖的美德,光大我们的国家。我急切、笃实、恭谨,奉命延续你们的生命,率领你们长远居住在新都。所以我这个年轻人,不是废弃你们的谋划,是要善于遵行上帝的考虑;不是敢于违背卜兆,是要发扬光大上帝这一美好的指示。

"啊!各位诸侯、各位官长以及全体官员,你们都要考虑考虑啊!我将要尽力考察你们惦念尊重我们民众的情况。我不会任用贪财的人,只任用经营民生的人。对于那些能养育民众并能谋求他们安居的人,我将依次敬重他们。现在我已经把我心里的好恶告诉你们了,不要有不敬慎的!不要聚敛财宝,要经营民生以自立功勋!应当把恩惠施给民众,永远能够与我同心!"

说命上

【原文】

王宅忧,亮阴三祀。既免丧,其惟弗言。

群臣咸谏于王曰:"呜呼!知之曰明哲,明哲实作则。天子惟君万邦,百官承式。王言惟作命,不言臣下罔攸禀令。"

王庸作书以诰曰:"以台正于四方,惟恐德弗类,兹故弗言。恭默思道,梦帝赉予良弼,其代予言。"

乃审厥象，俾以形旁求于天下。说筑傅岩之野，惟肖。爰立作相。王置诸其左右。命之曰："朝夕纳诲，以辅台德。若金，用汝作砺；若济巨川，用汝作舟楫；若岁大旱，用汝作霖雨。启乃心，沃朕心；若药弗瞑眩，厥疾弗瘳；若跣弗视地，厥足用伤。惟暨乃僚，罔不同心，以匡乃辟。俾率先王，迪我高后，以康兆民。呜呼！钦予时命，其惟有终！"

说复于王曰："惟木从绳则正，后从谏则圣。后克圣，臣不命其承，畴敢不祗若王之休命？"

【译文】

高宗居父丧，信任冢宰默默不言，已经三年。免丧以后，他还是不论政事。群臣都向王进谏说："啊！通晓事理的叫作明哲，明哲的人实可制作法则。天子统治万邦。百官承受法式。王的话就是教命，王不说，臣下就无从接受教命。"

王因作书告谕群臣说："要我做四方的表率，我唯恐德行不好，所以不发言。我恭敬沉默思考治国的办法，梦见上帝赐给我贤良的辅佐，他将代替我发言。"于是详细画出了他的形象，使人拿着图像到天下普遍寻找。傅说在傅岩之野筑土，同图像相似。于是立他为相，王把他设置在左右。

王命令他说："请早晚进谏，以帮助我修德吧！比如铁器，要用你作磨石；比如渡大河，要用你作船和桨；比如年岁大旱，要用你作霖雨。敞开你的心泉来灌溉我的心吧！比如药物不猛烈，疾病就不会好，比如赤脚而不看路，脚因此会受伤。希望你和你的同僚，无不同心来匡正你的君主，使我依从先王，追随成汤，来安定天下的人民。

"啊！重视我的这个命令，要考虑取得成功！"

傅说向王答复说："木依从绳墨砍削就会正直，君主依从谏言行事就会圣明。君主能够圣明受谏，臣下不待教命犹将承意进谏谁敢不恭敬顺从我王的美好教导呢？"

说命中

【原文】

惟说命总百官,乃进于王曰:

"呜呼!明王奉若天道,建邦设都,树后王君公,承以大夫师长,不惟逸豫,惟以乱民。

惟天聪明,惟圣时宪,惟臣钦若,惟民从乂。

惟口起羞,惟甲胄起戎,惟衣裳在笥,惟干戈省厥躬。王惟戒兹,允兹克明,乃罔不休。

惟治乱在庶官。官不及私昵,惟其能;爵罔及恶德,惟其贤。

虑善以动,动惟厥时。

有其善,丧厥善;矜其能,丧厥功。

惟事事,乃其有备,有备无患。

无启宠纳侮,无耻过作非。惟厥攸居,政事惟醇。

黩于祭祀,时谓弗钦。礼烦则乱,事神则难。"

王曰:"旨哉!说。乃言惟服。乃不良于言,予罔闻于行。"

说拜稽首曰:"非知之艰,行之惟艰。王忱不艰,允协于先王成德,惟说不言有厥咎。"

【译文】

傅说接受王命总理百官,于是向王进言说:"啊!古代明王承顺天道,建立邦国,设置都城,树立侯王君公,又以大夫众长辅佐他们,这不是为了逸乐,而是用来治理人民。上天聪明公正,圣主效法它,臣下敬顺它,人民就顺从治理了。号令轻出会引起羞辱;甲胄轻用会引起战争;衣裳放在箱子里不用来奖励,会损害自己;干戈藏在府库里不用来讨伐,会伤害自身。王应该警戒这些!这些真能明白,政治就无不美好了。

"治和乱在于众官。官职不可授予亲近者,当授予那些能者;爵位不可赐给坏人,当赐给那些贤人。考虑妥善而后行动,行动当适合它的时机。夸自己美好,就会失掉其美好;夸自己能干,就会失去其事功。做事情,就要有准备,有准备才没有后患,不要开宠幸

的途径而受侮辱；不要以改过为耻而形成大非。这样思考所担任的事，政事就不会杂乱。

"轻慢对待祭祀，这叫不敬。礼神烦琐就会乱，这样，事奉鬼神就难了。"

王说："好呀！傅说，你的话应当实行。你如果不善于进言，我就不能勉力去做了。"

傅说跪拜叩头，说道："不是知道它艰难，而是实行它艰难。王诚心不以实行为难，就真合于先王的盛德；我傅说如果不说，就有罪过了。"

说命下

【原文】

王曰："来！汝说。台小子旧学于甘盘，既乃遯于荒野，入宅于河。自河徂亳，暨厥终罔显。尔惟训于朕志，若作酒醴，尔惟麹蘖；若作和羹，尔惟盐梅。尔交修予，罔予弃，予惟克迈乃训。"

说曰："王，人求多闻，时惟建事，学于古训乃有获。事不师古，以克永世，匪说攸闻。惟学，逊志务时敏，厥修乃来。允怀于兹，道积于厥躬。惟敩学半，念终始典于学，厥德修罔觉。监于先王成宪，其永无愆。惟说式克钦承，旁招俊乂，列于庶位。"

王曰："呜呼！说，四海之内，咸仰朕德，时乃风。股肱惟人，良臣惟圣。昔先正保衡作我先王，乃曰：'予弗克俾厥后惟尧舜，其心愧耻，若挞于市。'一夫不获，则曰'时予之辜'。佑我烈祖，格于皇天。尔尚明保予，罔俾阿衡专美有商。惟后非贤不乂，惟贤非后不食。其尔克绍乃辟于先王，永绥民。"

说拜稽首曰："敢对扬天子之休命。"

【译文】

王说："来呀！你傅说。我旧时候向甘盘学习过，不久就出巡到荒野，人居于河洲，又从河洲回到亳都，到后来学习没有显著进展。你当顺从我想学的志愿，比如作甜酒，你就做曲蘖；比如作羹汤，你就做盐和梅。你要多方指正我，不要抛弃我；我当能够履行你的教导。"

傅说说："王！人们要求增多知识，这是想建立事业。要学习古训，才会有得；建立事

业不效法古训,而能长治久安的,这不是我傅说所知道的。学习要心志谦逊,务必时刻努力,所学才能增长。相信和记住这些,治道在自己身上将积累增多。教人是学习的一半,想到终和始常在于学习,道德的增长就会不知不觉了。借鉴先王的成法,将永久没有失误,我傅说因此能够敬承你的意旨,广求贤俊,把他们安排在各种职位上。"

王说:"啊!傅说。天下的人都敬仰我的德行,是你的教化所致。手足完备就是成人,良臣具备就是圣君。从前先正伊尹使我的先王兴起,他这样说:我不能使我的君王做尧舜,我心惭愧耻辱,好比在闹市受到鞭打一样。一人不得其所,他就说:这是我的罪过。他辅助我的烈祖成汤受到皇天赞美。你要勉力扶持我,不要让伊尹专美于我商家!君主得不到贤人就不会治理,贤人得不到君主就不会被录用。你要能让你的君主继承先王,长久安定人民。"

傅说跪拜叩头,说:"请让我报答宣扬天子的美好教导!"

高宗肜日

【原文】

高宗肜日,越有雊雉。

祖己曰:"惟先格王,正厥事。"乃训于王曰:"惟天监下民,典厥义。降年有永有不永。非天夭民,民中绝命,民有不若德,不听罪。天既孚命正厥德,乃曰其如台!呜呼!王司敬民,罔非天胤,典祀无丰于昵。"

【译文】

又祭高宗的那一天,有一只野鸡在鼎耳上鸣叫。祖己说:"要先宽解君王的心,然后纠正他祭祀的事。"于是开导祖庚。

祖己说:"上天监视下民,赞美他们合宜行事。上天赐给人的年寿有长有短,并不是上天使人夭折,而是有些人自己断绝自己的性命。有些人有不好的品德,有不顺从天意的罪过。上天已经发出命令纠正他们的品德,您说:"要怎么样呢?"

"啊!先王继承帝位被百姓敬重,无非都是老天的后代,常祭的时候,近亲中的祭品

姬昌,选自《历代古人像赞》。

不要过于丰厚啦!"

西伯戡黎

【原文】

西伯既戡黎,祖伊恐,奔告于王曰:"天子! 天既讫我殷命,格人元龟,罔敢知吉。非先王不相我后人,惟王淫戏用自绝,故天弃我,不有康食,不虞天性,不迪率典。今我民罔弗欲丧,曰:'天曷不降威!'大命不挚,今王其如台?"

王曰:"呜呼! 我生不有命在天?"

祖伊反,曰:"呜呼! 乃罪多参在上,乃能责命于天? 殷之即丧,指乃功,不无戮于

尔邦!"

【译文】

周文王打败了黎国以后,祖伊恐慌,跑来告诉纣王。

祖伊说:"天子,天意恐怕要终止我们殷商的国运了!贤人和神龟都不能觉察出吉兆。不是先王不扶助我们后人,而是大王淫荡嬉戏自绝于天。所以上天将抛弃我们,不让我们得到糟糠之食。大王不揣度天性,不遵循法律。如今百姓没有谁不希望大王灭亡,他们说:'老天为什么不降威罚呢?'天命不再归向我们了,现在大王将要怎么办呢?"

纣王说:"啊哈!我的一生不有福命在天吗?"

祖伊反驳说:"唉!您的过失很多,又懒惰懈怠,高高在上,难道还能向上天祈求福命吗?殷商行将灭亡,要指示它的政事,不可不为您的国家努力啊!"

微子

【原文】

微子若曰:"太师、少师,殷其弗或乱正四方!我祖厎遂陈于上,我用沉酗于酒,用乱败厥德于下。殷罔不小大好草窃奸宄。卿士师师非度。凡有辜罪,乃罔恒获。小民方兴,相为敌雠。今殷其沦丧,若涉大水,其无津涯。殷遂丧越至于今?"

曰:"太师、少师,我其发出狂?吾家耄逊于荒,今尔无指告予?颠隮若之何其?"

太师若曰:"王子!天毒降灾荒殷邦,方兴沉酗于酒;乃罔畏畏,咈其耇长旧有位人。今殷民乃攘窃神祇之牺牷牲用,以容将食无灾。降监殷民,用乂雠敛,召敌雠不怠。罪合于一,多瘠罔诏。商今其有灾,我兴受其败;商其沦丧,我罔为臣仆。诏王子出,迪我旧云刻子。王子弗出,我乃颠隮。自靖!人自献于先王。我不顾行遁!"

【译文】

微子这样说:"太师、少师!殷商恐怕不能治理好天下了。我们的先祖成汤制定了常

法在先,而纣王沉醉在酒中,因淫乱而败坏成汤的美德在后。殷商的大小臣民无不喜爱抢夺偷盗、犯法作乱,官员们都违反法度。凡是有罪的人,竟不用常法,小百姓一齐起来,同我们结成仇敌。现在殷商恐怕要灭亡了,就好像要渡过大河,几乎找不到渡口和河岸。殷商法度丧亡,竟到了这个地步!"

微子说:"太师、少师,我将被废弃而出亡在外呢? 还是住在家中安然避居荒野呢?现在你们不指点我,我殷商就会灭亡,怎么办啊?"

太师这样说:"王子! 老天重降大灾空虚了我们殷商,而君臣都喜沉醉在酒中,却不惧怕老天的威力,违背年高德劭的旧时大臣。现在,臣民竟然偷盗祭祀天地神灵的牺牲和祭器,把它们藏起来,或是饲养,或是吃掉,都没有罪。再向下看看殷民,他们用杀戮和重刑横征暴敛,招致民怨也不放宽。罪人聚合在一起,众多的受害者无处申诉。

"殷商现在或许会有灾祸呢,我们起来承受灾难;殷商或许会灭亡呢,我不做敌人的奴隶。我劝告王子出去,我早就说过,箕子和王子不出去,我们殷商就会灭亡。自己拿定主意吧! 人人各自去对先王做出贡献,我不再顾虑了,将要出走。"

周书

泰誓上

【原文】

惟十有三年春,大会于孟津。王曰:

"嗟! 我友邦冢君越我御事庶士,明听誓。

惟天地万物父母,惟人万物之灵。亶聪明,作元后,元后作民父母。今商王受,弗敬上天,降灾下民。沈湎冒色,敢行暴虐,罪人以族,官人以世,惟宫室、台榭、陂池、侈服,以残害于尔万姓。焚炙忠良,刳剔孕妇。皇天震怒,命我文考,肃将天威,大勋未集。肆予小子发,以尔友邦冢君,观政于商。惟受罔有悛心,乃夷居,弗事上帝神(祇)〔祇〕,遗厥先宗庙弗祀,牺牲粢盛,既于凶盗,乃曰'吾有民有命'! 罔惩其侮。

天佑下民,作之君,作之师,惟其克相上帝,宠绥四方。有罪无罪,予曷敢有越厥志？'同力度德,同德度义。'受有臣亿万,惟亿万心；予有臣三千,惟一心。商罪贯盈,天命诛之。予弗顺天,厥罪惟钧。予小子夙夜祗惧,受命文考,类于上帝,宜于冢土,以尔有众,厎天之罚。天矜于民,民之所欲,天必从之。尔尚弼予一人,永清四海,时哉弗可失！"

【译文】

周武王十三年春天,诸侯大会于孟津。

武王说："啊！我的友邦大君和我的治事大臣、众士们,请清楚地听取我的誓言。天地是万物的父母,人是万物中的灵秀。真聪明的人就做大君,大君做人民的父母。现在商王纣不尊敬上天,降祸灾给下民。他嗜酒贪色,敢于施行暴虐,用灭族的严刑惩罚人,凭世袭的方法任用人。富室呀,台榭呀,陂池呀,奢侈的衣服呀,他用这些东西来残害你们万姓人民。他烧杀忠良,解剖孕妇。皇天动了怒,命令我的文考文王严肃进行上天的惩罚,可惜大功没有完成,从前我小子姬发和你们友邦大君到商邦考察政治,商纣没有悔改的心,他竟然傲慢不恭,不祭祀上帝神祇,遗弃他的祖先宗庙而不祭祀。牺牲和粢盛等祭物,也被凶恶盗窃的人吃尽了。他却说：'我有人民有天命！'不改变他侮慢的心意。

"上天帮助下民,为人民建立君主和师长,应当能够辅助上帝,爱护和安定天下。对待有罪和无罪的人,我怎么敢违反上天的意志呢？力量相同就衡量德,德相同就衡量义。商纣有臣亿万,是亿万条心；我有臣子三千,只是一条心。商纣的罪恶,像穿物的串子已经穿满了,上天命令我讨伐他；我如果不顺从上天,我的罪恶就会跟商纣相等。

"我小子早夜敬慎忧惧。在文考庙接受了伐商的命令,我又祭告上帝,祭祀大社,于是率领你们众位,进行上天的惩罚。上天怜悯人民,人民的愿望,上天一定会依从的。你们辅助我吧！要使四海之内永远清明。这个时机啊,不可失去呀！"

泰誓中

【原文】

惟戊午,王次于河朔,群后以师毕会。王乃徇师而誓曰：

"呜呼！西土有众，咸听朕言。我闻吉人为善，惟日不足。凶人为不善，亦惟日不足。今商王受，力行无度，播弃犁老，昵比罪人。淫酗肆虐，臣下化之，朋家作仇，胁权相灭。无辜吁天，秽德彰闻。惟天惠民，惟辟奉天。有夏桀弗克若天，流毒下国。天乃佑命成汤，降黜夏命。惟受罪浮于桀。剥丧元良，贼虐谏辅。谓己有天命，谓敬不足行，谓祭无益，谓暴无伤。厥监惟不远，在彼夏王。天其以予乂民，朕梦协朕卜，袭于休祥，戎商必克。受有亿兆夷人，离心离德。予有乱（臣）十人，同心同德。虽有周亲，不如仁人。天视自我民视，天听自我民听。百姓有过，在予一人，今朕必往。

我武惟扬，侵于之疆，取彼凶残。我伐用张，于汤有光。

勖哉夫子！罔或无畏，宁执非敌。百姓懔懔，若崩厥角。呜呼！乃一德一心，立定厥功，惟克永世。"

【译文】

一月二十八日戊午，周武王驻兵在黄河之北，诸侯率领他们的军队都会合了。武王于是巡视军队并且告诫他们。

武王说："啊！西方各位诸侯，请都听我的话。我听说好人做好事，整天地做还是时间不够；坏人做坏事，也是整天地做还是时间不够。现在商王纣，力行不合法度的事，放弃年老的大臣，亲近有罪的人，过度嗜酒，放肆暴虐。臣下也受到他的影响，各结朋党，互为仇敌；挟持权柄，互相诛杀。无罪的人呼天告冤，秽恶的行为公开传闻。

"上天惠爱人民，君主尊奉上天。夏桀不能顺从天意，流毒于天下。上天于是佑助和命令成汤，使他降下废黜夏桀的命令。纣的罪恶超过了夏桀，他伤害善良的大臣，杀戮谏争的辅佐，说自己有天命，说敬天不值得实行，说祭祀没有益处，说暴虐没有害处。他的鉴戒并不远，就在夏桀身上。上天该使我治理人民，我的梦符合我的卜兆，吉庆重叠出现，讨伐商国一定会胜利。商纣有亿兆平民，都离心离德；我有拨乱的大臣十人，都同心同德。纣虽有至亲的臣子，比不上我周家的仁人。

"上天的看法，出自我们人民的看法，上天的听闻，出自我们人民的听闻。老百姓对我有所责难，今天我一定要前往讨伐。

"我们的武力要发扬，要攻到商国的疆土上，捉到那些豺狼；我们的讨伐要进行，这比成汤的事业还辉煌！

"努力吧！将士们。不可出现不威武的情况，宁愿你们保持没有对手的思想。百姓危惧不安，他们向我们叩头就像山崩一样呀！啊！你们一心一德建功立业，就能够长久安定人民。"

泰誓下

【原文】

时厥明，王乃大巡六师，明誓众士。王曰：

"呜呼！我西土君子。天有显道，厥类惟彰。今商王受，狎侮五常，荒怠弗敬。自绝于天，结怨于民。斫朝涉之胫，剖贤人之心，作威杀戮，毒痛四海。崇信奸回，放黜师保，屏弃典刑，囚奴正士，郊社不修，宗庙不享，作奇技淫巧以悦妇人。上帝弗顺，祝降时丧。尔其孜孜，奉予一人，恭行天罚。

古人有言曰：'抚我则后，虐我则仇。'独夫受洪惟作威，乃汝世仇。'树德务滋，除恶务本。'肆予小子诞以尔众士殄歼乃仇。尔众士其尚迪果毅，以登乃辟。功多有厚赏，不迪有显戮。

呜呼！惟我文考若日月之照临，光于四方，显于西土。惟我有周诞受多方。予克受，非予武，惟朕文考无罪；受克予，非朕文考有罪，惟予小子无良。"

【译文】

时间是戊午的明天，周武王大规模巡视六军，明告众将士。

王说："啊！我们西方的将士。上天有明显的常理，它的法则应当显扬。现在商王纣轻慢五常，荒废怠惰无所敬畏，自己弃绝于上天，结怨于人民。斫掉冬天清晨涉水者的脚胫，剖开贤人的心，作威作恶，杀戮无罪的人，毒害天下。崇信奸邪的人，逐退师保大臣，废除常法，囚禁和奴役正士。祭天祭社的大礼不举行，宗庙也不享祀。造作奇技荒淫新巧的事物来取悦妇人。上帝不依，断然降下这种丧亡的诛罚。你们要努力帮助我，奉行

上天的惩罚！

"古人有言说：'抚爱我的就是君主，虐待我的就是仇敌。'独夫商纣大行威虐，是你们的大仇。建立美德务求滋长，去掉邪恶务求除根，所以我小子率领你们众将士去歼灭你们的仇人。你们众将士要用果敢坚毅的精神来成就你们的君主！功劳多的将有重赏，不用命的将有明显的惩罚。

"啊！我文考文王的明德，像日月的照临一样，光被于四方，彰明在西土，因此我们周国广泛亲近了众方诸侯。这次如果我战胜了纣，不是我勇武，是因为我文考没有过失；如果纣战胜了我，不是我文考有过失，是因为我这小子不好。"

牧誓

【原文】

时甲子昧爽，王朝至于商郊牧野，乃誓。王左杖黄钺，右秉白旄以麾曰："逖矣！西土之人！"王曰："嗟！我友邦冢君、御事、司徒、司马、司空、亚旅、师氏、千夫长、百夫长，及庸、蜀、羌、髳、微、卢、彭、濮人，称尔戈，比尔干，立尔矛，予其誓。"

王曰："古人有言曰：'牝鸡无晨；牝鸡之晨，惟家之索。'今商王受惟妇言是用，昏弃厥肆祀弗答，昏弃厥遗王父母弟不迪；乃惟四方之多罪逋逃是崇、是长、是信、是使，是以为大夫卿士，俾暴虐于百姓，以奸宄于商邑。

"今予发，惟共行天之罚。今日之事，不愆于六步、七步，乃止，齐焉。夫子勖哉！不愆于四伐、五伐、六伐、七伐，乃止，齐焉。勖哉夫子！尚桓桓如虎、如貔、如熊、如罴，于商郊弗御克奔，以役西土。勖哉夫子！尔所弗勖，其于尔躬有戮！"

【译文】

在甲子日的黎明时刻，周武王率领军队来到商国都城郊外的牧野，于是誓师。武王左手拿着黄色大斧，右手拿着白色旄牛尾指挥，说："远劳了，西方的人们！"武王说："啊！

我们友邦的国君和办事的大臣，司徒、司马、司空、亚旅、师氏、千夫长、百夫长，以及庸、蜀、羌、髳、微、卢、彭、濮的人们，举起你们的戈，排列好你们的盾，竖起你们的矛，我要宣誓了。"

　　武王说："古人有话说：'母鸡没有早晨啼叫的；如果母鸡在早晨啼叫，这个人家就会衰落。'现在商王纣只是听信妇人的话，轻视对祖宗的祭祀不问，轻视并遗弃他的同祖的兄弟不用。竟然只对四方重罪逃亡的人，就推崇，就尊敬，就信任，就使用，用他们做大夫、卿士的官。使他们残暴老百姓，在商国作乱。现在，我姬发奉行老天的惩罚。今天的战事，行军时，不超过六步、七步，就要停下来整齐一下。将士们，要努力啊！刺击时，不超过四次、五次、六次、七次，就要停下来整齐一下。努力吧，将士们！希望你们威武雄壮，像虎、貔、熊、罴一样，前往商都的郊外。不要禁止能够跑来投降的人，以便帮助我们周国。努力吧。将士们！你们如果不努力，对你们自身就会有惩罚！"

武成

【原文】

　　惟一月壬辰，旁死魄。越翼日，癸巳，王朝步自周，于征伐商。（厥四月，哉生明，王来自商，至于丰。乃偃武修文，归马于华山之阳，放牛于桃林之野，示天下弗服。丁未，祀于周庙，邦甸、侯、卫，骏奔走，执豆、笾。越三日，庚戌，柴、望，大告武成。既生魄，庶邦冢君暨百工，受命于周。王若曰："呜呼，群后！惟先王建邦启土，公刘克笃前烈，至于大王肇基王迹，王季其勤王家。我文考文王克成厥勋，诞膺天命，以抚方夏。大邦畏其力，小邦怀其德。惟九年，大统未集，予小子其承厥志。"）

　　底商之罪，告于皇天、后土、所过名山、大川，曰："惟有道曾孙周王发，将有大正于商。今商王受无道，暴殄天物，害虐烝民，为天下逋逃主，萃渊薮。予小子既获仁人，敢祗承上帝，以遏乱略。华夏蛮貊，罔不率俾。（恭天成命，肆予东征，绥厥士女。惟其士女，篚厥玄黄，昭我周王。天休震动，用附我大邑周。）惟尔有神，尚克相予以济兆民，无作神羞！"

　　既戊午，师逾孟津。癸亥，陈于商郊，俟天休命。甲子昧爽，受率其旅若林，会于牧

1261

野。罔有敌于我师。前徒倒戈,攻于后以北,血流漂杵。一戎衣,天下大定。乃反商政,政由旧。释箕子囚,封比干墓,式商容闾。散鹿台之财,发钜桥之粟,大赉于四海,而万姓悦服。

〔厥四月哉生明,王来自商,至于丰。乃偃武修文,归马于华山之阳,放牛于桃林之野,示天下弗服。丁未,祀于周庙,邦甸侯卫骏奔走,执豆笾。越三日庚戌,柴望,大告武成。既生魄,庶邦冢君暨百工受命于周。〕〔王若曰:"呜呼! 群后:惟先王建邦启土,公刘克笃前烈,至于大王肇基王迹,王季其勤王家。我文考文王克成厥勋,诞膺天命,以抚方夏;大邦畏其力,小邦怀其德;惟九年,大统未集。予小子其承厥志,恭天成命。肆予东征,绥厥士女。惟其士女,篚厥玄黄,昭我周王;天休震动,用附我大邑周。"〕列爵惟五,分土惟三。建官惟贤,位事惟能。重民五教,惟食、丧、祭。惇信明义,崇德报功,垂拱而天下治。

【译文】

一月壬辰日,月亮大部分无光。到明天癸巳日,武王早晨从周京出发,前往征伐殷国。四月间,月亮开始放出光辉,武王从商国归来,到了丰邑。于是停止武备,施行文教,把战马放归华山的南面,把牛放回桃林的旷野,向天下表示不用它们。

四月丁未日,武王在周庙举行祭祀,建国于甸服、侯服、卫服的诸侯都忙于奔走,陈设木豆、竹笾等祭器。到第三天庚戌日,举行柴祭来祭天,举行望祭来祭山川,大力宣告伐商武功的成就。

月亮已经生出光辉的时候,众国诸侯和百官都到了周京接受王命。

武王这样说:"啊! 众位君侯。我的先王建立国家开辟疆土,公刘能修前人的功业。到了太王,开始经营王事。王季勤劳王家。我文考文王能够成就其功勋,大受天命,安抚四方和中夏。大国畏惧他的威力,小国怀念他的恩德。诸侯归附九年而卒,大业没有完成。我小子将继承他的意愿。我把商纣的罪恶,曾经向皇天后土以及所经过的名山大川禀告说:'有道的曾孙周王姬发,对商国将有大事。现在商王纣残暴无道,弃绝天下百物,虐待众民。他是天下逃亡罪人的主人和他们聚集的渊薮。我小子得到了仁人志士以后,冒昧地敬承上帝的意旨,以制止乱谋。华夏各族和蛮貊的人民,无不遵从。我奉了上天的美命,所以我向东征讨,安定那里的士女。那里的士女,用竹筐装着他们的黑色黄色的

丝绸,求见我周王。他们被上天的休美震动了,因而归附了我大国周啊!你等神明庶几能够帮助我,来救助亿万老百姓,不要发生神明羞恶的事!'

"到了戊午日,军队渡过孟津。癸亥日,在商郊布好军阵,等待上天的美命。甲子日清早,商纣率领他如林的军队,来到牧野会战。他的军队对我军没有抵抗,前面的士卒反戈向后面攻击,因而大败,血流之多简直可以漂起木杵。一举讨伐殷商,而天下大安了。我于是反掉商王的恶政,政策由旧。解除箕子的囚禁,修治比干的坟墓,致敬于商容的里门。散发鹿台的财货,发放巨桥的粟,向四海施行大赏,天下万民都心悦诚服。"

武王设立爵位为五等,区分封地为三等。建立官长依据贤良,安置众吏依据才能。注重人民的五常之教和民食、丧葬、祭祀。重视诚信,讲明道义;崇重有德的,报答有功的。于是武王垂衣拱手而天下安治了。

洪范

【原文】

惟十有三祀,王访于箕子。王乃言曰:"呜呼!箕子。惟天阴骘下民,相协厥居。我不知其彝伦攸叙?"箕子乃言曰:"我闻在昔,鲧陻洪水,汩陈其五行,帝乃震怒,不畀洪范九畴,彝伦攸斁。鲧则殛死,禹乃嗣兴,天乃锡禹洪范九畴,彝伦攸叙。

"初一,曰五行。次二,曰敬用五事;次三,曰农用八政;次四,曰协用五纪;次五,曰建用皇极;次六,曰乂用三德;次七,曰明用稽疑;次八,曰念用庶征;次九,曰向用五福,威用六极。

"一,五行:一曰水,二曰火,三曰木,四曰金,五曰土。水曰润下,火曰炎上,木曰曲直,金曰从革,土爰稼穑。润下作咸,炎上作苦,曲直作酸,从革作辛,稼穑作甘。

"二,五事:一曰貌,二曰言,三曰视,四曰听,五曰思。貌曰恭,言曰从,视曰明,听曰聪,思曰睿。恭作肃,从作乂,明作哲,聪作谋,睿作圣。

"三,八政:一曰食,二曰货,三曰祀,四曰司空,五曰司徒,六曰司寇,七曰宾,八曰师。

"四,五纪:一曰岁,二曰月,三曰日,四曰星辰,五曰历数。

"五，皇极：皇建其有极。敛时五福，用敷锡厥庶民；惟时厥庶民于汝极，锡汝保极。凡厥庶民，无有淫朋，人无有比德，惟皇作极。凡厥庶民，有猷、有为、有守，汝则念之。不协于极，不罹于咎，皇则受之，而康而色，曰'予攸好德'，汝则锡之福。时人斯其惟皇之极。无虐茕独，而畏高明。人之有能有为，使羞其行，而邦其昌。凡厥正人，既富方谷；汝弗能使有好于而家，时人斯其辜。于其无好，汝虽锡之福，其作汝用咎。无偏无颇，遵王之义。无有作好，遵王之道。无有作恶，遵王之路。无偏无党，王道荡荡。无党无偏，王道平平。无反无侧，王道正直。会其有极！归其有极！曰皇极之敷言，是彝是训，于帝其训。凡厥庶民极之敷言，是训是行，以近天子之光。曰天子作民父母，以为天下王！

"六，三德：一曰正直，二曰刚克，三曰柔克。平康，正直；强弗友，刚克，燮友，柔克。沉潜，刚克；高明，柔克。惟辟作福，惟辟作威，惟辟玉食。臣无有作福、作威、玉食。臣之有作福、作威、玉食，其害于而家，凶于而国，人用侧颇僻，民用僭忒。

"七，稽疑：择建立卜筮人，乃命卜筮，曰雨，曰霁，曰（蒙）〔霁〕，曰（驿）〔圛〕，曰克，曰贞，曰悔，凡七。卜五，占用二，衍忒。立时人作卜筮。三人占，则从二人之言。汝则在有大疑，谋及乃心，谋及卿士，谋及庶人，谋及卜筮。"汝则从，龟从，筮从，卿士从，庶民从，是之谓大同。身其康强，子孙其逢，吉。汝则从，龟从，筮从，卿士逆，庶民逆，吉。卿士从，龟从，筮从，汝则逆，庶民逆，吉。庶民从，龟从，筮从，汝则逆，卿士逆，吉。汝则从，龟从，筮逆，卿士逆，庶民逆，作内，吉；作外，凶。龟筮共违于人，用静，吉；用作，凶。

"八，庶征：曰雨，曰旸，曰燠，曰寒，曰风。曰时五者来备，各以其叙，庶草蕃庑。一极备，凶；一极无，凶。曰休征：曰肃，时雨若；曰乂，时旸若；曰晢，时燠若；曰谋，时寒若；曰圣，时风若。曰咎征：曰狂，恒雨若；曰僭，恒旸若；曰舒，恒燠若；曰急，恒寒若；曰蒙，恒风若。曰：王省惟岁，卿士惟月，师尹惟日。岁月日时无易，百谷用成，乂用明，俊民用章，家用平康。日月岁时既易，百谷用不成，乂用昏不明，俊民用微，家用不宁。庶民惟星：星有好风，星有好雨。日月之行，则有冬有夏；月之从星，则以风雨。

"九，五福：一曰寿，二曰富，三曰康宁，四曰攸好德，五曰考终命。六极：一曰凶短折，二曰疾，三曰忧，四曰贫，五曰恶，六曰弱。"

【译文】

周文王十三年，武王询问箕子。武王就说道："啊！箕子，上帝庇荫安定下民，使他们

和睦相处，我不知道那治国常道的制定方法。"

箕子就回答说："我听说从前，鲧堵塞洪水，胡乱处理了水、火、木、金、土五种用物。上帝震怒，不赐给鲧九种大法，治国的常道因此败坏了。后来，鲧被流放死了，禹于是继承兴起。上帝就把九种大法赐给了禹，治国的常道因此定了下来。

"第一是五行。第二是认真做好五事。第三是努力施行八种政务。第四是合用五种记时方法。第五是建事依据皇极。第六是治理使用三德。第七是尊用以卜考疑的方法。第八是审察政事利用各种征兆。第九是凭五福鼓励臣民，凭六极警戒臣民。

"一、五行：一是水，二是火，三是木，四是金，五是土。水向下润湿，火向上燃烧，木可以弯曲、伸直。金属可以顺从人意改变形状，土壤可以种植百谷。向下润湿的水产生咸味，向上燃烧的火产生苦味，可曲可直的木产生酸味，顺从人意而改变形状的金属产生辛味，种植的百谷产生甜味。

"二、五事：一是容仪，二是言论，三是观察，四是听闻，五是思考。容仪要恭敬，言论要正当，观察要明白，听闻要广远，思考要通达。容仪恭敬就能严肃，言论正当就能治理，观察明白就能昭晰，听闻广远就能善谋，思考通达就能圣明。

"三、八种政务：一是管理民食，二是管理财货，三是管理祭祀，四是管理居民，五是管理教育，六是治理盗贼，七是管理朝觐，八是管理军事。

"四、五种记时方法：一是年，二是月，三是日，四是星辰的出现情况，五是日月运行所经历的周天度数。

箕子，选自《历代名臣像解》

"五、君王的中道：君王建立政事要有中道。采取这五福以为教导，用来普遍施给臣民，这样，庶民就会尊重您的中道。贡献您保持中道的方法：凡是庶民没有邪党，臣下没有私相比附的行为，只有君王执行中道。凡是臣下有计谋有作为有操守的，您就审察他

们。行为不合法则，但没有陷入罪恶的人，您就成就他们；您和颜悦色地说："我任用美德。"然后，您就赐给爵禄给他们，于是，臣民就会思念君王的中道了。不虐待鳏寡而又不畏显贵的人，和臣下有才能有作为的人，让他献出他的才能，国家就会繁荣昌盛。凡那些百官之长，既然富有经常的俸禄，您不能使他们对国家有好处，于是臣民就要责怪您了。对于那些没有好德行的人，您即使赐给他们爵禄，将会使您受到危害。不要不平，不要不正，要遵守王令；不要作私好，要遵守王道；不要作威恶，要遵行正路。不要行偏，不要结党，王道坦荡；不要结党，不要行偏，王道平平；不要违反，不要倾侧，王道正直。团结那些中道之臣，归附那个中道之君。君王，对于皇极所保之言，要宣扬教导，天帝就顺心了。凡是庶民，对于皇极所陈之言，要遵守实行，用来接近天子的光辉。天子做臣民的父母，因此成为天下的君王。

"六、三种治德：一是正直，二是刚克，三是柔克。和平安顺的人，就用正直对待；强不可亲的人，就用刚克制；和顺可亲的人，就用柔克制。乱臣贼子，就用刚克制，显贵大臣，就用柔克制。只有君王才能作福，只有君王才能作威，只有君王才能享用美物。臣子不许有作福、作威、美食的情况。假若臣子有作福、作威，美食的情况，就会害及您的家，乱及您的国。百官将因此倾侧不正，百姓也将因此发生差错和疑惑。

"七、用卜决疑：选择建立掌管卜筮的官员，教导他们卜筮的方法。龟兆有的叫作雨，有的叫作霁，有的叫作蒙，有的叫作驿，有的叫作克；卦象有的叫作贞，有的叫作悔，共计有七种。龟兆用前五种，占筮用后两种，根据这些推演变化，决定吉凶。设立这种官员进行卜筮。三个人占卜，就听从两个人的说法。你若有重大的疑难，你自己要考虑，再与卿士商量，再与庶民商量，再与卜筮官员商量。你赞同，龟卜赞同，蓍筮赞同，卿士赞同，庶民赞同，这叫大同。这样，自身会康强，子孙会昌盛，很吉利。你赞同，龟卜赞同，蓍筮赞同，而卿士反对，庶民反对，也吉利。卿士赞同，龟卜赞同，蓍筮赞同，你反对，庶民反对，也吉利。庶民赞同，龟卜赞同，蓍筮赞同，你反对，卿士反对，也吉利。你赞同，龟卜赞同，蓍筮反对，卿士反对，庶民反对，在国内行事就吉利，在国外行事就不吉利。龟卜、蓍筮都与人意相违，不做事就吉利，做事就凶险。

"八，一些征兆：一叫雨，一叫晴，一叫暖，一叫寒，一叫风。一年中这五种天气齐备，各根据时序发生，百草就茂盛。一种天气过多就不好；一种天气过少，也不好。君王行为

美好的征兆：一叫肃敬，就像及时降雨的喜人；一叫修治，就像及时晴朗的喜人；一叫明智，就像及时温暖的喜人；一叫善谋，就像及时寒冷的喜人；一叫通圣，就像及时刮风的喜人。君王行为坏的征兆：一叫狂妄，就像久雨的愁人；一叫不信，就像久晴的愁人；一叫逸豫，就像久暖的愁人；一叫严急，就像久寒的愁人；一叫昏昧，就像久风的愁人。君王视察的职责，就像一年包括四时；卿士就像月，统属于岁；众尹就像日，统属于月。假若岁、月、曰、时的关系没有改变，百谷就因此成熟，政治就因此清明，杰出的人才因此显扬，国家因此太平安宁。假若日、月、岁、时的关系全都改变，百谷就因此不能成熟。政治就因此昏暗不明，杰出的人才因此不能重用，国家因此不得安定。百姓好比星星，有的星喜欢风，有的星喜欢雨。太阳和月亮的运行，就有冬天和夏天以成岁功。月亮顺从星星，就要用风和雨润泽人民。

"九、五种幸福：一是长寿，二是富，三是健康安宁，四是遵行美德，五是高寿善终。六种不幸的事：一是早死，二是疾病，三是忧愁，四是贫穷，五是邪恶，六是不壮毅。"

旅獒

【原文】

惟克商，遂通道于九夷八蛮。西旅厎贡厥獒，太保乃作《旅獒》，用训于王。曰：

"呜呼！明王慎德，四夷咸宾。无有远迩，毕献方物惟服食器用。王乃昭德之致于异姓之邦，无替厥服；分宝玉于伯叔之国，时庸展亲。人不易物，惟德其物！

德盛不狎侮。狎侮君子，罔以尽人心；狎侮小人，罔以尽其力。不役耳目，百度惟贞。玩人丧德，玩物丧志。志以道宁，言以道接。不作无益害有益，功乃成；不贵异物贱用物，民乃足。犬马非其土性不畜，珍禽奇兽不育于国。不宝远物，则远人格；所宝惟贤，则迩人安。

呜呼！夙夜罔或不勤，不矜细行，终累大德。为山九仞，功亏一篑。允迪兹，生民保厥居，惟乃世王。"

【译文】

武王胜商以后,便向众多的民族国家开通了道路。西方旅国来贡献那里的大犬,太保召公于是写了《旅獒》,用来劝谏武王。

召公说:"啊!圣明的王敬重德行,所以四周的民族都来归顺。不论远近,都贡献些各方的物产,只是些可供衣食器用的东西。明王于是昭示这些贡品给异姓的国家,使他们不要荒废职事;分赐宝玉给同姓的国家,用这些东西展示亲爱之情。人们并不轻视那些物品,只以德意看待那些物品。

"德盛的人不轻易侮慢。轻易侮慢官员,就不可以使人尽心,轻易侮慢百姓,就不可以使人尽力。不被歌舞女色所役使,百事的处理就会适当。戏弄人就丧德,戏弄物就丧志。意志要依道来安宁;言论要依道来接物。不做无益的事来妨害有益的事,事就能成;不重视珍奇物品,百姓的用物就能充足。犬马不是土生土长的不养,珍禽奇兽不收养于国。不宝爱远方的物品,远人就会来;所重的是贤才,近人就安了。

"啊!早晚不可有不勤德的时候。不注重细行,终究会损害大德,比如筑九仞高的土山,工作未完只在于一筐土。真能实行这些诚言,则人民就安其居,而周家就可以世代为王了。"

金縢

【原文】

既克商二年,王有疾,弗豫。二公曰:"我其为王穆卜?"周公曰:"未可以戚我先王。"

公乃自以为功:为三坛,同墠;为坛于南方,北面,周公立焉,植璧秉珪,乃告太王、王季、文王。史乃册祝曰:"惟尔元孙某遘厉虐疾;若尔三王是有丕子之责于天,以旦代某之身。予仁若考,能多材多艺,能事鬼神。乃元孙不若旦多材多艺,不能事鬼神。乃命于帝庭,敷佑四方,用能定尔子孙于下地,四方之民罔不祗畏。呜呼!无坠天之降宝命,我先王亦永有依归!今我即命于元龟。尔之许我,我其以璧与珪,归俟尔命。尔不许我,我乃屏璧与珪。"乃卜三龟,一习吉。启籥见书,乃并是吉。公曰:"体,王其罔害。予小子新命

于三王,惟永终是图。兹攸俟,能念予一人。"公归,乃纳册于金縢之匮中。王翼日乃瘳。

武王既丧,管叔及其群弟乃流言于国,曰:"公将不利于孺子!"周公乃告二公曰:"我之弗辟,我无以告我先王。"周公居东二年,则罪人斯得。于后,公乃为诗以贻王,名之曰《鸱鸮》。王亦未敢诮公。

秋,大熟,未获,天大雷电以风。禾尽偃,大木斯拔,邦人大恐。王与大夫尽弁,以启金縢之书,乃得周公所自以为功代武王之说。二公及王乃问诸史与百执事。对曰:"信。噫公命,我勿敢言。"王执书以泣曰:"其勿穆卜!昔公勤劳王家,惟予冲人弗及知。今天动威以彰周公之德,惟朕小子其新逆,我国家礼亦宜之。"

王出郊,天乃雨,反风,禾则尽起。二公命邦人,凡大木所偃,尽起而筑之。岁则大熟。

【译文】

周战胜商后的第二年,武王生了重病,身体不安。太公、召公说:"我们为王恭敬地卜问吉凶吧!"周公说:"不可以向我们先王祷告吗?"周公就把自身作为抵押,清除一块土地,在上面筑起三座祭坛。又在三坛的南方筑起一座台子,周公面向北方站在台上,放着玉,拿着圭,就向太王、王季、文王祷告。

史官就写了策书,祝告说:"你们的长孙姬发,遇到险恶的病。假若你们三位先王这时在天上有助祭的职责,就用我姬旦代替他的身子吧!我柔顺巧能,多才多艺,能奉事鬼神。你们的长孙不如我多才多艺,不能奉事鬼神。而且他在天帝那里接受了任命,普遍取得了四方,因此能够在人间安定你们的子孙。天下的老百姓也无不敬畏他。唉!不要丧失上帝降给的宝贵使命,我们的先王也就永远有所归依。现在,我来听命于大龟,你们允许我,我就拿着璧和圭归向你们,等待你们的命令;你们不允许我,我就收藏璧和圭,不敢再请了。"

于是卜问三龟,都重复出现吉兆。打开竹简看书,竟然都是吉利。周公说:"根据兆形,王会没有危险。我新向三位先王祷告,只图国运长远;现在期待的,是先王能够俯念我谋国长远的诚心。"周公回去,把册书放进金属束着的匣子中。第二天,周武王的病就好了。

武王死后,管叔和他的几个弟弟就在国内散布谣言。说:"周公将会对成王不利。"周

公就告诉太公、召公说："我不摄政，我将无辞告我先王。"周公留在东方两年，罪人就捕获了。后来，周公写了一首诗送给成王，叫它为《鸱鸮》。成王只是不敢责备周公。

秋天，百谷成熟，还没有收获，天空出现雷电与大风。庄稼都倒伏了，大树都被拔起，国人非常恐慌。周成王和大夫们都戴上礼帽，打开金属束着的匣子，于是得到了周公以自身为质请代武王的祝辞。太公、召公和成王就询问众史官以及众多办事官员。他们回答说："确实的。唉！周公告诫我们不能说出来。"

成王拿着册书哭泣，说："不要等待卜了！过去，周公勤劳王室，我这年轻人来不及了解。现在上天动怒来表彰周公的功德，我小子要亲自去迎接，我们国家的礼制也应该这样。"成王走出郊外。天就下着雨，风向也反转了，倒伏的庄稼又全部伸起来。太公、召公命令国人，凡大树所压的庄稼，要全部扶起来，又培好根。这一年却大丰收了。

大诰

【原文】

王若曰："猷大诰尔多邦越尔御事，弗吊天降割于我家，不少延。洪惟我幼冲人嗣无疆大历服，弗造哲，迪民康，矧曰其有能格知天命？

"已！予惟小子若涉渊水，予惟往求朕攸济。敷贲，敷前人受命，兹不忘大功。予不敢于闭。天降威，用文王遗我大宝龟绍天明。即命曰：'有大艰于西土，西土人亦不静，越兹蠢殷小腆，诞敢纪其叙！天降威，知我国有疵，民不康，曰："予复！"反鄙我周邦，今蠢今翼，日民献有十夫予翼，以于敉文、武图功。我有大事！休？'朕卜并吉！

"肆予告我友邦君越尹氏、庶士、御事曰：予得吉卜，予惟以尔庶邦，于伐殷逋播臣！尔庶邦君越庶士、御事罔不反，曰：'艰大，民亦不静，亦惟在王宫、邦君室，越予小子考翼，不可征。王害不违卜？'肆予冲人永思艰，曰：乌呼！允蠢，鳏寡，哀哉！予造天役遗，大投艰于朕身。越予冲人不卬自恤，义尔邦君越尔多士、尹氏、御事绥予曰：'无毖于恤！不可不成乃文考图功！'

"已！予惟小子不敢僭上帝命。天休于文王，兴我小邦周，文王惟卜用，克绥受兹命。

今天其相民，矧亦惟卜用？乌虖！天明畏，弼我丕丕基！”

王曰：“尔惟旧人，尔丕克远省？尔知文王若勤哉！天閟毖我成功所，予不敢不极卒文王图事。肆予大化诱我友邦君：天棐忱辞，其考我民，予害其不于前文人图功攸终！天亦惟用勤毖我民，若有疾，予害敢不于前文人攸受休毕！”

王曰：“若昔朕其逝，朕言艰日思。若考作室，既厎法，厥子乃弗肯堂，矧肯构；厥父翼，厥子乃弗肯播，矧肯获；厥考翼其曰：‘予有后，弗弃基？’肆予害敢不越卬敉文王大命！若兄考，乃有伐厥子，民养其劝弗救？”

王曰：“呜呼！肆我告尔庶邦君，越尔御事：爽邦由哲，亦惟十人迪知上帝命越天棐忱，尔时罔敢易定；矧今天降戾于周邦，惟大艰人诞邻胥伐于厥室，尔亦不知天命不易！予永念曰：天惟丧殷，若穑夫，予害敢不终朕亩！天亦惟休于前文人，予害其极卜？敢弗于从率文人有旨疆土，矧今卜并吉！肆朕诞以尔东征！天命不僭，卜陈惟若兹。”

【译文】

王这样说：“哟！遍告你们众国君主和你们的办事大臣。不幸啊！上帝给我们国家降下灾祸，不稍间断。我这个幼稚的人继承了远大悠久的王业。没有遇到明哲的人，指导老百姓安定下来，何况说会有能度知天命的人呢？

“唉！我小子像渡过深渊，我应当前往寻求我渡过去的办法。大宝龟帮助前人接受天命，至今不能忘记它的大功。在上天降下灾难的时刻我不敢把它闭藏着，用文王留给我们的大宝龟，卜问天命。我向大龟祷告说：‘在西方有大灾难，西方人也不安静，现在也蠢动了。殷商的小主竟敢组织他的残余力量。天帝降下灾祸，他们知道我们国家有困难，民不安静。他们说：我们要复国！反而图谋我们周国，现在他们动起来飞起来了。这些天有十位贤者来帮助我，我要和他们前往完成文王、武王所谋求的功业。我们将有战事，会吉利吗！’我的卜兆全都吉利。

“所以我告诉我的友邦国君和各位大臣说：‘我现在得到了吉卜，打算和你们众国去讨伐殷商那些叛乱的罪人。’你们各位国君和各位大臣没有不反对说：‘困难很大，老百姓不安宁，也有在王室和邦君室的人。我们这些小子考虑，不可征讨吧！大王为什么不违背龟卜呢？’

“现在我深深地考虑着艰难，我说：‘唉！确实惊扰了苦难的人民，真痛心啊！我受天

命的役使,天帝把艰难的事重托给我,我不暇只为自身忧虑。你们众位邦君与各位大臣应该安慰我说:'不要被忧患吓倒,不可不完成您文王的大业!'

"唉!我小子不敢废弃天命。天帝嘉惠文王,振兴我们小小的周国,当年文王只使用龟卜,能够承受这天命。现在天帝要帮助老百姓,何况也是使用龟卜呢?啊!天命可畏,请辅助我们伟大的事业吧!"

王说:"你们是老臣,你们多能远知往事,你们知道文王是如何勤劳的啊!天帝慎重地告诉我们成功的办法,我不敢不快速完成文王的大业。现在我劝导我们友邦的君主:天帝用诚信的话帮助我们,要成全我们的百姓,我们为什么不对前文王的大业谋求完成呢?天帝也想勤劳我们老百姓,好像有疾病,我们怎敢不对前文王所受的好好攘除呢?"

王说:"像往日讨伐纣王一样,我将要前往,我想说些艰难日子里的想法。好像父亲建屋,已经确定了办法,他的儿子却不愿意打地基,又愿意盖屋吗?他的父亲新开垦了田地,他的儿子却不愿意播种,又愿意收获吗?这样,他的父亲考虑以后,难道愿意说,我们有后人不会废弃我的基业吗?所以我怎敢不在我自己身上完成文王伟大的使命呢?又好比兄长死了,却有人群起攻击他的儿子,为民长上的难道能够相劝不救吗?"

王说:"啊!努力吧,你们诸位邦君和各位官员。使国家清明要用明智的人,现在也有十个人引导我们知道天命和天帝辅助诚信的道理,你们不能轻视这些!何况现在天帝已经给周国降下了定命呢?那些发动叛乱的大罪人,勾结邻国,同室操戈,你们也不知天命不可改变吗?

"我长时间考虑着:天帝要灭亡殷国,好像农夫一样,我怎敢不完成我的田亩工作呢?天帝也想嘉惠我们先辈文王,我们怎能放弃吉卜呢?怎敢不前去重新巡视文王美好的疆土呢?更何况今天的占卜都是吉兆呢?所以我要率领你们东征,天命不可不信,卜兆的指示应当遵从呀!"

微子之命

【原文】

王若曰:"猷!殷王元子。惟稽古,崇德象贤。统承先王,修其礼物,作宾于王家,与

国咸休,永世无穷。

呜呼!乃祖成汤克齐圣广渊,皇天眷佑,诞受厥命。抚民以宽,除其邪虐,功加于时,德垂后裔。尔惟践修厥猷,旧有令闻,恪慎克孝,肃恭神人。予嘉乃德,曰笃不忘。上帝时歆,下民祗协,庸建尔于上公,尹兹东夏。

钦哉,往敷乃训,慎乃服命,率由典常,以蕃王室。弘乃烈祖,律乃有民,永绥厥位,毗予一人。世世享德,万邦作式,俾我有周无斁。呜呼!往哉惟休,无替朕命。"

【译文】

成王这样说:"哟!殷王的长子。稽考古代,尊崇盛德、效法先贤的人,继承先王的传统,施行他的礼制文物,做王家的贵宾,跟王家同样美好,世代绵长,无穷无尽。

"啊呀!你的祖先成汤,能够肃敬、圣明、广大、深远,被皇天顾念佑助,承受了天命。他用宽和的办法安治臣民,除掉邪恶暴虐之徒。功绩施展于当时,德泽流传于后裔。

"你履行成汤的治道,老早有美名。谨慎能孝,恭敬神和人。我赞美你的美德,以为淳厚而不可忘。上帝对这种美德很欣喜。下民对你敬爱和睦,因此立你为上公,治理这块东夏地区。

"要敬重呀!前去发布你的政令。真诚对待你的上公职位与使命,遵循常法,以保卫周王室。弘扬你烈祖的治道,规范你的人民,长久安居上公之位,辅助我一人。这样,你的世世子孙会享受你的功德,万邦诸侯会以你为榜样,服从我周王室而不厌倦。

"啊!前去吧,要好好地干!不要废弃我的诰命。"

康诰

【原文】

惟三月哉生魄,周公初基作新大邑于东国洛,四方民大和会。侯、甸、男邦,采卫、百工、播民,和见士于周。周公咸勤,乃洪大诰治。

王若曰:"孟侯,朕其弟小子封。惟乃丕显考文王克明德慎罚,不敢侮鳏寡,庸庸祗祗,威威显民。用肇造我区夏,越我一二邦,以修我西土。惟时怙冒闻于上帝。帝休,天

乃大命文王殪戎殷，诞受厥命越厥邦厥民。惟时叙，乃寡兄勖。肆汝小子封在兹东土。"

王曰："呜呼！封，汝念哉！今民将在祗遹乃文考，绍闻衣德言。往敷求于殷先哲王用保乂民。汝丕远惟商耇成人，宅心知训；别求闻由古先哲王，用康保民。宏于天若德，裕乃身不废在王命。"

王曰："呜呼！小子封，恫瘝乃身，敬哉！天畏棐忱，民情大可见，小人难保。往尽乃心，无康好逸，乃其乂民。我闻曰：'怨不在大，亦不在小。'惠不惠，懋不懋。已！汝惟小子，乃服惟弘。王应保殷民，亦惟助王宅天命，作新民。"

王曰："呜呼！封，敬明乃罚。人有小罪，非眚，乃惟终，自作不典，式尔；有厥罪小，乃不可不杀。乃有大罪，非终，乃惟眚灾，适尔；既道极厥辜，时乃不可杀。"

王曰："呜呼！封，有叙时，乃大明服，惟民其勑懋和。若有疾，惟民其毕弃咎。若保赤子，惟民其康乂。非汝封刑人杀人，无或刑人杀人；非汝封又曰劓刵人，无或劓刵人。"

王曰："外事，汝陈时臬司，师兹殷罚有伦。"又曰："要囚，服念五六日，至于旬时，丕蔽要囚。"

王曰："汝陈时臬事，罚蔽殷彝，用其义刑义杀，勿庸以次汝封。乃汝尽逊，曰时叙，惟曰未有逊事。已！汝惟小子，未其有若汝封之心。朕心朕德，惟乃知。凡民自得罪，寇攘奸宄，杀越人于货，暋不畏死，罔弗憝。"

王曰："封！元恶大憝，矧惟不孝不友。子弗祗服厥父事，大伤厥考心；于父不能字厥子，乃疾厥子。于弟弗念天显，乃弗克恭厥兄；兄亦不念鞠子哀，大不友于弟。惟吊兹不于我政人得罪，天惟与我民彝大泯乱。曰：乃其速由文王作罚，刑兹无赦。不率大戛，矧惟外庶子、训人惟厥正人越小臣诸节；乃别播敷，造民大誉，弗念弗庸，瘝厥君，时乃引恶，惟朕憝。已！汝乃其速由兹义率杀。亦惟君惟长不能厥家人越厥小臣外正，惟威惟虐，大放王命，乃非德用乂，汝亦罔不克敬典乃由。裕民惟文王之敬忌，乃裕民曰：'我惟有及。'则予一人以怿。"

王曰："封！爽惟民迪吉康，我时其惟殷先哲王德用康乂民作求；矧今民罔迪，不适不迪，则罔政在厥邦。"

王曰："封！予惟不可不监，告汝德之说于罚之行。今惟民不静，未戾厥心，迪屡未同；爽惟天其罚殛我，我其不怨，惟厥罪无在大，亦无在多，矧曰其尚显闻于天？"

王曰："呜呼！封，敬哉！无作怨，勿用非谋非彝蔽时忱，丕则敏德，用康乃心，顾乃德，远乃猷，裕乃以民宁，不汝瑕殄。"

王曰："呜呼！肆汝小子封，惟命不于常，汝念哉！无我殄享。明乃服命，高乃听，用康乂民。"

王若曰："往哉！封！勿替敬，典听朕诰，汝乃以殷民世享。"

【译文】

三月间月光初生，周公开始计划在东方的洛水旁边建造一个新的大城市，四方的臣民都同心来会。侯甸男的邦君、采卫的百官、殷商的遗民都来会见，为周王室服务。周公普遍慰劳他们，于是代替成王大诰治殷的方法。

王这样说："诸侯之长，我的弟弟，年轻的封啊！你的伟大光明的父亲文王，能够崇尚德教，慎用刑罚；不敢欺侮无依无靠的人，任用当用的人，尊敬当敬的人，威慑应当威慑的人，用这些显示于人民，因而开始造就了我们小夏，和我们的几个友邦共同治理我们西方。文王这种重大努力，被上帝知道了，上帝很高兴，就降大命给文王。灭亡大国殷，接受上帝的大命和殷国殷民，继承文王的基业，是长兄武王努力所致，所以你这年轻人才封在这东土。"

王说："啊！封，你要考虑啊！现在殷民将观察你恭敬追随文王，努力听取殷人的好意见。你去殷地，要遍求殷代圣明先王用来保养百姓的方法，你还要深长思考殷商长者安定民心的明智教导，还要另求遗闻于古时圣明帝王以安保百姓。要比天还宏大，用和顺的美德指导自己，不停地去完成王命！"

王说："啊！年轻的封，治理国家像病痛在你的身上，要认真啊！天道辅助诚信的人，民情大致可以看出，百姓难于安定。你去殷地要尽你的心意，不要苟安贪图逸乐，才会治理好百姓。我听说：'民怨不在于大，也不在于小。要使不顺从的顺从，不努力的努力。'啊！你是个年轻人，你的职责就是宽大对待王家所接受保护的殷民，也是辅佐王家确定天命，革新殷民。"

王说："啊！封，要认真通晓那些刑罚。人有小罪，不是过失，而是经常；自作不法，因此这样，即使他的罪行小，却不可不杀。若有大罪，不是经常，而是过失；偶然这样，他已经说尽了他的罪过，这个人就不可杀。"

王说："啊！封。能够顺从这样去做，就都会明晓上意而心悦诚服；人民就会互相告诫，努力和顺相处。好像自己有病一样，看待臣民犯罪，臣民就会完全抛弃咎恶；好像保护小孩一样，保护臣民，臣民就会康乐安定。

"不是你姬封刑人杀人，没有人敢刑人杀人；不是你姬封有令要割鼻断耳，没有人敢施行割鼻断耳的刑罚。"

王说："判断案件，你要宣布这些法则管理狱官，这样，殷人的刑罚就会有条理。"王又说："囚禁的犯人，必须考虑五六天，至于十天，才判决他们。"

王说："你宣布这些法律进行惩罚。判断案件，要依据殷人的常法，采用适宜的刑杀条律，不要顺从你的心意。假如完全顺从你的意志断案才叫承顺，应当说不会有承顺的事。唉！你是年轻人，不可顺从你姬封的心意。我的心意，请你理解。

"老百姓凡因这些行为犯罪：偷窃、抢夺、内外作乱、杀远人取财货，强横不怕死。这些罪行没有人不怨恨。"

王说："封啊，首恶招人大怨，也有些是不孝顺不友爱的。儿子不认真治理他父亲的事，大伤他父亲的心；父亲不能爱怜他的儿子，反而厌恶儿子；弟弟不顾天伦，不尊敬他的哥哥；哥哥也不顾念小弟弟的痛苦，对小弟弟极不友爱。父子兄弟之间竟然到了这种地步，不由行政人员去惩罚他们，上帝赋予老百姓的常法就会大混乱。我说，就要赶快使用文王制定的刑罚，惩罚这些人，不要赦免。

"不遵守国家大法的，也有诸侯国的庶子、训人和正人、小臣、诸节等官员。竟然另外发布政令，告谕百姓，大大称誉不考虑不执行国家法令的人，危害国君；这就助长了恶人，我怨恨他们。唉！你就要迅速根据这些条例捕杀他们。

"又诸侯不能教育好他们的家人和内外官员，作威肆虐，完全放弃王命；这些人就不可用德惠去治理。

"你也不要不能崇重法令。前往教导臣民，要思念文王的赏善罚恶；前往教导臣民说：'我们只求继承文王。'那么，我就高兴了。"

王说："封啊，老百姓受到教化才会善良安定，我们时时要思念着殷代圣明先王的德政，用来安治殷民，作为法则。并且现在的殷民不加教导，就不会善良；不加教导。就没有善政保存殷国。"

王说:"封啊,我们不可不看清这些,我要告诉你施行德政的意见和招致责罚的道理。现在老百姓不安静,没有安定他们的心,教导屡屡,仍然不曾和同,上天将要责罚我们,我们不可怨恨。他们的罪过不在于大,也不在于多,何况还被上天明显地听到呢?"

王说:"唉! 封,要谨慎啊! 不要制造怨恨,不要使用不好的计谋,不要采取不合法的措施,以蔽塞你的诚心。于是努力施行德政,以安定殷民的心,顾念他们的善德,宽缓他们的徭役,丰足他们的衣食;人民安宁了,上天就不会责备和抛弃你了。"

王说:"啊,努力吧! 你这年轻的姬封。天命不只帮助一家,你要记住啊! 不要抛弃我的教导。要明确你的职责和使命,敬慎对待你的听闻,用来安治老百姓。"

王这样说:"去吧! 姬封啊,不要放弃警惕,经常听取我的教导,你就可以和殷民世世代代享有殷国。"

酒诰

【原文】

王若曰:"明大命于妹邦! 乃穆考文王肇国在西土,厥诰毖庶邦庶士越少正御事,朝夕曰:'祀兹酒! 惟天降命,肇我民,惟元祀。天降威,我民用大乱丧德,亦罔非酒惟行;越小大邦用丧,亦罔非酒惟辜。文王诰教小子:'有正、有事,无彝酒;越庶国,饮惟祀,德将无醉;惟曰我民迪。'小子! 惟土物爱,厥心臧。聪听祖考之彝训,越小大德。小子! 惟一妹土,嗣尔股肱,纯其艺黍稷,奔走事厥考厥长;肇牵车牛远服贾,用孝养厥父母。厥父母庆,自洗腆致用酒。庶士、有正越庶伯、君子! 其尔典听朕教! 尔大克羞耇惟君,尔乃饮食醉饱。丕惟曰:尔克永观省,作稽中德,尔尚克羞馈祀,尔乃自介用逸。兹乃允惟王正、事之臣,兹亦惟天若元德,永不忘在王家!"

王曰:"封! 我西土棐徂,邦君、御事、小子,尚克用文王教,不腆于酒,故我至于今,克受殷之命。"

王曰:"封! 我闻惟曰:在昔殷先哲王,迪畏天显小民,经德秉哲。自成汤咸至于帝乙,成王畏相。惟御事厥棐有恭,不敢自暇自逸,矧曰其敢崇饮。越在外服:侯、甸、男、卫邦伯;越在内服:百僚、庶尹、惟亚、惟服、宗工,越百姓、里君:罔敢湎于酒。不惟不敢,亦

不暇。惟助成王德显，越尹人祗辟。我闻亦惟曰：在今后嗣王酗身厥命，罔显于民祗，保越怨，不易。诞惟厥纵淫泆于非彝，用燕丧威仪，民罔不尽伤心。惟荒腆于酒，不惟自息乃逸。厥心疾很，不克畏死。辜在商邑越殷国灭无罹。弗惟德馨香、祀登闻于天，诞惟民怨，庶群自酒，腥闻在上，故天降丧于殷，罔爱于殷，惟逸。天非虐，惟民自速辜！"

王曰："封！予不惟若兹多诰。古人有言曰：'人无于水监，当于民监。'今惟殷坠厥命，我其可不大监抚于时！予惟曰：汝劼毖殷献臣，侯、甸、男、卫；矧太史友、内史友越献臣百宗工；矧惟尔事，服休、服采；矧惟若畴，圻父薄违、农父若保、宏父定辟，矧汝刚制于酒。厥或诰曰'群饮'，汝勿佚，尽执拘以归于周，予其杀。又惟殷之迪诸臣惟工乃湎于酒，勿庸杀之，姑惟教之。有斯明享，乃不用我教，辞惟我一人弗恤，弗蠲乃事，时同于杀。"

王曰："封！汝典听朕毖，勿辩乃司民湎于酒！"

【译文】

王这样说："要在卫国宣布一项重大教命。当初，穆考文王在西方创立国家。他早晚告诫各国诸侯、各位卿士和各级官员说：'祭祀时才饮酒。'上帝降下福命，劝勉我们臣民，只在大祭时才饮酒。上帝降下惩罚，我们臣民所以大乱失德，也没有不是以酗酒为辞的；大小国家所以灭亡，也没有不是以酗酒为罪的。

"文王还告诫在王朝担任大小官职的子孙，不要经常饮酒。告诫在诸侯国任职的子孙，只在祭祀时饮酒，要用德扶持，不要喝醉了。还告诫我们的臣民要教导子孙珍惜粮食，使他们的思想善良。我们要听清祖考的常训，发扬大大小小的美德！

"殷民要专心住在卫国，用你们的手足，专心种植黍稷，勤劳奉事你们的父兄。农事完毕以后，勉力牵牛赶车，到外地去从事贸易，孝顺赡养父母；父母高兴，自己办了丰盛的膳食，可以饮酒。

"各级官员们，要经常听从我的教导！你们大都能进献酒食给老人和君主，你们就能醉饱。我想，你们能够长久地观察自己，行动符合中正的美德，你们还能够参加国君举行的祭祀。你们如果自己限制行乐饮酒，这样就能长期成为王家的治事官员。这就是上帝所赞赏的大德，在王家将永远不会失去禄位。"

王说："封啊，我们西土辅助诸侯和官员，常常能够遵从文王的教导，不多饮酒，所以

我们到今天，能够接受治殷的使命。"

王说："封啊，我听到有人说：'过去，殷的先人明王畏惧天命和百姓，施行德政，保持恭敬。从成汤延续到帝乙，明君贤相都考虑着治理国事。他们的辅臣很敬慎，不敢自己安闲逸乐，何况敢聚众饮酒呢？在外地的侯、甸、男、卫的诸侯，在朝中的各级官员、宗室贵族以及退住在家的官员，没有人敢酗乐在酒中。不但不敢，他们也没有闲暇，他们只想助成王美德显扬，助成长官重视法令。'

"我听到也有人说：'在近世的商纣王，好酒，以为有命在天，不明白臣民的痛苦，安于怨恨而不改。他大作淫乱，游乐在非法的活动之中，因宴乐而丧失了威仪，臣民没有不悲痛伤心的。他只想放纵于酒，不想自己制止其淫乐。他心地狠恶，不能以死来畏惧他。他在商都作恶，对于殷国的灭亡，没有忧虑过。没有明德芳香的祭祀升闻于上天；只有臣民的怨气、只有群臣私自饮酒的腥气升闻于上。所以，上帝对殷邦降下了灾祸，不喜欢殷国，就是淫乐的缘故。上帝并不暴虐，是殷民自己招来了罪罚。'"

王说："封啊，我不想如此多告了。古人有话说：'人不要只从水中察看，应当从民情上察看。'现在殷商已丧失了他的福命，我们难道可以不特地省察这个事实！我想告诉你要慎重告诫殷国的贤臣，侯、甸、男、卫的诸侯，又朝中记事记言的史官，贤良的大臣和许多尊贵的官员，还有你的治事官员，管理游宴休息和祭祀的近臣，还有你的三卿，讨伐叛乱的圻父，顺保百姓的农父，制定法度的宏父，向他说：'你们要强行断绝饮酒！'

"假若有人报告说：'有人群聚饮酒。'你不要放纵他们，要全部逮捕起来送到周京，我将杀掉他们。又殷商的辅臣百官酗乐在酒中，不用杀他们，暂且先教育他们。有这样明显的劝诫，若还有人不遵从我的教令，我不会怜惜，不会赦免，处治这类人，要与杀戮相同。"

王说："封啊，你要经常听从我的告诫，不要使你的官员酗乐在酒中。"

梓材

【原文】

王曰："封，以厥庶民暨厥臣达大家，以厥臣达王，惟邦君。汝若恒越曰：'我有师师：

司徒、司马、司空、尹、旅！'曰：'予罔厉杀人！亦厥君先敬劳，肆徂厥敬劳。肆往奸宄、杀人、历人宥，肆亦见厥君事戕人宥。王启监，厥乱为民，曰："无胥戕！无胥虐！至于敬寡，至于属妇，合由以容。王其效邦君越御事：厥命曷以，引养，引恬？自古王若兹监，罔攸辟。"

惟曰："若稽田，既勤敷菑，惟其陈修，为厥疆畎。若作室家，既勤垣墉，惟其涂墍茨。若作梓材，既勤朴斫，惟其涂丹臒。

"今王惟曰：先王既勤用明德怀，为夹庶邦享作。兄弟方来，亦既用明德。后式典集，庶邦丕享。皇天既付中国民越厥疆土于先王，肆王惟德用和怿先后迷民，用怿先王受命。已！若兹监。惟曰：欲至于万年，惟王子子孙孙永保民。"

【译文】

王说："封啊，从殷的庶民和它的臣子到卿大夫，从它的臣子到诸侯和国君，你要顺从常典。

"告诉我们的各位官长、司徒、司马、司空、大夫和众士说：'我们要不滥杀无罪的人。'也要各邦君长以敬劳为先，努力去帮助他们施行敬劳的事吧！

"往日，内外作乱的罪犯、杀人的罪犯、虏人的罪犯，要宽宥；往日，泄露国君大事的罪犯、残坏人体的罪犯，也要宽宥。

"王者建立诸侯，大率是为人民。他说：'不要残害他们，不要暴虐他们，至于鳏夫寡妇，至于孕妇，要同样教导和宽容。'王者教导诸侯和诸侯国的官员，他的诰命是用什么呢？就是'长养百姓，长安百姓'。自古君王都像这样监督，不要有所偏差！

"我想：好像作田，既已勤劳地开垦、播种，就应当考虑整治土地，修筑田界和开挖水沟，好比造房屋，既已勤劳地筑起了墙壁，就应当考虑完成涂泥和盖屋的工作。好比制作梓木器具，既已勤劳地剥皮砍削，就应当考虑完成彩饰的工作。

"现在我们王家考虑：先王既已努力施行明德，来作洛邑，众国都来进贡任役，兄弟邦国也都来了。也是已经施行了明德，诸侯因此常安，众国才来进贡。

"上天既已把中国的臣民和疆土都付给先王，今王也只有施行德政，来和悦、教导殷商那些迷惑的人民，用来完成先王所受的使命。唉！像这样治理殷民，我想你将传到万年，同王的子子孙孙永远保有殷民。"

召诰

【原文】

惟二月既望,越六日乙未,王朝步自周,则至于丰。惟太保先周公相宅。越若来三月,惟丙午朏,越三日戊申,太保朝至于洛,卜宅;厥既得卜,则经营。越三日庚戌,太保乃以庶殷攻位于洛汭。越五日甲寅,位成。若翼日乙卯,周公朝至于洛,则达观于新邑营。越三日丁巳,用牲于郊,牛二。越翼日戊午,乃社于新邑,牛一,羊一,豕一。越七日甲子,周公乃朝用书,命庶殷侯、甸、男邦伯。厥既命殷庶,庶殷丕作。太保乃以庶邦家君出取币,乃复入锡周公。周公曰:"拜手稽首,旅王若公。诰告庶殷越自乃御事:呜呼,皇天上帝改厥元子,兹大国殷之命,惟王受命,无疆惟休,亦无疆惟恤。呜呼,曷其奈何弗敬!

"天既遐终大邦殷之命,兹殷多先哲王在天。越厥后王后民,兹服厥命,厥终,智藏,瘝在!夫知保抱携持厥妇子以哀吁天,徂,厥亡,出执!呜呼,天亦哀于四方民,其眷命用懋!王其疾敬德!

"相古先民有夏,天迪从子保;面稽天若,今时既坠厥命。今相有殷,天迪格保;面稽天若,今时既坠厥命。今冲子嗣则无遗寿耇,曰:'其稽我古人之德,矧曰其有能稽谋自天。'呜呼!有王虽小,元子哉!其丕能诚于小民!今休,王不敢后,用顾畏于民碞。王来绍上帝,自服于土中。旦曰:'其作大邑,其自时配皇天,毖祀于上下;其自时中乂。'王厥有成命治民,今休。王先服殷御事,比介于我有周御事,节性惟日其迈。王敬作所,不可不敬德!

"我不可不监于有夏,亦不可不监于有殷。我不敢知曰有夏服天命惟有历年,我不敢知曰不其延,惟不敬厥德乃早坠厥命。我不敢知曰有殷受天命,惟有历年,我不敢知曰不其延,惟不敬厥德乃早坠厥命。今王嗣受厥命,我亦惟兹二国命,嗣若功。

"王乃初服!呜呼,若生子,罔不在厥初生,自贻哲命!今天其命哲,命吉凶,命历年;知今我初服,宅新邑。肆惟王其疾敬德!王其德之,用祈天永命!其惟王勿以小民淫用非彝,亦敢殄戮用乂民若有功。其惟王位在德元,小民乃惟刑用于天下,越王显。上下勤

恤,其曰我受天命,丕若有夏历年,式勿替有殷历年! 欲王以小民受天永命!"

拜手稽首曰:"予小臣敢以王之雠民、百君子越友民保受王威命明德! 王末有成命,王亦显。我非敢勤,惟恭奉币,用供王能祈天永命!"

【译文】

二月十六日以后,到第六天乙未,成王早晨从镐京步行,到了丰邑。

太保召公在周公之前,到洛地视察可居的地址。到了下三月丙午,新月初现光辉。到了第三天戊申,太保早晨到达了洛地,卜问所选的地址。太保已经得了吉兆,就规划起来。到第三天庚戌,太保便率领众多殷民,在洛水与黄河汇合的地方划定邑居的位置。到第五天甲寅,位置确定了。

到了第二天乙卯,周公早晨到达洛地,就全面视察新邑的区域。到第三天丁巳,在南郊用牲祭祀上帝,用了两头牛。到第二天戊午,又在新邑举行祭地的典礼,用了一头牛、一头羊和一头猪。到第七天甲子,周公就在早晨用诰书命令殷民以及侯、甸、男各国诸侯分配任务。已经命令了殷民之后,殷民就大举动工。

太保于是同众国君长出来取了币帛,再入内进献给周公。太保说:"跪拜叩头报告我王,请顺从周公的意见告诫殷民和任用殷商的旧臣。

"啊! 皇天上帝改变了天下的元首,结束了大国殷的福命。大王接受了天命,美好无穷无尽,忧患也无穷无尽。啊! 怎么能够不敬慎啊!

"上帝早已要结束大国殷的福命,这个殷国许多圣明的先王都在天上,因此殷商后来的君王和臣民,才能够享受着天命。到了纣王的末年,明智的人隐藏了,害民的人在位。人们只知护着、抱着、牵着、扶着他们的妻子儿女、悲哀地呼告上天,诅咒纣王灭亡,企图脱离困境。啊! 上帝也哀怜四方的老百姓,它眷顾的福命因此改变了。大王要赶快认真施行德政呀!

"观察古时候的先民夏族,上帝教导顺从慈保,努力考求天意,现在已经丧失了王命。现在观察殷商,上帝教导顺从嘉保,努力考求天意,现在也已经丧失了王命。当今你这年轻人继承了王位,没有多馀的老成人,考求我们古代先王的德政,何况说有能从天意考求的人呢?

"啊! 王虽然年轻,却是元首啊! 要特别能够和悦老百姓。现在可喜的是:王不敢迟

缓来到洛邑,由于顾畏殷民的艰难险阻;王来卜问上帝,打算亲自在洛邑治理他们。

"姬旦对我说:'要营建洛邑,要从这里匹配皇天,谨慎祭祀天地,要从这个中心地方统治天下;王已经有定命治理殷民了。'现在可喜的是:王重视使用殷商治事官员,使他们亲近我们周王朝的治事官员,他们和睦的感情就会一天天地增长。

"王重视造作邑居,不可以不重视行德。

"我们不可不鉴戒夏代,也不可不鉴戒殷代。我不敢知道,夏接受天命有长久时间;我也不敢知道,夏的国运不会延长。我只知道他们不重视行德,才过早失去了他们的福命。

"我不敢知道,殷接受天命有长久时间;我也不敢知道,殷的国运不会延长。我只知道他们不重视行德,才过早失去了他们的福命。现今大王继承了治理天下的大命,我们也该思考这两个国家的命运,继承他们的功业。

"王是初理政事。啊!好像教养小孩一样,没有不在他初受教养时,就亲自传给他明哲的教导的。现今上帝该给予明哲,给予吉祥,给予永年;因为上帝知道我王初理国事时,住到了新邑。现在王该快些重视行德!王该用德政,向上帝祈求长久的福命。

"愿王不要让老百姓肆行非法的事,也不要用杀戮,用此治理老百姓,才会有功绩。愿王立于德臣之首,让老百姓效法施行于天下,发扬王的美德。君臣上下勤劳忧虑,也许可以说,我们接受的大命会像夏代那样久远,应当不止殷代那样久远,愿君王和臣民共同接受上帝的永久大命。"

召公跪拜叩头说:"我这小臣率领殷的臣民以及友好的臣民,会安然接受王的威命和明德。王终会有好命,王也会光显的。我不敢慰劳王,只想恭敬奉上币帛,以供王去好好祈求上帝的永久福命。"

洛诰

【原文】

周公拜手稽首曰:"朕复子明辟:王如弗敢及,天基命定命,予乃胤保大相东土,其基

作民明辟。予惟乙卯朝至于洛师,我卜河朔黎水。我乃卜涧水东、瀍水西,惟洛食。我又卜瀍水东,亦惟洛食。伻来以图及献卜。"

王拜手稽首曰:"公不敢不敬天之休,来相宅,其作周匹。休公既定宅,伻来,来视予卜,休恒吉。我二人共贞。公其以予万亿年敬天之休!拜手稽首诲言。"

姬旦,佚名绘,台北故宫博物院藏。

周公曰:"王肇称殷礼,祀于新邑,咸秩无文。予齐百工,伻从王于周。予惟曰:'庶有事。'今王即命曰:'记功宗,以功作元祀。'惟命曰:'汝受命笃弼,丕视功载,乃汝其悉自教工。'孺子其朋,孺子其朋,其往!无若火始燄燄,厥攸灼,叙弗其绝厥若。彝及抚事如。予惟以在周工往新邑,伻向即有僚,明作有功,惇大成裕,汝永有辞。"

公曰:"已!汝惟冲子,惟终。汝其敬识百辟享,亦识其有不享。享多仪,仪不及物,惟曰不享,惟不役志于享,凡民惟曰不享,惟事其爽侮。"乃惟孺子颁,朕不暇听。朕教汝于棐民彝,汝乃是不蘉,乃时惟不永哉。笃叙乃正、父,罔不若予,不敢废乃命。汝往敬哉!兹予其明农哉!彼裕我民,无远用戾。"

王若曰:"公,明保予冲子。公称丕显德,以予小子扬文武烈,奉答天命,和恒四方民居师。惇宗将礼,称秩元祀,咸秩无文。惟公德明光于上下,勤施于四方,旁作穆穆,御衡

不迷,文武勤教,予冲子夙夜毖祀!"王曰:"公功棐迪笃,罔不若时。"

王曰:"公,予小子其退,即辟于周,命公后。四方迪乱,未定于宗礼,亦未克敉公功。迪将其后,监我士、师、工,诞保文武受民,乱为四辅。"王曰:"公定,予往已公功肃将祗欢,公无困哉我! 惟无斁其康事,公勿替刑,四方其世享。"

周公拜手稽首,曰:"王命予来,承保乃文祖受命民,越乃光烈考武王弘朕。恭孺子来相宅,其大惇典殷献民,乱为四方新辟,作周恭先。曰其自时中乂,万邦咸休,惟王有成绩。予旦以多子越御事笃前人成烈,答其师,作周孚先。考朕昭子刑,乃单文祖德。伻来毖殷,乃命宁予,以秬鬯二卣,曰:'明禋,拜手稽首休享。'予不敢宿,则禋于文王武王;'惠笃叙,无有遘自疾,万年猒于乃德,殷乃引考。'王伻殷,乃承叙,万年其永观朕子怀德。"

戊辰,王在新邑,烝祭岁,文王骍牛一,武王骍牛一。王命作册逸祝册,惟告周公其后。王宾,杀禋,咸格。王入太室祼。王命周公后,作册逸诰,在十有二月。

惟周公诞保文武受命,惟七年。

【译文】

周公跪拜叩头说:"我告诉您治理洛邑的办法。王似乎不敢参预上帝先前告诉的安定天下的指示,我就继太保之后,全面视察了洛邑,就商定了鼓舞老百姓的治理洛邑的办法。

"我在乙卯这天,早晨到了洛邑。我先占卜了黄河北方的黎水地区,我又占卜了涧水以东、瀍水以西地区,仅有洛地吉利。我又占卜了瀍水以东地区,也仅有洛地吉利。于是请您来商量,且献上卜兆。"

成王跪拜叩头,回答说:"公不敢不敬重上帝赐给的福庆,亲自勘察地址,将营建与镐京相配的新邑,很好啊! 公既已选定地址,使我来,我来了,又让我看了卜兆,我为卜兆并吉而高兴。让我们二人共同承当这一吉祥。愿公与我永远敬重上帝的福庆! 跪拜叩头接受我公的教诲。"

周公说:"王啊,开始举行殷礼接见诸侯,在新邑举行祭祀,都已安排得有条不紊了。我率领百官,使他们在镐京听取王的意见,我想道:'您或许将有祭祀的事。'现在王命令道:'记下功绩,宗人率领功臣举行大祀。'王又有命令道:'你接受先王遗命,督导辅助,你全面查阅记功的书,然后你要悉心亲自指导这件事。'

"孺子要振奋,孺子要振奋,要到洛邑去!不要像火刚开始燃烧时那样气势微弱,那燃烧的馀火,不可让它熄灭。您要像我一样顺从常法,汲汲主持政事,率领在镐京的官员到洛邑去。使他们去就官职,勉力建立功勋,重视大事,完成大业。您就会永远获得美誉。"

周公说:"唉!您是个年轻人,该考虑完成先王未竟的功业。您应该认真考察诸侯的享礼,也要考察其中也有不享的。享礼注重礼节,假如礼节赶不上礼物,应该叫作不享。因为诸侯对享礼不用心,臣民就会认为不要享了。这样,政事将会错乱怠慢。我急想您来颁布政务,我不代听了。

"我教给您辅导百姓的法则,您假如不努力办这些事,您的善政就不会推广啊!全像我一样监督诠叙您的官长,他们就不敢废弃您的命令了。您到新邑去,要认真啊!现在我们要奋发努力啊!去教导好我们的臣民,远方的人因此也就归附了。"

王这样说:"公努力保佑我这年轻人。公发扬伟大光显的功德,使我继承文王、武王的事业,奉答上帝的教诲,使四方百姓和悦,居在洛邑;隆重举行大礼,办理大祭,都有条不紊。公的功德光照天地,勤劳施于四方,普遍推行美好的政事,虽遭横逆的事而不迷乱。文武百官努力实行您的教化,我这年轻人就早夜慎重进行祭祀好了。"

王说:"公善于辅导,我真的无不顺从。"

王说:"公啊!我这年轻人就要回去,在镐京就位了,请公继续治洛。四方经过教导治理,还没有安定,宗礼也没有完成,公善于教导扶持,要继续监督我们的各级官员,安定文王、武王所接受的殷民,做我的辅佐大臣。

王说:"公留下吧!我要往镐京去了。公要妥善迅速进行敬重和睦殷民的工作,公不要以为困难呀!我当不懈地学习政事,公要不停地示范,四方诸侯将会世世来享了。"

周公跪拜叩头说:"王命令我到洛邑来,继续保护您的先祖文王所受的殷民,宣扬您光明有功的父亲武王的宏大,我奉行命令。王来视察洛邑的时候,谋求使殷商贤良的臣民都敦厚守法,制定治理四方的新法,作周法的先导。我曾经说过:'该从这九州的中心进行治理,万国都会喜欢,王也会有功绩。我姬旦率领众位卿大夫和治事官员,经营先王的成业,集合众人,作修建洛邑的先导。'实现我告诉您的这一办法,就能发扬光大先祖文王的美德。

"您派遣使者来洛邑慰劳殷人，又送来两卣黍香酒问候我。使者传达王命说：'明洁地举行祭祀，要跪拜叩头庆幸地献给文王和武王。'我不敢过夜，就向文王和武王祭礼了。我祈祷说：'愿我很顺遂，不要遇到罪疾，万年饱受您的德泽，殷事能够长久成功。''愿王使殷民能够顺从万年，将长久看到王的安民的德惠。"

戊辰这天，成王在洛邑举行冬祭，向先王报告岁事，用一头红色的牛祭文王，也用一头红色的牛祭武王。成王命令作册官名字叫逸的宣读册文，报告文王、武王，周公将继续住在洛邑。助祭诸侯在杀牲祭祀先王的时候都来到了，成王进入太室，酌酒献神。成王命令周公继续治理洛邑，作册官名字叫逸的告谕天下，在十二月。

周公留居洛邑担任文王、武王所受的大命，在成王七年。

多士

【原文】

惟三月，周公初于新邑洛用告商王士。

王若曰："尔殷遗多士！弗吊旻天大降丧于殷；我有周佑命，将天明威致王罚敕，殷命终于帝。肆尔多士，非我小国敢弋殷命，惟天不畀，允罔，固乱弼我。我其敢求位！惟帝不畀，惟我下民秉为，惟天明畏。

"我闻曰：上帝引逸，有夏不适逸则，惟帝降格向于时。夏弗克庸帝，大淫泆有辞。惟时天罔念闻，厥惟废元命，降至罚。乃命尔先祖成汤革夏，俊民甸四方。自成汤至于帝乙，罔不明德恤祀，亦惟天丕建，保乂有殷；殷王亦罔敢失帝，罔不配天，其泽。在今后嗣王诞罔显于天，矧曰其有听念于先王勤家；诞淫厥泆，罔顾于天显民祇。惟时上帝不保，降若兹大丧。惟天不畀，不明厥德，凡四方小大邦丧，罔非有辞于罚。"

王若曰："尔殷多士！今惟我周王丕灵承帝事，有命曰'割殷'。告敕于帝。惟我事不贰适，惟尔王家我适。予其曰：惟尔洪无度，我不尔动，自乃邑。予亦念天即于殷大戾，肆不正。"

王曰："猷告尔多士！予惟时其迁居西尔，非我一人奉德不康宁，时惟天命。无违！

朕不敢有后,无我怨!

"惟尔知:惟殷先人有册有典,殷革夏命。今尔又曰:'夏迪简在王庭,有服在百僚。'予一人惟听用德,肆予敢求尔于天邑商。予惟率肆矜尔。非予罪,时惟天命!"

王曰:"多士! 昔朕来自奄,予大降尔四国民命。我乃明致天罚,移尔遐逖,比事臣我宗,多逊。"

王曰:"告尔殷多士:今予惟不尔杀,予惟时命有申。今朕作大邑于兹洛,予惟四方;罔攸宾,亦惟尔多士攸服,奔走、臣我多逊。尔乃尚有尔土,尔乃尚事宁干止。尔克敬,天惟畀矜尔;尔不克敬,尔不啻不有尔土,予亦致天之罚于尔躬! 今尔惟时宅尔邑,继尔居,尔厥有干有年于兹洛。尔小子乃兴,从尔迁。"

王曰又曰:"时予,乃或言尔攸居。"

【译文】

周成王七年三月,周公初往新都洛邑,用成王的命令告诫殷商的旧臣。

王这样说:"你们殷商的众臣们! 纣王不敬重上天,把灾祸大降给殷国。我们周国佑助天命,奉行上天的明威,执行王者的诛罚,宣告殷的国命被上天终绝了。现在,你们众位官员啊! 不是我们小小的周国敢于取代殷命。是上天不把大命给予那信诬怙恶的人,而辅助我们,我们岂敢擅求王位呢? 正因为上天不把大命给予信诬怙恶的人,我们下民的所作所为,应当敬畏天命。

"我听说:'上帝制止游乐。'夏桀不节制游乐,上帝就降下教令,劝导夏桀,他不能听取上帝的教导,大肆游乐,而又怠慢不敬。因此,上帝也不念不问,而考虑废止夏的大命,降下大罚;上帝于是命令你们的先祖成汤代替夏桀。命令杰出的人才治理四方。

"从成汤到帝乙,没有人不力行德政,慎行祭祀。也因为上天树立了安治殷国的贤人,殷的先王也没有人敢于违背天意,所以没有人不配合上天的恩泽。当今后继的纣王,很不明白上天的意旨,何况说他又能听从、考虑先王勤劳家国的训导呢? 他大肆淫游泆乐,不顾天意和民困,因此,上帝不保佑了,降下这样的大灾祸。

"上帝不把大命给予不勉行德政的人,凡是四方小国大国的灭亡,无人不是怠慢了上帝的责罚。"

王这样说:"你们殷国的众臣,现在只有我们周王善于奉行上帝的使命,上帝有命令

说：'夺取殷国，并报告上天。'我们讨伐殷商，不把别人作为敌人，只把你们王家作为我的敌人。我怎么会料想到你们众官员太不守法，我并没有动你们，动乱来自你们的封邑。我也考虑到天意仅仅在于夺取殷国，于是在殷乱大定之后，便不治你们的罪。"

王说："啊！告诉你们众官员，我因此将把你们迁居西方，并不是我执德不安定，这是天命。不可违背天命，我不敢迟缓，你们不要怨恨我。

"你们知道，殷人的祖先有书册有典籍，记载着殷国革了夏国的命。现在你们又说：'当年夏的官员被选在殷的王庭，在百官之中都有职事。'我只接受、使用有德的人。现在我从大邑商招来你们，我是宽大和爱惜你们。这不是我的差错，这是天命。"

王说："殷的众臣，从前我从奄地来，对你们管、蔡、商、奄四国臣民特地下达过命令。我然后明行上天的惩罚，把你们从远方迁徙到这里，近来你们服务和臣属我们周族很恭顺。"

王说："告诉你们殷商的众臣，现在我不杀害你们，我想重申这个命令。现在我在这洛地建成了一座大城市，我是考虑四方诸侯没有地方朝贡，也是考虑你们服务奔走臣属我们很恭顺的缘故。

"你们还可以保有你们的土地，你们还会安宁下来。你们能够敬慎，上天将会对你们赐给怜爱；你们假如不能敬慎，你们不但不能保有你们的土地，我也将会把老天的惩罚加到你们身上。

"现在你们应当好好地住在你们的城里，继续做你们的事业。你们在洛邑会有安乐会有丰年的。从你们迁来洛邑开始，你们的子孙也将兴旺发达。"

王说："顺从我！顺从我！才能够谈到你们长久安居下来。"

无逸

【原文】

周公曰："呜呼！君子所其无逸！先知稼穑之艰难乃逸，则知小人之依。相小人，厥父母勤劳稼穑，厥子乃不知稼穑之艰难，乃逸，乃谚；既诞，否则侮厥父母曰：'昔之人无

闻知！’”

周公曰：“呜呼！我闻曰，昔在殷王中宗，严恭寅畏，天命自度，治民祗惧，不敢荒宁。肆中宗之享国七十有五年。其在高宗，时旧劳于外，爰暨小人；作其即位，乃或亮阴，三年不言，其惟不言，言乃雍；不敢荒宁，嘉靖殷邦，至于小大，无时或怨。肆高宗之享国五十有九年。其在祖甲，不义惟王，旧为小人。作其即位，爰知小人之依，能保惠于庶民，不敢侮鳏寡。肆太宗之享国三十有三年。自时厥后立王，生则逸，生则逸，不知稼穑之艰难，不闻小人之劳，惟耽乐之从。自时厥后亦罔或克寿，或十年，或七八年，或五六年，或四三年。”

周公曰：“呜呼！厥亦惟我周，太王、王季克自抑畏。文王卑服，即康功田功；徽柔懿恭，怀保小民，惠鲜于鳏寡；自朝至于日中、昃，不遑暇食，用咸和万民。文王不敢盘于游田，以庶邦惟正之供。文王受命惟中身，厥享国五十年。”

周公曰：“呜呼！继自今嗣王则其无淫于观，于逸，于游，于田，以万民惟正之供。无皇曰：‘今日耽乐。’乃非民攸训，非天攸若，时人丕则有愆。无若殷王受之迷乱，酗于酒德哉！”

周公曰：“呜呼！我闻曰：古之人犹胥训告，胥保惠，胥教诲。民无或胥诪张为幻。此厥不听，人乃训之，乃变乱先王之正刑，至于小大，民否则厥心违怨，否则厥口诅祝。”

周公曰：“呜呼！自殷王中宗及高宗及祖甲，及我周文王，兹四人迪哲。厥或告之曰：‘小人怨汝詈汝！’则皇自敬德。厥愆，曰：‘朕之愆！’允若时，不啻不敢含怒。此厥不听，人乃或诪张为幻，曰：‘小人怨汝詈汝！’则信之。则若时，不永念厥辟，不宽绰厥心，乱罚无罪，杀无辜。怨有同，是丛于厥身！”

周公曰：“呜呼！嗣王其监于兹！”

【译文】

周公说：“啊！君子在位，可不要安逸享乐。先了解耕种收获的艰难，然后处在逸乐的境地，就会知道老百姓的痛苦。看那些老百姓，他们的父母勤劳地耕种收获，他们的儿子却不知道耕种收获的艰难，便安逸，便不恭。已经久了，于是就轻视侮慢他们的父母说：‘老人们没有知识。’”

周公说：“啊！我听说：过去殷王中宗，庄正敬畏，以天命制约自己，治理百姓，敬慎恐

1290

惧,不敢荒废、安逸。所以中宗在位七十五年。

"在高宗,这个人长期在外服役,惠爱老百姓。等到他即位,便又听信冢宰沉默不言,三年不轻易说话。因为他不轻易说话,有时说出来就能使人和悦。他不敢荒废、安逸,善于安定殷国。从老百姓到群臣,没有怨恨他的。所以高宗在位五十九年。

"在祖甲,他以为代兄称王不合情理。逃亡民间,做过很久的平民百姓。等到他即位后,就知道老百姓的痛苦,能够安定和爱护众民,对于鳏寡无依的人也不敢轻慢。所以祖甲在位三十三年。

"从这以后,在位的殷王生来就安闲逸乐,生来就安闲逸乐,不知耕种收获的艰难,不知老百姓的劳苦,只是追求过度的逸乐。从这以后,在位的殷王也没有能够长寿的。有的十年,有的七、八年,有的五、六年,有的三、四年。"

周公说:"啊!只有我们周家的太王、王季能够谦让敬畏。文王做卑下的工作,从事过开通道路、耕种田地的劳役。他和蔼、仁慈、善良、恭敬,使百姓和睦、安定,爱护亲善孤苦无依的人。从早晨到中午,到下午,他没有闲暇吃饭,要使万民生活和谐。文王不敢乐于嬉游、田猎,不敢使众国只是进献赋税,供他享乐。文王中年受命为君,在位五十年。"

周公说:"啊!从今以后的继位君王,就不可沉迷在观赏、安逸、嬉游和田猎之中,不可只是使老百姓进献赋税供他享乐。不要自我宽解说:'今天快乐快乐。'这样子,就不是老百姓所顺从的,也不是上天所嘉许的,这样的人就有罪过了。不要像商纣王那样迷惑昏乱,把酗酒作为酒德啊!"

周公说:"啊!我听说:'古时的人还能互相劝导,互相爱护,互相教诲,所以老百姓没有互相欺骗、互相诈惑的。'不依照这样,官员就会顺从自己的意愿,就会变乱先王的正法,以至于大大小小的法令。老百姓于是就内心怨恨,就口头诅咒了。"

周公说:"啊!从殷王中宗、到高宗、到祖甲、到我们的周文王,这四位君王领导很明智。有人告诉他们说:'老百姓在怨恨你咒骂你。'他们就更加敬慎自己的行为;有人举出他们的过错,他们不但不敢怀怒,还说:'我的过错确实像这样。'不依照这样,人们就会互相欺骗、互相诈惑。有人说老百姓在怨恨你咒骂你,你就会相信,就会像这样:不多考虑国家的法度,不放宽自己的心怀,乱罚没有罪过的人,乱杀没有罪过的人。民怨汇合,就会集中到你的身上啊!"

周公说："啊！继王要鉴戒这些啊！"

君奭

【原文】

周公若曰："君奭！弗吊，天降丧于殷，殷既坠厥命，我有周既受，我不敢知曰厥基永孚于休。若天棐忱，我亦不敢知曰其终出于不祥。呜呼！君已曰时我！我亦不敢宁于上帝命，弗永远念天威越我民。罔尤违，惟人在！我后嗣子孙大弗克恭上下，遏佚前人光在家，不知天命不易，天难谌，乃其坠命，弗克经历嗣前人恭明德。在今予小子旦，非克有正，迪惟前人光，施于我冲子。"又曰："天不可信。我道惟宁王德延，天不庸释于文王受命。"

公曰："君奭！我闻在昔成汤既受命，时则有若伊尹，格于皇天。在太甲，时则有若保衡。在太戊，时则有若伊陟、臣扈，格于上帝；巫咸乂王家。在祖乙，时则有若巫贤。在武丁，时则有若甘盘。率惟兹有陈，保乂有殷，故殷礼陟配天，多历年所。天惟纯佑命，则商实百姓、王人，罔不秉德明恤。小臣、屏侯、甸，矧咸奔走。惟兹惟德称，用乂厥辟。故一人有事于四方，若卜筮，罔不是孚。"

公曰："君奭！天寿平格，保乂有殷。有殷嗣，天灭威。今汝永念，则有固命，厥乱明我新造邦。"

公曰："君奭！在昔上帝割申劝宁王之德，其集大命于厥躬？惟文王尚克修和我有夏，亦惟有若虢叔，有若闳夭，有若散宜生，有若泰颠，有若南宫括。

"又曰无能往来兹迪彝教，文王蔑德降于国人。亦惟纯佑秉德，迪知天威，乃惟时昭文王迪见，冒闻于上帝，惟时受有殷命哉！武王，惟兹四人，尚迪有禄。后暨武王诞将天威，咸刘厥敌。惟兹四人昭武王惟冒，丕单称德。今在予小子旦，若游大川，予往暨汝奭其济，小子同未，在位，诞无我责，收罔勖不及，耇造德不降，我则鸣鸟不闻，矧曰其有能格！"

公曰："呜呼！君，肆其监于兹，我受命无疆惟休，亦大惟艰，告君乃猷裕我，不以后

中华传世藏书

儒家经典

尚书

1292

人迷。"

公曰："前人敷乃心,乃悉命汝,作汝民极,曰,汝明勖偶王在！宣乘兹大命,惟文王德,丕承无疆之恤。"

公曰："君！告汝,朕允保奭,其汝克敬以予监于殷丧大否,肆念我天威。予不允惟若兹诰。予惟曰:'襄我二人,汝有合哉！'言曰:'在时二人,天休兹至。'惟时二人弗戡。其汝克敬德,明我俊民在！让后人于丕时。呜呼！笃棐时二人,我式克至于今日休。我咸成文王功于不怠,丕冒海隅出日,罔不率俾。"

公曰："君！予不惠若兹多诰,予惟用闵于天越民。"

公曰："呜呼！君！惟乃知民德,亦罔不能厥初,惟其终。祗若兹。往敬用治"。

【译文】

周公这样说:君奭！商纣王不敬重上天,给殷国降下了大祸,殷国已经丧失了福命,我们周国已经接受了。我不敢认为王业开始的时候,会长期保持休美。顺从上天,任用诚信的人为辅佐,我也不敢认为王业的结局会出现不吉祥。

"啊！您曾经说过:'依靠我们自己,我们不敢安于上帝的福命,不去永远顾念上天的威严和我们的人民;没有过错和违失,只在人。考察我们的后代子孙,很不能够恭顺上天和下民,把前人的光辉限制在我们国家之内,不知道天命难得,上帝难信,这就会失去天命,不能长久。继承前人,奉行明德,就在今天。'

"您的看法,我小子姬旦不能有什么改正,我想把前人的光美传给我们的后代。您还说过:'上天不可信赖。'我只想把文王的美德加以推广,上天将不会废弃文王所接受的福命。"

周公说:"君奭！我听说从前成汤既已接受天命,当时就有这个伊尹得到上天的嘉许。在太甲,当时就有这个保衡。在太戊,当时就有这个伊陟和臣扈,得到上天的嘉许,又有巫咸治理王国。在祖乙,当时就有这个巫贤。在武丁,当时就有这个甘盘。

"这些有道的人,安定治理殷国,所以殷人的制度,君王死后,他们的神灵都配天称帝,经历了许多年代。上天赐给贤良,于是,殷商异姓和同姓的官员们,确实没有人不保持美德,知道谨慎,君王的小臣和诸侯的官员,也都奔走效劳。这些官员推举贤德,辅助他们的君王,所以君王对四方施政,如同卜筮一样,没有人不相信。"

周公说："君奭！上天赐给中正和平的官员,安治殷国,于是殷王世世继承着,上天也不降给惩罚。现在您深长地考虑这些,就掌握了一定不移之命,将治好我们这个新建立的国家。"

周公说："君奭！过去上帝为什么一再嘉勉文王的品德,降下大命在他身上呢？因为文王常常能够治理、和谐我们中国,也因为有这个虢叔,有这个闳夭,有这个散宜生,有这个泰颠,有这个南宫括。

"有人说:这些贤臣不能奔走效劳,努力施行常教,文王也就没有恩德降给国人了。也因为这些贤臣保持美德,了解上天的威严,因为这些人辅助文王治道光显,进而被上帝知道了,因此,文王才承受了殷国的大命啊。

"武王的时候,文王的贤臣只有四人还活着。后来,他们和武王奉行上天的惩罚,消灭了他们的敌人。也因为这四人辅助武王很努力,于是天下普遍赞美武王的恩德。

"现在我小子姬旦好像游于大河,我和您一起前往谋求渡过。我恫昧少知却居大位,您不督责,纠正我,就没有人勉力指出我的不够了。您这年高有德的人不指示治国的法则,就连凤凰的鸣声都会听不到,何况说将又能被上天嘉许呢？"

周公说："啊！您现在应该看到这一点！我们接受的大命,有无限的喜庆,也有无穷的艰难。请求您,急于教导我,不要使后人迷惑呀！"

周公说："武王表明他的心意,详尽地告诉了您,要做老百姓的表率。武王说:您努力辅助成王,在于诚心承受这个大命,继承文王的功德,还会有无穷的忧患啊！"

周公说："君奭！请求您,我所深信的太保奭。希望您能警惕地和我一起看到殷国丧亡的大祸,长久使我们不忘上天的惩罚。我不但这样告请,我还想道:'除了我们二人,您有志同道合的人吗？'您会说:'在于我们这两个人。'上天赐予的休美越来越多,仅仅是我们两人不能胜任了。希望您能够敬重贤德,提拔杰出的人才,终归帮助我们后人去承受它。

"啊！真的不是这两个人,我们还能达到今天的休美境地吗？我们共同来成就文王的功业吧！不懈怠地加倍努力,要使那海边日出的地方,没有人不顺从我们。"

周公说："君奭啊！我不这样多多劝告了,我们要忧虑天命和民心。"

周公说："啊！君奭！您知道老百姓的行为,没有不善始的,要善其终啊！我们要依

照这些,前往敬慎地施行治理啊!"

蔡仲之命

【原文】

惟周公位冢宰,正百公,群叔流言。乃致辟管叔于商;囚蔡叔于郭邻,以车七乘;降霍叔于庶人,三年不齿。蔡仲克庸祗德,周公以为卿士。叔卒,乃命诸王,邦之蔡。

王若曰:"小子胡!惟尔率德改行,克慎厥猷,肆予命尔侯于东土。往即乃封,敬哉!尔尚盖前人之愆,惟忠惟孝;尔乃迈迹自身,克勤无怠,以垂宪乃后;率乃祖文王之彝训,无若尔考之违王命。皇天无亲,惟德是辅。民心无常,惟惠之怀。为善不同,同归于治;为恶不同,同归于乱。尔其戒哉!

慎厥初,惟厥终,终以不困;不惟厥终,终以困穷。

懋乃攸绩,睦乃四邻,以蕃王室,以和兄弟,康济小民。

率自中,无作聪明乱旧章。详乃视听,罔以侧言改厥度。则予一人汝嘉。"

王曰:"呜呼!小子胡,汝往哉!无荒弃朕命!"

【译文】

周公位居大宰、统帅百官的时候,几个弟弟对他散布流言。周公于是在商地,杀了管叔;囚禁了蔡叔,用七辆车把他送到郭邻;把霍叔降为庶人,三年不许录用。蔡仲能够经常重视德行,周公任用他为卿士。蔡叔死后,周公便告诉成王封蔡仲于蔡国。

成王这样说:"年轻的姬胡!你遵循祖德改变你父亲的行为,能够谨守臣子之道,所以我任命你到东土去做诸侯。你前往你的封地,要警慎呀!你当掩盖前人的罪过,思忠思孝。你要使自身迈步前进,能够勤劳不怠,用以留下模范给你的后代。你要遵循你祖父文王的常训,不要像你的父亲那样违背天命!

"皇天无亲无疏,只辅助有德的人;民心没有常主,只是怀念仁爱之主。做善事虽然各不相同,都会达到安治;做恶事虽然各不相同,都会走向动乱。你要警戒呀!

"谨慎对待事物的开初,也要考虑它的终局,终局因此不会困窘;不考虑它的终局,终

将困穷。勉力做你所行的事,和睦你的四邻,以保卫周王室,以和谐兄弟之邦,而使百姓安居成业。要循用中道,不要自作聪明扰乱旧章。要审慎你的视听,不要因片面之言改变法度。这样,我就会赞美你。"

成王说:"啊!年轻的姬胡。你去吧!不要废弃我的教导!"

多方

【原文】

惟五月丁亥,王来自奄,至于宗周。周公曰。

王若曰:"猷告尔四国多方惟尔殷侯尹民,我惟大降尔命,尔罔不知。洪惟图天之命,弗永寅念于祀,惟帝降格于夏。有夏诞厥逸,不肯戚言于民,乃大淫昏,不克终日劝于帝之迪,乃尔攸闻。厥图帝之命,不克开于民之丽,乃大降罚,崇乱有夏,因甲于内乱。不克灵承于旅,罔丕惟进之恭,洪舒于民。亦惟有夏之民,叨懫日钦,剚割夏邑。天惟时求民主,乃大降显休命于成汤,刑殄有夏。惟天不畀纯,乃惟以尔多方之义民,不克永于多享;惟夏之恭多士,大不克明保享于民;乃胥惟虐于民,至于百为,大不克开。乃惟成汤克以尔多方简代夏作民主。慎厥丽乃劝;厥民刑用劝。以至于帝乙,罔不明德慎罚,亦克用劝。要囚,殄戮多罪,亦克用劝。开释无辜,亦克用劝。今至于尔辟,弗克以尔多方享天之命。呜呼!"

王若曰:"诰告尔多方,非天庸释有夏,非天庸释有殷,乃惟尔辟以尔多方大淫,图天之命,屑有辞。乃惟有夏,图厥政,不集于享;天降时丧,有邦间之。乃惟尔商后王,逸厥逸,图厥政,不蠲烝,天惟降时丧。惟圣罔念作狂,惟狂克念作圣。天惟五年须暇汤之子孙,诞作民主,罔可念听。天惟求尔多方,大动以威,开厥顾天。惟尔多方罔堪顾之。惟我周王灵承于旅,克堪用德,惟典神天。天惟式教我用休,简畀殷命,尹尔多方。今我曷敢多诰?我惟大降尔四国民命。尔曷不忱裕之于尔多方?尔曷不夹介乂我周王,享天之命?今尔尚宅尔宅,畋尔田,尔曷不惠王熙天之命?尔乃迪屡不静,尔心未爱,尔乃不大宅天命,尔乃屑播天命,尔乃自作不典,图忱于正。我惟时其教告之,我惟时其战要囚之。

至于再,至于三,乃有不用我降尔命,我乃其大罚殛之! 非我有周秉德不康宁,乃惟尔自速辜。"

王曰:"呜呼! 猷告尔有方多士暨殷多士:今尔奔走臣我监五祀,越惟有胥伯小大多正,尔罔不克臬。自作不和,尔惟和哉! 尔室不睦,尔惟和哉! 尔邑克明,尔惟克勤乃事。尔尚不忌于凶德,亦则以穆穆在乃位,克阅于乃邑谋介尔,乃自时洛邑,尚永力畋尔田。天惟畀矜尔,我有周惟其大介赉尔,迪简在王庭,尚尔事,有服在大僚。"

王曰:"呜呼! 多士,尔不克劝忱我命,尔亦则惟不克享,凡民惟曰不享。尔乃惟逸惟颇,大远王命,则惟尔多方探天之威,我则致天之罚,离逖尔土。"

王曰:"我不惟多诰,我惟祇告尔命。"

又曰:"时惟尔初,不克敬于和,则无我怨。"

【译文】

五月丁亥这天,成王从奄地回来,到了宗周。

周公说:"成王这样说:告诉你们四国、各国诸侯以及你们众诸侯国治民的长官。我给你们大下教令,你们不可昏昏不闻。夏桀夸大天命,不常重视祭祀,上帝就对夏国降下了严正的命令。夏桀大肆逸乐,不肯恤问人民,竟然大行淫乱,不能一天力行上帝的教导,这些是你们所听说过的。夏桀夸大天命,不能明白老百姓归附的道理,就大肆杀戮,大乱夏国。夏桀因习于让妇人治理政事,不能很好地顺从民众,无时不贪取财物,大害于人民。也由于夏民贪婪、忿戾的风气一天天盛行,残害了夏国。上天于是寻求人民之主,就大下光明美好的使命给成汤,命令成汤消灭夏国。

"上天不赐给众位诸侯,就是因为那时各国首长不能常常劝导人民,夏国的官员太不懂得保护和劝导人民,竟然都对人民施行暴虐,至于各种工作都不能开展;就是因为成汤能由你们各国邦君的选择,代替夏桀做了君主。

"他慎施教令,是劝勉;他惩罚罪人,也是劝勉;从成汤到帝乙,没有人不宣明德教,慎施刑罚,也能够用来劝勉;他们监禁、杀死重大罪犯,也能够用来劝勉;他们释放无罪的人,也能够用来劝勉。

"现在到了你们的君王,不能够和你们各国邦君享受上天的大命,很可悲啊!"

王这样说:"告诉你们各位邦君,不是上天要舍弃夏国,也不是上天要舍弃殷国。就

因为你们夏、殷的君王和你们各国诸侯大肆淫佚。夸大天命，安逸而又懈怠，就因为夏桀谋划政事，不在于劝勉，于是上天降下了这亡国大祸，诸侯成汤代替了他；就因为你们殷商的后王安于他们的逸乐生活，谋划政事不美好，于是上天降下这亡国大祸。

"圣人不思考就会变成狂人，狂人能够思考就能变成圣人。上帝用五年时间等待夏的子孙，让他们继续做万民之君主，没有人能够思考和听从天意。上帝又寻求你们众诸侯国，大降灾异，启发你们众国顾念天意，你们众国也没有人能顾念它。只有我们周王善于顺从民众，能用明德，善待神、天。上帝就改用休祥指导我们，表明授予伟大的使命，治理众国诸侯。

"现在我怎么敢重复告诫而已，我当特别发布给你们四国臣民的教令。你们为什么不劝导各国臣民？你们为什么不帮助善良，助我周王共享天命呢？现在你们还住在你们的住处，整治你们的田地，你们为什么不顺从周王宣扬上帝的大命呢？

"你们竟然屡次教导还不安定，你们内心不顺。你们竟然不考虑天命，你们竟然完全抛弃天命，你们竟然自作不法，图谋攻击长官。我因此教导过你们，我因此讨伐你们，囚禁你们，至于再，至于三。假如还有人不用我发布给你们的命令，那么我就要重重惩罚他们！这不是我们周国执行德教不安静，只是你们自己招致了罪过！"

王说："告诉你们各国官员和殷国的官员，到现在你们奔走效劳臣服我侯国已经五年了，所有的徭役赋税和大大小小的政事，你们没有不能遵守法规的。

"自己造成了不和睦，你们也应该和睦起来！你们的家庭不和睦，你们也应该和睦起来！你们的城邑能够清明，你们算是能够勤于你们的职事。你们或许不被坏人教唆，也就可以好好地处在你们的位置上，能够留在你们的城邑里谋求美好的生活。

"你们如果用这个洛邑，还长久尽力耕作你们的田地，上天会怜悯你们。我们周国会大好地赏赐你们，把你们引进选拔到朝廷来；努力做好你们的职事，又将让你们担任重要官职。"

王说："啊！官员们，如果你们不能努力信从我的教命，你们也就不能享有禄位，老百姓也将认为你们不能享有禄位。你们如果放荡邪恶，大弃王命，那就是你们众国试探上天的威严，我就要施行上天的惩罚，使你们离开你们的土地。"

王说："我不想重复地说了，我只是认真地把天命告诉你们。"

王又说："好好地谋划你们的开始吧！若不能恭敬与和睦，那么你们就不要怨我了。"

立政

【原文】

周公若曰："拜手稽首，告嗣天子王矣！用咸戒于王曰王左右常伯、常任、准人、缀衣、虎贲。"

周公曰："呜呼！休兹知恤鲜哉！古之人迪惟有夏，乃有室大竞，吁俊尊上帝、迪知忱恂于九德之行。乃敢告教厥后曰：拜手稽首后矣。曰：宅乃事，宅乃牧，宅乃准，兹惟后矣。谋面用丕训德，则乃宅人，兹乃三宅无义民。桀德惟乃弗，作往任，是惟暴德罔后。亦越成汤，陟丕厘上帝之耿命，乃用三有宅，克即宅，曰三有俊，克即俊。严惟丕式，克用三宅三俊。其在商邑，用协于厥邑；其在四方，用丕式见德。呜呼！其在受德暋，惟羞刑暴德之人，同于厥邦，乃惟庶习逸德之人，同于厥政。帝钦罚之，乃伻我有夏，式商受命，奄甸万姓。

"亦越文王、武王，克知三有宅心，灼见三有俊心，以敬事上帝，立民长伯。立政：任人、准夫、牧，作三事；虎贲、缀衣、趣马、小尹、左右携仆、百司、庶府；大都、小伯、艺人、表臣百司、太史、尹伯、庶常吉士；司徒、司马、司空、亚旅；夷、微、卢烝、三亳、阪尹。文王惟克厥宅心，乃克立兹常事、司、牧人，以克俊有德。文王罔攸兼于庶言、庶狱、庶慎，惟有司之牧夫，是训用违。庶狱庶慎，文王罔敢知于兹。亦越武王，率惟敉功，不敢替厥义德，率惟谋从容德，以并受此丕丕基。

"呜呼！孺子王矣，继自今我其立政：立事、准人、牧夫。我其克灼知厥若，丕乃俾乱，相我受民，和我庶狱庶慎，时则勿有间之，自一话一言。我则末惟成德之彦，以乂我受民。

"呜呼！予旦已受人之徽言，咸告孺子王矣！继自今文子文孙，其勿误于庶狱庶慎，惟正是乂之。自古商人，亦越我周文王立政：立事、牧夫、准人，则克宅之；克由绎之，兹乃俾乂。国则罔有立政用憸人，不训于德，是罔显在厥世。继自今立政，其勿以憸人，其惟吉士，用劢相我国家。今文子文孙孺子王矣，其勿误于庶狱，惟有司之牧夫。其克诘尔戎

兵，以陟禹之迹，方行天下，至于海表，罔有不服，以觐文王之耿光，以扬武王之大烈。

"呜呼！继自今后王立政，其惟克用常人。"

周公若曰："太史、司寇苏公，式敬尔由狱，以长我王国。兹式有慎，以列用中罚。"

【译文】

周公这样说："跪拜叩头，报告继承天子的王。"周公率群臣共同劝诫成王与王左右常伯、常任、准人、缀衣和虎贲。

周公说："啊！美好的时候就知道忧虑的人，很少啊！古代的人只有夏禹，他的卿大夫很强，夏王还呼吁他们长久地尊重上帝的教导，使他们知道诚实地相信九德的准则。夏的大臣于是敢于告诉他们的君王道：'跪拜叩头了，君王啊！'夏臣说：'考察你的常任、常伯、准人，这样，才称得上君王啊！以貌取人，不依循德行，假若这样考察人，这就三宅没有贤人了。'

"夏桀登上帝位，他不用往日任用官员的法则，于是只用些暴虐的人，终于无后。

"到了成汤登上帝位，大受上帝的明命，他选用事、牧、准三宅的官，都能就三宅的职位，选用三宅的属官，也能就其属官之位。他敬念上帝选用官员的大法，能够任用各级官员，他在商都，用这些官员和协都城的臣民，他在天下四方，用这种大法显扬他的圣德。

"啊！在商王纣登上帝位，强行把罪人和暴虐的人聚集在他的国家里；竟然用众多亲幸和失德的人，共同治理他的政事。上帝重重地惩罚他，就使我们周王代替商纣王接受上天的大命，安抚治理天下万民。

"到了文王、武王，他们能够知道三宅的思想，还能清楚地看到三宅部属的思想，用敬奉上帝的诚心，为老百姓建立官长。设立的官职是：任人、准夫、牧作为三事；有虎贲、缀衣、趣马、小尹、左右携仆以及百司庶府；有大小邦国的君主、艺人，外臣百官；有太史、尹伯；他们都是祥善的人。诸侯国的官员有司徒、司马、司空、亚旅；设立夷、微、卢各国的君主；还设立了商和夏的旧都管理官员。

"文王因能够知道三宅的思想，就能设立这些常事、司牧官员，而且能够是俊彦有德的。文王不兼管各种教令。各种狱讼案件和各种敕戒，用和不用只顺从主管官员和牧民的人；对于各种狱讼案件和各种敕戒，文王不敢过问这些。到了武王，完成了文王的事业，不敢放弃文王的善德，谋求顺从文王宽容的美德，因此，文王和武王共同接受了这伟

大的王业。

"啊！您现在已是君王了。从今以后，我们要设立官员，设立事、准人、牧夫，我们要能明白了解他们的优点，才能让他们治理政事。管理我们所接受的人民，平治我们各种狱讼和各种敕戒的事务，这些事务我们不可代替。虽然一话一言，我们终要谋于贤德的人，来治理我们的老百姓。

"啊！我姬旦把前人的美言全都告诉君王了。从今以后，继承的贤子贤孙，可不要在各种狱讼和各种敕戒上耽误，这些事只让主管官员去治理。

"从古时的商代先王到我们的周文王设立官员，设立事、牧夫、准人，就是能够考察他们，能够扶持他们，这样才让他们治理，国事就没有失误。假如设立官员，任用贪利奸佞的人，不依循于德行，于是君王终世都会没有光彩。从今以后设立官员，可不要任用贪利奸佞的小人，要任用善良贤能的人，用来努力治理我们的国家。

"现在，贤明的子孙，您已做君王了！可不要在各种狱讼案件上耽误，只让主管官员和牧夫去治理。您要能够治理好军队，步着大禹的足迹，遍行天下，直至海外，没有人不服从。以此显扬文王的光辉，继续武王的大业。啊！从今以后，继位君王设立官员，要能够任用常人。"

周公这样说："太史！司寇苏公规定要认真地处理狱讼案件，使我们的王国长治久安。现在规定更要敬慎，依据常例，使用中罚。"

周官

【原文】

惟周王抚万邦，巡侯、甸，四征弗庭，绥厥兆民。六服群辟，罔不承德。归于宗周，董正治官，王曰：

"若昔大猷，制治于未乱，保邦于未危。"曰："唐虞稽古，建官惟百。内有百揆四岳，外有州、牧、侯伯。庶政惟和，万国咸宁。夏商官倍，亦克用乂。明王立政，不惟其官，惟其人。

今予小子祗勤于德,夙夜不逮,仰惟前代时若,训迪厥官。立太师、太傅、太保,兹惟三公。论道经邦,燮理阴阳。官不必备,惟其人。少师、少傅、少保,日三孤。贰公弘化,寅亮天地,弼予一人。冢宰掌邦治,统百官,均四海。司徒掌邦教,敷五典,扰兆民。宗伯掌邦礼,治神人,和上下。司马掌邦政,统六师,平邦国。司寇掌邦禁,诘奸慝,刑暴乱。司空掌邦土,居四民,时地利。六卿分职,各率其属,以倡九牧,阜成兆民。六年,五服一朝。又六年,王乃时巡,考制度于四岳。诸侯各朝于方岳,大明黜陟。"

王曰:"呜呼!凡我有官君子,钦乃攸司,慎乃出令,令出惟行,弗惟反。以公灭私,民其允怀。学古入官。议事以制,政乃不迷。其尔典常作之师,无以利口乱厥官。蓄疑败谋,怠忽荒政,不学墙面,莅事惟烦。戒尔卿士,功崇惟志,业广惟勤,惟克果断,乃罔后艰。位不期骄,禄不期侈。恭俭惟德,无载尔伪。作德,心逸日休;作伪,心劳日拙。居宠思危,罔不惟畏,弗畏入畏。推贤让能,庶官乃和,不和政庞。举能其官,惟尔之能。称匪其人,惟尔不任。"

王曰:"呜呼!三事暨大夫,敬尔有官,乱尔有政,以佑乃辟。永康兆民,万邦惟无斁!"

【译文】

周成王安抚万国,巡视侯服、甸服等诸侯,四方征讨不来朝见的诸侯,以安定天下的老百姓。六服的诸侯,无人不奉承他的德教。成王回到王都丰邑,又督导整顿治事的官员。

成王说:"顺从往日的大法。要在未乱的时候制定政教,在未危的时候安定国家。尧舜稽考古代制度,建立官职一百。内有百揆和四岳,外有州牧和侯伯。各种政策适合。天下万国都安宁。夏代和商代,官数增加一倍,也能用来治理。明王设立官员,不考虑他的官员之多,而考虑要得到贤人。现在我小子恭勤施行德政,起早睡晚只怕来不及。仰思顺从前代,指导我们的官制。

"设立太师、太傅、太保,这是三公。他们讲明治道,治理国家,调和阴阳。三公的官不必齐备,要考虑适当的人。

"设立少师、少傅、少保,叫作三孤。他们协助三公弘扬教化,敬明天地的事,辅助我一人。

"冢宰主管国家的治理,统帅百官,调剂四海。司徒主管国家的教育,传布五常的教训,使万民和顺。宗伯主管国家的典礼,治理神和人的感通,调和上下尊卑的关系。司马主管国家的军政,统率六师,平服邦国。司寇主管国家的法禁,治理奸恶的人,刑杀暴乱之徒。司空主管国家的土地,安置士农工商,依时发展地利。六卿分管职事,各自统率他的属官,以倡导九州之牧,大力安定兆民。

"六年,五服诸侯来朝见一次。又隔六年,王便依时巡视,到四岳校正制度。诸侯各在所属的方岳来朝见,王对诸侯普遍讲明升降赏罚。"

成王说:"啊!凡我的各级官长,要认真对待你们所管理的工作,慎重对待你们发布的命令。命令发出了就要实行,不要违抗。用公正消除私情,人民将会信任归服。先学古代治法再入仕途。议论政事依据法制,政事就不会错误。你们要用周家常法作为法则,不要以巧言干扰你的官员。蓄疑不决,必定败坏计谋,怠惰忽略,必定废弃政事。不学习好像向墙站着,临事就会烦乱。

"告诉你们各位卿士:功高由于有志,业大由于勤劳。能够果敢决断,就没有后来的艰难。居官不当骄傲,享禄不当奢侈,恭和俭是美德啊!不要行使诈伪,行德就心逸而日美,作伪就心劳而日拙。处于尊宠要想到危辱,无事不当敬畏,不知敬畏,就会进入可畏的境地。推举贤明而让能者,众官就会和谐;众官不和,政事就杂乱了。推举能者在其官位,是你们的贤能;所举不是那种人,是你们不能胜任。"

君陈

【原文】

王若曰:"君陈,惟尔令德孝恭。惟孝友于兄弟,克施有政。命汝尹兹东郊,敬哉!昔周公师保万民,民怀其德。往慎乃司,兹率厥常,懋昭周公之训,惟民其乂!

我闻曰:'至治馨香,感于神明。黍稷非馨,明德惟馨尔。'尚式时周公之猷训,惟日孜孜,无敢逸豫。

凡人未见圣,若不克见;既见圣,亦不克由圣,尔其戒哉!尔惟风,下民惟草。

图厥政，莫或不艰，有废有兴，出入自尔师虞，庶言同则绎。

尔有嘉谋嘉猷，则入告尔后于内，尔乃顺之于外，曰：'斯谋斯猷，惟我后之德。'呜呼！臣人咸若时，惟良显哉！"

王曰："君陈，尔惟弘周公丕训，无依势作威，无倚法以削，宽而有制，从容以和。殷民在辟，予曰'辟'，尔惟勿辟；予曰'宥'，尔惟勿宥，惟厥中。有弗若于汝政，弗化于汝训，辟以止辟，乃辟。狃于奸宄，败常乱俗，三细不宥。

尔无忿疾于顽，无求备于一夫。必有忍，其乃有济；有容，德乃大。简厥修，亦简其或不修。进厥良，以率其或不良。惟民生厚，因物有迁。违上所命，从厥攸好。尔克敬典在德，时乃罔不变。允升于大猷，惟予一人膺受多福，其尔之休，终有辞于永世！"

【译文】

成王这样说："君陈！你有孝顺恭敬的美德。因为你孝顺父母，又友爱兄弟，就能够移来从政了。我命令你治理东郊成周，你要敬慎呀！从前周公做万民的师保，人民怀念他的美德。你前往，要慎重对待你的职务！现在遵循周公的常道，勉力宣扬周公的教导，人民就会安定。

"我听说：至治之世的馨香，感动神明；黍稷的香气，不是远闻的香气，明德才是远闻的香气。你要履行这一周公的教训，日日孜孜不倦，不要安逸享乐！凡人未见到圣道，好像不能见到一样，盼望见到；已经见到圣道，又不能遵行圣人的教导；你要戒惧呀！你是风，百姓是草，草随风而动啊！谋划殷民的政事，无有不难的；有废除，有兴办，要反复同众人商讨，大家议论相同，才能施行。你有好谋好言，就要进入宫内告诉你的君主，你于是在外面顺从君主，并且说：'这样的好谋，这样的好言，是我们君主的美德。'啊！臣下都像这样，就良好啊！"

成王说："君陈！你当宏扬周公的大训！不要倚势造作威恶，不要倚法侵害人民。要宽大而有法制，从容而又和谐。殷民有陷入刑法的，我说处罚，你不要处罚；我说赦免，你也不要赦免；要考虑刑法的适中。有人不顺从你的政事，不接受你的教训，处罚可以制止别人犯法，才处罚。惯于奸宄犯法，破坏常法，败坏风俗，这三项中的小罪，也不宽宥。你不要忿恨愚钝无知的人，不要对一人求全责备。一定要有所忍耐，那才能有成；有所宽容，德才算是大。鉴别善良的，也鉴别有不善良的；进用那些贤良的人，来勉励那些有所

不良的人。

"民性敦厚,又依外物而有改移;往往违背上级的教命,顺从上级的喜好。你能够敬重常法和省察自己的德行,这些人就不会不变。真的升到大顺的境地,我将享受大福,你的美名,终将永远被人赞扬。"

顾命

【原文】

惟四月哉生魄,王不怿。甲子,王乃洮颒水,相被冕服,凭玉几。乃同召太保奭、芮伯、彤伯、毕公、卫侯、毛公、师氏、虎臣、百尹、御事。王曰:"呜呼!疾大渐,惟几。病日臻,既弥留,恐不获誓言嗣,兹予审训命汝。

"昔君文王、武王,宣重光,奠丽陈教,则肄肄不违,用克达殷,集大命。在后之侗,敬迓天威,嗣守文武大训,无敢昏逾。今天降疾,殆弗兴弗悟,尔尚明时朕言,用敬保元子钊,弘济于艰难,柔远能迩,安劝小大庶邦。思夫人自乱于威仪,尔无以钊冒贡于非几。"

兹既受命,还,出缀衣于庭。越翼日乙丑,王崩。太保命仲桓、南宫毛,俾爰齐侯吕伋,以二干戈虎贲百人,逆子钊于南门之外,延入翼室,恤宅宗。丁卯,命作册度。越七日癸酉,伯相命士须材。

狄设黼扆缀衣,牖间南向,敷重篾席、黼纯,华玉仍几。西序东向,敷重底席、缀纯,文贝仍几。东序西向,敷重丰席、画纯,雕玉仍几。西夹南向,敷重笋席、玄纷纯,漆仍几。越玉五重、陈宝、赤刀、大训、弘璧、琬、琰,在西序。大玉、夷玉、天球、河图,在东序。胤之舞衣、大贝、鼖鼓,在西房。兑之戈、和之弓、垂之竹矢,在东房。大辂在宾阶面,缀辂在阼阶面,先辂在左塾之前,次辂在右塾之前。

二人雀弁,执惠,立于毕门之内;四人綦弁,执戈上刃,夹两阶戺;一人冕,执刘,立于东堂;一人冕,执钺,立于西堂;一人冕,执戣,立于东垂;一人冕,执瞿,立于西垂;一人冕,执锐,立于侧阶。

王麻冕黼裳,由宾阶隮。卿士、邦君,麻冕蚁裳,入即位。太保、太史、太宗皆麻冕彤

裳。太保承介圭,上宗奉同瑁,由阼阶隮;太史秉书,由宾阶隮,御王册命。曰:"皇后凭玉几,道扬末命:命汝嗣训,临君周邦,率循大卞,燮和天下,用答扬文武之光训。"

王再拜,兴,答曰:"眇眇予末小子,其能而乱四方,以敬忌天威?"乃受同,王三宿、三祭、三咤。上宗曰:"飨!"太保受同,降,盥,以异同秉璋以酢,授宗人同,拜,王答拜。太保受同,祭,哜,宅,授宗人同,拜,王答拜。太保降,收。诸侯出庙门俟。

【译文】

四月,月亮新现光明,成王生了病。甲子这天,成王洗了头发洗了脸,太仆给王戴上王冠,披上朝服,王靠着玉几。于是会见朝臣,成王召见太保奭、芮伯、彤伯、毕公、卫侯、毛公、师氏、虎臣、百官的首长以及办事官员。

王说:"啊!我的病大进,有危险,病倒的日子到了。已经是临终时刻,恐怕不能郑重地讲后嗣的事了,现在,我详细地训告你们。过去,我们的先君文王、武王,放出日月般的光辉,制定所施,发布教令,臣民都努力奉行,不敢违背,因而能够讨伐殷商,成就我周国的大命。

"后来,幼稚的我,认真奉行天威,继续遵守文王、武王的伟大教导,不敢昏乱变更。如今上天降下重病,几乎不能起床不能说话了。你们要勉力接受我的话,认真保护我的大儿子姬钊大渡艰难,要柔服远方,亲善近邻,安定、教导大小各国。要想到众人必用礼法自治,你们不可使姬钊冒犯以陷于非法啊!"

群臣已经接受教命,就退回来,拿出成王的朝服放在王庭。到了第二天乙丑日,成王逝世了。

太保命令仲桓和南宫毛跟从齐侯吕伋,二人分别拿着干戈,率领一百名勇士,到南门外迎接太子钊。请太子钊进入侧室,做忧居的主人。丁卯这天,命令作册制定丧礼。到了第七天癸酉,召公命令官员布置各种器物。

狄人陈设斧纹屏风和先王的礼服。门窗间朝南的位置,铺设着双层竹席,饰着黑白相间的丝织花边,陈设彩玉,用无饰的几案。在西墙朝东的位置,铺设双层细竹篾席,饰着彩色的花边,陈设花贝壳,用无饰的几案。在东墙朝西的位置,铺设双层莞席,饰着绘有云气的花边,陈设雕刻的玉器,用无饰的几案。在堂的西边夹室朝南的位置,铺设双层青竹篾席,饰着黑丝绳连缀的花边,陈设漆器,用无饰的几案。

越玉五种、宝刀、赤刀、大训、大璧、琬、琰，陈列在西墙向东的席前。大玉、夷玉、天球、河图，陈列在东墙向西的席前。胤制作的舞衣、大贝壳、大军鼓，陈列在西房。兑制作的戈、和制作的弓、垂制作的竹矢，陈列在东房。

王的玉车放置在西阶前，金车放置在东阶前，象车放在门左侧堂屋的前面，木车放在门右侧堂屋的前面。

二人戴着赤黑色的礼帽，执三角矛，站在祖庙门里边。四人戴着青黑色的礼帽，执着戈，戈刃向前，夹着台阶对面站在台阶两旁。一人戴着礼帽，拿着大斧，站立在东堂的前面。一人戴着礼帽，拿着大斧，站立在西堂的前面。一人戴着礼帽，拿着三锋矛，站立在东堂外边。一人戴着礼帽，拿着三锋矛，站立在西堂外边。还有一人戴着礼帽，拿着矛，站立在北堂北面的台阶上。

王戴着麻制的礼帽，穿着绣有斧形花纹的礼服，从西阶上来。卿士和众诸侯戴着麻制的礼帽，穿着黑色礼服，进入中庭各就各位。太保、太史、太宗都戴着麻制的礼帽，穿着红色礼服。太保捧着大圭，太宗捧着酒杯和瑁，从东阶上来。太史拿着策书，从西阶走上来，进献策书给康王。太史说："大王靠着玉几，宣布他临终的教命，命令您继承文王、武王的大训，治理领导周国，遵守大法，协和天下，以宣扬文王、武王的光明教训。"王再拜，然后起来，回答说："我这个微末的小子，怎么能协和治理天下以敬畏天威啊？"

王接受了酒杯和瑁。王前进三次，祭酒三次，奠酒三次。太宗说："请喝酒！"王喝酒后，太保接过酒杯，走下堂，洗手，又登上堂，用另外一种酒杯自斟自饮作答，然后把酒杯交给宗人，对王下拜。王也回拜。太保又从宗人那里接过酒杯，祭酒，尝酒，奠酒，然后把酒杯交给宗人，又拜。王又回拜。太保走下堂，行礼结束。诸侯卿士们都走出祖庙门，等候康王视朝。

康王之诰

【原文】

王出，在应门之内，太保率西方诸侯入应门左，毕公率东方诸侯入应门右，皆布乘黄

朱。宾称奉圭兼币,曰:"一二臣卫,敢执壤奠。"皆再拜稽首。王义嗣德,答拜。

太保暨芮伯咸进,相揖。皆再拜稽首曰:"敢敬告天子,皇天改大邦殷之命,惟周文武诞受羑若,克恤西土。惟新陟王毕协赏罚,戡定厥功,用敷遗后人休。今王敬之哉! 张皇六师,无坏我高祖寡命。"

王若曰:"庶邦侯、甸、男、卫,惟予一人钊报诰。昔君文武丕平,富不务咎,厎至齐信,用昭明于天下。则亦有熊罴之士,不二心之臣,保乂王家,用端命于上帝。皇天用训厥道,付畀四方。乃命建侯树屏,在我后之人。今予一二伯父,尚胥暨顾,绥尔先公之臣服于先王。虽尔身在外,乃心罔不在王室,用奉恤厥若,无遗鞠子羞!"

群公既皆听命,相揖,趋出。王释冕,反丧服。

【译文】

王走出祖庙,来到应门内。太保召公率领西方的诸侯进入应门左侧,毕公率领东方的诸侯进入应门的右侧,他们都穿着绣有花纹的礼服和黄朱色的韨。赞礼的官员传呼进献命圭和贡物,诸侯走上前,说:"一二个王室的护卫向王奉献土产。"诸侯都再拜叩头。王依礼辞谢,然后升位答拜。

太保召公和芮伯同走向前,互相作揖后,同向王再拜叩头。他们说:"恭敬地禀告天子,伟大的天帝更改了大国殷的命运,我们周国的文王、武王大受福祥,能够安定西方。新逝世的成王,赏罚完全合宜,能够成就文、武的功业,因此把幸福普遍地留给我们后人。现在王要敬慎啊! 要加强王朝的六军,不要败坏我们高祖的大命!"

王这样说:"侯、甸、男、卫的各位诸侯! 现在我姬钊答复你们的教导。先君文王、武王很公平,仁厚而不滥施刑罚,致力实行中信,因而光辉普照天下。还有像熊罴一样勇武的将士,忠贞不渝的大臣,安定治理我们的国家,因此,才被上帝加以任命。

"上天顺从先王的治理之道,把天下交给先王。先王于是命令分封诸侯,树立蕃卫,眷顾我们后代子孙。现在,我们几位伯父希望你们互相爱护顾念,继续如你们的祖先臣服于先王。虽然你们身在朝廷之外,你们的心不可不在王室,要辅助我得到吉祥,不要把羞辱留给我!"

众位大臣都听完了命令,互相作揖,快步走出。康王脱去吉服,返回居丧的侧室,穿上丧服。

毕命

【原文】

惟十有二年,六月庚午,朏。越三日壬申,王朝步自宗周,至于丰。以成周之众,命毕公保釐东郊。王若曰:

"呜呼!父师,惟文王、武王敷大德于天下,用克受殷命。惟周公左右先王,绥定厥家,毖殷顽民,迁于洛邑,密迩王室,式化厥训。既历三纪,世变风移,四方无虞,予一人以宁。

"道有升降,政由俗革。不臧厥臧,民罔攸劝。惟公懋德,克勤小物,弼亮四世,正色率下,罔不祗师言。嘉绩多于先王,予小子垂拱仰成。"

王曰:"呜呼!父师,今予祗命公以周公之事,往哉!旌别淑慝,表厥宅里。(彰)〔章〕善瘅恶,树之风声。弗率训典,殊厥井疆,俾克畏慕。申画郊圻,慎固封守,以康四海。政贵有恒,辞尚体要,不惟好异。商俗靡靡,利口惟贤,余风未殄,公其念哉!

我闻曰:'世禄之家,鲜克由礼'。以荡陵德,实悖天道。敝化奢丽,万世同流。兹殷庶士,席宠惟旧,怙侈灭义,服美于人。骄淫矜侉,将由恶终。虽收放心,闲之惟艰。资富能训,惟以永年。惟德惟义,时乃大训。不由古训,于何其训。"

王曰:"呜呼!父师邦之安危,惟兹殷士。不刚不柔,厥德允修。惟周公克慎厥始,惟君陈克和厥中,惟公克成厥终。三后协心,同底于道,道洽政治,泽润生民,四夷左衽,罔不咸赖,予小子永膺多福。

公其惟时成周,建无穷之基,亦有无穷之闻。子孙训其成式,惟乂。呜呼!罔曰弗克,惟既厥心;罔曰民寡,惟慎厥事。钦若先王成烈,以休于前政。"

【译文】

康王十二年六月庚午日,月亮新放光明。到第三天壬申日,康王早晨从镐京行到丰邑,把成周的民众,命令给太师毕公使他安治东郊。

康王这样说:"啊!父师。文王武王行大德于天下,因此能够承受殷的王命,代理殷

王。周公辅助先王安定国家,告诫殷商顽民,迁徙到洛邑,使他们接近王室,用此改变他们的礼教。自从迁徙以来,已经过了三纪。人世变化,风俗转移,今四方没有忧患,我因此感到安宁。治道有起有落,政教也随着风俗改革,若不善用贤能,人民将无所劝勉仰慕。我公盛德,不但能勤小事,而且辅助过四代,严正地率领下属,臣下没有人不敬重师训。你的美好功绩被先王所重视,我小子只是垂衣拱手仰仗成功罢了。"

康王说:"啊! 父师。现在我把周公的重任敬托给公,我公前往吧! 我公当识别善和恶,标志善人所居之里,表彰善良,疾恨邪恶,树立好的风气。有不遵循教训和常法的,就变更他的井居田界,使他能够畏惧和敬慕。又要重新画出郊圻的境界,认真加固封疆守备,以安定四海。为政贵在有常,言辞崇尚体实简要,不宜好异。商地旧俗喜好奢靡,以巧辩为贤,馀风至今没有断绝,我公要考虑呀!

"我听说:'世代享有禄位的人家,很少能够遵守礼法。'他们以放荡之心,轻蔑德义,实在是悖乱天道。腐败的风俗崇尚奢侈华丽,万世相同。如今殷商众士,处在宠位已经很久,凭仗强大,忽视德义,穿着华美过人。他们骄恣矜夸,将会以恶自终。虽然收敛了放恣之心,但防闲他们还是难事。资财富足而能顺从,可以长久。行德行义,这就大顺了;若不用古训教导,到何时才会顺从呢?"

康王说:"啊! 父师。我国的安危,就在于这些殷商众士。不刚不柔,那样的教化就真好。开初,周公能够谨慎对待;中间,君陈能够使他们和谐;最后,我公当能够成功。三君合心,共同致力于教导,教导普遍了,政事治理了,就能润泽到生民。四方各族被发左衽的人民,都会受到福利,我小子也会长受大福。我公要以这个成周,建立无穷的基业,也会有无穷的美名。后世子孙顺从我公的成法,天下就安定了。啊! 不要说不能,当尽自己的心;不要说百姓少,当慎行政事。'认真治理好先王的大业,使它比前人的政绩更美好吧!"

君牙

【原文】

王若曰:"呜呼! 君牙,惟乃祖乃父,世笃忠贞,服劳王家,厥有成绩,纪于太常。惟予

小子嗣守文、武、成、康遗绪,亦惟先(正)〔王〕之臣,克左右乱四方。心之忧危,若蹈虎尾,涉于春冰。今命尔予翼,作股肱心膂;缵乃旧服。无忝祖考,弘敷五典,式和民则。尔身克正,罔敢弗正,民心罔中,惟尔之中。夏暑雨,小民惟曰怨咨;冬祁寒,小民亦惟曰怨咨。厥惟艰哉!思其艰以图其易,民乃宁。

呜呼!丕显哉,文王谟!丕承哉,武王烈!启佑我后人,咸以正罔缺。尔惟敬明乃训,用奉若于先王,对扬文、武之光命,追配于前人。”

王若曰:“君牙,乃惟由先正旧典时式,民之治乱在兹。率乃相考之攸行,昭乃辟之有乂。”

【译文】

穆王这样说:“啊!君牙。你的祖父和你的父亲,世世淳厚忠正;服劳于王家,很有成绩,记录在画有日月的旗子上。我小子继守文、武、成、康的遗业,也想先王的臣子能够辅助我治理四方。我心里的忧虑危惧,就像踩着虎尾和走着春天的冰。

“现在我命令你辅助我,做我的心腹重臣。要继续你旧日的行事,不要累及你的祖考!普遍传布五常的教育,用为和谐人民的准则。你自身能正,人民不敢不正;民心没有标准,只考虑你的标准。夏天大热大雨,小民只是怨恨嗟叹;冬天大寒,小民也只是怨恨嗟叹。是艰难呀!你要想到他们的艰难,因而谋求那些治理的办法,人民才会安宁。啊!光明呀!我们文王的谋略;相承呀!我们武王的功业。它可以启示佑助我们后人,使我们都依从正道而无邪缺。你当不懈地宣扬你的五教,以此恭顺于先王。你当报答颂扬文王、武王光明的教导,追求并美于前人。”

穆王这样说:“君牙!你当奉行先正的旧典善法,人民治乱的关键,就在这里。你当遵循你祖父的行为,赞助你君主的治道。”

冏命

【原文】

王若曰:“伯冏,惟予弗克于德,嗣先人宅丕后,怵惕惟厉,中夜以兴,思免厥愆。

昔在文、武，聪明齐圣，小大之臣，咸怀忠良。其侍御仆从，罔匪正人，以旦夕承弼厥辟，出入起居，罔有不钦；发号施令，罔有不臧。下民（祇）〔祇〕若；万邦咸休。惟予一人无良，实赖左右前后有位之士，匡其不及，绳愆纠谬，格其非心，俾克绍先烈。

今予命汝作大正，正于群仆侍御之臣，懋乃后德，交修不逮。慎简乃僚，无以巧言令色，便辟侧媚，其惟吉士。仆臣正，厥后克正；仆臣谀，厥后自圣。后德惟臣，不德惟臣。尔无昵于憸人，充耳目之官，迪上以非先王之典。非人其吉，惟货其吉，若时，瘝厥官，惟尔大弗克（祇）〔祇〕厥辟，惟予汝辜。"

王曰："呜呼，钦哉！永弼乃后于彝宪。"

【译文】

穆王这样说："呜呼！我不优于道德。继承先人处在大君的位置，戒惧会有危险，甚至半夜起来，想法子避免过失。

"从前在文王、武王的时候，他们聪明、通达、圣明，小臣大臣都怀着忠良之心。他们的侍御近臣，没有人不是正人，用他们早晚侍奉辅佐他们的君主，所以君主出入起居，没有不敬慎的事；发号施令，也没有不好的。百姓敬重顺从君主的命令，天下万国也都喜欢。

"我没有好的德行，实在要依赖左右前后的官员，匡正我的不到之处。纠正过失和错误，端正我不正确的思想，使我能够继承先王的功业。

"今天我任命你做太仆长，领导群仆、侍御的臣子。你要勉励你的君主增修德行，共同医治我不够的地方。你要慎重选择你的部属，不要任用巧言令色、阿谀不端的人，要都是贤良正士。仆侍近臣都正，他们的君主才能正；仆侍近臣谄媚，他们的君主就会自以为圣明。君主有德，由于臣下，君主失德，也由于臣下。你不要亲近小人，充当我的视听之官，不要引导君上违背先王之法。不是贤人最善，只是货财最善，像这样，就会败坏我们的官职，就是你大不能敬重你的君主；我将惩罚你。"

穆王说："啊！要认真呀！要长久用常法辅助你的君主。"

吕刑

【原文】

惟吕命王享国百年，耄，荒度作《刑》以诘四方。

王曰："若古有训：蚩尤惟始作乱，延及于平民，罔不寇贼、鸱义、奸宄、夺攘、矫虔。苗民弗用灵，制以刑，惟作五虐之刑曰法。杀戮无辜，爰始淫为劓、刵、椓、黥，越兹丽刑，并制罔差有辞。民兴胥渐，泯泯棼棼，罔中于信，以覆诅盟。虐威庶戮方告无辜于上。上帝监民，罔有馨香德刑，发闻惟腥。

"皇帝哀矜庶戮之不辜，报虐以威，遏绝苗民，无世在下。乃命重黎绝地天通，罔有降格。群后之逮在下，明明棐常，鳏寡无盖。

"皇帝清问下民，鳏寡有辞于苗，德威惟畏，德明惟明。乃命三后恤功于民：伯夷降典，折民惟刑；禹平水土，主名山川；稷降播种，农殖嘉谷。三后成功，惟殷于民。爰制百姓于刑之中，以教祇德。穆穆在上，明明在下，灼于四方，罔不惟德之勤。故乃明于刑之中，率乂于民棐彝。典狱，非讫于威，惟讫于富。敬忌，罔有择言在身。惟克天德，自作元命，配享在下。"

王曰："嗟！四方司政典狱，非尔惟作天牧？今尔何监？非时伯夷播刑之迪？其今尔何惩？惟时苗民匪察于狱之丽。罔择吉人，观于五刑之中，惟时庶威夺货，断制五刑以乱无辜，上帝不蠲，降咎于苗，苗民无辞于罚，乃绝厥世。"

王曰："呜呼，念之哉！伯父、伯兄、仲叔、季弟、幼子、童孙，皆听朕言，庶有格命。今尔罔不由慰日勤，尔罔或戒不勤。天齐于民，俾我一日，非终惟终，在人。尔尚敬逆天命，以奉我一人。虽畏勿畏，虽休勿休，惟敬五刑，以成三德。一人有庆，兆民赖之，其宁惟永。"

王曰："吁！来，有邦有土！告尔祥刑。在今尔安百姓，何择非人，何敬非刑，何度非及？"

"两造具备，师听五辞；五辞简孚，正于五刑。五刑不简，正于五罚。五罚不服，正于

五过。五过之疵，惟官，惟反，惟内，惟货，惟来。其罪惟均，其审克之。

"五刑之疑有赦，五罚之疑有赦。其审克之。简孚有众，惟貌有稽。无简不听，具严天威。

"墨辟疑赦，其罚百锾，阅实其罪。劓辟疑赦，其罚惟倍，阅实其罪。剕辟疑赦，其罚倍差，阅实其罪。宫辟疑赦，其罚六百锾，阅实其罪。大辟疑赦，其罚千锾，阅实其罪。墨罚之属千，劓罚之属千，剕罚之属五百，宫罚之属三百，大辟之罚其属二百，五刑之属三千。上下比罪，无僭乱辞，勿用不行，惟察惟法，其审克之。上刑适轻下服，下刑适重上服。轻重诸罚有权。刑罚世轻世重，惟齐非齐，有伦有要。

"罚惩非死，人极于病。非佞折狱，惟良折狱，罔非在中。察辞于差，非从惟从，哀敬折狱。明启刑书胥占，咸庶中正。其刑其罚，其审克之，狱成而孚。输而孚。其刑上备，有并两刑。"

王曰："呜呼！敬之哉！官伯族姓，朕言多惧。朕敬于刑，有德惟刑。今天相民，作配在下，明清于单辞。民之乱，罔不中听狱之两辞，无或私家于狱之两辞。狱货非宝，惟府辜功，报以庶尤，永畏惟罚。非天不中，惟人在命。天罚不极，庶民罔有令政在于天下。"

王曰："呜呼！嗣孙，今往何监非德于民之中，尚明听之哉！哲人惟刑，无疆之辞，属于五极，咸中有庆。受王嘉师，监于兹祥刑。"

【译文】

吕侯被命为卿时，穆王在位很久，年纪老了，还是大力谋求制定刑法，来禁戒天下。

王说："古代有遗训，蚩尤开始作乱，扩大到平民百姓。无不寇掠贼害，冒没不正，内外作乱，争夺窃盗，诈骗强取。苗民不遵守政令，而用刑罚来制服，制定了五种酷刑以为常法。杀害无罪的人，开始放肆使用劓、刖、椓、黥等刑罚。于是，施行杀戮，抛弃法制，不减免无罪的人。

"苗民互相欺诈，纷纷乱乱，没有忠和信，以致背叛誓约。受了虐刑的和一些被侮辱的都向上帝申告自己无罪。上帝考察苗民，没有芬芳的德政，刑法所发散的只有腥气。颛顼皇帝哀怜众多被害的人没有罪过，就用威罚处置暴虐的人，制止和消灭行虐的苗民，使他们没有世嗣留在下国。又命令重和黎，禁止地民和天神相互感通，使他们不能升降来往。高辛、尧、舜相继在下，都显用贤德的人扶持常道，于是孤苦之人没有壅蔽之苦了。

"尧皇帝明知下民和孤寡有对苗民的怨言。又明知贤人所惩罚的，人都畏服，贤人所尊重的，人都尊重。于是命令三位大臣慎重为民治事。伯夷颁布法典，用刑律制服人民；大禹平治水土，主管名山大川；后稷下去指导播种，努力种植好谷。三后成功了，就富厚了老百姓。士师又用公正的刑罚制御百官，教导臣民敬重德行。

"尧皇帝恭敬在上，三位大臣努力在下，光照四方，没有人不勤行德政，所以能勉力于刑罚的公平，遵循它治理老百姓以扶持常道。主管刑罚的官，不是终于作威，而是终于仁厚。又敬、又戒，自身没有坏的言论。他们肩负上天仁爱的美德，自己造就了好命，所以配天在下享有禄位。"

帝尧

王说："啊！四方的诸侯们，不是你们做上天的治民官吗？现在，你们要重视什么呢？难道不是这伯夷施行刑罚的方法吗？现在你们要惩戒什么呢？就是这苗民不详察狱事的施行，不选择善良的人，监察五刑的公正；就是这苗民任用虚张威势、掠夺财物的人，裁决五刑，乱罚无罪，上帝不加赦免，降灾给苗民，苗民对上帝的惩罚无话可说，于是断绝了他们的后嗣。"

王说："啊！你们要记住这个教训啊！伯父、伯兄、仲叔、季弟以及年幼的子孙们，都听从我的话，或许会享有好命。如今你们没有人不喜慰说勤劳了，你们没有谁制止自己不勤劳。上帝治理下民，暂时任用我们，不成与成，完全在人。你们可要恭敬地接受天命，来辅助我！虽然遇到可怕的事，不要害怕；虽然可以休息，也不要休息。希望慎用五刑，养成这三种德行。一人办了好事，万民都受益，国家的安宁就会长久了。"

王说："啊！来吧！诸侯国君和各位大臣，我告诉你们要善用刑法。如今你们安定百姓，要选择什么呢，不是吉人吗？要敬慎什么呢，不正是刑罚吗？要考虑什么呢，不就是判断适宜吗？

"原告和被告都来齐了，法官就审查五刑的讼辞；如果讼辞核实可信，就用五刑来处理。如果用五刑处理不能核实，就用五罚来处理；如果用五罚处理也不可从，就用五过来处理。五过的弊端：是法官畏权势，是报恩怨，是谄媚内亲，是索取贿赂，是受人请求。发

现上述弊端，他们的罪就与罪犯相同，你们必须详细察实啊！

"根据五刑定罪的疑案有赦免的，根据五罚定罪的疑案有赦免的，要详细察实啊！要从众人中核实验证，审理案件也要有共同办案的人。没有核实不能治罪，应当共同敬畏上天的威严。

"判处墨刑感到可疑，可以从轻处治，罚金一百锾，要核实其罪行。判处劓刑感到可疑，可以从轻处治，罚金二百锾，要核实其罪行。判处刵刑感到可疑，可以从轻处治，罚金五百锾，要核实其罪行。判处宫刑感到可疑，可以从轻处治，罚金六百锾，要核实其罪行。判处死刑感到可疑，可以从轻处治，罚金一千锾，要核实其罪行。墨罚的条目有一千，劓罚的条目有一千，刵罚的条目有五百，宫罚的条目有三百，死罪的刑罚，其条目有二百。五种刑罚的条目共有三千。

"要上下比较其罪行，不要错乱供辞，不要采取已经废除的法律，应当明察，应当依法，要核实啊！上刑宜于减轻，就下一等处治，下刑宜于加重，就上一等处治。各种刑罚的轻重有些灵活性。刑罚时轻时重，相同或不相同，都有它的道理和要求。

"刑罚不是置人死地，但受刑罚的人感到比重病还痛苦。不是巧辩的人审理案件，而是善良的人审理案件，就没有不公正合理的。从矛盾处考察真情，不服从的犯人也会服从。怀着哀怜的心情判决诉讼案件，明白地检查刑书，互相斟酌，都要谋求公正。当刑当罚，要详细察实啊！要做到案件判定了，人们信服；改变判决，人们也信服。刑罚贵在慎重，又可合并两种罪行，只罚一种。"

王说："啊，敬慎啊！诸侯国君以及同姓官员们，对我的话要多多戒惧。我重视刑罚，有德于老百姓的也是刑罚。如今上天扶助老百姓，你们在下面作天之配，应当明察一面之辞，老百姓的治理，无不在于公正地审理双方的诉讼词，不要对诉讼双方的诉词贪图私利啊！狱讼接受贿赂不是好事，那是获罪的事，我将以众罪论处这些人。永远可畏的是上天的惩罚，不是天道不公平，只是人们自己终结天命。上天的惩罚不加到他们身上，在天下众民就不会有美好的政治了。"

王说："啊！子孙们，从今以后，你们明察什么呢？难道不是行德吗？对于老百姓案情的判决，要明察啊！治理老百姓要运用刑罚，使无穷无尽的讼辞合于五刑，都能公正适当，就有福庆。你们接受治理王家的好百姓，可要明察这种祥刑啊！"

文侯之命

【原文】

王若曰："父义和！丕显文武，克慎明德，昭升于上，敷闻在下。惟时上帝，集厥命于文王。亦惟先正，克左右昭事厥辟，越小大谋猷罔不率从，肆先祖怀在位。呜呼！闵予小子嗣，造天丕愆，殄资泽于下民，侵戎我国家纯。即我御事，罔或耆寿俊在厥服，予则罔克。曰惟祖惟父，其伊恤朕躬。呜呼！有绩予一人永绥在位。父义和！汝克昭乃显祖，汝肇刑文武，用会绍乃辟，追孝于前文人。汝多修，捍我于艰，若汝予嘉。"

王曰："父义和！其归视尔师，宁尔邦。用赉尔秬鬯一卣，彤弓一，彤矢百，卢弓一，卢矢百，马四匹。父往哉！柔远能迩，惠康小民，无荒宁。简恤尔都，用成尔显德。"

【译文】

王这样说："族父义和啊！伟大光明的文王和武王，能够慎重行德，德辉升到上天，名声传播在下土，于是上帝降下那福命给文王、武王。也因为先前的公卿大夫能够辅佐、指导、服事他们的君主，对于君主的大小谋略无不遵从，所以先祖能够安然在位。

"啊！不幸我这年轻人继承王位，遭到了上天的大责罚。没有福利德泽施给老百姓，侵犯我国家的人很多。现在我的治事大臣，没有老成人长期在职，我诚不能胜任。我意谓：'祖辈和父辈的诸侯国君，会忧念我。'啊哈！您果然促成我长安在王位了。

"族父义和啊！您能够光耀您的显祖唐叔，您努力制御文武百官，因会合诸侯延续了您的君主，追好于文王和武王。您很好，在困难的时候保卫了我，像您这样，我很赞美！"

王说："族父义和啊！要回去治理您的臣民，安定您的国家。现在我赐给您黑黍香酒一卣；红色的弓一张，红色的箭一百支；黑色的弓一张，黑色的箭一百支；四匹马。

"您回去吧！安抚远方，亲善近邻，爱护安定老百姓，不要荒废政事，贪图安逸。大力安定您的国家，以成就您显著的德行。"

费誓

【原文】

公曰："嗟！人无哗，听命！徂兹淮夷、徐戎并兴。善敹乃甲胄，敿乃干，无敢不吊！备乃弓矢，锻乃戈矛，砺乃锋刃，无敢不善！

"今惟淫舍牿牛马，杜乃擭，敜乃阱，无敢伤牿！牿之伤，汝则有常刑。马牛其风，臣妾逋逃，勿敢越逐。祗复之，我商赉汝。乃越逐不复，汝则有常刑。无敢寇攘，逾垣墙、窃马牛、诱臣妾，汝则有常刑。

"甲戌，我惟征徐戎。峙乃糗粮，无敢不逮，汝则有大刑。鲁人三郊三遂，峙乃桢干。甲戌，我惟筑。无敢不供，汝则有无馀刑，非杀？鲁人三郊三遂，峙乃刍茭，无敢不多，汝则有大刑。"

【译文】

公说："喂！大家不要喧哗，听取我的命令。现今淮夷、徐戎同时起来作乱。好好缝缀你们的军服头盔，系连你们的盾牌，不许不好！准备你们的弓箭，锻炼你们的戈矛，磨利你们的锋刃，不许不好！

"现在要大放圈中的牛马，掩盖你们捕兽的工具，填塞你们捕兽的陷阱，不许伤害牛马！伤害了牛马，你们就要受到常刑！

"牛马走失了，男女奴仆逃跑了，不许离开队伍去追赶！得到了的，要恭敬送还原主，我会赏赐你们。如果你们离开队伍去追赶，或者不归还原主，你们就要受到常刑！不许抢夺掠取，跨过围墙，偷窃马牛，骗取别人的男女奴仆，这样，你们都要受到常刑！

"甲戌这天，我们征伐徐戎。准备你们的干粮，不许不到；不到，你们就要受到死刑！我们鲁国三郊三遂的人，要准备你们的筑墙工具。甲戌这天，我们要修筑营垒，不许不供给；如果不供给，你们将受到终身不释放的刑罚，只是不杀头。我们鲁国三郊三遂的人，要准备你们的生草料和干草料，不许不够；如果不够，你们就要受到死刑！"

秦誓

【原文】

公曰："嗟！我士，听无哗。予誓告汝群言之首。

"古人有言曰：'民讫自若是多盘。责人斯无难。惟受责俾如流，是惟艰哉！'我心之忧，日月逾迈，若弗云来。惟古之谋人，则曰未就予忌；惟今之谋人，姑将以为亲。虽则云然，尚猷询兹黄发，则罔所愆。

"番番良士，旅力既愆，我尚有之。仡仡勇夫，射御不违，我尚不欲。惟截截善谝言，俾君子易辞，我皇多有之。

"昧昧我思之，如有一介臣，断断猗，无他技，其心休休焉，其如有容。人之有技，若己有之；人之彦圣，其心好之，不啻如自其口出。是能容之，以保我子孙黎民，亦职有利哉！人之有技，冒疾以恶之；人之彦圣而违之，俾不达。是不能容，以不能保我子孙黎民，亦曰殆哉！

"邦之杌陧，曰由一人。邦之荣怀，亦尚一人之庆。"

【译文】

穆公说："啊！我的官员们，听着，不要喧哗！我有重要的话告诉你们。

"古人有话说：'人只顺从自己，就会多出差错。'责备别人不是难事，受到别人责备，听从它如流水一样地顺畅，这就困难啊！我心里的忧虑，在于时间过去，就不回来啊！

"往日的谋臣，我却说'未能顺从我的意志'；现在的谋臣，我将要以他们为亲人。虽说这样，还是要请教黄发老人，才没有失误。

"白发苍苍的良士，体力已经衰了，我还亲近他们。强壮勇猛的武士，射箭和驾车都不错，我还不大喜爱。只是那些浅薄善辩的人，使君子容易疑惑，我大多亲近他们！

"我暗暗思量着，如果有一个官员，诚实专一而没有别的技能，他的胸怀宽广而能容人。别人有能力，好像自己的一样。别人美好明哲，他的心里喜欢他，又超过了他口头的称道。这样能够容人，用来保护我的子孙众民，也当有利啊！

　　"别人有能力就妒忌，就厌恶。别人美好明哲，却阻挠使他不顺利。这样不能宽容人，用来不能保护我的子孙众民，也很危险啊！

　　"国家的危险不安，由于一人，国家的繁荣安定，也还是一人的善良啊！"